中国国家图书馆参考工作发展史
从京师图书馆到北京图书馆

卢海燕 张曙光 著

北京大学出版社
PEKING UNIVERSITY PRESS

图书在版编目（CIP）数据

中国国家图书馆参考工作发展史：从京师图书馆到北京图书馆 / 卢海燕，张曙光著. -- 北京：北京大学出版社，2025.1. -- ISBN 978-7-301-35550-3

Ⅰ . G259.251

中国国家版本馆 CIP 数据核字第 2024QZ5141 号

书　　　名	中国国家图书馆参考工作发展史——从京师图书馆到北京图书馆 ZHONGGUO GUOJIA TUSHUGUAN CANKAO GONGZUO FAZHANSHI——CONG JINGSHI TUSHUGUAN DAO BEIJING TUSHUGUAN
著作责任者	卢海燕　张曙光　著
责 任 编 辑	陈军燕
标 准 书 号	ISBN 978-7-301-35550-3
出 版 发 行	北京大学出版社
地　　　址	北京市海淀区成府路 205 号　100871
网　　　址	http://www.pup.cn　新浪微博：@ 北京大学出版社
电 子 邮 箱	编辑部 dj@pup.cn　总编室 zpup@pup.cn
电　　　话	邮购部 010-62752015　发行部 010-62750672　编辑部 010-62756694
印 刷 者	天津中印联印务有限公司
经 销 者	新华书店
	720 毫米 ×1020 毫米　16 开本　24.25 印张　406 千字 2025 年 1 月第 1 版　2025 年 1 月第 1 次印刷
定　　　价	98.00 元

未经许可，不得以任何方式复制或抄袭本书之部分或全部内容。
版权所有，侵权必究
举报电话：010-62752024　电子邮箱：fd@pup.cn
图书如有印装质量问题，请与出版部联系，电话：010-62756370

谨以此书献给为国家图书馆参考工作事业做出贡献的所有人

作者简介

卢海燕，1962年11月27日生于吉林省长春市，毕业于北京大学哲学系西方哲学史专业，获硕士学位。国家图书馆研究馆员。曾任国际图联（IFLA）版权与法律事务委员会（Committee on Copyright and other Legal Matters）常委会委员（2004—2007，2007—2009）、国际图联议会图书馆及研究服务专业组
（Library and Research Service for Parliaments Section）常委会委员（2009—2013，2013—2017）、中国图书馆学会用户研究与服务专业委员会副主任委员（2002—2016）等。1995年6月至2017年11月期间，先后担任国家图书馆报刊资料部副主任，参考研究部副主任、主任，立法决策服务部主任等职。长期从事图书馆参考咨询和立法、决策咨询服务与管理等工作。独著或参编著作15部，发表论文44篇，组织完成各类研究项目及工作项目15项。代表性学术成果：《国外图书馆法律选编》（主编）（知识产权出版社，2014）、《图书馆立法决策服务工作调研报告》（主编）（国家图书馆出版社，2014）、《从"海外中国学"导航兼论因特网上学术信息资源之利用》（2000）、《图书馆参考与信息咨询服务发展走向分析》（2006）、《服务与超越：全国省级公共图书馆"两会"服务析评》（2013）、《历史与现实的对话：国家图书馆立法决策服务工作史档案整理初述》（2019 合作）等。

　　张曙光，1973年11月8日生于内蒙古兴安盟扎赉特旗，毕业于中央民族大学，民俗学博士。国家图书馆研究馆员。现任国际图联（IFLA）议会图书馆及研究服务专业组（Library and Research Service for Parliaments Section）常委会委员（2017—2025）。1997年5月至2018年3月，先后担任国家图书馆典藏借阅部特藏组副组长，参考研究部参考工具书组副组长，社科参考组副组长、组长；立法决策服务部人大与政协服务组组长、综合服务组组长。现任职于国家图书馆立法和决策服务部，从事面向中央国家机关的立法和决策咨询服务20余年，参加或组织完成大量重要咨询，编制、报送各类决策内参专报。参与和主持国家级、省部级、馆级课题10余项。出版《文献为证：钓鱼岛图籍录》（国家图书馆出版社，2015）、《那达慕的现代传承及意义阐释》（商务印书馆国际有限公司，2015）、《那达慕：汉英对照》（安徽人民出版社，2018）等专著多部，发表参考咨询、决策咨询、文化遗产保护、节日研究等方面的论文20余篇。

前 言

国家图书馆参考工作发展史是国家图书馆馆史的重要组成部分,从大的业务领域来说,参考工作属于读者服务工作的范畴,然又有其自身的特点。作为图书馆的馆藏和服务能力的综合体现,参考工作是对国家社会经济和历史文化发展的直接或间接的反映,也是不同历史时期国家图书馆业务发展的一个缩影。本书就是这样一部研究中国国家图书馆参考工作发展历史的专著。

关于本书有几点需要向读者作如下说明。首先,这是一部研究国家图书馆参考工作发展的断代史。时间跨度从1909年9月9日京师图书馆(国家图书馆前身)正式筹建一直到1997年底。如此断代,一是其涵盖了自近代以来,我国社会发展最具代表性的历史时期。包括清末民初、北洋政府、国民政府治下的统治,以及1949年以来中华人民共和国的初建与全面建设、"文化大革命"和改革开放三个历史阶段。这是研究国家图书馆参考工作发展史最重要的社会背景。二是从我国图书馆事业发展来看,这段时期经历了中国古代藏书楼向近现代图书馆转型期的变化,特别是经过清末新政时期公共图书馆运动和民国初期新图书馆运动,美国模式的图书馆观念输入并产生积极影响。至1949年我国图书馆事业受到政治意识形态影响,由"舍美"转向"袭苏"。历经十年"文革"浩劫,中国图书馆事业在拨乱反正中逐步走上了中国特色的图书馆发展之路。国家图书馆的参考工作正是伴随着这个历史过程酝酿、产生、发展、壮大,并在各个时期呈现出不同的业务特点。三是1998年北京图书馆更名为国家图书馆,同时启动包括机构、分配和人事制度的全方位改革,自此,国家图书馆各项业务工作进入一个全新的发展阶段。参考工作伴随着互联网信息技术的融入也开始向数字参考咨询服务转型。因此,我们将研究下限终于1997年。

其次，关于这部国家图书馆参考工作断代史的研究内容和范围。目前图书馆学界公认，参考工作的理念起源于美国麻省伍斯特公共图书馆馆长塞缪尔·斯威特·格林（Samuel Swett Green）在1876年美国图书馆协会第一届大会上提交的论文《图书馆员与读者的个人关系》（Personal Relations Between Librarians and Readers），①这篇论文奠定了现代图书馆参考服务思想的基础，②塞缪尔·斯威特·格林也因此成为清晰解读并倡导"为读者提供（个人化的）帮助"（personal assistance to readers）的第一人。③"参考工作"（Reference Work）作为正式的专业术语，首次出现则是在1891年出版的美国《图书馆杂志》（Library Journal）④。进入20世纪，美国图书馆学家先后从不同视角和维度对参考工作进行定义。马奇（Isadore Gilbert Mudge）定义参考工作是"为读者使用图书馆，特别是使用馆藏图书资源提供帮助"⑤；怀尔（James Ingersoll Wyer）⑥认为"参考工作是根据读者学习和研究的需要，为其利用馆藏所给予的贴心的、可靠的个人帮助"⑦；卡茨（William A.Katz）认为，参考咨询服务最基本的含义是解答各种问题。……包括对读者如何使用图书馆或情报信息中心及其资料的正式和非正式的指导，以及帮助读者使用大量的情报资料，如书目、索引、情报数据库。⑧在互联网迅猛发展的21世纪，参考工作的定义又增加了新的内涵，美国图书馆参考与用户服务协会（Reference

---

① Samuel Swett Green.Personal Relations Between Librarians and Readers[J].Library Journal，1876（2-3）：74-81.
② Samuel Swett Green:1837—1918[EB/OL].[2023-03-20].https：//www.mywpl.org/?q=samuel-swett-green.
③ Barbara J. Ford.Reference Service：Past, Present, and Future[EB/OL].[2023-03-20].https：//crln.acrl.org/index.php/crlnews/article/view/21698/27247.
④ New York Library Club[J].Library Journal，1891（6）：182-184.
⑤ Isadore Gilbert Mudge.Guide to Reference Books[M].Chicago：American Library Association，1929：Introduction（ix）.
⑥ 李钟履在《图书馆参考论》、刘国钧在《图书馆学要旨》中，将怀尔（James Ingersoll Wyer）译为魏耳，系同一人。作者注。
⑦ James Ingersoll Wyer. Reference Work：a Textbook for Students of Library Work and Librarians[M].Chicago：American Library Association，1930：4.
⑧ 卡茨（William A.katz）.参考工作导论[M].戴隆基译.北京：书目文献出版社，1986：3，6.

and User Services Association，RUSA）将参考工作分为参考业务（Reference Transactions）和参考工作（Reference Work）两部分，前者是指图书馆员为满足用户（读者）的信息需求，为用户利用信息资源提供建议、解释和评价。后者除包括"参考业务"的内容外，还包括对研究性馆藏、学术指南、目录、数据库、网页和搜索引擎的开发维护，以及对参考工作自身和信息资源与服务的评价（2008）。①

国内参考工作研究者在不同时期对参考工作的定义，除了与上述美国图书馆学家的解释有相同之处，还有一种观点是从咨询过程的角度对参考工作进行阐释。如焦树安等认为，"参考工作是图书馆员与读者的一种知识类型的信息转移的运动过程，它是通过读者提出的咨询问题为线索，以信息载体为纽带，由馆员向读者解释信息、传递信息、存储信息以及向读者指示检索方法并由存储的信息中找出所询问题之结果的业务过程"②；戚志芬认为，参考工作是"图书馆为读者服务的一种，它以客观社会需要为契机，以文献为纽带，通过各种方式为读者搜集、存储、检索、揭示和传递信息的业务过程"③；到《中国大百科全书》（第三版），将参考咨询服务解析为"是以协助检索、解答咨询问题、专题文献报道、定题服务等方式向读者提供事实、数据和文献信息线索，并开展读者信息素养培训，是发挥图书馆信息服务职能，开发信息资源，提高文献资源利用率的重要手段。基本内容有：指导读者利用图书馆文献信息资源、技术和设施，提供信息素养教育。完善的参考咨询服务主要依托的因素包括：资源、设施、参考馆员队伍建设、合作、服务管理准则。网络环境下的参考咨询服务呈现以计算机、网络检索为主，多种形式并存的多元化局面，服务方式主要有到馆咨询、电话咨询、E-mail咨询、网上参考咨询、实时咨询、微博微信咨询、合作参考咨询等（2021）"④。

---

① Definitions of Reference.[EB/OL].[2022-01-05].https：//www.ala.org/rusa/guidelines/definitions reference.
② 焦树安，张明华.试论图书馆参考工作的规定性、工作程序和层次以及方法论问题[J].图书馆学通讯，1984（4）：63-69.
③ 戚志芬.参考工作与参考工具书[M].北京：书目文献出版社，1988：17.
④ 中国大百科全书（第三版）.参考咨询服务[EB/OL].[2023-08-14].https：//www.zgbk.com/.

可见，有关参考工作的定义及内容范畴是与时俱进的。最初，"参考服务"和"参考咨询"就其意义来说没有严格的界限和区分。作为参考工作概念发源地的美国图书馆学家的定义，以强化图书馆员对读者的服务为中心，国内学者则在这个中心基础上将其延伸为一种服务过程的描述。其内容基本上是围绕读者、参考咨询馆员和文献信息源三者，以及因三者关系而产生的业务过程的阐述。因此，参考咨询服务实为参考工作内涵的核心，这是一种传统经典性的理解和认识。然而，美国图书馆参考与用户服务协会和《中国大百科全书》第三版的最新定义既保留了经典的内容，又扩展了相关内容，并表述为"参考咨询服务主要依托的因素"。如果从历史的角度切入，将参考咨询服务还原于图书馆参考工作的历史发展过程中，我们就发现：不论哪个历史时期，在图书馆组织机构整体框架下，参考咨询服务需要有特定机构作为承载体，它体现着不同时期图书馆管理者对参考工作的认知，也是参考工作在图书馆业务格局中所承担的角色和作用的重要衡量指标。而为确保这项服务有序开展，需要制定相关的业务规章制度，才能保证管理规范、服务有效。因此，本书中所研究的参考工作范围，既包括传统经典意义的参考咨询服务的内容，如服务对象（读者）、服务主体（参考咨询馆员）和参考咨询服务中所依赖的文献信息资源，以及不同的服务手段和展现方式，同时也包括参考工作的组织机构和业务规章制度等业务管理和制度层面的内容。

再次，有关历史分期和全书的篇章结构。本书中对国家图书馆参考工作发展史的历史分期，主要参照两个标准：其一是《中国图书馆史》有关历史分期的原则，①其二是《中国国家图书馆馆史（1909—2009）》"十二时期"的划分方法。②前者认为，对中国图书馆史进行分期，既要遵循中国历史分期的普遍性，也要充分考虑中国图书馆事业发展的特点与规律，融历史的普遍性和图书馆事业的特殊性于一体。将政治因素、经济因素、技术因素以及图书馆自身发展特点作为中国图书馆史分期的主要依据；同时，还要将研究对象置于各个不同历史时期的社会大环境中，以社会历史发展整体视野去观察和思考。后者则针对国家图书馆百年发展历史，以不同时期代表性历史节点或重大历史事

---

① 韩永进. 中国图书馆史 [M]. 北京：国家图书馆出版社，2017：6-8.
② 李致忠. 中国国家图书馆馆史（1909—2009）[M]. 北京：国家图书馆出版社，2009：1.

件为标记,将中国国家图书馆的百年历史划分为十二个时期,每个时期各自成章、彼此衔接,既展现了国家图书馆的百年发展史,同时又以代表性节点或史实为牵引,突出不同时期的国家图书馆历史的个性与特殊性。

我们遵从《中国图书馆史》分期原则并将其作为国家图书馆参考工作发展史分期的总原则,同时以《中国国家图书馆馆史(1909—2009)》"十二时期"划分为框架,结合国家图书馆参考工作在不同历史时期的发展情况,以1949年为分界点,分为两大历史时期:从京师图书馆到国立北平图书馆时期(1909—1949)和北京图书馆时期(1949—1997),实际撰写分上下两篇行文。上篇具体划分为:孕育与初创时期的参考工作(1909—1928)、中兴与发展时期的参考工作(1929—1937)和低谷与坚守时期的参考工作(1938—1949)。下篇则划分为转型与复兴时期的参考工作(1949—1965)、中断与恢复时期的参考工作(1966—1976)和改革与开放时期的参考工作(1977—1997)。这种划分方式,一方面体现了本书作者一贯坚持的历史研究观点,即从宏观历史背景观察具体的历史过程,以期体现研究的客观性和全面性;另一方面,亦使国家图书馆参考工作发展史的研究虽"专"而不"散",将国家图书馆馆史的"普遍性"和参考工作业务发展史的"特殊性"有机结合起来,全面展示国家图书馆参考工作发展史的整体面貌。

在国家图书馆参考工作发展史的研究过程中,我们始终在历史与现实中穿梭:我们在现实业务中总能找到历史传承的脉络,可又时断时续;有些业务发展模式和项目似乎又在循环往复地中断和开始;还有一些问题历史上存在,现在依旧是问题。我们就是在这样的过程中不断梳理思考,形成一些认识和看法。并在上下篇之后又各设专章加以总结和阐释,期待能够起到以史为鉴的作用。

复次,关于我们研究中所依据的历史档案及学术成果情况。进行历史研究,掌握充分的档案史料和对相关研究成果的了解,是至关重要的前提和基础。在本书的研究过程中,主要参考了两种类型的文献:国家图书馆存藏的历史档案(包括已正式出版的汇编性档案史料),以及曾经在国家图书馆从事参考工作的专家学者的研究成果。关于第一类文献,目前已出版有《北京图书馆馆史资料汇编(1909—1949)》(1992)、《北京图书馆馆史资料汇编(二)(1949—1966)》(1997)和《中国国家图书馆馆史资料长编(1909—

2008）》（2009）。前两种汇编按档案所涉内容进行分类，反映了1909年至1966年国家图书馆发生的重大历史事件和各项业务发展情况。第三种是以国家图书馆百年发展史为主线，以时间为序，将不同时期的档案史料系之成编。这三种文献为我们研究国家图书馆参考工作发展史提供了重要支撑，使研究工作在起步之时就能基于一种全方位角度了解和掌握相关历史情况，但也存在着一定程度的"全而不专"问题。为解决这个问题，我们在全面研读档案史料过程中，注重追根溯源，努力从"全"中不断"析出"与参考工作相关的内容和线索，同时开展对旧有参考工作档案的整理工作，以期尽可能实现对档案从"全"到"专"的把握。为此，作者于2018年底前先后组织完成《国家图书馆参考工作档案汇编》（1960—2016）、《国家图书馆参考咨询档案汇编》（1953—2016）的整理和编纂工作，这些成果也为本书的内容研究提供了重要的史料和依据。①

在不同历史阶段，参考工作档案呈现出迥然不同的面貌。1909年到1949年的有关参考工作档案的存藏，以"中兴时期"（1929—1937）较为完整，主要体现在由国立北平图书馆编辑出版的《国立北平图书馆馆务报告》中。"孕育与初创时期"（1909—1928）和"低谷与坚守时期"（1938—1949）的参考工作历史档案的存藏，则非常缺乏。"孕育与初创时期"正值国家图书馆事业初创阶段，除了朝代兴替、政权更迭和社会变迁的剧烈影响，国家图书馆还经历着从古代藏书楼的传统思想向新型图书馆现代理念的转变，各项业务工作发展呈现不均衡状态，相应地，业务记录和档案留存受到影响。加之参考工作孕育产生于读者阅览服务之中，关于参考工作的记录与特定历史时期的业务管理和格局架构密切相关。"低谷与坚守时期"则由于战争影响、政局不稳、人事变动等，图书馆业务重心不得不因时因势不断调整，参考工作档案的系统收集和整理也显得非常困难。此外，该时期参考工作除了隶属于读者阅览服务工作范围，类似于书目索引、工具书编纂等具有参考工作性质的工作，又分属于编纂部（编目部）、善本部、舆图部、编纂委员会等部门职责范围，这也增加了对相关史料进行甄别和遴选的难度。

---

① 该汇编系国家图书馆2014年度馆史资料征集、整理与研究项目"国家图书馆立法决策服务工作史资料征集、整理与研究（1949—2014）"（项目编号：NLC-GS-2014018）研究成果之一。作者注。

近年来，国内有关民国时期图书馆历史档案文献的整理取得了很大进展，如《文华图书馆学专科学校季刊》（影印）（2009）、《清末民国图书馆史料汇编》（2014）、《清末民国图书馆史料续编》（2016）、《民国时期图书馆学家学术文选》（2019）、《文华图专珍稀史料图录》（2020）；再如国家图书馆开发研制的《民国时期文献数据库》等，对本书的研究工作起到了相互补充、互为印证的重要作用。

1949年以后的档案，在国家图书馆正式出版的档案史料汇编中，各年度总结及相关参考工作的专项业务统计信息比较完整（"文化大革命"期间除外）。在作者组织整理完成的《国家图书馆参考工作档案汇编》中，不同时期业务档案归档情况差异明显。1949年至1979年存藏的参考工作档案数量最少。这主要缘于该时期政治运动频发，尤其是"文革"对各项工作的冲击，致使参考工作档案丢失毁坏情况多有发生，加之从事参考工作的专职服务机构在这期间经历多次拆分、合并和中止运行等调整，对于档案管理工作也产生不利影响。1980年后档案数量迅速增加，当时参考工作专职机构着力强化业务工作档案的规范管理，特别是《北京图书馆参考工作》的创刊，较为全面地记载了国家图书馆参考工作在20世纪80年代改革创新、锐意发展的情况，为研究该时期的参考工作提供了丰富的档案史料；2000年之后，电子数字化档案成为保存的主要形态。

关于曾经在国家图书馆各个历史时期从事参考工作的专家学者的研究成果，主要散见于他们的学术论文中，这些研究成果，为本书撰写提供了重要的借鉴。

最后，关于本书的撰写工作。国家图书馆参考工作发展史是国家图书馆的一项业务专史。从研究的角度看，其研究对象明确且具体，具有很高的细分度，要想理清这项业务专史的历史脉络，既需要研究国家图书馆发展史，更需要以中国图书馆事业发展史，甚至以我国社会经济发展为宏大背景予以阐述。但是，过多的叙述宏观背景，又会冲淡研究主题。因此，在撰写过程中，作者更多聚焦于对参考工作历史的叙述和阐释，对于相关历史背景则采取点到为止的原则，未进行展开论述。另外，鉴于国家图书馆参考工作历史档案不同时期存藏情况的差异，作者行文时，也难以做到各章内容详略和体量的均衡。尽管如此，作者仍未刻意对其进行"修改"或"补充"，而是坚持基于实证开展研究。不同时期参考工作档案和史料完整性的差异，虽然造成本书不足和文字上的遗憾，但这种情况又何尝不是历史的客观反映，是国家图书馆参考工作发展史的真实写照呢！

对于某些非常时期的阐述，我们也不得不采取非常规的方式来处理。如在抗战时期，因战事影响，参考馆员南驻昆明北守平馆，参考馆员主要工作职责也随之发生变化，这一阶段参考工作也不可能参照正常时期的业务状态进行阐述。理清参考馆员在此期间的业务走向和职责变化，揭示战时国立北平图书馆参考工作的真实状况，可以更加真实地展现战时参考工作的历史情境，提供更加真实可靠的论述。类似情况还有"文革"期间参考馆员下放"五七"干校等。

本书作为一部参考工作断代史，其研究、著述总要受制于篇章体例和文字篇幅限制，无法涵盖所有内容。有些内容虽然是历史的"碎片"，却如同沙里淘金一般，是经过对档案史料大量研读、深入挖掘和反复考证方能获得，弥足珍贵，难以割舍。为此，作者专门编制《国家图书馆参考工作编年纪事（1909—1997）》附于书后，以期与书中正文内容相互补充和印证，同时也为读者提供更为丰富和全面的历史细节。

本书总体框架结构由卢海燕、张曙光共同商定。卢海燕负责前言、第一、二、三、四、六、七（第一作者）、八章和后记的撰写，以及附录一《国家图书馆参考工作机构部分负责人任职年表》、附录三《国家图书馆参考工作编年纪事（1909—1997）》的编制（第二作者），和全书的定稿工作。张曙光负责第五章、第七章（第二作者）、尾声的撰写，附录二《〈参考工作〉总索引》（1983—1994）、附录三《国家图书馆参考工作编年纪事（1909—1997）》的编制（第一作者），重要历史档案的检索、相关文献的核查、部分书影的扫描，以及全书文字统稿。

本书关于国家图书馆参考工作发展史的研究，以京师图书馆到北京图书馆近九十年的历史为时间域限，将国家图书馆一项专门业务发展史的研究，置于中国图书馆事业发展的历史长河中，以期对国家图书馆参考工作的发展与图书馆事业的内在关联进行溯源和解析，这是开展这项研究的深层定位。在具体研究中，并不拘泥于参考咨询服务本身，而是将参考工作机构的变迁、参考咨询服务方式的变化、参考工作研究的多样性，以及参考工作的管理，统一纳入一个整体，进而探索它们彼此之间的内在逻辑关系，是为本书在该领域研究中的一个突破点。特别是对国家图书馆参考工作产生的最初源头的探索、对最新发现的莫余敏卿拟订的《参考组办事规程》的考证与介绍、对国内首个专以图书馆参考工作为主题的学术期刊《北京图书馆参考工作》的系统研究，以及对20世纪80年代软科学研究资料室、法律文献研究室、中国学文献研究室等文献研究室的设立与撤销的历史过程的分析，均为对既往国家图书馆参考工作研究成果的重要补充。另外，全书辅以图表八十余幅，或重要业务档案，或代表性历史人物，或重要参考工作研究成果，旨在增强全书的可读性和对书中内容的理解，亦是本书的特点之一。

作者自知，因受制于对相关档案和史料掌握的完备程度、对研究素材的驾驭能力和研究水平，本书不免有存疑和疏误之处。我们期待图书馆界同人和参考工作业务发展历史的研究学者批评指正，同时也希望，能有更多的学者和参考同人关注和参与到参考工作的业务发展和研究中。相信随着对图书馆更多历史档案的整理与深入挖掘，关于国家图书馆参考工作发展史的研究能够不断继续下去。

在本书交付出版之际，我们对国家图书馆原参考咨询部主任王磊表示由衷的感谢！他对全书框架结构的设计和重要业务史实的把握，均提出中肯的建议；特别是对书稿具体文字的修改和润色，付力至巨！

我们对参加"国家图书馆立法决策服务工作史资料征集、整理与研究（1949—2014）"项目（2014—2018）的全体成员表示真诚的谢意，她们是王婵、王鑫、毛瑞、卢海燕、孙圆、孙阔、张维、张育平、张曙光、郑晓雯、赵爽、徐燕、崔丹阳、梁婧、谢岩岩（按姓氏笔画排列）。正是由于我们的共同努力，完成了国家图书馆参考工作档案首次规模化整理，相关成果成为本书参考文献的重要组成部分。

我们对给予我们帮助和支持的专家学者表示真诚的谢意。他们是：

李致忠（国家图书馆原研究院院长、研究馆员）

孙一钢（国家图书馆原副馆长、研究馆员）

邢淑贤（国家图书馆原参考研究部、副研究馆员）

蔡锡明（国家图书馆原外文采编部、副研究馆员）

张燕妮（全国政协原文史和学习委员会办公室巡视员）

万　明（中国社会科学院原古代史研究所研究员）
李国庆（美国俄亥俄州立大学教授）
陈　肃（美国加州大学洛杉矶分校东亚图书馆馆长）
邵　敏（清华大学图书馆副馆长）
杜运辉（北京语言大学中国文化综合创新研究中心主任、教授）
陈汉玉（国家图书馆原参考研究部中国学文献研究室主任）
苏品红（国家图书馆原办公室主任、研究馆员）
田　欢（国家图书馆办公室、副研究馆员）
辛　璐（国家图书馆人事处处长、副研究馆员）
赵海英（国家图书馆人事处、副研究馆员）
申晓娟（国家图书馆研究院院长、研究馆员）
马　涛（国家图书馆研究院、副研究馆员）
苏　健（国家图书馆研究院、副研究馆员）
王　洋（国家图书馆中文采编部/外文采编部主任、副研究馆员）
李吉子（国家图书馆外文采编部、研究馆员）
李晓明（国家图书馆典藏阅览部主任、研究馆员）
李春明（国家图书馆立法和决策服务部主任、研究馆员）
毛雅君（国家图书馆原立法和决策服务部主任、研究馆员）
李　凡（国家图书馆原立法和决策服务部、研究馆员）
方自金（国家图书馆出版部主任、研究馆员）

本书出版得到北京大学历史学系办公室主任孟爱华老师鼎力相助，北京大学出版社典籍与文化事业部主任马辛民先生、武芳女士、北京大学信息管理系主任张久珍教授、国家图书馆常务副馆长张志清研究馆员、立法和决策服务部副主任尹汉超副研究馆员，为本书出版给予热情关注。特别是责任编辑陈军燕女士，她对本书核心思想的理解和认识，使我们颇感相知相悉的幸运，本书的顺利出版，得益于军燕女士的辛勤努力和付出，在此一并表示谢意！

卢海燕　张曙光

2024年1月

图目录

图1　京师图书馆组织机构图（1910）…………………………………4
图2-1　京师图书分馆组织机构图（1916.1）…………………………5
图2-2　京师图书馆组织机构图（1916.12）…………………………5
图3　京师图书馆组织机构图（1924）…………………………………6
图4　北京图书馆到北平北海图书馆机构设置变化图（截至1929.2）……15
图5　京师图书馆与北京图书馆设立、更名与合组……………………17
图6　国立北平图书馆组织机构图（1929.7—1930.6）8部16组………27
图7　国立北平图书馆组织机构图（1932.7—1933.6）8部16组………28
图8　国立北平图书馆组织机构图（1934.7—1935.6）7部15组………29
图9　国立北平图书馆组织机构图（1936.7—1937.6）7部15组………30
图10　中文参考书举要　邓衍林　北平　国立北平图书馆　1936……56
图11　图书馆参考论　李钟履　北平　中华图书馆协会　1933………61
图12　图书馆学要旨　刘国钧　上海　中华书局　1934………………66
图13　莫余敏卿拟定的《参考组办事规程》档案影印件…………………72
图14　莫余敏卿（1909—2008）…………………………………………73
图15　中国边疆图籍录　邓衍林　北京　商务印书馆　1958…………94
图16　1946年12月3日河北高等法院致国立北平图书馆公函…………102
图17　1946年12月13日国立北平图书馆致高等法院公函………………103
图18　伪教育总署治下"国立北京图书馆"组织机构图…………………104
图19　刘国钧　1922—1925年留学美国威斯康星大学…………………112

图20　袁同礼　1920—1922年留学美国哥伦比亚大学 ･･････････････ 113
图21　严文郁 文华图专本科班四期（1923.9—1925.6） ････････････ 117
图22　汪长炳 文华图专本科班五期（1924.9—1926.6） ････････････ 117
图23　邓衍林 文华图专讲习班一期（1930.9—1931.6） ････････････ 117
图24　丁瀞 文华图专讲习班二期（1933.9—1934.6） ･･･････････････ 117
图25　李钟履 文华图专本科班九期（1929.9—1931.6） ････････････ 117
图26　张秀民（1908—2006） ･･･････････････････････････････････ 141
图27　戚志芬（1919—2013） ･･･････････････････････････････････ 141
图28　张申府（1893—1986） ･･･････････････････････････････････ 141
图29　1950年国立北京图书馆组织系统图 ････････････････････････ 144
图30　1951年国立北京图书馆暂行组织系统图 ････････････････････ 145
图31　1953年北京图书馆组织机构图 ････････････････････････････ 146
图32　1958年9月北京图书馆组织机构图 ･････････････････････････ 147
图33　1965年9月北京图书馆组织机构图 ･････････････････････････ 148
图34　北京图书馆参考组编印《馆藏采矿书目》（1958） ･･････････ 154
图35　我国著名大铁桥建筑资料目录（1954） ････････････････････ 154
图36　杨殿珣（1910—1997） ･･･････････････････････････････････ 160
图37　北京图书馆读者咨询卡片（1959） ････････････････････････ 161
图38　北京图书馆咨询登记卡（1963） ･･････････････････････････ 161
图39　1963年社会科学参考组咨询统计表（参考咨询统计月报表）･･････ 161
图40　1964年社会科学参考组咨询问题登记表 ････････････････････ 162
图41　参考馆员下放"五七"干校 ･･･････････････････････････････ 164
图42　许觉民（1921—2006） ･･･････････････････････････････････ 167
图43　北京图书馆编《历代法家文选》和南开大学法家著作译注组编
　　　《法家文选》书影 ･･･････････････････････････････････････ 181
图44　田大畏（1931—2013） ･･･････････････････････････････････ 188
图45　参考研究部1978年和1984年内设组织机构对比 ･･････････････ 191
图46　参考研究部1989年内设组织机构图 ････････････････････････ 192

图47	参考研究部1991年内设组织机构图	193
图48	参考辅导部1995年内设组织机构图	200
图49	《民国时期总书目》书影和叶圣陶作序	201
图50	《北京图书馆参考工作》第一辑封面	205
图51	1991年改版后的《参考工作》封面	205
图52	《参考工作与参考工具书》封面	215
图53	《参考工作与参考工具书》张秀民题签页	215
图54	《印度医疗队在中国》（1938—1943）展板	223
图55	《软科学导报》第1期封面	234
图56	《软科学文献导报》第3期封面	234
图57	《软科学文献导报》1990年第1期封面	234
图58	焦树安（1937—2002）	239

表目录

表1 京师图书馆目录课和庋藏课职责一览表 …………………… 8
表2 北平北海图书馆第三年度编制索引和专题目录概览 ………… 23
表3 国立北平图书馆参考工作机构及人员情况一览表（1928.9—1938.6）
　　………………………………………………………………… 34
表4 国立北平图书馆完成读者委托专题书目汇总（1929.7—1937.6）…… 44
表5 国立北平图书馆服务研究学者一览表（1931.7—1932.6）…… 53
表6 国立北平图书馆编制文献索引汇总（1929.7—1937.6）……… 59
表7 抗战期间国立北平图书馆及办事处职员数量统计表 ………… 78
表8 《国立北平图书馆昆明办事处工作大纲》所涉
　　国立北平图书馆馆员战前任职信息 ………………………… 86
表9 1941年国立北平图书馆昆明办事处职员表 …………………… 88
表10 抗战期间国立北平图书馆留守人员保全馆产职责分工 ……… 98
表11 国立北平图书馆"一董三会"任职人员概览（1929）………… 110
表12 武昌文华图书科毕业生在国立北平图书馆任职情况（截至1949年）
　　………………………………………………………………… 118
表13 《中文参考书举要》收录国立北平图书馆馆员
　　编纂的参考工具书汇总（1928—1936）…………………… 125
表14 国立北平图书馆阅览部业务科组职数一览表（1929—1937）…… 127
表15 北京图书馆参考咨询工作统计（1949—1965）……………… 149
表16 北京图书馆参考研究部业务统计表（1973—1975）………… 168

表17	1974年北京图书馆有关"批林批孔""评法批儒"部分代表性咨询览目	171
表18	北京图书馆1972年12月咨询登记表	176
表19	1974年1月参考部工作统计报表	177
表20	1975年社科参考组九、十两月咨询情况统计	178
表21	参考研究部业务计划书（档案）	195
表22	1977—1997年参考研究部咨询数量汇总表	197
表23	北京图书馆有关参考工作部分规章制度一览表（1977—1997）	229
表24	1993—1994年参考研究部各组接待读者数量	252
表25	1993—1994年参考研究部各组解答读者咨询数量	252
表26	1993—1994年参考研究部各组有偿咨询总收入明细表	252

目 录

上篇　从京师图书馆到国立北平图书馆时期（1909—1949）

第一章　孕育与初创时期的参考工作（1909—1928）……3
　　第一节　京师图书馆的机构设置与职责……4
　　第二节　中华教育文化基金董事会与北京图书馆的设立……10
　　第三节　官方文件和史料中有关参考工作的记载……17

第二章　中兴与发展时期的参考工作（1929—1937）……25
　　第一节　参考工作机构设置……25
　　第二节　参考工作业务与研究……42
　　第三节　参考工作的规章制度……70

第三章　低谷与坚守时期的参考工作（1938—1949）……77
　　第一节　机构设置基本状况……77
　　第二节　南馆与北馆的参考工作……83
　　第三节　伪教育总署治下的参考工作……103

第四章　分析与思考……107
　　第一节　办馆理念与参考工作……107
　　第二节　学人群体与参考工作……110
　　第三节　业务格局与参考工作……127

下篇　北京图书馆时期（1949—1997）

第五章　转型与复兴时期的参考工作（1949—1965） …… **137**
　　第一节　北京图书馆工作任务与服务对象的重新界定 …… **137**
　　第二节　机构设置的变迁 …… **139**
　　第三节　参考咨询服务 …… **149**
　　第四节　参考工作管理 …… **156**

第六章　中断与恢复时期的参考工作（1966—1976） …… **163**
　　第一节　参考咨询业务机构的取消与恢复 …… **163**
　　第二节　"文革"后期的参考工作 …… **167**
　　第三节　"北图事件"及其影响 …… **182**

第七章　改革与开放时期的参考工作（1977—1997） …… **185**
　　第一节　参考工作改革的历史背景与核心内容 …… **185**
　　第二节　全方位立体化的参考工作 …… **197**
　　第三节　专题文献研究室及其代表类型 …… **231**

第八章　分析与思考 …… **254**
　　第一节　参考工作的实践性与工具性 …… **254**
　　第二节　参考工作的变与不变的要素 …… **256**
　　第三节　参考工作的体与用的关系 …… **258**

尾　声 …… **260**
附录一　国家图书馆参考工作机构部分负责人任职年表 …… **262**
附录二　《参考工作》总索引（1983—1994） …… **264**
附录三　国家图书馆参考工作编年纪事（1909—1997） …… **278**
参考文献 …… **347**
后　记 …… **359**

上 篇

从京师图书馆到国立北平图书馆时期
（1909—1949）

第一章 孕育与初创时期的参考工作
（1909—1928）

京师图书馆是中国最早的国立图书馆，其筹建始于1909年9月9日，馆舍最初设立于广化寺，1912年8月正式开馆接待读者。1925年11月，京师图书馆更名为国立京师图书馆，1928年7月，复更名为国立北平图书馆。1929年8月，国立北平图书馆与北平北海图书馆合并，仍保留国立北平图书馆的馆名，并于同年在文津街兴建新馆，新馆舍于1931年7月正式对外开放。新中国成立后，国立北平图书馆更名为北京图书馆。

从京师图书馆筹建到新中国成立，图书馆参考工作经过孕育与初创、中兴与发展、低谷与坚守三个时期。我们将1909年9月京师图书馆筹建至1928年9月北平图书馆增设参考科、正式建立咨询机构，视为国家图书馆参考工作的"孕育与初创"时期。在这个阶段，具有参考咨询服务特征的读者阅览工作逐步开展，读者服务工作规章制度相继制订，专职参考咨询工作机构初步设立。考察和研究这一时期参考工作的发展，首先要从京师图书馆的机构设置和北京图书馆的设立入手。①

---

① 1909年至1949年时期的国家图书馆，馆名在初创时为京师图书馆（1909），后更名为国立京师图书馆（1925.11）、国立北平图书馆（1928.7）。1929年与中华教育文化基金董事会合办之前，"国家图书馆"（京师图书馆、国立京师图书馆、国立北平图书馆），先后隶属于清政府学部、北洋政府教育部、国民政府大学院、国民政府教育部。1929年国立北平图书馆与北平北海图书馆合组国立北平图书馆至1945年8月抗战结束之前，国立北平图书馆隶属于国民政府教育部和中华教育文化基金董事会，抗战结束后则隶属于国民政府教育部。为方便全书叙述，凡涉及不同历史时期国家图书馆行政隶属关系，以及馆名变更等，不再另做说明。作者注。

第一节　京师图书馆的机构设置与职责

一、机构设置

1909年9月9日京师图书馆正式筹建。据国家图书馆馆史档案有关京师图书馆机构设置的记载："有清宣统二年，始设立京师图书馆。置正副监督各一人、提调一人。分置典藏、监察、文牍、庶务四科，各置正副科长一人，科员写官各若干。另设纂修处，置总校一人，纂修写官若干人。"①（图1）关于该档案记载的有关叙述，严文郁在其《中国图书馆发展史——自清末至抗战胜利》也有引用，但其在此基础上又有进一步的介绍："自正副监督以下，凡提调、总纂、纂修，各正副科长科员等，皆以其他公署人员调充，仍留本缺。又该馆未有经费预算，所有用费，均由学部请领，月不过千余两。该馆组织与管理仿照日本，而书目仍沿旧法，略依四库而稍加变通。"②

根据史料记载和严文郁的叙述，我们可以明确以下两点：一是京师图书馆初创时的机构设置系仿照日本图书馆的组织与管理模式设立；二是有关书目的编制，是沿用旧法，不过是"略依四库而稍加变通"。

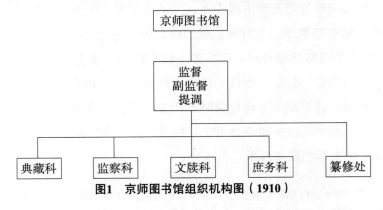

图1　京师图书馆组织机构图（1910）

---

① 国立北平图书馆职员年表·前言一[Z]// 国立北平图书馆职员年表.国家图书馆馆藏档案，1910-*012-人事1.
转引自：王青云，荣杰.国立北平图书馆时期机构沿革探析（1909—1949）[J].国家图书馆学刊，2020（4）：100-112.
② 严文郁.中国图书馆发展史：自清末至抗战胜利[M].台北：枫城出版社，1983：31.

京师图书馆于1912年8月开馆不久,因地址"犹嫌偏僻"不便读者往来,遂经北洋政府教育部批准,在宣武门前青厂武阳会馆设立京师图书分馆,并于1913年6月正式开馆服务。同年12月,京师图书馆暂行停办,另择馆舍"以图改组扩充"①。直至1917年1月,京师图书馆在方家胡同国子监南学旧址才又重新开馆。

根据教育部1916年1月12日批准的《京师图书分馆暂行办事规则》(第51号),京师图书分馆设目录课、庋藏课和庶务三课(图2-1)。同年12月30日,教育部核准《京师图书馆暂行办事规则》②,规定京师图书馆设目录、庋藏、总务三课(图2-2)。在机构设置上,京师图书馆和分馆除了庶务课和总务课名称略有表述上的不同,无原则差异。

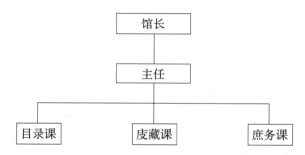

图2-1　京师图书分馆组织机构图(1916.1)

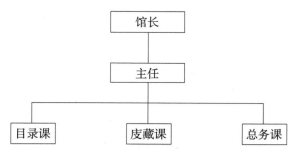

图2-2　京师图书馆组织机构图(1916.12)

---

① 京师图书馆及分馆 [J]. 教育公报,1916(10):1-4.
② 京师图书馆暂行办事规则 [J]. 教育公报,1917(3):60-62.

其后，教育部又分别于1922年和1923年批准《京师图书馆修改暂行办事规则》（指令第1938号）①和《京师图书馆暂行办事规则》（指令第502号）②，对1916年《京师图书馆暂行办事规则》进行修改。至1924年教育部指令第805号，核准《京师图书馆暂行办事细则》③，对组织机构进一步进行细化（图3）④，在总务课下细分为文书、会计和庶务三室；目录课下则分为六个组；庋藏课下分为善本室、藏经室、四库室和普通室等四室。细则总计五十六条，超过此前任何一个相关京师图书馆办事规则的规定。因此，该《办事细则》被誉为"已知京师图书馆最早、最详密的办事细则""对其后的发展提供了制度借鉴"⑤。

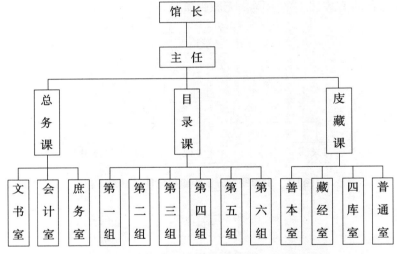

图3　京师图书馆组织机构图（1924）

---

① 京师图书馆修改暂行办事规则 [J]. 教育公报，1922（12）：28-33.
② 北京图书馆业务研究委员会. 北京图书馆馆史资料汇编（1909—1949）[M]. 北京：书目文献出版社，1992：998-1006.
③ 京师图书馆拟定暂行办事细则准备案 [J]. 教育公报，1924（5）：38-43.
④ 王青云，荣杰. 国立北平图书馆时期机构沿革探析（1909—1949）[J]. 国家图书馆学刊，2020（4）：100-112.
⑤ 李致忠. 中国国家图书馆馆史（1909—2009）[M]. 北京：国家图书馆出版社，2009：24.

二、职责划分

从京师图书馆组织机构设置看，1910年分设的典藏科、监察科、文牍科、庶务科四科，经过五年的发展，到1916年调整为目录课、皮藏课和总务课，直到1924年这种组织架构和名称未有变化。但是1916年12月的《京师图书馆暂行办事规则》和1924年3月的《京师图书馆暂行办事细则》中已显现出该时期在机构职责划分上的一些特点，主要体现在目录课和皮藏课的职责变化中（表1）。

第一，伴随着组织机构设置的细分，各课职责也逐渐深入细化。目录课从1916年的七项职责，到1924年内设机构细分为六个组，其职责也有了相对应的具体划分：即编辑善本书籍目录兼办各项总纂审核（第一组），编辑普通旧书、碑拓等目录（第二组），编辑新旧杂志等目录兼研究图书馆学（第三组），编辑外国书籍目录兼译述关于图书馆学之书（第四组），编辑唐人写经目录兼专门研究图书馆学（第五组）和编辑丛书分出目录（第六组）。皮藏课则主要依据文献的类型下设善本、藏经、四库、普通四室，负责相应的书库管理和服务工作。

第二，目录课编辑事务的职责，已展现出京师图书馆目录编制工作的"新旧结合"的特色。其主要体现在第三组、第四组和第五组的职责规定上。它不仅是对善本、碑拓、唐人写经和普通旧书的目录编制，还同时编辑"新旧杂志"和"外国书籍目录"，并明确"兼研究""兼译述""兼专门"对图书馆学进行研究。由之，我们可以看出以皇家旧藏为基础的京师图书馆逐渐向新型图书馆靠近的发展轨迹。

第三，有关读者阅览服务的工作职责分别寓于目录课和皮藏课的职责范围。如1916年目录课职责即有"关于图书解题事项""关于阅览室之设备整理及物品之保管事项"和"关于阅览人之招待及统计事项"的规定；皮藏课包括"关于阅览图书出纳事项""关于图书阅览次数之记录及统计事项"等。1923年，有关阅览服务的职责发生略微变化，如目录课职责一如既往地明确"关于图书解题事项""关于阅览人之招待事项"，但是皮藏课则同时增加了"关于阅览人之引导事项"的规定。至1924年《京师图书馆暂行办事细则》，目录课已没有相关阅览服务的职责，其职责基本侧重在编辑目录和相关管理工作上，庋藏课则将原"关于阅览人之引导事项"的规定修改为"对于阅览人应和颜接待，恳切引导"，有关图书典藏与阅览的相应职责也都集中在庋藏课下。这一变化，为日后合组国立北平图书馆，将庋藏课中的阅览服务职责分离，进而成立独立的阅览组，都具有重要的意义。这一点，我们将在下一章中深入阐述。

表1 京师图书馆目录课和庋藏课职责一览表

年	职责	
	目录课	庋藏课
1916[①]	1. 关于目录之编制、整理、统计事项； 2. 关于图书解题事项； 3. 关于应增应废之图书调查事项； 4. 关于阅览室之设备整理及物品之保管事项； 5. 关于杂志、讲义录、新闻纸之装订事项； 6. 关于阅览人之招待及统计事项； 7. 关于主管事务附属物品之整理保管事项。	1. 关于图书之出纳、修订、整理、保管及统计事项； 2. 关于图书原簿之记录保管事项； 3. 关于阅览图书出纳事项； 4. 关于图书借出馆外事项； 5. 关于寄存图书之记录事项； 6. 关于图书阅览次数之记录及统计事项； 7. 关于主管事务附属物品之整理保管事项。
1922[②]	1. 关于目录之编制及统计事项； 2. 关于图书解题事项； 3. 关于应增应修之图书调查事项； 4. 关于图书收入登记事项； 5. 关于图书之整理事项； 6. 关于参观人之招待事项； 7. 关于主管事务附属物品之整理保管事项。	1. 关于图书之收入书修订、整理、保管及统计事项（管理敦煌石室写经另有专则）； 2. 关于图书原簿之记录保管事项； 3. 关于图书借出馆外事项； 4. 关于阅览图书出纳事项； 5. 关于寄存图书之记录事项； 6. 关于图书阅览次数之记录及统计事项； 7. 关于主管事务附属物品之整理保管事项。

① 京师图书馆暂行办事规则 [J]. 教育公报，1917（3）：60-62.
② 京师图书馆修改暂行办事规则 [J]. 教育公报，1922（12）：28-33.

(续表)

年	职责	
	目录课	庋藏课
1923①	1. 关于目录之编制、整理、统计事项； 2. 关于图书解题事项； 3. 关于应增应废之图书调查事项； 4. 关于杂志、讲义录、新闻纸之装订事项； 5. 关于阅览室之设备整理及物品之保管事项； 6. 关于阅览人之招待事项及统计事项； 7. 关于主管事务附属物品之整理保管事项。	1. 关于图书之接受书修订、整理、保管及统计事项； 2. 关于图书借出馆外事项； 3. 关于图书原簿之记录保管事项； 4. 关于阅览图书出纳事项； 5. 关于寄存图书之记录保管事项； 6. 关于图书阅览次数之记录及统计事项； 7. 关于阅览人之引导事项； 8. 关于主管事务附属物品之整理保管事项。
1924②	1. 编辑事务 （1）编辑善本书籍目录兼办各项总纂审核（第一组）； （2）编辑普通旧书、碑拓等目录（第二组）； （3）编辑新旧杂志等目录兼研究图书馆学（第三组）； （4）编辑外国书籍目录兼译述关于图书馆学之书（第四组）； （5）编辑唐人写经目录兼专门研究图书馆学（第五组）； （6）编辑丛书分出目录（第六组）；	1. 庋藏课书库分设善本、藏经、四库和普通四室； 2. 各室管理书库，如室内设备、柜架之检点、装修之整理及统计等； 3. 善本书籍保存手续； 4. 唐人写经已编查者之管理等； 5. 寄存善本、藏经两室古代名人墨迹、地图、碑拓等类，管理员应详细登簿保存； 6. 四库室于本库木函、缥缃损缺时，应报告总务课修理； 7. 除普通事，惟目录课课员因查书得入书库与管理员共同负责外，其余各室书库他人不得擅入； 8. 凡收入书籍，由目录课送交庋藏课时，管理员收受书籍应即详细登簿庋藏；

---

① 1923 年 8 月 21 日教育部指令第 502 号核准修改京师图书馆暂行办事规章 [M]// 北京图书馆馆史资料汇编（1909—1949）. 北京：书目文献出版社，1992：998-1006.
② 京师图书馆拟定暂行办事细则准备案 [J]. 教育公报，1924（5）：38-43.

（续表）

年	职责	
	目录课	庋藏课
	2. 凡任编辑课员，应于前条六组中择任一组事务； 3. 书籍应并应分或应改名称时，目录课为便于检查起见，得详加题识，通知庋藏课照改； 4. 本馆添购书籍由目录课选定，开单送主任核交总务课购办； 5. 关于收入书籍应办手续； 6. 中外参观人除游览者由庶务室接待外，凡考察学术及特别参观之人，概由目录课接待；团体来馆参观由三课共同接待； 7. 本馆历年收书籍清查丛残旧书底册及各种目录底稿均应妥为保存。	9. 庋藏课收发处人员注意事项： （1）应遵照本馆阅览规则经管阅览室收发书籍事务； （2）整理室内陈列之各种目录； （3）随时注意室内卫生； （4）对于阅览人应和颜接待，恳切引导； （5）收发书籍须贵敏速； （6）监视室内一切事务。 10. 收发处领书证及阅览券之管理； 11. 图书调阅之管理； 12. 本馆管理员于参观人前来时，应在书室内各处指点，不得离开职守，遂参观人他往；团体来参观时，应分室引导，不得拥挤一室； 13. 有关书籍修理。

说明：表1中有关1916年、1922年和1923年的京师图书馆目录课和庋藏课的职责内容，系作者依原文"照录"，但序号为作者加。1924年相关目录课和庋藏课的职责，因属"办事细则"，内容繁多具体，故所入表中内容系作者根据本书主题内容需要摘编而成，序号为作者加。

第二节 中华教育文化基金董事会与北京图书馆的设立

一、中华教育文化基金董事会的成立

全面了解北京图书馆的设立过程，对于研究国家图书馆参考工作早期产生及发展的历史至关重要。其中有关中华教育文化基金董事会的成立及其与京师图书馆合作，进而独立筹建北京图书馆的史实则是其中关键环节。

中华教育文化基金董事会（简称"中基会"）是负责保管、分配和监

督使用美国第二次退还的庚子赔款的科学文化机构，1924年9月18日在北京成立。美国"退还"庚子赔款有两次，第一次是1908年，退还的庚款主要作为留美学生经费和开办清华留美预备学校之用。第二次则是在1924年。根据中美两国政府交换之照会，中美双方应首先共同组建一个合适的董事会及其办事机构，以管理和保证这笔退款按既定方针、目的使用，中基会因此而生。①

根据《中华教育文化基金董事会章程》②（简称《章程》），设立中基会的目的有五：

甲 接受根据一九二四年六月十四日美国国务总理致中国驻美公使照会所退还之款项；

乙 酌量存储该款于一银行或数银行，并得酌用其他生利方法；

丙 酌量保留该款之一部分作为基金，以期收入充本会目的事业之用；

丁 使用该款于促进中国教育及文化之事业；

戊 接受其他用于教育文化之款项。本会在原赠予条件内，对此等款项有支配之全权，与原退还款项相同。

其后，中基会于1925年6月2日至4日在天津裕中饭店召开第一次年会。这次年会根据《章程》第二节丁项之规定，通过议决案："兹决议美国所退还之赔款，委托于中华教育文化基金董事会管理者，应用以：（1）发展科学知识，及此项知识适于中国情形之应用，其道在增进技术教育、科学之研究、试验与表证，及科学教学法之训练；（2）促进有永久性质之文化事业，如图书馆之类。""兹决议应设一固定基金，其数目应使在目下已积存之数及以后每年附加之数，至二十年后凑成一种基金，足生每年约美金五十万元之收入。"③至此，图书馆作为"永久性质之文化事业"纳入中基会"退还"庚款资助使用的范围。除此之外，众多科研教育机构如北京大

---

① 赵慧芝. 中基会和中国近现代科学 [J]. 中国科技史料，1993（3）：68-82.

② 中华教育文化基金董事会章程 [J]. 中华教育文化基金董事会第一次报告，1926（1）：25-26.

③ 董事会报告 [J]. 中华教育文化基金董事会第一次报告，1926（1）：2-3.

学、复旦大学、南开大学、武昌华中大学、地质调查所、中国科学社、中华教育改进社等，都位列中基会资助使用"退还"庚款范围。

二、合办国立京师图书馆与北京图书馆的设立

中基会议决文化事业先从建设图书馆入手，其首先选择与北洋政府教育部合办国立京师图书馆。在《中华教育文化基金董事会第一次报告》"干事长报告"中有如下描述："在嗣以京师为人文荟萃之地，宜有规模宏大之图书馆以广效用。又以教育部原有之京师图书馆所藏中文书籍甚富，其中且多善本，徒以地址偏僻，馆舍亦复简陋，致阅览者多感不便。如能两方合办，酌择适宜之地建筑馆屋，则旧馆书籍既得善之所，而新馆亦可腾出一部分经费为购置他种图书之用。"①在此考虑下，1925年9月28日，中华教育文化基金董事会第一次执行委员会讨论通过了该会与教育部合办国立京师图书馆契约等案。10月22日，中基会董事会与教育部订立《合办国立京师图书馆契约》（十条），②该《契约》规定了双方合办国立京师图书馆的管理权属于教育部与中基会所共同组织的图书馆委员会。委员会由两方共推教育界具有声望者合计九人组成。正副馆长，则由委员会推荐，由教育部聘任。《契约》约定，中基会提供一百万元"临时费"，作为建筑设备费，分四年支出。作为维持国立京师图书馆日常运转的"经常费"，"本年度内暂定为每月五千元"③双方则各担一半。11月26日，教育部令第206号称"原设方家胡同之京师图书馆，应改为'国立京师图书馆'"④。12月2日，教育部训令第313号进一步明确："此次本部与中华教育文化基金董事会协商，组织国

---

① 干事长报告[J]. 中华教育文化基金董事会第一次报告，1926（1）：22-23.
② 1925年11月3日教育部与中基会合办过京师图书馆契约（抄件）（档章则1.3）[M]//北京图书馆馆史资料汇编（1909—1949）. 北京：书目文献出版社，1992：1027-1030.
③ 干事长报告[J]. 中华教育文化基金董事会第一次报告，1926（1）：22-23.
④ 1925年11月26日教育部令第206号原方家胡同之京师图书馆改为国立京师图书馆分馆（原件）（档概况1.7）[M]//北京图书馆馆史资料汇编（1909—1949）. 北京：书目文献出版社，1992：127-128.

立京师图书馆委员会,将该馆改名为'国立京师图书馆',并经派定委员在案。现经本部函聘梁启超为国立京师图书馆馆长,李四光为副馆长。合函令行该馆,仰即遵照可也。此令。"①

至此,中基会与教育部合办"国立京师图书馆"之事似乎一切条件具备,然而"近以政局多故,教育部於履行契约,发生困难"②。中基会于1926年1月13日致函教育部要求履行《契约》③,教育部旋即于1月26日回复中基会,谓因国库支绌,难于履约。④在这种情况下,中基会"一面与教育部商洽,在约定条件未能履行以前,本会与该部所结契约从缓实行,一面拟将原定计划略为变更,暂由本会独力进行。现已择定北海公园迤西御马圈空地约四十亩为新馆地址。在新馆未落成以前,租赁北海公园内庆霄楼一带殿宇为暂时办事处所。至于临时经常各费,可否仍照原案支出,此节关系较大,应请详加讨论,分别决定"⑤。这段史料记载之"原定计划略为变更,暂由本会独立进行"即为1926年2月28日中基会董事会第一次常会决议自办图书馆,定名"北京图书馆",聘梁启超、李四光为正副馆长,袁同礼为图书部主任,由范源濂、任鸿隽、周诒春、张伯苓、戴志骞等5人组成"北京图书馆委员会"。中基会拨开办费100万元,租北海庆霄楼、悦心殿、静憩斋、普安殿等处为馆舍,3月1日北京图书馆正式成立,⑥1927年1月,北京图书馆开馆服务。

中基会与教育部合办国立京师图书馆虽然开局受阻,然北京图书馆的成

---

① 1925年12月2日教育部训令第313号聘梁启超李四光为国立京师图书馆正副馆长(原件)(档概况1.8)[M]//北京图书馆馆史资料汇编(1909—1949).北京:书目文献出版社,1992:130-131.
② 干事长报告[J].中华教育文化基金董事会第一次报告,1926(1):22-23.
③ 1926年1月13日中华教育文化基金董事会致教育部要求履行十条契约函(抄件)(档概况1.10)[M]//北京图书馆馆史资料汇编(1909—1949).北京:书目文献出版社,1992:132-136.
④ 1926年1月26日教育部复中基会1月13日函(抄件)(档概况1.10)[M]//北京图书馆馆史资料汇编(1909—1949).北京:书目文献出版社,1992:137-139.
⑤ 干事长报告[J].中华教育文化基金董事会第一次报告,1926(1):22-23.
⑥ 北京图书馆.北京图书馆第一年度报告[M].北京:北京图书馆,1927:1-6.

立，以"北京图书馆委员会"为该馆建设和日常运营之最高决策机构，开启了图书馆管理的新模式。为日后中基会与国民政府合组国立北平图书馆奠定了重要基础。

三、从北京图书馆到北平北海图书馆

北京图书馆1926年3月1日正式成立后曾先后两次更名。1928年7月，国立京师图书馆更名"国立北平图书馆"。同月，北京图书馆亦更名为"北平图书馆"，"嗣嫌与中海馆名"①相似，10月北平图书馆又更名为"北平北海图书馆"②。

北京图书馆成立伊始便展现出一片新气象，"中国设立大规模之图书馆，从事于科学的管理者，尚不多见。本馆事属创举，鲜有先例可循"③，为此，北京图书馆聘请韦棣华（Mary Elizabeth Wood）④为名誉顾问，谓："女史襄于退还庚款运动宣劳不倦，尤于图书馆事业贡献良多，裨益我邦，颇非浅鲜。女史固图书馆学专家，将来本馆进展知必深资其匡助。"⑤

根据《北京图书馆第一年度报告》记载："馆中组织初于正副馆长下分图书与总务两部，各设主任，而总务主任即以副馆长兼之。凡关文牍、会计、庶务、建筑事务属总务部，凡关于采访、编目、阅览事务属图书部。"另据《国立北平图书馆概况》："北平北海图书馆开办之始，设委员会主持一切进行事宜。十六年七月设建筑委员会，专司建筑事宜。十八年二月，设

---

① 指合组前的国立北平图书馆。作者注。
② 1934年1月国立北平图书馆概况（原件）（印刷本）[M]//北京图书馆馆史资料汇编（1909—1949）.北京：书目文献出版社，1992：1234-1251.
③ 北京图书馆.北京图书馆第一年度报告[M].北京：北京图书馆，1927：18.
④ 韦棣华（Mary Elizabeth Wood，1861—1931），美国图书馆学家，1899年来到中国武昌。1910年5月16日，韦棣华亲手创办的文华公书林（Boone Library）正式落成开放。文华公书林是20世纪中国图书馆历史的重大里程碑，标志着西方图书馆观念传入中国以后，完全现代意义的新式公共图书馆正式在中国诞生。
资料来源：韩永进.中国图书馆史（近代图书馆卷）[M].北京：国家图书馆出版社，2017：96，99.
⑤ 北京图书馆.北京图书馆第一年度报告[M].北京：北京图书馆，1927：2-3.

购书委员会，协定购书之准则。图书馆方面负责者为正副馆长各一人，分设总务、图书两部主任，总务主任以副馆长兼摄。十六年七月，裁两部主任，改设总务、采访、编目三科。十七年九月增设参考科。十八年一月裁副馆长职。"①新增设参考科配置二人，汪长炳、翟可舟。②

据此，截至1929年2月的北京图书馆机构设置及变名情况概述如下：

1926年3月1日，北京图书馆正式设立，设委员会；

1927年1月，开馆服务。设馆长1人，副馆长1人，设总务和图书部两部；

1927年7月，设建筑委员会，裁两部主任，改设总务、采访、编目三科；

1928年7月，更名北平图书馆；9月，增设参考科；10月，更名北平北海图书馆；

1929年2月，设购书委员会。

上述从北京图书馆到北平北海图书馆变化的具体情况，可以参看以下图示更为清楚（图4）。

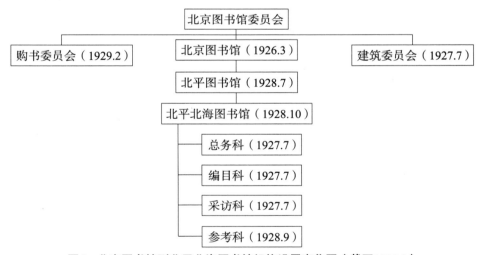

图4　北京图书馆到北平北海图书馆机构设置变化图（截至1929.2）

---

① 1934年1月国立北平图书馆概况（原件）（印刷本）[M]//北京图书馆馆史资料汇编（1909—1949）.北京：书目文献出版社，1992：1234-1251.

② 北平北海图书馆职员表.北平北海图书馆第三年度报告[M].北平：北平北海图书馆，1929：85-90.

梳理从北京图书馆到北平北海图书馆的机构变化情况，我们可以确认如下事实：

第一，国家图书馆历史上正式成立参考工作的业务机构"参考科"的时间为1928年9月，其时北京图书馆已经更名为北平图书馆，但尚未更名为北平北海图书馆。即准确表述应为：1928年9月，北平图书馆在原北京图书馆设总务、采访和编目三科基础上，增设参考科。故目前学界将国家图书馆设立参考咨询机构的时期泛泛表述为在"北海图书馆"设立是不准确的。[①]

第二，参考科的增设是在中基会独立创办的北平图书馆（北京图书馆第一次更名），其时是在与由国立京师图书馆更名后的国立北平图书馆还未进行合组之前。明确这个时间节点非常重要。（图5）

[①] 对于参考科的设立，戚志芬在《参考工作与参考工具书》（第6页）中写道："稍晚于清华大学图书馆的是北京图书馆。在二十年代中期，那时全馆工作人员不过二十八人，国内外来函和来馆口头咨询以及编专题目录的工作，多由编目科人员担任。迫于咨询业务和编制书目的需要，于1928年9月，当时的第二馆（北海图书馆）在阅览部下增设了参考科，后改称参考组。"在这个表述中有两个地方需要注意，其一"当时的第二馆（北海图书馆）"，根据史料记载，1929年8月31日，国立北平图书馆与北平北海图书馆正式合并。在新馆舍未建成前，原坐落在居仁堂的国立北平图书馆称第一馆；原坐落在北海的北平北海图书馆称第二馆。据此可以判断，参考科增设是在1928年9月，第一馆和第二馆的称谓是在合组国立北平图书馆的1929年8月之后，因此，戚志芬是用合组后的"第二馆"称谓当时由中基会独立建立的北平图书馆（北京图书馆第一次更名）；其二"在阅览部下增设了参考科"也与1928年9月的北平图书馆的机构设置不符合，因参考科的增设是在北京图书馆1927年7月设置的总务科、采访科和编目科基础上增设的，当时并无阅览部，设立阅览部乃为1929年11月28日，教育部指令第3066号核准《国立北平图书馆组织大纲》中才明确。作者注。

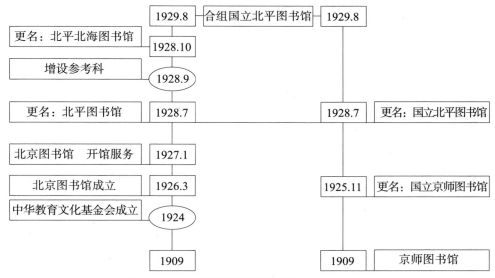

图5 京师图书馆与北京图书馆设立、更名与合组

第三节 官方文件和史料中有关参考工作的记载

从京师图书馆1909年筹建到更名国立北平图书馆（1929年8月合组前），从中基会1926年设立北京图书馆到更名北平北海图书馆（1928年10月），这是国家图书馆早期历史中两条既并行发展又相互关联的历史脉络。

1928年9月北平图书馆增设参考科，是国家图书馆历史上第一个独立建制的参考工作机构，是国立北平图书馆时期参考工作完成初创的标志。参考科的增设源于既并行发展又相互关联的京师图书馆和北京图书馆的业务发展需求。

一、有关京师图书馆的规章制度和史料中的记载

1.有关规章制度和史料记载的基本考察

1912年京师图书馆在广化寺开馆之时即制定《京师图书馆暂定阅览章程》（附件），[①]该章程全文18条，包括阅览人阅览图书范围（第一条到第

---

① 国家图书馆档案，档章则1.1 转引自：李致忠.中国国家图书馆馆史资料长编（1909—2008）[M].北京：国家图书馆出版社，2009：30-31.

四条），阅览人入馆阅览手续及阅览要求（第五条至第十二条），以及阅览室管理（第十三条至第十八条），但具体到如何为阅览人服务并无规定。其后，京师图书馆因"不惟地址太偏，往来非便；且房室过少，布置不敷；兼之潮湿甚重，于藏书尤不相宜"①，遂闭馆另谋地址设置分馆。1913年6月，京师图书分馆在宣武门前青厂武阳会馆试开馆。同年12月，京师图书馆暂行闭馆，直至1917年1月在国子监南学旧址重又开馆。因此，这一期间，教育部核准发布的关于阅览服务的规章主要是对京师图书分馆的读者服务工作。1915年8月10日，教育部批文第1051号，核准《京师图书分馆新闻杂志阅览室规则》和《京师图书分馆学生阅览减免征费办法》，根据当时《教育公报》记载："详悉，该馆附设杂志阅览室，搜集国内外新闻杂志，自是有益社会。查阅规则及学生阅览减免征费各节，均属可行，应照所拟办理。此缴。"②根据内容来看，这些规则和办法是针对阅览室和阅览人（学生）的管理规定。直到1916年教育部核准《京师图书分馆暂行办事规则》（1月）和《京师图书馆暂行办事规则》（12月），对京师图书分馆和行将重新开放服务的京师图书馆的机构职责做出明确规定。在目录课职责中出现"关于图书解题事项"（第四条二）和"关于阅览人之招待及统计事项"（第四条六）的内容。1918年，京师图书分馆在是年工作总结《京师图书分馆民国七年终报告书》中，专门设有"关于阅览人之接待事项"的记载："馆中对于阅览人，向属谨慎周妥，取纳书籍必求迅速，茶水火炉，必求温洁，遇有质问，必婉词答复。凡馆中未备之书，只在阅览人之要求正当，决无不速为购买或设法介绍。"③此后，对于阅览人"招待事项""引导事项""和颜接待，恳切引导"等内容，在教育部批准核发的若干有关京师图书馆的规定里都涵盖其中（具体参见第一节）。

---

① 1912年12月9日呈教育部在南城适中之处设京师图书馆分馆（文稿）（档年录1.1）[M]// 北京图书馆馆史资料汇编（1909—1949）. 北京：书目文献出版社，1992：35-36.
② 批京师图书分馆新闻杂志阅览室规则及学生阅览减速免征费各节均属可行应准照办（第1051号）[J]. 教育公报，1915（5）：公牍85.
③ 京师图书分馆民国七年终报告书[J]. 教育公报，1919（3）：报告23-32.

2. 有关参考咨询开端的具体分析

综上所述，从历史的角度看，京师图书馆是否已经开启参考咨询服务？如果已经开展，起点是什么时候？从参考工作发生的业务逻辑看，图书馆一旦开馆面向公众服务，首先要"设阅览室"提供阅览服务，关于这一点在我国第一个全国性图书馆章程《京师图书馆及各省图书馆通行章程》（1910）的第五条就明确规定为"图书馆应设藏书室、阅览室、办事室"[①]；而读者在阅览和使用图书过程中出现困难，必会向图书馆员求助。那么在京师图书馆早期服务中，由于读者阅览体量还未发展至需要成立专职阅览服务机构，相关阅览服务职责即由目录课和庋藏课分别负责。

那么为什么"关于图书解题事项"和"关于阅览人之招待及统计事项"的职责放在目录课？从目录课的职责看，"关于目录之编制"是该课的第一职责，对于"书籍应并应分或应改名称时""得详加题识"（参见表1），因此目录课的职员对于图书的基本信息和内容应当是最为熟悉的，而当读者使用图书有疑难问题时，自然就承担着"图书解题"的责任了。这种情况在后来由中华教育文化基金董事会成立的北京图书馆开馆服务初期也有类似的记载，由此我们可以逆向作为佐证（参见下述"北京图书馆有关参考咨询服务的记载"）。既然承担"关于图书解题事项"，自然就负责"关于阅览人之招待及统计事项"，这似乎是很顺理成章的。

此外，"关于图书解题事项"虽然为目录课职责，但它是否内涵参考咨询服务的特征呢？参考咨询服务的根本性要素有三：读者、文献资源和图书馆员。从服务过程看，先是读者在使用图书中遇到困难，读者开始提出咨询需求；图书馆员根据读者需求，基于图书等文献解答读者的问题。那么深入分析"关于图书解题事项"，其内涵势必包含了为什么解题、由谁解题，以及根据什么解题的意思。

据此，有关京师图书馆早期读者服务的规章制度和相关史料记载中，虽未见有关参考工作的直接明确规定，但是在其有关目录课职责中的某些

---

① 1910年学部奏拟定京师图书馆及各省图书馆通行章程（抄件）[M]// 北京图书馆馆史资料汇编（1909—1949）. 北京：书目文献出版社，1992：950-952.

规定已经显现出参考咨询服务工作必备的一些要素和萌芽。这个时间节点应该以1916年1月的《京师图书分馆暂行办事规则》为标志。而在《京师图书分馆民国七年终报告书》中"遇有质问，必婉词答复"的记载，则可视为履行"关于图书解题事项"职责在阅览室参考服务工作中的实际记录。

二、北京图书馆有关参考咨询服务的记载

北京图书馆与国立北平图书馆合组前，先后编辑出版《北京图书馆第一年度报告》《北京图书馆第二年度报告》和《北平北海图书馆第三年度报告》，每一年度报告均出中英文两种版本，凡重要业务工作在其中均有记载。

第一年度报告所记载内容反映的是北京图书馆初建第一年（1926年3月至1927年6月）的各项业务情况，虽未有参考咨询业务的记录，但是却有"阅览室……两壁列字典、辞书、年鉴、人名地名辞书、参考用书约一千二百册"的相关参考工具书的描述。

第二年度报告（1927年7月至1928年6月）相关参考咨询业务记录的内容大大增加。彼时的参考咨询业务被列为"阅览室"工作内容之一："阅览室中有一种络绎不绝而事涉专门之咨询，在本馆现在组织之下无所专属者。此一年汇总所受国内、外来函与当地咨询之件为数至多，虽有立即答复者，而其中亦有颇需翻检者。上列之各书目多为年来应答之一部分资料，至馆员之分配于阅览室者本已极少，年来需要渐增，凡有咨询之件，多由编目科人员为之担任。而该科事务遂不免时有停顿之苦，是增设咨询专科之需求愈为迫切也。"[①]从这段史料中可以明确几点，其一是阅览室咨询"无所专属"，其二一年来咨询数量"为数至多"，其三解答咨询"多由编目科人员为之担任"，其四设立"咨询专科"已是北京图书馆业务发展之必需。

除此之外，在第二年度报告中设有"分类与编目"和"目录事业"两

---

① 北京图书馆.北京图书馆第二年度报告[M].北京：北京图书馆，1928：24.

个栏目,这两部分内容已明显具有参考工作内容的特性。如该报告在"分类与编目"中总结道:"本年度编目计划特注意编目工具之创造。工具可分为两种:一、直接的。1. 编分类法 2. 定编目条例 3. 决定著者符号。二、间接的。1. 编图书辞典 2. 编人名辞典 3. 编各种重要书籍之索引 4. 编专科目录 5. 编词书。"①由此可以看出,在北京图书馆创建开展服务初期,编目科的职责一为图书编目,二是编制"编目工具"。而"直接的"工具之创造至今仍为各图书馆编目部门的重要业务内容之一。"间接的"工具之创造初为编目科的工作内容,随着图书馆事业的发展,参考工作内涵也逐渐丰富,编制工具书的职责逐渐从编目部门向专职参考工作机构实现转移。参考咨询馆员在日常咨询服务时,既要依靠参考工具书,同时也要编制工具书,编制工具书成为参考咨询馆员工作内容的重要组成部分。

"目录事业"项下有两个内容,一为正在编制中的《中国图书大辞典》(梁启超主持)、《新出版书之调查》和《道咸同光四朝外交始末记》,另一部分则是"专门目录之编纂",其主要是"本年馆中应各方之咨询,随时编纂专门书目",这亦可说是,在北京图书馆未成立专职参考工作机构之前,由编目人员为"阅读者"所完成的参考咨询成果,只不过是以书目形式体现出来。具体如下:②

1. 中国音乐书举要
2. 欧美考古学会名称及其出版物目录
3. 关于老子及道教之书报目录
4. 英美刊行之教育杂志目
5. 中国各学术团体名称及其出版物目录
6. 世界美术馆名目
7. 关于上海及香港之重要书目
8. 关于中国古迹方面之重要书目
9. 西译华籍书目

---

① 北京图书馆. 北京图书馆第二年度报告 [M]. 北京:北京图书馆,1928:15-16.
② 北京图书馆. 北京图书馆第二年度报告 [M]. 北京:北京图书馆,1928:21-22.

10. 西译中国诗集目

11. 孝经书目

12. 散见于中国杂志关于国际法庭之文字

13. 研究英诗应读书目

14. 关于朝鲜及安南史之书目

15. 关于北京风土之书目

16. 华译之戈特尼著作

17. 古耶稣会教士姓名生卒年月

18. 关于明堂研究之书目

19. 关于波斯人拉施特所著元史之译本目

20. 关于许勃脱之书及其著作目

21. 关于博物院组织之书报目

22. 关于疥疮之中文书目

23. 柯滋洛夫探险队书报目

24. 关于清末调查户口之中国公牍

由之，我们在历史发展的脉络中，更清楚地看到今日作为参考咨询馆员主要工作之一的书目编制工作的源头。

第三年度报告（1928年7月至1929年6月）所反映的是北京图书馆已更名为北平北海图书馆时期的发展状况。其时专职参考工作机构"参考科"已经增设。报告中涉及参考工作的栏目设置发生了变化。在第一年度和第二年度报告中的固定栏目"分类编目"调整为"分类编目及索引"，"目录事业"调整为"目录及咨询"，"阅览事务""阅览室"调整为"阅览事项"。索引与编目并行，体现了北平北海图书馆在编目工具编制领域从辞典、词书向索引编制的深化，而索引自身所具有的参考工具书的属性，使得参考工作内容变得更为立体多样。咨询与目录同位，则使二者的参考咨询服务的内在性得到很好的表达。"阅览事项"在记述参考咨询情况时谓之"一年以来，阅览室往往有人满之患，面向隅者亦颇不尠。……而咨询事项或由面问或用电话或通书札，终日不绝，是可见利用本馆者颇不鲜矣"。

第一章 孕育与初创时期的参考工作（1909—1928）

从第三年度报告可以看出，有关参考工作的内容已经从单一的阅览室咨询服务扩展为专题目录制作和索引编制（表2），业务体量大大增加。这与"年来因咨询事件之增加，势非设专科不可。本年度因派馆员二人专司其事"①的内设机构调整至为相关。

表2　北平北海图书馆第三年度编制索引和专题目录概览②

索引	专题目录
1.国学论文索引 2.满蒙藏文书编制索引（年度工作重点） 已编成： （1）西番译语索引 （2）馆藏西藏名人著作集联合索引 （3）工布查布所著之番汉乐名索引 （4）诸佛菩萨圣像中汉满蒙藏四体文字三百六十诸佛菩萨名号索引 即将完成： （1）藏文丹珠经（亦名续藏经）索引 （2）藏文印度西藏所出护持教法者人名录中所有之人名及地名索引 （3）满汉合璧八旗满洲姓氏部落及方舆全览之满文及汉文索引 在编制中： （1）汉满蒙藏实体合璧文鉴之汉文及藏文索引 （2）汉文大藏经藏文甘珠经丹珠经及汉满蒙藏四体合璧全咒四书之联合索引	1. 关于四川之书目 2. 关于青岛之书目 3. 关于苗族问题之书目 4. 关于中国交通之书目 5. 关于无线电之书目 6. 关于市政之书目 7. 最近二年内出版之音乐书目 8. 关于新疆之书目 9. 最近两年来出版之国学新书目 10. 汉译之外国文学作品目 11. 数学杂志目 12. 关于劳工及儿童问题之美国官书目 13. 关于医校图书馆之管理及医书分类编目之杂志篇目 14. 馆藏有关狐怪之书目 15. 关于回教之书目 16. 关于社会科学之美国官书目 17. 最近五年来关于港政之英美书目 18. 关于东方美术之书目 19. 关于易经书目 20. 关于考试制度书目 21. 关于新闻学书目 22. 关于字典学书目 23. 关于中国卫生立法书目 24. 关于自然科学定期刊物书目 25. 关于妇女教育书目 26. 中国之西文书联合目录

---

① 北京图书馆.北京图书馆第二年度报告[M].北京：北京图书馆，1928：22-24.
② 北平北海图书馆.北平北海图书馆第三年度报告[M].北平：北平北海图书馆，1929：21-24.

图书馆参考咨询工作是图书馆发展到一定阶段的产物。从历史发展进程来看，京师图书馆承继中国古代皇家藏书，创建于朝代更迭的清末民初历史大动荡时期，至北伐成功国民政府教育部接管，前后20年，在"馆无定舍，舍无定所，馆舍三迁，步履艰难"①的困境中缓慢前行。内设机构从最初仿日而建，到逐渐调整完善，制订形成了《京师图书馆暂定阅览章程》（1912）、《京师图书分馆新闻杂志阅览室规则》（1915）等阅览规章制度。教育部有关《京师图书分馆暂行办事规则》和《京师图书馆暂行办事规则》（1916）核准颁布，明确记载了具有参考咨询服务特征的"图书解题事项"和"关于阅览人之招待及统计事项"，参考咨询服务萌芽初现。

北京图书馆创建伊始，"馆旨既在完成国立图书馆之职务"，成立北京图书馆委员会，聘任美国图书馆学家韦棣华为名誉顾问，招收"武昌华中大学文华图书科毕业生"等专业人才，②完全新式的管理理念，使得北京图书馆在创建不到三年时间由最初建馆时的馆员七人，发展至三十七人。③虽然"本馆阅览室面积至小"，但"此一年中阅览人数计一万一千七百五十二人，阅览书籍册数为六万七千九百六十七册，其参检阅览室陈列之图书杂志不计焉"④。为满足阅览人咨询服务量快速增长的需要，专司参考咨询服务的参考科于1928年9月应运而生。

中华教育文化基金董事会意与教育部合作共建"国立京师图书馆"，虽因政府"国库支绌"转而自建北京图书馆，但北京图书馆与京师图书馆从合作到并行发展的过程，不啻是中美图书馆办馆理念交融相会的过程。参考咨询服务在京师图书馆虽已现萌芽，然在以美式图书馆理念为办馆核心精神的北京图书馆，率先增设参考科则是必然。这一切又为国立北平图书馆与北平北海图书馆合组后的参考工作奠定了重要基础。

---

① 李致忠.中华教育文化基金会与国立京师图书馆[J].国家图书馆学刊，2008（1）：6-10.
② 沿革及组织.北京图书馆第一年度报告[M].北京：北京图书馆，1927：2-3.
③ 北平北海图书馆职员表（民国十八年六月）.北平北海图书馆第三年度报告[M].北平：北平北海图书馆，1929：85-90.
④ 阅览事项.北平北海图书馆第三年度报告[M].北平：北平北海图书馆，1929：25-29.

第二章 中兴与发展时期的参考工作
（1929—1937）

伴随着北伐告成和南京国民政府成立，中国开始迈入了一个相对稳定的短暂发展时期，政治、经济、文化、教育等迅速发展，国立北平图书馆迎来了中兴与发展的新时期，呈现出一派欣欣向荣的景象。该时期始于1929年8月北平图书馆与北平北海图书馆正式合组国立北平图书馆，止于1937年"七七事变"全面抗战爆发。中兴与发展时期的参考工作，在机构设置、人员配置、咨询服务、业务研究和制度建设等方面，均取得了丰硕成果。

第一节 参考工作机构设置

一、合组后的国立北平图书馆机构设置

1929年9月，国民政府教育部公布与中华教育文化基金董事会联合制订的《合组国立北平图书馆办法》，该《办法》明确合组国立北平图书馆之目的是"为促进学术发展文化起见"（第一条），合组后的国立北平图书馆的运营与管理均由教育部及中基会合组的"国立北平图书馆委员会主持"（第二条）。同月，教育部公布《国立北平图书馆委员会组织大纲》[①]。11月28

[①] 国立北平图书馆委员会组织大纲（十八年九月本部公布）[M]// 北京图书馆馆史资料汇编（1909—1949）．北京：书目文献出版社，1992：1052-1053.

日，教育部指令第3066号核准《国立北平图书馆组织大纲》，[①] 至此，原国立北平图书馆与北平北海图书馆的合组工作，在组织机构层面全部完成。

根据《国立北平图书馆组织大纲》，合组后的国立北平图书馆实行国立北平图书馆委员会管理制，除正副馆长外，下设总务部、采访部、编纂部、阅览部、善本部、金石部、舆图部与期刊部，总计8部16组（图6）。1934—1935年度，期刊部并入采访部，改称期刊组，全馆机构设置调整为7部15组。中兴时期的国立北平图书馆业务架构，除根据业务发展需要对个别机构进行微调外（图7、图8和图9中带*号机构[②]），基本上保持了大框架的稳定，这为国立北平图书馆的全面发展奠定了组织层面的重要基础。

---

① 1929年教育部指令第3066号核准国立北平图书馆组织大纲备案（原件）（档章则2.9）[M]// 北京图书馆馆史资料汇编（1909—1949）. 北京：书目文献出版社，1992：1054-1061.
② 图6、图7、图8、图9系作者根据四个年度的《国立北平图书馆馆务报告》（民国十八年七月至十九年六月；民国二十一年七月至二十二年六月；民国二十三年七月至二十四年六月；民国二十五年七月至二十六年六月）中的相关内容绘制。

第二章 中兴与发展时期的参考工作（1929—1937） 27

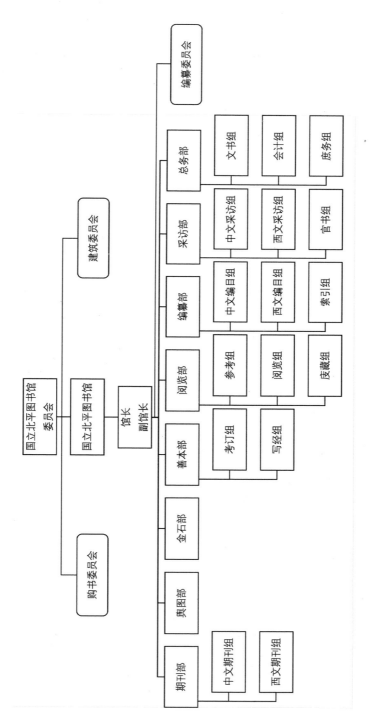

图6 国立北平图书馆组织机构图（1929.7—1930.6）8部16组

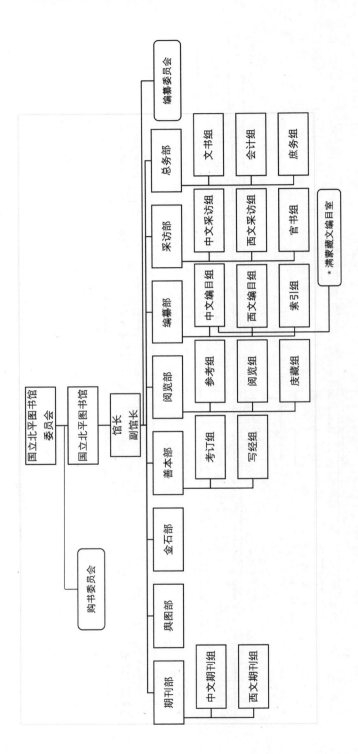

图7 国立北平图书馆组织机构图（1932.7—1933.6）8部16组

第二章 中兴与发展时期的参考工作（1929—1937） 29

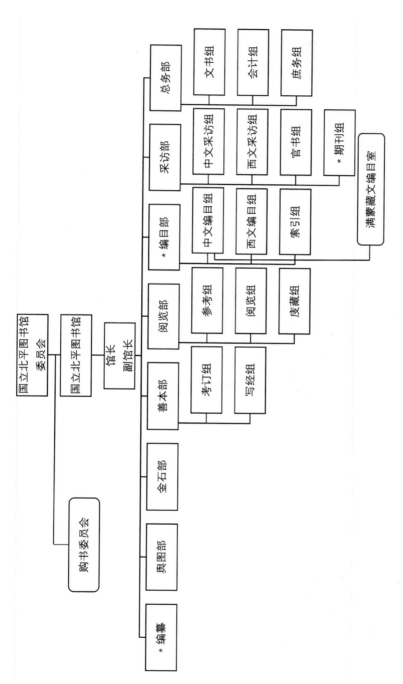

图8 国立北平图书馆组织机构图（1934.7—1935.6）7部15组

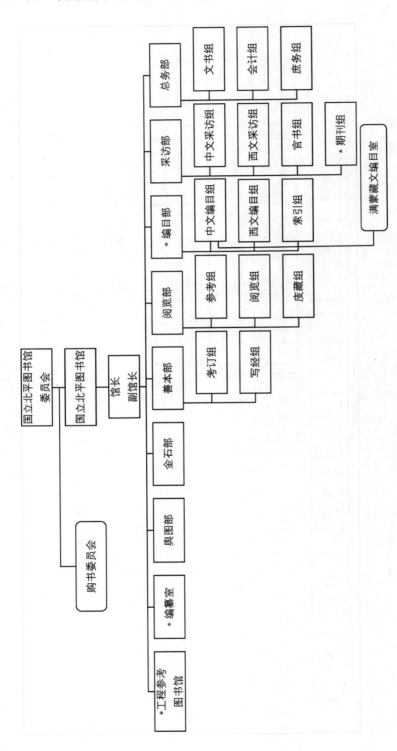

图9 国立北平图书馆组织机构图(1936.7—1937.6) 7部15组

二、参考工作机构的设置和人员配置

1. 阅览部下的参考组

1929年11月教育部核准《国立北平图书馆组织大纲》，正式确立国立北平图书馆8部16组的组织建制，专事参考工作的组织机构和职责在政府文件中首次得以明确规定。

《大纲》总计14条，其中第八条对阅览部的机构设置和职责表述为"阅览部设参考、阅览、庋藏三组"，职掌"一、关于阅览事项；二、关于答复咨询事项；三、关于图书出借事项；四、关于书库保管事项"。参考组的职责即为"关于答复咨询事项"，其他三项职责分属阅览和庋藏两个组。《大纲》将参考组作为阅览部的下属三组之一，一方面是将参考工作的性质归属于图书馆阅览服务工作的大范围，另一方面又将其与"图书出借"的阅览服务和"书库保管"的文献庋藏管理工作做出区分。

与此同时，参考工作机构的人员配备数量也得到快速增长（表3），综合业务能力得到提高。首先，人员从1928年9月增设参考科的2人，发展至1937年抗战爆发前的8人；其次，无论作为阅览部管理者还是参考馆员，多数具有从事图书馆两种业务工作的经历，如刘国钧既是编纂部主任又兼阅览部主任；汪长炳既是编纂部西文编目组组员，同时又兼阅览组组长；邓衍林先从事阅览服务工作，继而从事参考咨询服务工作。多岗位业务经历，特别是熟悉图书采访与编目工作，对于文献入藏和最新学术研究成果保持同步了解，无疑有益于参考馆员开展高质量的参考咨询服务；最后，居于管理岗位或为业务中坚力量的图书馆员，有相当比例人员具有图书馆学专业背景。如，刘国钧为民国时期留学海外的第一代图书馆学家；[1]汪长炳、严文郁、邓衍林、丁潛均为武昌文华图书馆科毕业，[2]他们受过图书馆学专业训练，为从事图书馆参考工作实务，奠定了良好基础。这批图书馆学专业人才与同时期国立北平图书馆其他学科领

---

[1] 范凡. 民国时期图书馆学著作出版与学术传承[M]. 北京：国家图书馆出版社，2011：30-31.

[2] 彭敏惠. 文华图专珍稀史料图录[M]. 武汉：武汉大学出版社，2020.

域人才，共同形成"国立北平图书馆学人群体"，①为国立北平图书馆的发展创造了辉煌。有关该时期国立北平图书馆在参考工作领域取得的成果我们在下一节专门介绍。

2. 工程参考图书馆

工程参考图书馆前身系国立北平图书馆于1934年2月建立的工程参考室。工程参考室由国立北平图书馆与中国工程师学会和中美工程师协会合作设立。初建阶段，国立北平图书馆与中国工程师学会、中国水利工程学会、中美工程师协会、河北省工程师协会和中国营造学社等联合发函，为工程参考室征集资料，②接受海内外寄赠。工程参考室提供阅览服务，深受专业读者欢迎，并于建室一年后再行扩充。1936年9月，"为适应国家物资建设之需要，并便利工程界人士参考起见"，工程参考室从北平迁往南京，改称工程参考图书馆，抗战期间转称南京办事处。③岳良木为工程参考图书馆首任主任，钱存训为继任主任。工程参考图书馆虽地处南京，仍属国立北平图书馆。

工程参考图书馆是参照"美国Engineering Societies Library英国Science Museum德国Deutsches Museum 附设之图书馆及日本藤山工业图书馆"而建。成立伊始即明确其使命为"甚愿以所藏之参考资料贡献于社会""给予从事工程研究者之便利"。而更深层次的使命则是"窃念完成总理实业计划，实为全体国民普遍急切之要求，本馆搜集欧美工程进展之资料，以策我国工程学术与事业之进步，俾能随世界之进化而俱进，深望政府及社会予以扶助，藉达工程学术救国之宏愿焉"④。

工程参考图书馆是国家图书馆历史上唯一一个以"参考图书馆"命名的专业图书馆。因其广泛收藏土木、机械、电机、矿冶、化工和纺织各类文献资料，特别是当时欧美出版的重要学术资料，广受工程学术界欢迎。除了提供常

---

① 周余姣. 以书为师，因业成缘：国立北平图书馆学人群体研究述略 [J]. 图书馆，2018（1）：41-47，58.

② 1934年3月9日有关学会为工程参考室征集资料函（文稿）（档阅览1.18）[M]// 北京图书馆馆史资料汇编（1909—1949）. 北京：书目文献出版社，1992：395.

③ 1946年上海办事处与南京办事处概况（文稿）（档概况2.22）[M]// 北京图书馆馆史资料汇编（1909—1949）. 北京：书目文献出版社，1992：860-863.

④ 工程参考图书馆. 工程参考图书馆概况 [M]. 南京：工程参考图书馆，1937：10.

规阅览服务，该馆还为到馆或通过电话、通信方式寻求服务的读者，提供"编制参考目录"等项参考咨询服务。同时，为解决"我国工程著述散见于各种期刊之中，学者检阅每感不便"的问题，工程参考图书馆着手组织编辑工程论文索引，其中《铁路工程论文索引》作为工程论文索引之一于1937年4月正式出版。该索引所收论文以铁路工程为专题，包括"工务、机务、车务、场务等一切技术上有关之问题"，从国立北平图书馆所藏85种期刊（1911年10月至1936年12月）中辑出。[①]继《铁路工程论文索引》出版后不久，抗日战争爆发，工程参考图书馆原计划编辑的其他工程论文索引未能付诸实施。主任钱存训也因战事变化，被调往国立北平图书馆上海办事处任职，遂才有了钱存训冒死为国立北平图书馆"善本运美寄存"[②]的壮举。

---

① 国立北平图书馆索引组.铁路工程论文索引[M].南京：工程参考图书馆，1937.
② 钱存训.我和国家图书馆：在北图工作十年的回忆和以后的联系[J]国家图书馆学刊，2009（3）：9-14.

表3 国立北平图书馆参考工作机构及人员情况一览表（1928.9—1938.6）

时间	部门/科组	在馆时间	职务	备注
1928.9	参考科（2人）	汪长炳 1926.7—1932.8	科员	1928.9 参考科科员（北平图书馆，后名北平北海图书馆）；1929.6 参考科科员（北平北海图书馆）；1929.7—1932.6 编纂部西文编目组组长，兼阅览部参考组组长；1932 派赴美国哥伦比亚大学办事；1934 哥伦比亚大学交换期满（暑假）；1935 赴美国国会图书馆办事；参加第二次国际图书馆协会大会及目录学大会；1936 美国国会图书馆实习。
		瞿可舟 1929.7—1931.8	科员	根据《北京图书馆史资料汇编》（第1282页）记载，瞿可舟的入馆时间晚于"民国十七年九月增设参考科"的时间。
1929.7—1930.6	阅览部	刘国钧 1929.10—1933.2	编纂部主任 阅览部主任（兼）	1922—1925年美国威斯康星大学图书馆学校学习；1925年，任金陵大学图书馆主任兼教授；1929—1930年，国立北平图书馆编纂部兼阅览部主任；1930—1931年，请假。
	参考组（3人，2人兼职）	汪长炳	参考组组长 编纂部西文编目组组员（兼）	
		綦汝信 1919.3—1958	采访部中文采访组组员 组员（兼）	1929.7—1937.6，采访部采访组组员
		瞿可舟	阅览部阅览组组员（兼）	

第二章 中兴与发展时期的参考工作（1929—1937） 35

（续表）

时间	部门/科组	在馆时间	职务	备注
1930.7—1931.6	阅览部	刘国钧	编纂部主任 阅览部主任（兼）	
	参考组（2人，均兼职）	汪长炳	参考组组长（兼） 编纂部西文编目组组员	
		樊汝霖	组员（兼） 采访部中文采访组组员	
1931.7—1932.6	参考组（2人，均兼职）	汪长炳	参考组组长（兼） 编纂部西文编目组组员	阅览部主任（空）
		樊汝霖	组员（兼） 采访部中文采访组组员	
1932.7—1933.6	参考组（2人，1人兼职）	樊汝霖	组员（兼） 采访部中文采访组组员	阅览部主任（空），参考组组长（空）。1931.7—1932.6 阅览部阅览组阅览组馆员；1932.7—1937.6 阅览部参考组参考组馆员；1937.9 采访部西文采访组组长（兼）；1937.12 随袁同礼南下至长沙；1938 转香港又至昆明南馆，负责编辑西南边疆图籍录和云南书目。
		邓衍林 1932—1938	组员	

（续表）

时间	部门/科组	在馆时间	职务	备注
1933.7—1934.6	阅览部	严文郁 1926.7—1938.6 1942—1944.3	编纂部主任 阅览部主任（兼）	1929.6 编目科科员（北平北海图书馆）；1929.7—1930.6 编纂委员会委员；1930，赴美国哥伦比亚大学办事；1932，派赴德国柏林大学办事；1933.7—1934.6 编纂部主任，阅览部主任；1929.7—1930.6，1933.7—1934.6 编纂委员会委员；1934.7—1935.6 编目部主任兼阅览部主任，购书委员会委员；1937.5 赴美考察图书馆事业；1938.1 从美国返回，任国立罗斯福图书馆筹备委员会委员兼秘书。
	参考组（1人）	邓衍林	组员	参考组组长（空）
1934.7—1935.6	阅览部	严文郁	编纂部主任 阅览部主任（兼）	
		邓衍林	组员	参考组组长（空）
	参考组（4人）	丁渚 1931.7—197？	组员	1931.7—1933.6 阅览部阅览组馆员；1934.7—1937.6 阅览部参考组组员；1936.7—1937.6 阅览部阅览组组员（兼）；1942.4 阅览部阅览组组长；1943，1945—1946.9 参考组组长；1949 编辑。

第二章 中兴与发展时期的参考工作（1929—1937）

（续表）

时间	部门/科组	在馆时间	职务	备注
	阅览部	万斯年 1931.2—1951.10	组员	1931.7—1934.6 编纂委员会馆员；1934.7—1937.6 阅览部参考组组员；1937.9 阅览部参考组组员；1938 云南昆明编辑《云南研究参考资料》（与袁同礼共同完成）。
		李兴辉 1931.7—1992	书记	1931 阅览部目录室实习生；1934.7—1937.6 阅览部参考组书记。
		王访渔 1929.6—1949.4	总务部主任 阅览部主任（兼）	1929.7—1937.6 总务部主任；1938.2，王访渔、张允亮、顾子刚三人组成国立北平图书馆行政委员会维持馆务，直至袁同礼 1945 年 11 月 13 日返回北平接收国立北平图书馆。
1935.7—1936.6	参考组（6人）	莫余敏卿① 1935—1949	组长	1935.7—1937.9 国立北平图书馆长沙；1937.8 离开北平赴湖南长沙；1938.8 任国立北平图书馆昆明办事处文书；国立北平图书馆职员福利储金经理委员会委员；1938 国立北平图书馆昆明办事处文书；1938—1939 负责征购安南缅甸文献，征购西文书籍及整理西文期刊；1944 美国洛杉矶西方学院（Occidental College）研究助教；1948 美国加利福尼亚大学洛杉矶分校（UCLA）东亚图书馆馆长。

---

① 莫余敏卿虽然于 1948 年出任美国加利福尼亚大学洛杉矶分校（UCLA）东亚图书馆馆长，但在国家图书馆档案《1949 年国立北平图书馆职员表（驻外办事处）》中，莫余敏卿仍为在职人员，任组主任。故在馆时间以档案记载时间为准。作者注。

（续表）

时间	部门/科组	在馆时间	职务	备注
1936.7—1937.6	阅览部	邓衍林	组员	
		丁瑨	组员组员（兼）阅览组组员（兼）	1932.7—1934.6 编纂部西文编目组馆员；1934.7—1935.6 采访部西文采访组组员；1935.7—1937.6 阅览部参考组组员；1937.9 总务部文书组组员（兼）、阅览部参考组组员。
		王宜晖 1932.9—1948.4	组员	
		万斯年	组员	
		李兴辉	书记	
		王访渔	总务部主任（兼）阅览部主任（兼）	
	参考组（8人）	莫余敏卿	组长	
		邓衍林	组员	
		丁瑨	组员阅览组组员（兼）	
		王宜晖	组员	
		万斯年	组员	
		许国霖 1929.10—1937	组员	1929年临时书记；1930.7—1933.6 善本部写经组书记；1933.7—1936.6 善本部写经组馆员。
		赵启明 1936.3—1937.5	助理	
		李兴辉	书记	

第二章 中兴与发展时期的参考工作（1929—1937） 39

（续表）

时间	部门/科组	在馆时间	职务	备注
1937.9	工程参考图书馆（4人）	岳良木 1928.8—1937.6	主任	1929.7—1932.6 采访部西文采访组组长；1932.7—1934.6 总务部文书组组长；1935.3 赴美国哥伦比亚大学办事；1936 赴美国哥伦比亚大学实习；1936.7—1937.6 工程参考图书馆主任。
		余炳元 1934.10—1939.1	馆员	
		胡绍声 1940.1—1943.7	馆员	
		李甫森 1936.7—1938	书记	
	阅览部	王访渔	总务部主任 阅览部主任（兼）	
	参考组（8人）	莫余皦卿	组长	
		邓衍林	组员	
		丁 瀣	组员 阅览组组员（兼）	
		王宜晖	组员 总务部文书组组员（兼）	
		万斯年	组员	
		许国霖	组员	

（续表）

时间	部门/科组	在馆时间	职务	备注
1937.7—1938.6	工程参考图书馆（4人）	马龙璧 1933.8—1984.9	助理 阅览部庋藏组 助理	1933.7—1935.6 舆图部书记；1935.7—1937.6 总务部会计组助理。
		李兴辉	书记	
		钱存训 1937.7—1947	主任	1932—1936年，上海交通大学图书馆副馆长；1937年南京工程参考图书馆主任；1937—1947年上海办事处主任。
		余炳元	馆员	
		胡绍声	馆员	
		李甫森	书记	
	阅览部	王访渔	总务部主任 阅览部主任（兼）	
	参考组（3人）	丁潇	组员	参考组组长（空）。参考组：3人。
		万斯年	组员	
		李兴辉	书记	

说明：

表中人员信息系作者根据史料整理综合而成，主要参考信息源如下。

1. 国立北平图书馆馆务报告（民国十八年七月至二十六年六月）（国家图书馆民国时期文献数据库）[DB/OL].[2021-03-05].http://www.nlc.cn/dsb_zyyfw/ts/tszyk/.

2. 国立北平图书馆职员录（民国十八年至民国二十六年）（国家图书馆民国时期文献数据库）[DB/OL].[2021-03-05].http://www.nlc.cn/dsb_zyyfw/ts/tszyk/.

3. 工程参考图书馆.工程参考图书馆概况（民国二十六年七月）（国家图书馆民国时期文献数据库）[DB/OL].[2021-03-05].http://www.nlc.cn/dsb_zyyfw/ts/tszyk/.

4. 北京图书馆业务研究委员会.北京图书馆馆史资料汇编（1909—1949）[M].北京：书目文献出版社，1992.

5. 北京图书馆馆史资料汇编（二）编辑委员.北京图书馆馆史资料汇编（二）（1949—1966）[M].北京：北京图书馆出版社，1997.

6. 李致忠.中国国家图书馆馆史资料长编（1909—2008）[M].北京：国家图书馆出版社，2009.

7. 李致忠.中国国家图书馆馆史（1909—2009）[M].北京：国家图书馆出版社，2009.

8. 李致忠.中国国家图书馆百年纪事（1909—2009）[M].北京：国家图书馆出版社，2009.

9. 钱存训.我和国家图书馆：在北图工作十年的回忆和以后的联系[J].国家图书馆学刊，2009（3）：9-14.

10. 李兴辉.回忆我在国家围书馆六十余年工作[A].手稿打印稿，2009.

11. GZ00583.悼念马龙璧同志//国家图书馆立法决策服务部编制，国家图书馆参考工作档案汇编（1960-1997）.2018.

第二节　参考工作业务与研究

合组后的国立北平图书馆步入中兴发展时期。该时期的《国立北平图书馆馆务报告》[①]全面记载了参考工作在咨询服务、业务研究，以及参考工具书编纂等方面取得的丰硕成果。

一、参考咨询服务

1. "注重应用"的阅览服务政策

合组后的国立北平图书馆明确其服务理念为图书馆要"注重应用"。1930年出版的《国立北平图书馆馆务报告》（1929年7月至1930年6月，以下各年度均简称《馆务报告》）系合组后的国立北平图书馆编辑出版的第一期《馆务报告》，其阐明国立北平图书馆的"阅览政策"是："中国公家藏书向来注重收藏，本馆目标则注重应用，亟愿以此已有之基础供大多数人之利用。爰在阅览部内设立参考组专备阅览公众之咨询，或代编辑书目或为搜集材料，所以减少其翻检之时间，而谋其便利，而直接间接又负指导之责者也。"[②]第一，该阅览政策明确图书馆的设立目标与既往"中国公家藏书"之不同是在应用，能够为大多数人利用是其根本目的；第二，为提供咨询服务，专门设立"参考组"；第三，通过代编书目、搜集材料为读者提供方便服务；第四，参考组之设立还负有对读者的指导责任。明确办馆目的、设立专职机构、确定基本服务方式，这些都为日后国立北平图书馆参考工作的快速发展奠定了基础。

---

① 合组后的国立北平图书馆按年度编辑出版《国立北平图书馆馆务报告》，每一年度《报告》的起止时间均为当年七月至次年六月。第一部《馆务报告》（民国十八年七月至十九年六月）系对合组后的国立北平图书馆第一年度工作情况的全面记录，分为沿革及组织、新建筑之进行、重要赠书及交换、采购、专藏之寄存、编目及分类、索引之编制、编纂及出版、目录及咨询、阅览、本馆与国际学术界之合作和附录等十二个栏目。其后每年度《馆务报告》的栏目设置，除了当年新增业务略有调整，基本上保持栏目设置的相对稳定性。有关参考工作情况的记载，主要集中在编目及索引、编纂及出版、阅览及咨询，以及附录《本馆职员一览》等四个栏目中。作者注。
② 国立北平图书馆.国立北平图书馆馆务报告（民国十八年七月至十九年六月）[M].北平：国立北平图书馆，1930：6.

2. 读者委托专题书目

根据史料记载，该时期的参考咨询服务方式主要包括口头咨询、信函咨询、剪报服务和代为读者编制专题书目等类型。口头咨询和信函咨询通常因"由本馆馆员口头上或以函牍答复之简单问题则不计焉"[1]。有关剪报服务，我们只在1936年出版的《馆务报告》中看到如此描述"本国日报关于重要问题之记载，每日予以裁剪，分类排列"[2]。但是关于口头咨询、信函咨询和剪报服务进一步的详细记载，未见更多档案史料留存。相对而言，对于专题书目这种服务方式及其成果记录最为完整，在每一年度的《馆务报告》中，都会对当年度业已完成的"需时较久、为用较宏之各书目"[3]设专栏择要实录（表4）。

这一时期的专题书目内容涵盖历史、文化、宗教、政治、经济、教育、科学技术、地理、铁路交通、建筑工程等，但从所占比重来看，历史和文化类最多，这是其第一个特点。如《关于北平之中英文书目》《关于东方宗教及民俗之西文书目》（1929年至1930年）；《关于莎士比亚著作总目》《关于莎士比亚著作译品总目》（1930年至1931年）；《世界各国主要图书馆调查录》《研究现代中国图书馆运动史料目录》《关于中文书籍编目论文索引》（1932年至1933年）；《关于清代考试制度图籍目录》《中国唐代戏剧史料选目》《关于近代欧美教育之趋势西文书选目》（1933年至1934年），以及1936年至1937年编辑的《中国考古学及古器物学日文书选目》《中国考古学及古器物学西文书选目》等。

第二，反映国际时事政治、具有时代特征的专题书目也占有一定比重。如反映苏俄问题研究的《关于苏俄书目》《关于苏俄在中国活动论文集目》《研究苏俄五年计划书目》《馆藏关于苏俄问题之中文书简目》《清初中俄外交史料简目》《关于史丹林与托罗斯基的正见之理论著述简目》[4]《关于苏联经济

---

① 国立北平图书馆.国立北平图书馆馆务报告（民国十八年七月至十九年六月）[M].北平：国立北平图书馆，1930：35.

② 国立北平图书馆.国立北平图书馆馆务报告（民国二十四年七月至二十五年六月）[M].北平：国立北平图书馆，1936：14.

③ 国立北平图书馆.国立北平图书馆馆务报告（民国十八年七月至十九年六月）[M].北平：国立北平图书馆，1930：35-37.

④ 史丹林，现译斯大林；托罗斯基，现译托洛茨基。作者注。

与政治建设的著述简目》等；关于德国法西斯问题的《研究法西斯主义之中文书目》《华译德国希勒著述目录》等。

第三，有关中国边疆问题的专题书目如《关于满洲之中英文书目》《关于蒙古之中英文书目》《关于西藏之中英文书目》《中国边务图籍录》（东北、蒙古、新疆、西藏、西康、西北、云南、苗猺及海防等）《九一八以来关于东北问题之中西文书籍及论文目录》《研究西北问题之中文新书及杂志目录》《研究云南之中西文目录》《威海卫问题书籍及论文简目》《西北问题书目》《新疆西藏问题书目》等，这些书目反映了"九一八"事变发生后，中国政府和全社会对国家领土完整和主权安全等边疆问题的关注，也是国立北平图书馆以为读者提供专题文献咨询服务的方式，服务于国家需要的直接反映。

表4 国立北平图书馆完成读者委托专题书目汇总（1929.7—1937.6）

时间	1929.7—1930.6①	1930.7—1931.6②
专题书目	1. 关于玉之中西文书目 2. 关于马来之中西文书目 3. 中国关于针灸之书目 4. 一九二五年至一九二八年出版之英文教育学书目 5. 关于法国文学之书目 6. 关于满洲之中英文书目 7. 关于蒙古之中英文书目 8. 关于中国美术史之书目(特注重建筑学） 9. 关于西藏之中英文书目 10. 关于北平之中英文书目 11. 中诗西译要目 12. 儿童教育之中文书目 13. 古兵书集目 14. 近代名剧选目 15. 国际联盟卫生部出版品集目 16. 关于生物学及植物学之西文书目 17. 关于东方宗教及民俗之西文书目	1. 关于工业标准书籍书目 2. 关于馆藏法文东方学书书目 3. 关于中文心理书及杂志论文简目 4. 关于沟通东西文化书籍书目 5. 关于青岛沿革之书目 6. 关于莎士比亚著作总目 7. 关于莎士比亚著作译品总目 8. 关于中国古铜镜书籍书目 9. 关于述鼻烟书籍简目 10. 关于英文法学书目 11. 关于中国关税会议论文集目 12. 关于中国小说西译书目 13. 关于中国戏曲西译书目 14. 关于各国音乐杂志名称简目 15. 关于物理学杂志名称简目 16. 关于图书馆学书籍书目 17. 关于气象学书籍书目 18. 关于H.G.Gibbons.Gorge Elliot Smith诸人著作简目

---

① 国立北平图书馆.国立北平图书馆馆务报告（民国十八年七月至十九年六月）[M].北平：国立北平图书馆，1930：35-37.

② 国立北平图书馆.国立北平图书馆馆务报告（第1卷）（民国十九年七月至二十一年六月）[M].北平：国立北平图书馆，1932：35-37.

第二章　中兴与发展时期的参考工作（1929—1937）　45

（续表）

时间	1931.7—1932.6①	1932.7—1933.6②
专题书目	1. 关于 Hegel，Goethe，Lafcadio Hearn，Melvil Dewey 著作书目 2. 关于满洲问题书目 3. 关于苏俄书目 4. 关于苏俄在中国活动论文集目 5. 关于商业财政银行书目 6. 关于黄河书目 7. 关于中国天文学书目 8. 关于中国现代教育书目 9. 关于市政书目 10. 关于中国戏曲书目 11. 关于中国建筑学书目 12. 关于中国植物农学林学书目 13. 关于国际法庭记载之中文论文集目 14. 华书英译简目 15. 德译中国经书简目 16. 关于中国新闻纸论文简目 17. 关于中国书编目论文简目 18. 关于中国人口问题目录 19. 关于西安景教碑论文简目 20. 关于中国统计事业刊物简目 21. 关于土木电气机械工程简目 22. 关于服饰书目 23. 关于希腊神话书目 24. 关于国债问题书目 25. 关于洋灰制造之论文书目 26. 关于航空海陆军科学之杂志简目 27. 关于体育书籍书目 28. 关于华译会计名辞之论文简目	1. 世界各国主要图书馆调查录 2. 研究现代中国图书馆运动史料目录 3. 关于中文书籍编目论文索引 4. 国内出版之外国文杂志总录 5. 国内之出版界杂志目录 6. 中文参考书举要（编辑中） 7. 民国二十一年来出版之法律书目 8. 中国星相学书目 9. 西译中国法律书目 10. 关于考试及铨叙制度书目 11. 研究法西斯主义之中文书目 12. 关于市政学中文新书选录 13. 关于地方自治中文新书选录 14. 研究苏俄五年计划（第一第二两次）书目 15. 各国退还庚子赔款问题书籍及论文目录 16. 清同治维新以来中国科学史资料目录 17. 馆藏西文化学杂志目录 18. 馆藏英日文农学书分类目录 19. 最近两年（1931—1932）内新出版之西文无线电学书目 20. 研究日规之西文论文选目 21. 中国石棉出产调查 22. 馆藏西文工程学书分类目录 23. 馆藏西文航工学书目 24. 关于研究中国酵母发酵作用之参考资料选目（中日文） 25. 关于研究和中国火药之制造及其发明史料选目（中西文）

---

① 国立北平图书馆.国立北平图书馆馆务报告（民国二十年七月至二十一年六月）[M].北平：国立北平图书馆，1933：27-32.
[该年度《馆务报告》未见出版者和出版年信息，本注释中的出版者和出版时间系作者据各年度《馆务报告》相关信息推测。]
② 国立北平图书馆.国立北平图书馆馆务报告（民国二十一年七月至二十二年六月）[M].北平：国立北平图书馆，1933：28-32.

（续表）

时间	1931.7—1932.6	1932.7—1933.6
	29. 关于编制中日鲜满蒙藏文目录之论文简目 30. 关于乾隆小传之目录 31. 关于中国房顶之建筑书目	26. 研究中国油漆及颜料之参考资料选目 27. 馆藏灌溉学书目 28. 馆藏养鸡之书籍及杂志选目（中西文） 29. 馆藏西文家政学书目 30. 中国美术书目选录 31. 馆藏法文美术书分类目录 32. 法国戏剧史目录 33. 西译中国小说目录 34. 汉译俄国高尔基（Maxim Gorky）著述及其评传目录 35. 汉译英国莎士比亚（William Shakespeare）著述及其评传目录 36. 中国边务图籍录（东北、蒙古、新疆、西藏、西康、西北、云南、苗猺及海防等） 37. 九一八以来关于东北问题之中西文书籍及论文目录 38. 研究西北问题之中文新书及杂志目录 39. 研究云南之中西文目录 40. 威海卫问题书籍及论文简目 41. 热河避暑山庄史料目录
时间	1933.7—1934.6①	1934.7—1935.6②
专题书目	（甲）关于答复国际间主要问题书目 1. 禁书21种提要 2. 中国现在最通行之书报及著名著述家调查简表 3. 中国星占学书目 4. 明倭寇史籍录 5. 关于海牙国际法庭之中国出版物目录 6. 关于中国共产党中西文书籍及论文书目	1. 中国出版之西文期刊目录汇编初稿 2. 中国出版之西文科学及工程学者目录 3. 中国出版之西文社会科学及历史书目 4. 关于经济学财政学银行及商业之西文要籍选目 5. 关于中国"银行"及"钱庄"史料书目 6. 馆藏中国铁路建设史料书目 7. 馆藏关于苏俄问题之中文书简目

---

① 国立北平图书馆. 国立北平图书馆馆务报告（民国二十二年七月至二十三年六月）[M]. 北平：国立北平图书馆，1934：21-26.

② 国立北平图书馆. 国立北平图书馆馆务报告（民国二十三年七月至二十四年六月）[M]. 北平：国立北平图书馆，1935：23-26.

第二章　中兴与发展时期的参考工作（1929—1937）　　47

（续表）

时间	1933.7—1934.6	1934.7—1935.6
		8. 清初中俄外交史料简目
		9. 馆藏关于欧战间中国政府之参战档案简目
	7. 关于清代考试制度图籍目录	10. 西译中国法律及法学书目
	8. 中国古书中所记载之寄生动物学图籍目录	11. 精神病者犯罪之中国法律根据及判决解释例资料目录
	9. 中国道路建设书目	12. 馆藏关于发明权法令西文书目
	10. 中国唐代戏剧史料选目	13. 西北人口问题资料简目
	11. 汉译英国莎士比亚著述目录	14. 国防书目及论文索引
	12. 汉译维克装牧师传目录	15. 关于化学战争之西文书目
	（乙）关于答复政府咨询之主要问题书目	16. 关于战时防空之德文书目
	1. 中国边务图籍录	17. 关于战时经济及工业统制问题之西文书籍目录
	2. 西北问题书目	18. 关于战争时粮食问题之西文书籍目录
	3. 新疆西藏问题书目	19. 江南制造局译印关于理工等学书目
	4. 四川问题书目	20. 馆藏关于原子构造及镭之放射西文书目
	5. 中国盐务书目	21. 馆藏中国医学书目
	6. 关于缅甸暹罗印度斐利滨群岛等处之地方行政制度书目	22. 中国炼丹术书目
	7. 鸦片问题书目	23. 北平各图书馆所藏中文算学书联合目录
	8. 古兵书集目	24. 关于食盐之西文论文选目
	9. 航空学中西文书籍及杂志目录	25. 关于硝石之西文论文选目
	10. 馆藏电影学书目	26. 关于硫磺之西文论文选目
	（丙）关于答复各方面之主要书目	27. 关于爆炸药之西文论文选目
	1. 关于耶稣教新旧约圣经在华流传译本之比较研究资料选目	28. 本馆工程参考室所藏西文工程书目
	2. 南洋问题书目	29. 馆藏圆明园工程则例资料目录
	3. 关于近代欧美教育之趋势西文选目	30. 关于中国木器陈设用具资料简目
	4. 馆藏教育杂志书目	31. 中国歌谣（各地）书籍选目
	5. 北平各图书馆所藏中文古算书联合目录	32. 馆藏英美作家之西文剧本目录
	6. 馆藏西文化学书分类目录	33. 馆藏体育西文书目录
	7. 中国工程学书目	34. 关于庚子拳乱中西文书目
	8. 馆藏西文戏剧学书目	35. 关于研究中国古代钟铃之资料及图录选目
	9. 关于中国语文之偏旁及谐声书目	36. 关于中国文化史之中西日文书籍目录
	10. 美国汉学家恒慕美博士著述目录	37. 中国温泉调查简表
		38. 关于韩愈之生平及其著述资料简目
		39. 西文书及论文中关于梅兰芳之批评及介绍
		40. 关于马哥孛罗志中文资料目录

（续表）

时间	1933.7—1934.6	1934.7—1935.6
		41. 明末清初西洋教士邓玉菡生平及其著述之中文资料简目 42. 汉译英国迭更斯著述目录 43. 德人洪涛生氏著述简目 44. 华译德国希勒著述目录 45. 华译英国诗人雪莱著述及其中文评传目录 46. 关于德国音乐家修佩德之中文论述目录
时间	1935.7—1936.6①	1936.7—1937.6②
专题书目	1. 韩非子之版本集目 2. 关于王羲之《兰亭序》书目 3. 苗瑶风俗图目录 4. 关于古代史地附有插图之书籍 5. 古代中国戏剧及戏院之书目 6. 中国传记简目（选录） 7. 宋元戏剧史料简目 8. 冥钱书目 9. 中国墨砚书目 10. 太平天国文献集目 11. 关于研究王充《论衡》简目 12. 馆藏中国雕刻书籍简目 13. 馆藏中国铜器书籍简目 14. 馆藏木刻书目 15. 中国文学史目录 16. 成吉思汗生平史料选目 17. 清代杂记中之中算论文目录 18. 中国社会制度问题简目 19. 政府出版物参考书目录 20. 关于西北刊物目录 21. 关于西北及研究国内地理方志刊物目录 22. 关于西北教育书目 23. 西文教育期刊目录	1. 中文杂志选录 2. 关于中国印刷史及雕版史料选目 3. 邸报考略 4. 科学常识英文书选目 5. 中国佛学期刊目录 6. 关于回教之西文选目 7. 关于工业心理学（工业效率论）西文书选目 8. 关于中国社会政治经济之重要中文论文选目 9. 关于中国奴隶制度参考资料书目 10. 地方自治书籍选目 11. 中国保甲制度书籍选目 12. 市政学中西文书籍及杂志选目 13. 研究北平地方铺底权问题之参考资料 14. 关于中国建设之西文书选目 15. 关于国联与中国参考资料选目 16. 关于公墓西文书选目 17. 馆藏关于各国工程及工业杂志简目 18. 关于中国珠算史料目录 19. 关于中国日晷资料目录 20. 中国度量衡资料简目

① 国立北平图书馆.国立北平图书馆馆务报告（民国二十四年七月至二十五年六月）[M].北平：国立北平图书馆，1936：17-21.

② 国立北平图书馆.国立北平图书馆馆务报告（民国二十五年七月至二十六年六月）[M].北平：国立北平图书馆，1937：18-24.

（续表）

时间	1935.7—1936.6	1936.7—1937.6
	24. 关于中国丧葬礼俗资料目录	21. 关于中国茶中西文书目
	25. 民国以来江西所修志书目录	22. 关于烟草（淡巴菰）之中文资料简目
	26. 中译普式金著作目录	23. 关于士那富（鼻烟）之中文书简目
	27. 关于史丹林与托罗斯基的正见之理论著述简目	24. 关于甘薯之中文资料简目
	28. 关于苏联经济与政治建设的著述简目	25. 关于石棉论文选目
	29. 英译中国诗目录	26. 明清时代之军器图说参考资料选目
	30. 关于日本古镜书籍目录	27. 中国古代车舆舟楫图说之文献要目
	31. 关于 Marie Bashkistseff 之生平及其著作简目	28. 英文制革杂志简目
	32. 关于音乐家舒佩提之著述中文译本简目	29. 人体防腐法术简目（中西文）
	33. 关于美国游记之中文书目	30. 西文美术书选目
	34. 关于虾夷人族之书目	31. 中文美术及古器物学书选目
	35. 关于博物馆建筑之西文书目	32. 中国考古学及古器物学日文书选目
	36. 图书馆建筑书目	33. 中国考古学及古器物学西文书选目
	37. 介绍可资英译关于政治经济及哲学之中文论文简目	34. 关于中国陶器西文书选目
	38. 各国考试制度书籍选目	35. 中国丝织选目
	39. 政治学重要书籍简目	36. 云冈石佛参考资料选目（西文）
	40. 关于国家预算制度书目	37. 关于晋祠之资料简目
	41. 中国农村救济问题书目	38. 关于陕西周秦诸陵资料选目
	42. 农业书籍简目	39. 沧县铁狮资料选目
	43. 关于中国渔业史料目录	40. 中国古代铁器及铁兵之研究资料简目
	44. 关于中国人口死亡率之统计资料选目	41. 敦煌石室史料中文书选目
	45. 关于劳动工资问题书目	42. 元代宫廷史料选目
	46. 中国离婚问题书目	43. 元明海运史料选目
	47. 馆藏社会主义者的传记选目	44. 郑和三宝太监下西洋资料选目
	48. 馆之植物学刊简目	45. 鸦片战争及禁烟史料选目
	49. 关于织造及织物问题之研究简目	46. 清代海军史料选目
	50. 经济重要书籍简目	47. 中国古代影戏资料述略
	51. 地方自治中文论文简目	48. 中国叶子戏（纸牌）之资料选目
	52. 欧洲大学图书馆名称及地址录	49. 中国古地理书选目
	53. 中文药物学词典简目	50. 唐代两京（长安洛阳）城防图资料简目
	54. 关于山西票庄历史之资料简目	51. 长城史料选目
	55. 中日西文养兔专书简目	52. 关于南京西文书目录
	56. 养鸽问题书籍简目	53. 馆藏关于上海文献史料中西目录
	57. 中学生参考书目	54. 关于天津论文选目
		55. 关于大连论文选目

（续表）

时间	1935.7—1936.6	1936.7—1937.6
	58.民国二十三年度关于中国问题之西文论文索引 59.关于国防资源之中西文书籍及论文简目	56.关于天津及大连之西文论文选目 57.汉口经济情况资料选目 58.关于热河之西文书及论文选目 59.关于南岳文献资料选目 60.中国文字学书籍选目 61.女真文字研究参考资料 62.馆藏西藏文字典目录 63.云南猓猓文研究资料目录（中西文） 64.馆藏民谣书目 65.中国小品文选目 66.历代名人像传书籍选目 67.研究管子书选目 68.关于王充《论衡》之资料集目 69.唐《孙可之集》版本简目 70.清光绪帝生平史料选目 71.俄国文学家普式金之汉译著述及其生平资料目录 72.钢和泰著述目录

3. 为政府服务

有关为政府服务情况，在1932年7月至1933年6月的《馆务报告》中，即有明确记载。该《馆务报告》在"阅览及咨询"栏目开首即陈明形势："自二十一年七月至二十二年六月，此一年中因受时局影响，阅览略行减少，但事务较去岁为繁"，"各处函请本馆代为调查编制图书目录以备参考订购者约六十余起，答复之件须时最久者，以参谋本部及国防设计委员会委托调查关于边疆图书目录为最"[1]。这是国立北平图书馆为政府决策提供咨询服务的明确记载。在次年度馆务报告"参考事务"栏目下，又将该年度完成的专题书目按照"关于答复国际间主要问题书目""关于答复政府咨询之主要问题书目"和"关于答复各方面之主要书目"[2]进行分类总结，这是目前所见有关国立北平

---

[1] 国立北平图书馆.国立北平图书馆馆务报告（民国二十一年七月至二十二年六月）[M].北平：国立北平图书馆，1933：28.

[2] 国立北平图书馆.国立北平图书馆馆务报告（民国二十二年七月至二十三年六月）[M].北平：国立北平图书馆，1934：23-26.

图书馆史料中,首次将为政府提供咨询服务作为单独一类列述。其中在"关于答复政府咨询之主要问题书目"中位列第一的就是《中国边务图籍录》。因为时局需要而为政府提供有关边疆问题的文献咨询服务,在1932至1934年连续两个年度馆务报告中都有记录,可见边疆问题在当时之重要程度。

在国家图书馆档案中,保存着1933年8月时任国立北平图书馆副馆长袁同礼与南京国民政府外交部长罗文干[①]往来的信函。其内容是国立北平图书馆为国民政府提供南沙群岛地图,为维护南海诸岛主权提供史料依据,具体如下:[②]

> (袁同礼致信罗文干)钧任部长均鉴:前在京匆匆一晤,未及畅聆教言,至为怅怅。日昨,由青岛返平,藉悉贵部正从事研究珊瑚九岛问题,兹检阅英国陆军部近印《马来群岛地图》,在各小岛名称上足资证明珊瑚九岛为中国领土,位在西沙群岛(拔拉色尔群岛)之东南相距七、八百公里。报载海军部断定法人所占者,为西沙群岛,当系该部错误,爰将该图寄上一份,即希台阅,存部以供参考为荷。窃念西沙群岛向由崖县管辖,其存储之磷矿(此种矿系远古鸟粪所成,西人称之为Guama,其内中含磷质phosphate化合物甚夥),足供农业肥料之用),于将来发展我国农、工业关系颇大。政府似应予以充分注意,将主权向归我有一层早日宣示中外,免日人之觊觎。管窥之见,是否得当,尚希均裁是幸。专此致候道祺。

---

① 罗文干(1884—1941),字钧任,广州番禺人。1909年(清宣统元年)毕业于英国牛津大学,获法学博士学位。同年回国,历任广东审判厅长、司法局长、高等检察厅长,北京政府总检察厅长。1915年参加反对袁世凯的斗争。1918年后任修订法律馆副总裁、北京大学教授。1921年出任中国出席华盛顿会议代表团顾问。同年12月后,任北洋政府总长、盐务署署长兼币制局总裁、财政总长等职。1931年任南京国民政府司法行政部长、外交部长。1938年后任最高国防会议参议,第一、二届国民参政会参政员,西南联合大学教授。1941年在广东乐昌县去世。著有《中国法制史》《罗马法》。资料来源:广州百科全书编纂委员会.广州百科全书[M].北京:中国大百科全书出版社,1994.
② 1933年5月袁同礼函外交部罗部长送南沙群岛地图(文稿)及罗文干复函(原件)(档年录2.17)[M]//北京图书馆馆史资料汇编(1909—1949).北京:书目文献出版社,1992:381-383.

（罗文干回复袁同礼）守和①先生台鉴：接奉手书，诵悉壹是。承示九岛情形，至为详尽。实深感佩，并蒙惠赐地图一帧，尤足以资本部之参考。专此奉复，敬布谢忱。顺颂：大安！

从袁同礼信中明确几个事实，其一是得知外交部正"从事研究珊瑚九岛问题"，此事即指1933年法国侵占我国南沙"九小岛事件"②；其二是国立北平图书馆主动提供第三方的证据即英国陆军部的《马来群岛地图》，以为国民政府"证明珊瑚九岛为中国领土"提供参考；其三，袁同礼言岛上所"存储之磷矿""于将来发展我国农、工业关系颇大"，政府应将主权"早日宣示中外"。罗文干复袁同礼则明确"并蒙惠赐地图一帧，尤足以资本部之参考"。国立北平图书馆所尽国家图书馆之职责，袁同礼之拳拳爱国心，以及国民政府外交部的充分肯定，尽得展现。

4. 开设专题文献阅览室和研究室

1929年合组后的国立北平图书馆明确"本馆为行政机关而非研究机关，其性质与科学研究院迥不相同，故其事业不在研究本身，而在如何供给研究者之便利"③。因此，根据时事发展变化和学者研究需要，设立不同类型文献阅览室，成为该时期参考咨询服务的一种重要形式。如1931年至1932年度设立的善

---

① 袁同礼（1895—1965），字守和，河北徐水人。1916年毕业于北京大学，1917年8月至1919年8月，代理清华学校图书馆主任。1920年至1923年赴美，先后在哥伦比亚大学、纽约州立图书馆学校学习。1926年起先后任北京图书馆图书部主任、副馆长、馆长，1929年9月任国立北平图书馆副馆长、代理馆长。1942年任国立北平图书馆馆长。袁同礼先生主持馆务时间长达二十年，其中1929—1937年的九年，是国家图书馆历史上发展最为迅速、事业最为兴旺的时期之一。袁同礼先生撰写文章87篇，编写著作23部。其早期成果均以文章形式发表，尤其突出者为调查研究《永乐大典》的系列文章。晚年编制多部有关中国的专题目录，包括中国的经济、中国的艺术与考古、新疆研究以及中国留学生的博士论文等专题。
资料来源：国家图书馆. 袁同礼纪念文集[M]. 北京：国家图书馆出版社，2012：（序一）1，255-274.

② 胡德坤，谭卫元. 民国时期中外档案证明南沙群岛属中国而不属菲律宾[J]. 边界与海洋研究，2016（1）：25-33.

③ 国立北平图书馆. 国立北平图书馆馆务报告（民国十八年七月至十九年六月）[M]. 北平：国立北平图书馆，1930：6.

本阅览室、金石阅览室、舆图阅览室等,旨在"专供研究专门学术之用""均为研究特殊资料而设"。在这些专设阅览室基础上,还备有研究室"专为研究专门问题之学者而设",这些学者所研究的问题有的是本学科领域的专业问题,如汤用彤先生的佛学,罗莘田先生的《广雅》,梁启雄的《哲匠录》;还有一部分与时局发展变化密切相关,如萧纯锦、徐敦璋、陈乐素、洪美英等学者共同关注的东北问题。(表5)。

表5　国立北平图书馆服务研究学者一览表(1931.7—1932.6)[①]

姓名	单位	职务	研究范围
汤用彤	北京大学	教授	佛学
萧纯锦	东北大学	教授	东北问题
瞿宜颖	营造学社	编纂	北平志、建筑史、方志考
徐敦璋	国际问题研究会		东北问题
陈乐素	日本研究社		东北问题
洪美英	日本研究社		东北问题
罗莘田	历史语言研究所	研究员	《广雅》
何永佶	北京大学	教授	国际关系
鲁光桓	南开大学		历史学
吴尚德	燕京大学		教案改革
童季龄	实业部		经济学
朱士嘉	燕京大学		方志
梁启雄	营造学社	编纂	《哲匠录》

除为上述学者提供专门服务外,在该年度还为国际联合会调查委员会、参与国际联合会调查委员会中国代表处、东北外交研究会、河北省通志馆、社会调查所、静生生物调查所、中国大辞典编纂处、中央研究院历史语言研究所、北平研究院、中华教育文化基金董事会编译委员会、中国营造学社、沪江大学、浙江大学、厦门大学、华中大学、福州协和大学、中国科学社、南开大学、中法工商学院、金陵大学、中央大学、青岛大学、国立清华大学、国立北

[①] 国立北平图书馆.国立北平图书馆馆务报告(民国二十年七月至民国二十一年六月)[M].北平:国立北平图书馆,1932:29.

京大学等多家团体机构提供"研究参考资料之供给"①，足见这一年度国立北平图书馆提供参考服务的深化程度。其后，国立北平图书馆还相继设立远东研究室、满蒙文研究室、苏俄研究室，②以满足时局变化的需要。

在注重对学者服务的同时，因"国难方殷"，为兼顾普通读者的需要，国立北平图书馆"特将关于满蒙问题及中日关系之书陈列于大阅览室中，供人自由取阅。并将杂志中关于此项问题之论文编成索引，以便检阅"③。

5. 国际间合作

该时期国立北平图书馆还在参考工作领域与国际学术界开展了合作。一方面积极参加编辑"国际官书总目录"和"国际现代出版物目录总目"，对"国外治东方学者每有咨询事项"和"西方人士关于中国之一般问题"，都负责解答。④另一方面，最为重要的是国立北平图书馆被国际联合会智育互助委员会（International Committee on Intellectual Co-operation）⑤委托为中国的咨询

---

① 国立北平图书馆. 国立北平图书馆馆务报告（民国二十年七月至民国二十一年六月）[M]. 北平：国立北平图书馆，1932：29-30.
② 国立北平图书馆. 国立北平图书馆馆务报告（民国二十四年七月至二十五年六月）[M]. 北平：国立北平图书馆，1936：14-15.
③ 国立北平图书馆. 国立北平图书馆馆务报告（民国二十年七月至民国二十一年六月）[M]. 北平：国立北平图书馆，1932：28.
④ 国立北平图书馆. 国立北平图书馆馆务报告（民国十八年七月至十九年六月）[M]. 北平：国立北平图书馆，1930：38.
⑤ 有关国际联合会智育互助委员会（International Committee on Intellectual Co-operation）的情况，袁同礼先生曾在《近十年来国际目录事业之组织》中有专门介绍。该委员会系 1922 年国际联合会行政院所组织，以沟通各国学术事业为目标。主任是法国著名哲学家柏格森（Henri Bergson），委员由来自各国的代表出任。该委员会为便利工作起见，下设目录委员会（Sub. Committee on Bibliography）、大学联络委员会（Sub. Committee on Inter-University Relations）、智育权委员会（Sub. Committee on Intellectual Rights）、文艺委员会（Sub.Committee on Arts）和关于传播国际联合会之旨趣委员会（Sub. Committee on the Instruction of Youth Concerning the Exsitence and Objects of the Leaguer of Nations）等五个分委员会。其中目录委员会在"专门杂志篇目之提要""书目总目之编纂""国际交换出版品协约之增改""物理学杂志撮要""生物学书目之编纂""经济学书目之编纂""文字学书目之编纂"的国际间合作与协调方面，发挥了积极的作用。
资料来源：袁同礼. 近十年来国际目录事业之组织[J]. 北大图书部月刊，1929（1）：7-18.

机构。这一情况在1929年7月至1930年6月的《馆务报告》中有一段专门记载："国际联合会智育互助委员会为联络各国图书馆事业起见，曾议决每国应设一咨询机构，以指导学者对于专门书藏之利用为宗旨。而各国咨询机关又应互相联络，俾各国人士可以互相利用其他各国之书藏，期图书馆用途日益扩大，藉以便利世界学者。该委员会以本馆为中国最大之图书馆，当委托本馆为中国境内之咨询机关。对于其它各国学术上之咨询，应有答复之义务。该会近复刊印各国咨询机构指南（Guide des Sources nationaux de renseignements du pret）书第十五页内并述本馆之概况及其事业焉。"[①]国立北平图书馆作为国家图书馆成为国际联合会智育互助委员会在中国的咨询机构，不仅利于国际交流和学术服务，而且也彰显了国立北平图书馆在国际上的地位。

二、编纂参考工具书

1.《中文参考书举要》

《中文参考书举要》（以下简称《举要》），邓衍林编[②]，1936年6月国立北平图书馆印行（图10）。其时，邓衍林任国立北平图书馆阅览部参考组组员。关于编著《举要》的原因，邓衍林在该书《序》中说："图书馆之趋势，由保守而进为开放，其使命在辅导读书界作高深学术之探讨，藉以促进文化提高教育，而欲达到此目的，则参考事务尚焉""国立北平图书馆系属国立学术机构，对于国家物质建设及行政立法上参考资料之供给，均附有重大之使

---

① 国立北平图书馆.国立北平图书馆馆务报告（民国十八年七月至十九年六月）[M].北平：国立北平图书馆，1930：39.

② 邓衍林（1908—1980），江西庐陵（今吉安）人。1930年考取武昌文华图书馆学校讲习班免费生，学制一年。1931年6月毕业后即到国立北平图书馆阅览部工作。时阅览部下设阅览组、皮藏组和参考组。除了1931—1932年度邓衍林在阅览组工作，从1932年7月开始至1937年抗战爆发前一直在参考组工作。"七七事变"后随袁同礼先生南下先至长沙（1937年12月），后奉命转香港（1938年初），同年8月被派至昆明，参加国立北平图书馆昆明办事处工作。1939年邓衍林入西南联合大学师范学院第二部教育学系学习，就此离开国立北平图书馆。邓衍林著有《西译中国小说目录》[1933（系孙楷第编《中国通俗小说书目》附录）]、《宋元刊本刻工名表初稿》（1934[日]长泽规矩也著，邓衍林译）、《关于太平天国史事史籍集目》（1935）、《元太祖成吉思汗生平史料目录》（1936）、《中文参考书举要》（1936）、《北（转下页）

命"。① 显然,编辑《举要》是基于对图书馆发展趋势的认知和对国立北平图书馆的职责定位的理解,这是深层动因。而直接促进《举要》的编辑和印行是为迎接即将在山东青岛召开的中国图书馆协会第三届年会(1936),受袁同礼馆长嘱托而为。邓衍林在编著《举要》过程中,得到袁同礼先生"指示义例并为之校订"和吴光清、严文郁、莫余敏卿等同人"对于类例亦多所指示"。②

《举要》总计收录1500余种中文参考书,对于以中西文字对照的参考书,"亦择要收录"。其收录范围为"永久性之一般参考书",包括书目、索引、类书、辞典、字典、年鉴、年表、图谱,以及各科主要参考书。每部书按照书名卷数、编撰人、出版时期、版本及出版者的顺序著录,其他有关事项则列为附注。在编排上,"除了将书目、类书、字典、期刊、年鉴、会社、传记等各别为一类外,其他门类基本上按照刘国钧先生分类法依类排列"。③

图10 中文参考书举要 邓衍林 北平 国立北平图书馆 1936

《举要》是由国立北平图书馆专职从事参考工作的参考馆员编辑出版的首部关于中

(接上页)平各图书馆所藏中国算学书联合目录》(1936)、《中国边疆图籍录》(1937年交付商务印书馆,1958)、《参考工作与基本参考书讲授提纲》(1957)、《参考工作与基本参考书》(1957)等。

资料来源:国立北平图书馆. 国立北平图书馆馆务报告 [M] 北平:国立北平图书馆(1931—1937).

北京图书馆业务研究委员会. 北京图书馆馆史资料汇编(1909—1949)[M]. 北京:书目文献出版社,1992.

李致忠. 中国国家图书馆馆史资料长编(1909—2008)[M]. 北京:国家图书馆出版社,2009.

周余姣. 邓衍林之生平、著述与贡献 [J]. 中国图书馆学报,2017(1):107-126.

① 邓衍林. 中文参考书举要 [M]. 北平:国立北平图书馆,1936:序(ⅰ).
② 邓衍林. 中文参考书举要 [M]. 北平:国立北平图书馆,1936:序(ⅰ).
③ 邓衍林. 中文参考书举要 [M]. 北平:国立北平图书馆,1936:凡例.

文参考书的工具书。①邓衍林从武昌文华图书馆科毕业入职国立北平图书馆，除第一年从事读者阅览服务工作，其余时间均为专职参考咨询馆员。编辑《举要》既是邓衍林对于"参考工作暨参考书籍深感兴趣"，同时也是"应我国图书馆界之需要"②。

其二，正如《举要》名为"中文参考书"，其所录范围实际上是以参考工具书（如书目、辞典、字典、年鉴等）为主，同时包含了少量的具有参考工具书性质的学术著述，类似李钟履所概括的"参考资料"③，比如《江西矿产沿革史》（启智书局编辑部编 1930）④、《中国文化史》（柳诒徵 1932）⑤、《世界音乐家与名曲》（丰子恺 1931）⑥等，显然这需要作者认真研读才能确定哪些学术著述应纳入"参考书"的范围。从另外一个角度也说明，因为邓衍林本身是从事参考咨询服务工作的图书馆员，其对相关学术著作的深度把握与使用，本能带有"参考性"的惯性思维，因而这些书被其视为参考工具书的延伸也非常自然。

其三，《举要》不仅仅反映截至1936年前的"吾国重要之参考书籍"编纂情况，同时也是国立北平图书馆在中文工具书研究领域和出版水平的客观反映。比如，我们从《举要》后附《著者索引》⑦"国立北平图书馆"著者项下，便可看到由国立北平图书馆编辑的《清代文集篇目分类索引》（《举要》88页，以下同）、《国立北平图书馆中文舆图目录》（68）、《国立北平图书馆现藏中国官书目录》（9）、《国立北平图书馆善本书目》（5）、《国立北平图书馆善本书目乙编》（5）、《国立北平图书馆藏中文期刊目录（19）》《国立北平图书馆故宫博物院图书馆满文书籍联合目录》（10）和《国学论文

---

① 根据《国立北平图书馆馆务报告》（民国二十一年七月至二十二年六月，1933 年出版第 28 页）记载，国立北平图书馆首任参考组组长汪长炳曾于 1933 年完成《馆藏西文参考书目录》的编辑并出版。但就目前为止，作者未见有关汪长炳所编该目录的具体内容。
② 邓衍林. 中文参考书举要 [M]. 北平：国立北平图书馆，1936：序.
③ 李钟履. 图书馆参考论 [M]. 北京：中华图书馆协会，1933：1.
④ 邓衍林. 中文参考书举要 [M]. 北平：国立北平图书馆，1936：29.
⑤ 邓衍林. 中文参考书举要 [M]. 北平：国立北平图书馆，1936：61.
⑥ 邓衍林. 中文参考书举要 [M]. 北平：国立北平图书馆，1936：78.
⑦ 邓衍林. 中文参考书举要 [M]. 北平：国立北平图书馆，1936：117-143.

索引》(88)等。另外，以国立北平图书馆（包括前身京师图书馆）馆员个人作为著者，如缪荃孙、夏曾佑、丁文江、于道泉、王祖彝、王重民、王庸、李文裿、袁同礼、孙楷第、梁廷灿、梁启超、胡适、张允亮、彭色丹、赵万里、邓衍林、刘复、刘修业、谭其骧等，他们编纂的工具书也都被悉数收入《举要》之中。国立北平图书馆人才济济从这个侧面尽得展现。

有关《举要》的评价，与邓衍林《举要》同年出版的《中文参考书指南》的作者何多源指其"各书无提要耳"，对有些书的分类"亦间有欠妥者"①。对于何多源的"无提要"之评语，其实邓衍林在《举要》"序"中是预先有所说明的："一一撰为提要，事固至佳，但费时较长，盍不先辑为长编，既便于各馆参考之助，且可先得各方之指示，撰作提要容之异日可也。"相比之下，《举要》的出版，虽然存在何多源指出的有待完善之处，但客观上起到急用先行的作用。周余姣将何、邓之参考书著作，称谓"学术撞衫"现象，②实际上也可理解为学术研究本身是一个从无到有不断完善的过程。在对比研究《举要》和《中文参考书指南》过程中，我们发现它们都是以美国图书馆学家马奇（I.G.Mudge）的相关学术成果为借鉴编写而成。深受美国图书馆学理论研究和业务实践的影响，是民国时期中国图书馆事业发展的一个共同特征，我们在本书的第四章还会就这一点进行深入讨论。

2. 编制索引、书目和联合目录

编制具有参考工具书性质的文献索引、书目和联合目录是国立北平图书馆在中兴时期富有特色的一项工作。在该时期各年度《馆务报告》中，相关这些工作均列有专栏予以记载（表6）。

---

① 何多源. 中文参考书指南 [M]. 广州：岭南大学图书馆，1936：17-18.
② 周余姣. 邓衍林之生平、著述与贡献 [J]. 中国图书馆学报，2017（1）：107-126.

表6　国立北平图书馆编制文献索引汇总（1929.7—1937.6）

时间	1929.7—1930.6	1930.7—1931.6
索引	1. 杂志论文索引 　——国学论文索引 　——国学论文索引续编 　——文学论文索引 　——满汉问题论文索引 2. 传记索引 　——清代名人传记索引 3. 文集索引 4. 藏文书索引 5. 满文书索引 　——满汉文满蒙姓氏部落索引 　——方舆全览索引	1. 杂志论文索引 　——国学论文索引续编 2. 清代文集索引 3. 藏文索引
时间	1931.7—1932.6	1932.7—1933.6
索引	1. 清代文学论文索引 2. 金石题跋及论文索引 3. 金石目录索引 4. 国学论文索引三稿 　文学论文索引续篇 5. 藏文书索引	1. 文集论文索引 2. 国学论文索引三编 3. 文学论文索引续编 4. 金石题跋索引 5. 善本书题跋索引 6. 中国地学论文索引 7. 殷周古铜器铭文索引（鼎类）在编辑中 8. 敦煌学书籍论文索引 9. 唐人写经索引 10. 汉满蒙藏文辞丛
时间	1933.7—1934.6	1934.7—1935.6
索引	1. 清代文集篇目分类索引（原拟名为清代文集论文索引） 2. 国学论文索引三编 3. 文学论文索引续编三编 4. 金石题跋索引 5. 善本题跋索引 6. 增订小学考简目（与中国大辞典编纂处合编） 7. 中国地学论文索引 8. 宫谱索引 9. 满蒙藏文书籍索引 　——藏文达赖喇嘛文集索引 　——清代史传所见满文人名索引 　——西藏名人生第及生卒年月表索引	1. 清代文集篇目分类索引 2. 文学论文索引三编续编 3. 国学论文索引四编 4. 中国地学论文索引续编 5. 金石题跋索引

（续表）

时间	1935.7—1936.6	1936.7—1937.6
索引	1. 文学论文索引（续辑第四编） 2. 国学论文索引（续辑第五编） 3. 清代文史笔记子目分类索引 4. 西康论文索引 5. 中国地学论文索引续编（附地名及著者索引） 6. 石刻题跋索引 7. 史地论文索引	1. 国学论文索引（第五编） 2. 文学论文索引（第四编） 3. 清代文史笔记子目分类索引（第一辑） 4. 医学论文索引（受教育部医学教育委员会委托） 5. 工程论文索引 6. 历史书籍论文目录稿（受国立中央研究院历史语言研究所委托） 7. 石刻题跋索引 8. 康藏论文索引

　　从表6所汇总的该时期编制的文献索引情况可以看出，连续不间断地编制某一专题索引是其突出特点之一。如《国学论文索引》初编完成后由中华图书馆协会1929年7月出版，此后直至1937年，先后完成续编、三编、四编和第五编的编制工作；《金石题跋索引》从1931年开始至1937年连续编制不辍。《文学论文索引》《中国地学论文索引》的编纂也具类似特点。这个特点也反映出该时期国立北平图书馆业务发展呈现稳步前行的状态。

　　其二，从编制者来看，大部分为国立北平图书馆其他业务机构的馆员，而非专职参考工作机构的馆员编制。如《满文书联合目录》（1932年至1933年度出版）即由于道泉、李德启编，他们均为编纂部满蒙藏文编目室馆员，《北平各图书馆西文期刊联合目录》则由编纂部西文编目组组长兼采访部官书组组长曾宪三编辑。[1]

　　其三，从内容来看，这些索引主要以人文社会科学为主，涉及文献类型包括古籍善本、金石、舆图、期刊、杂志等。之所以如此，与国立北平图书馆"中文书籍甚富，其中且多善本"[2]的以皇家藏书来源为基础的馆藏特点有关。

　　其四，编制成果多与权威出版机构合作出版，以更广泛地惠及研究型读者。如《清代文史笔记子目分类索引》（第一辑和《石刻题跋索引》系"委

---

[1] 国立北平图书馆.国立北平图书馆馆务报告（民国二十一年七月至二十二年六月）[M].北平：国立北平图书馆，1933：28.

[2] 袁同礼.本馆略史[J].北京图书馆月刊，1928（1）：1.

第二章　中兴与发展时期的参考工作（1929—1937）

托商务印书馆排印出版"；《康藏论文索引》则"刊于禹贡半月刊第六卷第十二期二十六年三月出版并印有单行本"①。

三、参考工作研究

步入中兴时期的国立北平图书馆，在参考工作理论研究方面也取得了具有开创意义的成果。主要以李钟履《图书馆参考论》（1933）和刘国钧《图书馆学要旨》（1934）的正式出版为标志。

1.《图书馆参考论》

《图书馆参考论》系民国时期国内首部综论图书馆参考工作的专著②（图11），最初是在1931年至1933年《图书馆学季刊》的第5卷2期、第6卷2—3期和第7卷3期上连载，至1933年由中华图书馆协会集结正式出版。《图书馆参考论》的出版，在我国图书馆参考工作理论研究领域具有开创性意义。作者李钟履③时为国立北平图书馆采访部西文采访组馆员。

图11　图书馆参考论　李钟履　北平中华图书馆协会　1933

---

① 国立北平图书馆.国立北平图书馆馆务报告（民国二十五年七月至二十六年六月）[M]. 北平：国立北平图书馆，1937：11.

② 范凡.民国时期图书馆学著作出版与学术传承[M].北京：国家图书馆出版社，2011：149.

③ 李钟履（1906—1983），山东阳谷人，武昌文华图书馆科毕业。1949年以前，先后在北平北海图书馆总务科、国立北平图书馆总务部、采访部西文采访组、编目部西文编目组工作。1949年以后曾经担任北京图书馆参考辅导部科学工作方法研究股股长、联合目录组组长。著有《乡村图书馆经营法之研究》（1931）、《图书馆参考论》（1933）、《图书馆与儿童》（1933）、《北平协和医学院图书馆馆况实录》（1933）、《世界民众图书馆概况：坡托里科》（1934）、《世界民众图书馆概况：西班牙》（1934）、《世界民众图书馆概况：加达鲁尼亚》（1934）、《世界民众图书馆概况：瑞典》（1934）、《美国Dartmouth大学之Baker图书馆》（1936）、《山西铭贤学校图书馆（转下页）

《图书馆参考论》全书分为参考工具、参考事务和参考行政三部分。第一部分参考工具，重点介绍参考书籍与参考材料。其中包括对参考工具类别、质量鉴别、选购管理等详尽介绍。第二部分参考事务，著者首先将图书馆参考工作的四种理论即人力与机械、固执理论、折中理论和放纵理论分别进行介绍。继而对"参考问题之处理""参考事务之类别"，以及"各种图书馆参考事务之异同"分别进行论述。第三部分参考行政，则通过"参考部""参考主任及其他职员""训练民众"和"房屋及设备"四个章节内容，对参考工作的管理予以全面阐明。

著者在《图书馆参考论》序中对这部著作的定位是"详博赅备，以便采用"①，意在为图书馆员开展参考工作提供实际指引。然无论从历史还是现实的角度来看，《图书馆参考论》的出版意义远超过作者的初衷。

首先，《图书馆参考论》是我国首部综论性图书馆参考工作的专著，具有开创性的意义。

图书馆参考工作是伴随着清末民初新图书馆运动在我国的兴起而产生的。至1930年代，国立北平图书馆的迅速崛起、各地公共图书馆的发展和基层民众教育馆的普及，全面系统地总结图书馆业务实践工作已势在必然。在《图书馆参考论》问世之前，已有洪有丰《图书馆组织与管理》（1926）、杜定友《图书馆学概论》（1927）、李小缘《图书馆学》（1929）等图书馆学通论性著作出版，并对图书馆参考工作有所论述，但参考工作都属于通论中的一个很小部

（接上页）概况》（1936）、《中欧图书馆概况》（1937）、《图书馆学季刊总索引》[中华图书馆协会1937《未署名》]、《关于流动图书站的工作》《试谈流动图书"固定装箱""图书编组"和"自由选配"》（1956）、《馆际互借》（1957）、《图书馆学书籍联合目录》（1958）、《图书馆学论文索引》（1959）、《图书馆学中文书籍内容主题索引》（1961）和《中华图书协会会报总索引（1925—1937）》（1981）等。
资料来源：国立北平图书馆.国立北平图书馆馆务报告[M].北平：国立北平图书馆（1931—1937）.

姚乐野.民国时期图书馆学家学术文选（第八册）[M].北京：国家图书馆出版社，2019.

敬文.怀念一位有成绩的图书馆工作者：李钟履先生传略[J].图书馆学研究，1985（6）：49-50，28.

① 李钟履.图书馆参考论[M].北平：中华图书馆协会，1933：序.

第二章 中兴与发展时期的参考工作（1929—1937） 63

分。李钟履则将其作为一个独立主题进行全面研究而成《图书馆参考论》，其意义无以替代。

从该书内容的逻辑结构看，著者将"参考工具"放在全书的首位，并申明"工欲善其事，必先利其器。参考书籍与参考材料，岂非参考事务中之器械哉？"在著者看来，参考书籍与参考材料是图书馆开展参考工作的工具，"必先利其器"是开展参考工作的重要基础。继而，著者深入"参考事务"，即图书馆参考工作核心内容的阐述。著者不仅对相关参考事务的理论作全面介绍，还通过"咨询之种类、应付之方法、审查心理、探赜索隐、区别问题、问题之门径、答复之步骤、衡校出处及优劣、供给适当之资料、行之过度、彻底服务、记载结果和借助他山"[①]等十三个方面，将如何处理"参考问题"做庖丁解牛般讲解。在第三部分参考行政中，本书又从参考事务具体阐述中超脱出来，转而综述参考工作管理问题。三部分内容将图书馆参考工作全面完整地汇入其中，又分别阐述，环环相扣，堪称一部图书馆参考工作教科书。

其次，《图书馆参考论》将参考工作理论与实践有机结合，不啻为一部参考工作的实操手册，这是其实践性特征。

著者在该书《序》中开宗明义对图书馆参考工作的意义予以说明："若夫参考事务，在图书馆中则尤为重要而具有无上之价值，良以机械式的供给书籍，诚难扩大图书馆之效用，及表现图书馆服务社会之真精神，故必须竭心尽力，诱导襄助，务使参考者之目的得达图书馆之宝藏无隐，而后可。"[②]图书馆开展参考工作之意义在其是"表现图书馆服务社会之真精神"，因此"具有无上之价值"。在这种理论思想的指导下，该书无论对参考工具的介绍，还是参考问题的解答，及至参考工作的管理，都以"扩大图书馆之效用"为宗旨，给予详细说明。阅读至生动之处，时有强烈的代入感。如在如何接待咨询读者时，著者指出"不应有男女老幼之别，三教九流之分，程度高低之异，贤与不肖之殊。参考职员对之，均须友爱、忠诚、有礼貌、无偏私，设咨询者有错误时（此亦常有之事）应以不失其体面之法，而改正之，如能使其自发现其错误则尤为完全之策"[③]。再如，著者在讲到"记载结果"时，将为咨询结果建档

---

① 李钟履.图书馆参考论[M].北平：中华图书馆协会，1933：12.
② 李钟履.图书馆参考论[M].北平：中华图书馆协会，1933：序.
③ 李钟履.图书馆参考论[M].北平：中华图书馆协会，1933：13-14.

立案的功用概括为十个方面："一为作统计及报告，以观参考事务之成绩；二为保存参考职员之心血；三为补苴书藏之缺弱；四为资来日之参考；五为答复阅者；六为节省时间与心力；七为集宣传材料；八为激励阅者及参考职员之兴趣；九为训练新进参考职员；十为构成图书馆忠心服务社会之证据。"①这些有关咨询档案建档保存的意义和作用的概括，在今天也是非常符合参考工作业务实际情况的。

最后，《图书馆参考论》中有关参考工作的论述至今具有现实指导意义，具有经典性。如在第三部分参考行政中论述"参考部"之组织设置时，著者阐述道："图书馆之规模不同，故其内部之组织亦异。……就组织上论，分部之图书馆，其参考事务之管理亦有不同。其最显著之方法概有三种：即参考部与流通部合并，立一总参考部，设立多种专门参考部。"除了参考部与流通部合并这种组织方式，总参考部下可设"监察组（书籍及阅者）、咨询组（帮助及指导使用图书馆）、目录组和研究组"。而对于设立专门参考部，著者认为，由于近代学术和印刷术的快速发展，图书馆藏书量亦同步增长，设总参考部难以解决多门类文献咨询问题。他说"专门参考部之意义，即按图书馆所藏书之体制分为若干门类，复按门类分为若干部组"。"每部之主任，多系以专家担任，其他职员，亦需经过相当专门之训练，复加以日后实际工作之经验，亦可渐成该部之专门人才，而可与社会以迅速而精到之服务。"②这种有关"总参考部"和"多种专门参考部"设置的阐述，至20世纪90年代，演变为国内公共图书馆有关"大参考"和"小参考"的争论。③倘若当时能认真参阅李钟履的这个论述，或许一切争议的意义都会转化为具体实践操作而更好地惠及读者了。再如，著者在谈到"参考部主任之资格"时认为，参考部主任除了应在大学教育程度、专门教育程度符合要求，且具备相关参考工作的经验与常识，在"行政研究"方面还需要做到"如何可使职员团结坚固，如何可使理想新颖并实现，如何可使职员之工作顺利并可持久，如何可使职员之训练及经验继续增加，如何可使各专门家及本身之工作并驾齐驱，如何可使各级参考职员

---

① 李钟履.图书馆参考论[M].北平：中华图书馆协会，1933：28-29.
② 李钟履.图书馆参考论[M].北平：中华图书馆协会，1933：4-5.
③ 周迅.关于参考工作的几个问题[J].北京图书馆参考工作，1990（15）：48-58，95.

之行政、日常、及参考职务互生关系,专门参考事务之鼓励与完成"①,而参考职员之品性与才能应该满足"聪明、正确、判断、专门学识、可靠、礼貌、学识渊博、机变、警觉、对于工作之兴趣、记忆、好奇心、亲爱阅者、想象、权宜、毅力、和蔼、合作、次序、健康、创造力、勤恳、敏捷、镇静、忍耐、威严、整齐。总而言之,参考职员必须有三癖:(一)爱书,(二)爱人,(三)爱次序。爱书之癖必须具蔓延性,例如对于利用及推广书籍功用之各种机会,眼光敏捷,利用热心等情是也。此种特癖,又必须具学者之风,而无书痴之弊,嗜好出自本性,而非矫揉造作。爱人之癖即爱好交际之特性,除此特性之外,身体必须健全,人格必须高尚,心思必须豁达,精神必须活泼,待人接物必须彬彬有礼,释疑解难必须在在迅速,更须有极端好奇之特性。至于爱次序之癖,亦极重要,良以次序乃宇宙间之第一要律不可忽视者也。尚有言者,参考职员,于公余之暇,须有相当之娱乐,以资修养其身心,而求工作时气力充足,精神饱满,不致为如此繁重之事务所伤损"②。所有这些论述,如果不是语言表达习惯提醒,真是很难想象这是九十年前的经典论述。时至今日,研究图书馆学的学者依旧评价李钟履的这部著作为"呈现出一个较具理论高度的系统性框架"的研究著作,③是"关于参考工作的一本不可多得的经典"。④

当然《图书馆参考论》并非完全是李钟履独创,其在该书《序》中明确:"本编多取材于魏耳氏之《参考事务》一书(James Ingersoll Wyer:Reference Work)"⑤。其中很多案例和统计数据援引美国图书馆实例,这是我国图书馆事业在民国时期向美国图书馆学习并受其影响的时代特征反映。但这并不影响该书所具有的历史意义。

---

① 李钟履.图书馆参考论[M].北平:中华图书馆协会,1933:34.
② 李钟履.图书馆参考论[M].北平:中华图书馆协会,1933:36-45.
③ 肖鹏.民国时期参考咨询研究总述[J].国家图书馆学刊,2014(4):98-106.
④ 范凡.民国时期图书馆学著作出版与学术传承[M].北京:国家图书馆出版社,2011:152.
⑤ James Ingersoll Wyer. Reference Work:a Textbook for Students of Library Work and Librarians[M]. Chicago:American Library Association, 1930.

2.《图书馆学要旨》

《图书馆学要旨》，刘国钧编，1934年上海中华书局出版（图12）。该书被誉为我国20世纪30年代，图书馆学中国化进程取得很大进步的成果代表；[①]其"要素说"是中国图书馆理论体系的一部分[②]；《图书馆学要旨》与刘国钧《中国图书分类法》（1929年）、《中国图书编目条例草案》（1929年）对我国图书馆学的发展产生了极深刻的影响。[③]

图12　图书馆学要旨　刘国钧
上海　中华书局　1934

根据1929年至1931年两个年度的《馆务报告》"本馆职员一览"记载，刘国钧在此期间担任国立北平图书馆编纂部主任兼阅览部主任，也正是在此期间，他发表了《中国图书分类法》（1929年）、《中国图书编目条例草案》（1929年）。至1934年《图书馆学要旨》正式出版前，他还发表了《图书馆内之参考事业》（1931）[④]、《图书馆员应有之素养》（1931）[⑤]等相关参考工作的论文，同时翻译述介布朗（Dorothy Brown）的《小图书馆之参考工作》（1932）[⑥]。《图书馆学要旨》正式出版时，其虽已重回金陵大学担任图书馆馆长[⑦]，但是之前他有关参考工作的理论思想在《图书馆学要旨》中得到进一步凝练提升，有关参考工作

---

① 范凡. 民国时期图书馆学著作出版与学术传承[M]. 北京：国家图书馆出版社，2011：83.

② 北京大学信息管理系等. 一代宗师：纪念刘国钧先生百年诞辰学术论文集[M]. 北京：北京图书馆出版社，1999：13.

③ 王子舟. 杜定友和中国图书馆学[M]. 北京：北京图书馆出版社，2002：165.

④ 刘国钧. 图书馆内之参考事业[J]. 文华图书馆科季刊，1931（3）：303-313.

⑤ 刘国钧. 图书馆员应有之素养[J]. 浙江图书馆月刊，1932（9）：29-31.

⑥ 布朗. 小图书馆之参考工作[J]. 刘国钧译. 图书馆学季刊，1932（1）：142.

⑦ 北京大学信息管理系等. 一代宗师：纪念刘国钧先生百年诞辰学术论文集[M]. 北京：北京图书馆出版社，1999：13.

的阐述更为系统全面。故我们将《图书馆学要旨》中的"参考部与参考书"这一章的内容，与其在国立北平图书馆工作时期发表的有关参考工作的论文，一并视为国立北平图书馆中兴时期有关参考工作研究成果的重要组成部分，并对《图书馆学要旨》有关参考工作的论述做一重点介绍。

《图书馆学要旨》全书分为八章，第一章"图书馆学的意义与范围"，第二章"参考部与参考书"，其后依次是图书的阅览与推广（第三章）、图书的分类（第四章）、图书的编目（第五章）、选购与登录（第六章）、建筑与设备（第七章）、图书馆行政（第八章），书后附录"中文图书编目片之格式"。将"参考部与参考书"紧接第一章之后的结构安排，很不同于当时的许多图书馆学著述。对于为何将参考工作的内容置于第二章的重要位置，刘国钧指出"这部书想特别说明图书馆的目的在于图书的运用；表明办理图书馆和所谓'治目录学者'的不同。所以想从参考和阅览说起，这是在编制上和坊间现行的图书馆学者不同的一点"①。关于撰写该书的目的，刘国钧阐述其主要在"说明图书馆学的原理，所以偏重理论的阐发，实际方法只摘要略讲，所以名为要旨"。从理论角度阐发"图书的运用"，并以"参考部与参考书"为切入点，反映了刘国钧对于参考工作地位和作用的认识。继而，刘国钧通过图书的使用、参考部的意义、何谓参考书、设立参考部的必要、参考业务成功的条件、蒐集材料的步骤、参考部员的训练以及参考部在图书馆中的地位等八节，进一步阐述"参考部与参考书"这一章的内容。其中有些论述至今读来仍具有现实意义。

比如，刘国钧认为"图书馆既以图书使用为目的，出纳②和参考便是达到这目的的两条大路"③。那么如何才能够做好参考业务呢？他提出四个条件④：

第一，管理员应当熟习各种基本参考书的内容和方法，否则，问题来了无从着手；而且有些骤然看着好像隐僻的题目，实在是在基本参考书中就可以查到的。

---

① 刘国钧. 图书馆学要旨 [M]. 上海：中华书局，1934：例言.
② 有关图书的借阅在民国时期图书馆著述中，通常被称为"出纳"。作者注。
③ 刘国钧. 图书馆学要旨 [M]. 上海：中华书局，1934：20.
④ 刘国钧. 图书馆学要旨 [M]. 上海：中华书局，1934：22-23.

第二，管理员宜有充分的常识，并不可忽略琐碎的知识。这样，才可以有随时应付的能力。问询的人往往有问及极琐细的事，管理员如能立时知道关于这类的事应在某类图书内找寻，便可省去无限精神。

第三，应随时收罗有用之资料，或编制索引，或剪裁纂集，以便读者的询问。在社会上发生重大注意的事件时，尤其应预想皮集材料，以免等到读者来问时才着手。

第四，要有选择适当的参考书。否则虽多不合用，又有何益？

这四个"条件"今天依然适用，虽然信息网络技术的发展已与图书馆各项业务工作深度融合，但是其中体现出的参考工作的核心内容依然难以超越刘国钧的论述。

在讲到"参考书的种类"时，刘国钧从"目录与参考部"关系的角度讲解作为参考工具书的目录，别有一番见地。他说："就参考部的立场说，所谓目录，就是关于任何问题的图书的记载，利用它们可以知道关于一问题有些什么书，各书的价值怎么样，内容大概怎样，现在收藏在何处，以及关于本书的批评和历史等等。"①

在讲到"参考部员的训练"时，他说："参考部员的资格和训练是不可轻忽的了。在许多图书馆中，参考部管理员都是大学毕业生，因为这样对于学术方面才能有相当的根底，但同时还要有图书馆学的训练，因为这样才能了解图书馆的组织和方法，才能运用图书而生效果。在性情方面，他要和蔼而安详，并乐于为人指导，他要有循循善诱的才能，和诲人不倦的精神。他要有丰富的常识，敏决的判断，和随处留心的习惯，尤其是他对于馆内的参考图书，乃至普通图书的情形，都要熟悉，才可以应付各方面。所以一个好的参考部员，不是一天能养成的啊。"②刘国钧在《图书馆员应有之素养》将参考馆员的训练用古人的话比喻为"十年读书，十年养气"，还说"馆员应有之素养，尤以和蔼之态度及丰富之常识二者，最须注意，前者所以吸引阅者，后者所以指示阅者也"③。

---

① 刘国钧.图书馆学要旨[M].上海：中华书局，1934：45.
② 刘国钧.图书馆学要旨[M].上海：中华书局，1934：50.
③ 刘国钧.图书馆员应有之素养[J].浙江图书馆月刊，1932（9）：29-31.

另外，做好参考工作"却不能全靠参考部员的努力，参考部所遇见的问题非常复杂，绝不是参考部员所能完全知道的。在这时候，他不能不请别人帮助，所以全部馆员都应负有参考之任务，尤其是选购和编目两方面，更当特别的协助"①。这又是"大参考"与"小参考"问题的另外一个角度的阐述，与李钟履在《图书馆参考论》中从参考部的组织机构设立的角度虽有不同，但是核心内容都是一个。

最后，刘国钧对"参考部在图书馆中的地位"总结道："参考部是为谋阅览人读书便利而设立的，它是阅览人的顾问，是阅览人的指导者。所以图书馆与阅览人发生密切关系的部分，外界多拿这部分的成绩，评量其图书馆的好坏。在外国一般人对于图书馆的信仰，对于图书馆效力的认识，多由于参考部的努力而来。"②美国图书馆学家马奇在《参考工具书导论》（Guide to Reference Books）中对参考工作的作用有过经典的概括："图书馆在社会上的声誉在很大程度上取决于它是否很好地解决了参考咨询问题。"③据此，我们从刘国钧对参考部功用的阐述中，追寻到马奇思想的轨迹。

如果将《图书馆学要旨》与《图书馆参考论》做一比较，前者是从宏观角度将"参考部与参考书"置于图书馆学原理性讲解的首要环节，更像一部图书馆学的教材，尤其在每一章后，均附有"问题"和"参考书"，颇具教材之特征；后者则将图书馆参考工作放大为一个整体，不仅向读者展现参考工作的整体框架结构，还深入参考工作的各个环节，逐一分解阐述，更具操作手册的特征。从出版时间来看，《图书馆参考论》先于《图书馆学要旨》，而从内容上看则是从参考工作实操到原理的推进，既客观反映了一项图书馆业务从实践到理论提升的过程，也是图书馆实践与教学互为补充的典型范例。此外，《图书馆学要旨》中多处引用马奇和怀尔的学术观点以为说明，这与《图书馆参考论》有相同之处，再次说明在民国时期中国图书馆事业发展深受美国图书馆发展理念影响的时代特征。

---

① 刘国钧. 图书馆学要旨[M]. 上海：中华书局，1934：50.

② 刘国钧. 图书馆学要旨[M]. 上海：中华书局，1934：51.

③ Isadore Gilbert Mudge. Guide to Reference Books[M]. Chicago：American Library Association，1929：ix.

第三节　参考工作的规章制度

图书馆一项业务工作的成熟与否，其规章制度的建设是非常重要的一个标志。中兴时期的国立北平图书馆在参考工作相关规章制度建设方面也体现出这一特征，先后制订、重订了《参考部办事规程》（1929.11）、《国立北平图书馆专门阅览室规则》（1933.4）①、《国立北平图书馆工程参考室暂行规则》（1934.3）②、《国立北平图书馆阅览暂行规则》（1934.11）③、《国立北平图书馆研究室暂行规则》（重订1934.12）④和《参考组办事规程》（1935）⑤等。

一、阅览室规则中的相关规定

在该时期制定的相关规章制度中，《国立北平图书馆专门阅览室规则》《国立北平图书馆工程参考室暂行规则》《国立北平图书馆阅览暂行规则》和《国立北平图书馆研究室暂行规则》均由国立北平图书馆阅览组制订（重订），其内容主要侧重在读者服务工作管理层面。但也有对相关参考工作的规定，具体体现在两个条目中。

其一是《国立北平图书馆阅览暂行规则》第十九条明确规定："如有特殊咨询事件，请随时至出纳柜问讯处接洽。"据当年度《馆务报告》记载："本年为来馆阅览人士之便利及指导读书、使用目录与随时答复口头之咨询起见，特设咨询处于出纳柜，由参考组员专任其事。"⑥显然这一条规定是与"特设

---

① 国立北平图书馆阅览组.国立北平图书馆专门阅览室规则（国家图书馆民国时期文献数据库）[DB/OL]. [2021-07-19]. http: //mg.nlcpress.com/library/publish/default/BookPicTxtReader.jsp?bookLibID=36&bookID=28285215.
　　北京图书馆大事记1909—1992（征求意见稿）北京图书馆业务研究委员会，1992：19.
② 国立北平图书馆阅览组.国立北平图书馆工程参考室暂行规则（国家图书馆民国时期文献数据库）[DB/OL]. [2021-07-19]. http: //mg.nlcpress.com/library/publish/default/BookPicTxtReader.jsp?bookLibID=36&bookID=17261988.
　　北京图书馆大事记1909—1992（征求意见稿）北京图书馆业务研究委员会，1992：20.
③ 国立北平图书馆阅览暂行规则.国家图书馆档案，1929-※025-阅览-003025-003030.
④ 国立北平图书馆研究室暂行规则.国家图书馆档案，1929-※025-阅览-003031-003033.
⑤ 参考组办事规程.国家图书馆档案，全宗三·卷十二 1929-※019-章则 2-007017-007019.
⑥ 国立北平图书馆.国立北平图书馆馆务报告[M].北平：国立北平图书馆，1935：22-23.

咨询处于出纳柜"相呼应的。这也是我们所见在国立北平图书馆时期,有关问讯处（咨询处）的记载首次在规章制度中出现。

其二是《国立北平图书馆研究室暂行规则》第十三条规定："本馆备有研究室记录一种,每届研究终结或某种题目完成时即请填写交还阅览组以便统计。"可见,专为研究人员开设的研究室,已经将研究人员的研究项目管理纳入服务管理的范围内。

二、有关参考工作的办事规程

1.《参考部办事规程》（1929）

《参考部办事规程》（1929）是目前所见国家图书馆馆史档案中记载的最早以参考工作为规范对象的规章制度,但是有关该规程的具体内容未得。我们可以从如下相关史料记载中梳理有关该规程的历史轨迹。

第一份参考史料是1929年3卷6号的《国立北平图书馆月刊》,其中对合组后国立北平图书馆全面完善规章制度的工作有一段总结："本馆自改组以来,所有各项规则均暂沿用旧章。本月为行政上画一起见,特将各项规则,从新厘定。计为普通阅览室、善本阅览室、借书、收受寄存图书、收受寄存书版、抄书、临时写生管理等暂行规则七种。均于本月中由本馆委员会核定后,于月杪公布施行。"

第二份参考文献则是《中国国家图书馆百年纪事（1909—2009）》的记载："本年（1929年 作者注）制定的规则与细则有《国立北平图书馆抄书简则》9条；《善本阅览室暂行规则》11条；《普通阅览室暂行规则》10条；《收受寄存图书简则》11条；《收受寄存书版简则》7条；《总务部文书组办事细则》36条；《总务部传达处收受文件办法》7条；《职员服务规程》11条；《编目部西文编目组办事细则》55条；《编目部中文编目组办事细则》；《参考部办事规程》5条；《采访部官书组办事细则》20条；《舆图部办事细则》18条；《临时写生管理规则》9条；《馆刊编辑委员会简章》8条"[1]等总计15个规则与细则。

从这两份文献史料来看,可以有三点判断：其一,据"本馆自改组以来,

---

[1] 李致忠.中国国家图书馆百年纪事（1909—2009）[M].北京：国家图书馆出版社,2009：17.

所有各项规则均暂沿用旧章"的描述，说明此次"从新厘定"是"为行政上画一起见"，所厘定的各项规章制度在"改组"前即已存在。《参考部办事规程》也是其中之一，并非新制定的规章制度。其二，改组后的国立北平图书馆的专职参考工作机构是阅览部下的参考组，而非名为"参考部"。改组前的北平（北海）图书馆专门负责参考工作的机构名称是"参考科"亦非"参考部"之谓。之所以有称谓上的不一致，有可能是在名称使用上"部"和"科"混用导致。那么该规程的名称使用"参考部"限定"规程"本身就带有"沿用旧章"的痕迹。据此，我们推断，在北平北海图书馆与国立北平图书馆合组前，北平北海图书馆已经制定《参考部办事规程》。其三，《国立北平图书馆组织大纲》（14条）是1929年11月28日教育部指令第3066号核准，故"本月中由本馆委员会核定后，于月杪公布施行"，这个时间亦即包括《参考部办事规程》在内的"从新厘定"的各项规则与细则公布施行的时间应该是1929年年底前。

综上，目前所见文献记载最早的有关参考工作规范制度是1929年合组后国立北平图书馆"从新厘定"的《参考部办事规程》。但早于该规程前的北平北海图书馆应该已经制定了《参考部办事规程》，并对参考工作进行管理。

2.《参考组办事规程》（1935.7—1937.6）

《参考组办事规程》（简称《规程》）是我们在研究国立北平图书馆早期参考工作规章制度时从国家图书馆档案中发现的。它是目前留存的对参考工作具体内容有明文规定并见诸具体条目、内容最为完整的《规程》（图13），拟定

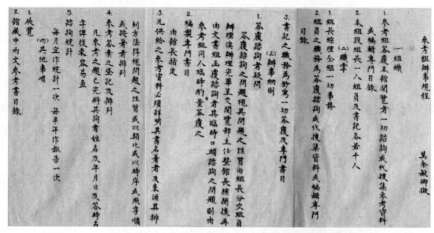

图13　莫余敏卿拟定的《参考组办事规程》档案影印件

者为时任参考组组长莫余敏卿①。（图14）②

图14　莫余敏卿（1909—2008）

---

① 莫余敏卿（Man Hing Mok），原名余敏卿，1909年出生于广东台山。广州岭南大学文学学士，美国哥伦比亚大学硕士，1935年入职国立北平图书馆，担任阅览部参考组组长。1937年7月抗战爆发后，随副馆长袁同礼南下，曾先后任国立北平图书馆昆明办事处文书、主任、会计，参加安南缅甸文献和西文书籍的征购，以及西文期刊整理等工作。1944年随丈夫西南联合大学外国语文学系主任莫泮芹（Poon-kan Mok）教授赴美，为美国洛杉矶西方学院（Occidental College）研究助教（Research Fellow）。1948年成为加利福尼亚大学洛杉矶分校（University of California, Los Angeles，UCLA）东亚图书馆首任馆长，在任27年，2008年于美国逝世。
资料来源：Richard C. Rudolph East Asian Library（1948—2018）70th ANNIVERSARY CELEBRATION[EB/OL].[2022-12-05].https：//www.library.ucla.edu/sites/default/files/media/EAL%20BROCHURE%20%5BOnline%20Version%5D-compressed.pdf.
西南联大北京校友会.国立西南联合大学校史：1937至1946年的北大、清华、南开[M].北京：北京大学出版社，1996：103.
北京图书馆业务研究委员会.北京图书馆馆史资料汇编[M].北京：书目文献出版社，1992：636，1078-1079.

② 美国加州大学洛杉矶分校东亚图书馆馆长陈肃提供。作者注。

《规程》总计四个部分，分为组织、职掌、办事细则和其他事项。为方便阐述，录全文如下[①]：

（一）组织

1. 参考组答复本馆阅览者一切咨询或代搜集参考资料，或编辑专门目录。

2. 本组设组长一人，组员及书记各若干人。

（二）职掌

1. 组长综理全组一切事务。

2. 组员之职务为答复咨询或代搜集资料或编辑专门目录。

3. 书记之职务为抄写一切答复及专门书目。

（三）办事细则

1. 答复咨询者疑问

答复咨询之问题视其问题之性质由组长分交组员办理，俟办理完毕呈交阅览部主任暨馆长核阅后再由文书组函复。咨询者其临时口头咨询之问题，则由参考组同人临时酌量答复之。

2. 编制专门书目

由馆长指定。

3. 凡供给之参考资料必须详明其书名、著者及来源。其排列方法得视问题之性质或以类比或以时序或照字顺或按著者排列。

4. 参考答案之登记及排列

凡参考之题已完，将其询者姓名及年月日及答时名字，俾后来容易查。

5. 咨询统计

每月宜作统计一次，每半年作报告一次。

（四）其他事项

1. 展览

2. 馆藏中西文参考书目录

上述《规程》的四部分内容，我们可以将其从参考工作角度概括为四个

---

① 国家图书馆档案，全宗三·卷十二 1929-※019-章则 2-007017-007019。另，《参考组办事规程》全文序号为原档案中序号，此处照录未做改动，具体条目中的标点为作者加。

要点：

其一，参考组的职责。《规程》第一条即是"答复本馆阅览者一切咨询或代搜集参考资料，或编辑专门目录"，这是参考组首要工作职责。此外还负责"展览"和"馆藏中西文参考书目录"的编制。这既是明确了参考组的职责和任务，也是对国立北平图书馆承担参考工作专职机构的确认。唯"展览"亦作为参考组的职责内容，我们似从中看到1949年以后北京图书馆参考馆员参与诸多馆藏文献展览工作的源头。

其二，参考组的人员构成。参考组由组长、组员和书记构成。组长全权负责组内一切事物，组员则为参考组职责的履行者，书记则专职负责答复信函和专门书目的抄写。

其三，参考咨询服务流程。这里分两种情况，读者咨询问题由组长根据咨询问题的情况统一分配，参考咨询馆员解答完毕后则按照"呈交阅览部主任""馆长核阅"和"文书组函复"的流程顺序进行。而对于"编制专门书目"类的委托咨询，则需要"馆长指定"。如此流程规定，一方面可以使每一单咨询在经过馆长、部主任和组长逐级审定基础上得以保证咨询服务质量；另一方面也可以判断出当时读者委托的咨询数量是可定限的，否则如此审批流程在实际操作中会有费时低效的影响。咨询解答最后一步由"文书组函复"的规定，在当时基本以手工抄写为主的情况下，确保了文字书写、语言表达和信笺使用等方面的规范。

其四，参考咨询业务管理。《规程》对提供给咨询者（读者）参考资料的要求是"详明其书名、著者及来源"，同时也要登记咨询者信息，便于日后查阅。对于咨询工作情况，以月为单位进行统计，"每半年作报告一次"。

这四个要点是对参考工作中的机构职责、人员构成、业务流程和咨询管理的原则性的规定，虽重在"规程"，但其对参考咨询服务中管理层面的核心内容均已囊括。只是没有对参考组"组员"做出学科专业、业务素养、服务规范等方面的具体要求和规定。

1929年至1937年，是国立北平图书馆参考工作中兴与发展的时期。重组后的8部16组的机构设置，直到1937年抗战全面爆发前始终保持主体框架稳定；参考组作为承担参考工作的专职机构，从主任到组长均为图书馆学科的专业人员，人员力量不断加强，汪长炳、邓衍林、刘国钧、严文郁等是其代表人物；

业务研究领域以《中文参考工具书举要》以及相当数量的文献索引的编制，成为该时期参考工具书编制工作的重要成果代表；民国时期第一部综论参考工作的《图书馆参考论》和对中国图书馆学产生巨大影响的《图书馆学要旨》诞生于该时期；从《参考部办事规程》到《参考组办事规程》，是国立北平图书馆参考工作走向成熟的标志。

第三章 低谷与坚守时期的参考工作（1938—1949）

1937年"七七事变"爆发至1949年1月北京和平解放，国立北平图书馆历经"八年抗战 馆务播迁"和"北平光复 馆务复员"[①]两个阶段，前期饱受日本军国主义全面侵华战争之苦，后期在馆务复员的同时又经历国共内战的动荡时局，参考工作陷入低谷与坚守状态。

第一节 机构设置基本状况

一、南北馆及各地办事处的设立

1937年"七七事变"爆发，北平沦陷。8月，国立北平图书馆副馆长袁同礼，率领"重要职员"[②]离开北平；1938年10月国立北平图书馆昆明办事处正

[①] 李致忠.中国国家图书馆馆史资料长编（1909—2008）[M].北京：国家图书馆出版社，2009：276，359.

[②] 有关"重要职员"的相关信息，徐家璧在其《袁同礼先生在抗战期间之贡献》（朱传誉.袁同礼传记资料[M].台北：天一出版社，1979：40-41）曾有描述，"其时平馆职员到达长沙的，仅有莫余敏卿（时任阅览部参考组组长。本书作者注，以下括号内的均同）、范腾端（金石部组员）、贺恩慈（采访部西文采访组组员）、高棣华等数人，另外则就地招聘了一二位。先生（袁同礼）一面又飞函北平，催促馆员从速设法离平南下，到十二月初，孙述万（采访部期刊组组长）、邓衍林（阅览部参考组组员）、颜泽霩（采访部西文采访组组员）和笔者（徐家璧，采访部官书组组长）才赶到长沙报到"。

式成立；①1939年4月10日，国立北平图书馆昆明办事处升格为馆本部。此后，昆明本部被国立北平图书馆同人称为"南馆"（但在各种史料记载中，又常常习惯称其为"昆明办事处"），北平馆则称为"北馆"。②

截至1938年6月，北馆的机构设置还是保持抗战爆发前的7部15组的架构，但是参考组组长空缺，组员数量锐减，只有丁瀞、万斯年和书记李兴辉三人（万斯年随后即赴南馆工作）。南馆则与香港统一进行岗位设置和人员配置，设编纂、文书、采访、中文编目、西文编目、期刊、索引和辅助西南联大办事等八个业务模块。原参考组组长莫余敏卿任文书，组员邓衍林则承担期刊业务工作。③

迫于战争环境不得不分为南北两馆运行的国立北平图书馆，在两馆的工作任务和职责方面也同时做了相应的划分，"北平部分侧重整理及编纂；昆明部分侧重采访及出版"④。而为了克服战争影响，国立北平图书馆还在上海、重庆、香港、缅甸仰光和美国华盛顿设立办事处，尽最大可能购求各类文献，以满足战时读者急需（表7）。

表7 抗战期间国立北平图书馆及办事处职员数量统计表

年	地点	数量/人	总人数
1937⑤	北平图书馆	135	135

---

① 李致忠.中国国家图书馆百年纪事（1909—2009）[M].北京：国家图书馆出版社，2009：25-29.

② 1939年4月10日教育部社会教育司致国立北平图书馆将在滇办事处改组为馆本部函（原件）（档概况2.9）[M]//北京图书馆馆史资料汇编（1909—1949）.北京：书目文献出版社，1992：683-684.

③ 国立北平图书馆.国立北平图书馆馆务报告（民国二十六年七月至二十七年六月）[M].北平：国立北平图书馆，1938：9-16.

④ 1940年7月12日呈教育部报告图书馆工作概况（抄件）（档概况2.4）[M]//北京图书馆馆史资料汇编（1909—1949）.北京：书目文献出版社，1992：718.

⑤ 1947年1月17日函教育部视察员报告本馆目前需要解决问题（文稿）（档概况2.20）[M]//北京图书馆馆史资料汇编（1909—1949）.北京：书目文献出版社，1992：866-869.

第三章　低谷与坚守时期的参考工作（1938—1949）　79

（续表）

年	地点	数量/人	总人数
1938	北平图书馆①	94	126
	长沙临大图书馆②	24	
	西南联合大学图书馆③	8	
1940④	北平图书馆	78	116
	昆明办事处	34	
	上海办事处	3	
	香港办事处	1	
1941⑤	昆明办事处	16	33
	上海办事处	5	
	重庆办事处	5	
	香港办事处	1	
	仰光办事处	1	
	华盛顿办事处	5	

根据表7可以看出，战时国立北平图书馆及各办事处人员职数变动情况很大。需要说明的是，表中所列为不完全统计数字，有些数字或许会有重叠统计的情况。如1938年长沙临大时期的平馆人员为24人，这是1938年2月4日副馆长袁同礼致函馆长蔡元培时提到的人员数字。至4月长沙临大（清华、北大和南

---

① 1938年2月8日袁同礼致徐新六等三董事报告图书馆委员会对执委会决议意见函（抄件）（档年录3.8）[M]//北京图书馆馆史资料汇编（1909—1949）.北京：书目文献出版社，1992：525-526.
② 抗日战争时期蔡元培袁同礼来往信札[J].图书馆学通讯，1985（3）：92-93.
③ 长沙临时大学图书馆随校迁往昆明[J].中华图书馆协会汇报，1938（1）：20.
④ 1940年7月12日呈教育部报告图书馆工作情况（抄件）（档概况2.4）[M]//北京图书馆馆史资料汇编（1909—1949）.北京：书目文献出版社，1992：716-724.
⑤ 1941年平馆驻外办事处职员表，国家图书馆档案，档人事2.13.转引自：李致忠.中国国家图书馆馆史资料长编（1909—2008）[M].北京：国家图书馆出版社，2009：304，341，346，350.

开）三校抵达昆明更名"西南联合大学",5月正式开课,国立北平图书馆长沙人员同步迁往昆明并设"昆明办事处"。平馆与西南联大合作建立西南联大图书馆,为南迁昆明的教学科研机构提供服务。此时的西南联大图书馆总计19人,其中"北大5人,清华4人,南开1人,北平图书馆8人,联合大学1人"[①]。那么北平图书馆这8人与长沙临大时期平馆24人之间是否是包含关系,未见史料说明。到1939年底,北平图书馆与西南联大合作办馆结束。但是有一点是明晰的,即国立北平图书馆自抗战爆发袁同礼馆长率人南下至长沙起,即与西南联大开始合作,双方合作始自共同办馆,后进一步发展为在中日战事史料征辑,以及西南文献征购等领域的合作。

另外,战前国立北平图书馆在南京设立的南京工程图书馆此时期已被日军接收,并在门口悬挂"中文图书文献整理馆"之牌,[②]工程参考图书馆主任钱存训亦于1938年春到达上海办事处工作。[③]

二、复员时期参考工作机构的设置

1945年8月15日,日本宣布无条件投降,历时十四年的抗战以中国人民和世界反法西斯的胜利而告终。关于光复后的各项收复工作,国民政府行政院在抗战胜利前夕就发布了"收复地区政治设施纲要"草案(1945年8月1日),[④]经济部则于8月29日发布收复区敌产处理办法,[⑤]与此同时,对沦陷区图书文物的接收与整理工作也快速展开。11月13日,袁同礼奉国民政府教育部令返回国立北平图书馆"办理接收事宜",国立北平图书馆的复员工作全面展开。

根据1945年11月19日袁同礼呈教育部接收北平图书馆情况(文稿)所附

---

① 长沙临时大学图书馆随校迁往昆明 [J]. 中华图书馆协会会报,1938(1):20.
② 1938年10月18日至1939年4月29日上海办事处致袁同礼函件(文稿)(档年录3.14)[M]//北京图书馆史资料汇编(1909—1949). 北京:书目文献出版社,1992:642-676.
③ 钱存训. 我和国家图书馆:在北图工作十年的回忆和以后的联系 [J]. 国家图书馆学刊,2009(3):9-14.
④ 中国第二历史档案馆. 中华民国史档案资料汇编 [M]. 南京:江苏古籍出版社,1999:54-55.
⑤ 中国第二历史档案馆. 中华民国史档案资料汇编 [M]. 南京:江苏古籍出版社,2002:1-2.

《日伪机构事业资产接收简报表》"组织概况"一栏，对接收后的国立北平图书馆机构设置描述为"暂恢复二十六年以前之组织，至新编制已由教育部呈送行政院转送立法院审核中"①，亦即7部15组的设置。1946年6月28日国民政府令《国立北平图书馆组织条例》②明确"国立北平图书馆隶属于教育部，掌理关于图书之搜集、编藏、考订、展览及图书馆事业之研究事宜"，设有"采访组、编目组、阅览组、善本组、舆图组、特藏组、研究组、总务组"。该组织条例为战后由国民政府下达的有关国立北平图书馆组织机构设置的第一条"政府令"。与战前机构设置相比，首先是内设机构名称由"部"改为组，其次新设特藏组与研究组。

除阅览组下设参考股外，新设立的研究组亦具有参考工作机构的性质。根据1947年7月4日《国立北平图书馆呈送复原情形报告》③，"研究组职司编制有关之特种书籍书目、索引及国外联络摄制显微镜照片各项工作"④，为此，新增设国际问题研究室、金石拓片研究室、工程研究室、边疆文献研究室、满蒙藏文研究室、苏联研究室和日本研究室等7个研究室。

有关日本研究室，《教育部特派员办公处移交书籍整理计划草案》中曾计划"凡日文书籍仅有一部而无复本者，拟交北平图书馆，成立日本研究室，公开阅览。由平市各院校合组委员会主持进行事宜，并派人参加研究工作。除研究计划另行规定外，该室应继续采购日本投降后出版之书刊，东京盟军总部所印之公报，以及欧美出版关于日版研究之著作，以期集中资料，便利研究，一

---

① 1945年11月19日袁同礼呈教育部接收北平图书馆情况（文稿）及1946年1月12日教育部第14号指令（原件）（档概况2.17）[M]// 北京图书馆馆史资料汇编（1909—1949）. 北京：书目文献出版社，1992：806-811.
② 国立北平图书馆组织条例（六月二十八日府令公布）[J] 教育公报，1946（6）：1-2.
③ 根据北京图书馆业务研究委员会编《北京图书馆馆史资料汇编》（1909—1949）（书目文献出版社，1992）第883页，该标题全称为《1.299 1947年6月5日教育部训令第30811号（原件）及7月4日国立北平图书馆复原情形报告（文稿）（档年录6.8））》，根据该档案正文内容，"复原"均用"复员"（参见第883页，第885页），故除此处照录"复原"二字，本章中其他各处均用"复员"。作者注。
④ 1947年6月5日教育部训令第30811号（原件）及7月4日国立北平图书馆复原情形报告（文稿）（档年录6.8）[M]// 北京图书馆馆史资料汇编（1909—1949）. 北京：书目文献出版社，1992：883-894.

俟筹备就绪，再行参考欧美前例，改组为日本研究所"①。该计划草案的时间是1947年1月，显然平馆增设日本研究室与该计划有着直接的关系。但是我们并未在后来的档案中看到平馆有改组"日本研究所"的实施操作。这或许与国共内战全面爆发（1946年6月）战事再起受到时局影响有关。

有关复员时期参考机构的设置，《中华图书馆协会会报》有一篇介绍性报道：欧美图书馆管理法，日新月异，要不外以便利阅者为原则。即以图书之庋藏而论，存储书库，则不若听人自由取悦为便利，故已不少采用开架制度者。而开架制度，若各类图书，混排一处，又不若分门别类，分别插架，便于参考，故已不少实行分部制者。而分部制，若无对于该部图书有真实了解之人士管理之，则仍不能辅导阅者，故已不少聘用专家分别掌管各部之事。即以瑞士小国而言，若贝尔大学图书馆，亦已采取此制多年矣。北平图书馆长袁同礼氏，年前出国考察欧美图书馆事业，对于此制，颇为赞赏。此次返平后，对于该馆，拟大加整顿，采用此种制度，以增高其参考性能。此外并拟广辟特殊资料室，以利阅者，计已设立者，有边疆文献阅览室，北平史料研究室。正在计划中者，有抗战史料阅览室，后方各分馆及北平总馆，正在积极蒐集资料中云。②从该报道我们可以看出，袁同礼对于战后复员时期平馆工作关注的一个重点即是提高平馆的"参考性能"。具体计划是以欧美图书馆"分部制"设立专题文献室为榜样，聘用专家为读者提供开架服务，并已经设立边疆文献阅览室，北平史料研究室。这个报道时间是1945年底，与上述1947年《国立北平图书馆呈送复原情形报告》中新增设7个研究室相比，边疆文献阅览室包含其中，而未见"北平史料研究室"和"抗战史料阅览室"的设置。虽然如此，从参考工作的角度看，有关专题阅览室的设置其目的是为提高北平图书馆的"参考性能"，应该说，在战后复员工作千头万绪的形势下，这种考虑是对参考工作重要性的特殊表达。

---

① 1947年1月呈教育部报告国立北平图书馆接收移运中日文图书情况（文稿）（档年录6.11）[M]//北京图书馆馆史资料汇编（1909—1949）. 北京：书目文献出版社，1992：870-873.

② 北平图书馆提高参考性能 [J]. 中华图书馆协会会报，1945（4-6）：6.

第二节　南馆与北馆的参考工作

一、战时南馆的参考工作

（一）有关参考工作的两份史料

抗战爆发后，国立北平图书馆袁同礼馆长带领部分馆员南下至长沙、迁昆明，直到昆明办事处正式设立，人员最多时为34人（1940年），绝大部分人员还是留在北平。面对战时特殊环境，国立北平图书馆将南馆的工作重心调整为以"采访及出版"为主。对于有关南馆开展参考工作的情况，我们只从史料中看到零星的记载：

第一份史料是来自1940年第5期《中华图书馆协会会报》刊登的《国立北平图书馆昆明部分二十八年度馆务概况》，其中报道昆明部分（南馆）："馆内设立参考室，解答各项参考问题。或代编书目，或代制索引，或用通讯方法答复各地之咨询"，设立参考室的主旨"在于对读者有所辅导，增加其便利，促进其研究。值此抗战期间，此项服务，尤其重要焉"[①]。这份史料所描述的是二十八年度（1939—1940）的情况，而"国立北平图书馆和联大的合作，是到二十八年年底为止"[②]，据此可以判断，昆明部分在1939年开展的参考工作是与西南联大共同合作开办的图书馆中进行的。

第二份史料是袁同礼于1943年12月发表于《社会教育季刊》上的《国立北平图书馆工作概况》，在该《概况》中对国立北平图书馆参考工作的描述是："至阅览事宜，本馆自迁昆后，曾与西南联大合作将中西图书期刊大部分寄存该校，爰未自辟阅览室。二十九年将所藏政治经济书籍一批由昆运渝，与南开大学经济研究所合作，供给陪都各界研究之用。惟限于地址，未能积极发展耳。参考工作亦为本馆主要业务之一，盖以现代图书馆既广事收藏，自愿供

---

① 国立北平图书馆昆明部分二十八年度馆务概况[J].中华图书馆协会会报，1940（5）：6. 1940年1月18日呈教育部1940年工作计划及1939年馆务概况（抄件）（档年录5.3）[M]//北京图书馆馆史资料汇编（1909—1949）．北京：书目文献出版社，1992：697-707.

② 徐家璧．袁同礼先生在抗战期间之贡献[M]//朱传誉．袁同礼传记资料．台北：天一出版社，1979：40-41.

人阅览,更愿使人知何所阅览。抗战以来,本馆虽限于人力资力,但对于政府机关与专门学者有关研究资料之咨询,仍愿尽答复之义务,或代编参考书目,或代为搜集其所需。去年出版之《图书季刊》新四卷一二期,尽力介绍西文书志,亦属此志,总期节省学人之时间,而俾获得若干之便利。此又本馆服务社会之旨趣也。"① 该份史料是1943年刊发,所反映的应该是1942年至1943年国立北平图书馆工作概况。1942年1月2日,北馆被伪教育总署接收(该内容在本章下一节专述),国立北平图书馆同时被更名为"国立北京图书馆"。那么这一份史料中具体所谈的"对于政府机关与专门学者有关研究资料之咨询,仍愿尽答复之义务"应该是指南馆的业务。

虽然有关国立北平图书馆南馆开展参考工作的史料零碎稀少,但从这两条史料记载可以明确一个事实,即抗战时期的国立北平图书馆的参考工作并未因战事而停止。目前所见有关南馆时期的参考工作情况仅见上述两条史料记载。据此,我们推测,一是由于南馆和北馆各自工作重点已经明确,二是南馆工作职员有限,势必将有限的人力调用完成战时南馆重点工作。即使开展参考工作,也只能是"尽答复之义务",而无专门工作机构和专职参考咨询馆员。

(二)参考咨询馆员的业务走向

有鉴于上述史料记载情况,我们不妨将国立北平图书馆参考咨询馆员战时在南馆工作的业务走向和工作内容做一梳理,亦是对战时国立北平图书馆南馆参考工作情况予以客观记载的另一个思路。

1.《国立北平图书馆昆明办事处工作大纲》中的任务安排

1938年3月11日,国立北平图书馆委员会通过《国立北平图书馆昆明办事处工作大纲》(简称《大纲》),《大纲》对1938至1939年度的昆明办事处的工作做出安排,具体内容如下(序号顺序依据原史料)②:

(1)关于采访事项

1. 征购西南文献(包括各种民族照片)万斯年 张敬

2. 传拓西南石刻 万斯年

---

① 袁同礼.国立北平图书馆工作概况[J].社会教育季刊,1943(4):12.
② 1938年3月11日委员会关于留平的业务与在滇临大有关工作的谈话记录(抄件)(档年录2.15)[M]//北京图书馆馆史资料汇编(1909—1949).北京:书目文献出版社,1992:550-553.

3. 办理新书呈缴（包括期刊及舆图）及整理中文期刊 毛宗荫

4. 征购抗战史料 颜泽霨

5. 征购安南缅甸文献 莫余敏卿 余霭钰

6. 征购西文书籍及整理西文期刊 莫余敏卿 余炳元

7. 征集专门论文单行本 陈传忠

8. 整理日报及舆图 岳梓木

（2）关于编目及索引事项

1. 编印新书分类目录 胡绍声 张树鹄 马万里 赵耆康

2. 编制入藏图书目录 何国贵 徐家璧 于自强

3. 编制抗战论文索引 毛宗荫 余瑞芝

4. 编辑西南边疆图籍录 邓衍林

5. 编辑云南书目 邓衍林

6. 编辑云南研究参考资料 袁同礼 万斯年

（3）关于流传事项

1. 影印[孤本元曲] 袁同礼

2. 排印[暴日侵华与国际舆论]初编及二编 颜泽霨

（4）关于与其他学术机关合作事项

1. 协助西南联合大学完成图书设备

2. 协助中华图书馆协会向国外征书籍、其他复兴工作

从《大纲》的内容来看，（1）（2）两项紧扣采访工作，结合战时南馆地处云南的地理位置，重点开展西南文献的采集和抗战史料的征购，并在此基础上进行编目和索引编制工作；（3）项重点是充分发挥图书馆在战时的宣传作用，收集、整理和排印日本侵略中国暴行和国际舆论对中国抗战支持的资料，以配合全民抗战的形势需要；（4）项则对国立北平图书馆与西南联大和中华图书馆协会的合作做出具体规定。可见，《大纲》的每项计划内容都体现了国立北平图书馆结合战时需要和南馆所处特殊地理位置，因时因势因地开展工作的特点。

从《大纲》的各项任务分工来看，每项任务责任到人，除张敬[①]、陈传忠、于自强和余瑞芝四位在1929至1937年各年度《国立北平图书馆职员录》中未见相关信息，其余十五位均为战前平馆正式馆员（表8），其中来自参考工作专职机构的馆员就有莫余敏卿、邓衍林、万斯年、余炳元和胡绍声五位。莫余敏卿负责征购安南缅甸文献和征购西文书籍及整理西文期刊（分别与余霭钰和余炳元合作）；万斯年负责征购西南文献（与张敬合作）、传拓西南石刻和编辑云南研究参考资料（与袁同礼合作）；邓衍林负责编辑西南边疆图籍录和云南书目；胡绍声则与张树鹄、马万里、赵耆康等共同编印新书分类目录。由此可见，战前专职从事参考工作的馆员，在南馆的工作内容已经调整为以西南文献的采购和编辑为重心，而面向读者的参考工作内容在《大纲》中未有提及。

表8 《国立北平图书馆昆明办事处工作大纲》所涉国立北平图书馆馆员战前任职信息[②]

序号	姓名	职务/岗位	年度
1	袁同礼	副馆长（主持馆务）	1936.7—1937.6
2	颜泽霔	采访部西文采访组 组员	同上
3	毛宗荫	采访部西文采访组 馆员	1933.7—1934.6
4	徐家璧	采访部官书组 组长（兼西文编目组组员）	1936.7—1937.6
5	马万里	采访部期刊组 组员	同上
6	张树鹄	采访部期刊组 组员	1935.7—1936.6
7	赵耆康	采访部 书记	同上
8	何国贵	编目部西文编目组 组长	1936.7—1937.6
9	岳梓木	编目部西文编目组 组员	同上

① 张敬（张清徽），北平女子文理学院毕业，北大研究所肄业，任教于西南联大，去台后任教于台湾大学中文系[EB/OL].[2023-12-29].http://www.booyee.com.cn/bbs/thread.jsp?threadid=1144245.

② 为简便起见，本表汇总国立北平图书馆馆员信息均以该馆员在抗战全面爆发前的最后一个年度，即民国二十五年七月至二十六年六月《国立北平图书馆馆务报告·职员一览表》为时间限，凡在该年度职员一览表中未见名单者，回溯至其在国立北平图书馆任职最后一个年度为限。作者注。

第三章 低谷与坚守时期的参考工作（1938—1949） 87

（续表）

序号	姓名	职务/岗位	年度
10	余霭钰	编目部西文编目组 组员	同上
11	莫余敏卿	阅览部参考组 组长	同上
12	邓衍林	阅览部参考组 组员	同上
13	万斯年	阅览部参考组组员	同上
14	余炳元	工程参考图书馆 馆员	同上
15	胡绍声	工程参考图书馆 馆员	同上
16	张敬	不详	不详
17	陈传忠	不详	不详
18	于自强	不详	不详
19	余瑞芝	不详	不详

　　至1941年，南馆工作人员和工作内容与《大纲》所涉人员和工作任务相比，又发生了很大变化。此时，除增加了1929年7月至1933年6月在参考组工作过的馆员爨汝僙，战前国立北平图书馆的参考馆员只有莫余敏卿和万斯年两位留任。我们从1941年平馆昆明办事处职员表中（表9）未见邓衍林、余炳元和胡绍声三位的名字。根据史料记载，邓衍林于1939年入西南联大师范学院第二部教育学系就读，1940年在昆明创建天祥中学（创建人之一），并于1941—1944年期间担任天祥中学（第一任）校长[①]，1941年《中华图书馆协会会报》亦曾报道邓衍林"近任昆明天祥中学校长"[②]。余炳元则于1940年1月"携眷离昆，任航空学校翻译"[③]，1943年在中央空军军官学校服务"近派赴印度"[④]，1944年8月抵美，"在加州三塔阿那空军根据地中国空军部任英文翻译"。胡绍声在1941年2月《中华图书馆协会会报》"会员信息"中的报道

---

① 周余姣. 邓衍林之生平、著述与贡献[J]. 中国图书馆学报，2017（1）：107-126.
② 会员信息[J]. 中华图书馆协会会报，1941（1-2）：14.
③ 会员信息[J]. 中华图书馆协会会报，1940（5）：13.
④ 会员信息[J]. 中华图书馆协会会报，1943（1）：14.

已调平馆"驻渝办事处"工作,[①]具体负责采访、中西文经济建设论文索引[②]的编制工作,至1944年6月,"辞去南开中学教员,就任美国驻华大使馆秘书"。由此可见,战时南馆人员变动之大,在如此环境下开展工作之难度亦可想见。

表9　1941年国立北平图书馆昆明办事处职员表[③]

序号	姓名	职责
1	莫余敏卿	主任,西文文牍兼会计,整理西文文档
2	爨汝僖	中文文牍,整理中文档案
3	张敬	中文《图书季刊》
4	毛宗荫	期刊搜集及整理
5	王叔曼	史料会采访
6	岳梓木	打字、庶务
7	岳传美	报纸搜集整理(以上在文庙办公)
8	胡英	国学论文索引,采访
9	范腾端	编目(线装书)
10	宋友英	地学论文索引
11	赵耆康	编目(新装书)(以上在起凤庵办公)
12	赵芳瑛	抗战论文索引
13	袁克勤	剪报
14	周培仁	剪报
15	俞振仁	剪报(以上在史料会办公)
16	万斯年	编辑采访
17	朱南铣	编辑采访(以上暂在大理办公)

---

① 会员信息 [J]. 中华图书馆协会会报,1941(3-4):12.

② 1941年平馆驻外办事处职员表. 国家图书馆档案,档人事2.13.
转引自:李致忠. 中国国家图书馆馆史资料长编(1909—2008)[M]. 北京:国家图书馆出版社,2009:346.

③ 李致忠. 中国国家图书馆馆史资料长编(1909—2008)[M]. 北京:国家图书馆出版社,2009:304.

2. 参考馆员与中日战事史料征辑和西南文献采访

（1）参加中日战事史料征辑工作

邓衍林、万斯年、胡绍声系战前国立北平图书馆参考咨询馆员。在南馆的工作除按照《国立北平图书馆昆明办事处工作大纲》任务分工，三人还同时参加中日战事史料征辑会的工作。

1939年1月，国立北平图书馆与西南联大合作成立中日战事史料征辑会（简称"史料会"），旨在对"我民族抗战之事迹"所产生的"极可宝贵之史料""善为保存"，"且可为后世之殷鉴"①。为全面有效开展工作，双方共同组建具有领导职能的委员会，国立北平图书馆副馆长袁同礼为主席，国立西南联合大学文学院院长冯友兰为副主席，委员有刘崇鋐、姚从吾、傅斯年、陈寅恪、钱端升、陶孟和、顾颉刚。②根据双方的分工，西南联大负责编纂，按照中、英、法、德、俄和日文等六个文种编辑；国立北平图书馆主要负责采访、征集和初步整理，具体分为中文、西文、日文和简报四组。征辑范围"不仅限于军事，即社会、经济、政治、交通、教育各方面"亦同时包括，其形式有"（一）新闻纸；（二）期刊杂志；（三）学术团体及民众团体之刊物；（四）私人记载信札及日记；（五）政府公报及官书；（六）各种情报；（七）秘密军事报告；（八）书籍及小册子；（九）布告宣言及传单；（十）地图集统计图表；（十一）照片及电影片；（十二）各种宣传品（包括为组织之公报日报等）；（十三）医药防疫赈灾等救护团体之文件及报告；（十四）战时前方后方服务之各公共团体报告"③。史料会的成立是国立北平图书馆与教学科研机构成功合作的典型范例，也是图书馆学家与文史学家联手合作，为"震古烁今底事业"留下"文献足征"的客观记载而做出的名垂青史的努力！④

---

① 平馆发布征集抗战史料启示 [J]. 中华图书馆协会会报，1939（5）：24.
② 刘崇鋐（国立西南联大史学系主任）、姚从吾（国立西南联大史学系教授）、傅斯年（国立中央研究院历史语言研究所所长）、陈寅恪（国立西南联大史学系教授）、钱端升（国立西南联大政治系教授）、陶孟和（国立中央研究院社会科学研究所所长）、顾颉刚（国立云大史学系教授齐鲁大学国学研究所主任）。
　资料来源：本会同人姓名录 [J]. 中日战事史料征辑会集刊，1940（1）：25-26.
③ 国立北平图书馆近况 .[J]. 中华图书馆协会会报，1939（5）：24.
④ 冯友兰. 本刊旨趣 [J]. 中日战事史料征辑会集刊，1940（1）：1-2.

邓衍林参加史料会的工作一是体现在前期积极参与国立北平图书馆有关战事史料征辑的决策工作，二是具体承担有关战事史料中文资料的整理工作。

有关史料征辑的计划显然是具有战略前瞻性的决策，但是作为国立北平图书馆最高决策层的中基会执委会并不赞同，将"因地制宜、就近搜集"抗战史料和征集西南文献视为"不必要"，批评南下工作人员的行动为"盲动"。对此，邓衍林专门致函袁同礼表明自己的态度：其一，他认为，"一旦抗战结束，国家必骤复兴建设。而准备将来复兴建设所应备之参考资料，是否为当前重要之问题？"其二，他认为昆明办事处所做的工作符合合组以来国立北平图书馆一直坚持的"保存固有文化"和"发扬近代科学"的两大政策。其三，他强调，"调查'中日抗战史料与国际舆论资料'，此北方同志见之，或认为头痛，仁者见仁，智者见智，故无论矣。是我等所做之工作，既与馆策相符，而且极为重要明矣"。对于开展抗战史料征辑和西南文献之访求的决策，邓衍林强调，在"目下我馆事业前途确遭遇严重关头，于全馆事业发展前途，我公（袁同礼，作者注）似应据理力争"。在表明上述态度后，邓衍林最后不无激动地重申："抗战正酣之时，依然握管佣书，既不能效命于疆场，而至少限度之与敌不合作精神，尚遭'盲动'之批评。诚令人欲哭无泪也。……其所谓之'国立北京'研究何'国'所'立'，谁人之'京'？当更不值识者一笑也！"[①]邓衍林积极主动参与袁同礼有关战事史料搜集的前期决策，既体现其超前的战略眼光，同时亦昭显了一位参考馆员的拳拳爱国之心。

关于战事史料中文资料的整理工作，邓衍林曾撰写一份《中文资料编目工作报告》[②]，内容包括工作目的与范围、分类原则、著录事项三个部分。收录范围包括抗战史著、建国资料、国际关系与中日战争、敌伪出版之汉文刊物。尤为重点说明的是，史料会不仅仅关注战时的各种史料的收集，还注重"建国及战后复兴之理论与实践之文献，以及直接间接有关战时政治、经济、财政、教育、文化、国防建设等专籍"。这种由"后之视今，亦犹今之视昔"的历史感而对未来的关注，经过战事的"淬炼"，实际上已经远远超过"文献足

---

① 1938年1月30日邓衍林致袁同礼力陈图书馆南方工作的重要意义函（原件）（档年录3.7）[M]//北京图书馆馆史资料汇编（1909—1949）. 北京：书目文献出版社，1992：498-503.

② 邓衍林. 中文资料编目工作报告[J]. 中日战事史料征辑会集刊，1940（1）：23-24.

第三章　低谷与坚守时期的参考工作（1938—1949）　91

征""以备将来国史及历史家的采用"①的视域，升华为国之发展、民族复兴的历史责任。

万斯年参加史料会的工作主要是承担中日文文献的采访。也有文献记载史料会的工作"后来由北平图书馆主持，万斯年先生负责的中日战争史料委员会，我们两馆也曾交换资料"②。1945年8月15日光复后，万斯年负责史料会收尾返平工作，1946年7月16日他致函范腾端说明史料会文献的"装箱迁移"工作已经完成。③在参加史料会工作期间，其被袁同礼派往云南丽江迤西（1941年7月15日至1942年11月8日），从事西南文献的搜访工作。足见战时参考馆员集多种职责于一身的工作状态。

胡绍声在史料会担任总干事（1939），同时兼任西文资料的整理工作。④

当然，国立北平图书馆作为合作方参加史料会工作的不仅仅是上述三人，如戚志芬于西南联大一毕业，即参加史料会工作（1943年8月），被聘国立北平图书馆助理编纂。⑤

参考馆员在战时特殊形势下，倾心倾力，尽显高度职业精神和爱国热情，当为国家图书馆参考工作发展史上予以记录的一笔。

史料会的工作成果丰硕，根据平馆提交国民政府教育部的《中日战事史料征辑会概况》，截至1948年6月，史料会完成：

文献史料搜集：①书籍类：中文书籍8389册，西文书籍118册，日文书籍2411册。②期刊类：中文1891种（12738册），日文65种（2683册），西文未统计。③报纸类：中文317种，日文11种，西文未统计。④其他类：地图、图片、纪念物等1500余件，剪报11柜，索引卡片3万余张。其中除西文书籍减少外，均较1940年6月有较大增长。所有文献有昆明（沪、港、平、津）访求、北平旧藏、没收敌伪几种来源。

---

① 冯友兰.本刊旨趣[J].中日战事史料征辑会集刊，1940（1）：1-2.
② 刘鹏.国立西南联合大学、国立北平图书馆合组中日战事史料征辑会史事编年[M]//《文津学志》编委会.文津学志（第十二辑）.北京：国家图书馆出版社，2019：1-34.
③ 刘鹏.国立西南联合大学、国立北平图书馆合组中日战事史料征辑会史事编年[M]//《文津学志》编委会.文津学志（第十二辑）.北京：国家图书馆出版社，2019：1-34.
④ 本会同人姓名录[J].中日战事史料征辑会集刊，1940（1）：26.
⑤ 戚志芬.袁同礼与中日战事史料征辑会[J].北京图书馆通讯，1989（1）：58-62，70.

编辑工作：《中日战事史料前编》《中日战事史料汇编》《中日战事史料统载》《昭忠录》《中日关系书籍提要》《中日关系书籍简目》《西文中日关系书籍简目》《战时中国国际关系史料汇编》以及"敌情""敌伪资料"副刊、剪报。

索引工作：《中日战事论文索引》《中日战事史料索引》《西文期刊中中日战事论文索引》《中国问题论文索引》《日本问题论文索引》《中日战事公牍索引》。①

这份报告显然汇总的是史料会工作的重中之重，还有很多具体的编辑整理工作，如在史料会成立"四个月中已初步编成或正在编辑的有《卢沟桥事变以来中日战事大事日表》《卢沟桥事变以来大事日历长编》《卢沟桥事变以来每日战况详表》《卢沟桥事变以来战局转移地图》《卢沟桥事变以来中日战事简明一览表》《中日战事纪事长编》《卢沟桥事变以来新出战事书籍提要》《西文中日关系书目》《西文中日关系书目汇编》"②等，未有提及。另外，截至1940年6月还在编辑中的《中日战事史料征辑会集刊》《中日战事分区记事长编》《中日战事史料丛刊》、敌情副刊与敌伪资料副刊（《中央日报》）、《暴日侵华与国际舆论》《建设中之中国》《伦敦〈泰晤士报〉论文选录》《俄文〈真理报〉社论选录》《日寇朝野谬论选译》《中日关系书目》《中文抗战书目》《中文抗战论文索引》《西文抗战论文索引》《日文杂志论文索引》等。③

由此可见，无论从编辑工作还是索引工作的角度而论，上述统计汇总的工作成果绝大部分都具有参考工具书的性质。换而言之，虽然战时南馆人力有限，但在战时特殊环境下，国立北平图书馆的工作方向明确、思路清晰，将图

---

① 国立北平图书馆、国立西南联合大学合组中日战事史料征辑会.国立北平图书馆、国立西南联合大学合组中日战事史料征辑会工作报告[M].昆明：国立北平图书馆、国立西南联合大学合组中日战事史料征辑会，1939：1-10.
② 戚志芬.袁同礼与中日战事史料征辑会[J].北京图书馆通讯，1989（1）：58-62，70.
③ 刘鹏.国立西南联合大学、国立北平图书馆合组中日战事史料征辑会史事编年[M]//《文津学志》编委会.文津学志（第十二辑）.北京：国家图书馆出版社，2019：1-34.

书馆参考工作及咨询服务延伸到大后方,直接服务于教学科研机构,其意义非比寻常。史料会搜集的抗战时期各方面的资料,成为日后国家图书馆有关抗战文献的重要组成部分。

(2)承担西南文献搜访工作

有关抗战时期昆明南馆开展西南文献搜访的工作,戚志芬在《袁同礼与中日战争史料征辑会》一文中有过一段高度概括的总结:"抗战以前,因西南地处遥远,交通不便,西南文献不易搜访。抗战进入高潮,后方地位加强,许多图书馆和学术机构接踵南迁,西南保障开始引起注意,先生(袁同礼,作者注)对此更是锐意搜求。除制订西南文献搜访为北平图书馆在云南的重点工作外,并派万斯年先生转赴迤西一带,费时一年有半,进行了地方文献的搜访传钞、金石之访察传拓、东巴经典的访购和整理、木土司遗迹之踏访,以及明人真迹搜访照录、滇中刻藏佛经之访察等工作,结果所获斐然可观。如此孤本秘籍发掘不少。其中西南五省方志所获甚丰,尤以有图画象形文字古本在内的4千册东巴经,堪称难得的珍贵文献。"①通过这一段文字,可以说明三点:其一有关西南文献搜访是南馆工作的重点;其二该项工作由万斯年先生亲赴迤西实地访求,历时一年半;其三是收获斐然可观,尤以东巴经堪称珍贵。

万斯年是1941年7月15日由昆明出发,1942年11月8日离开丽江结束迤西地区的地方文献采集工作,其间之艰苦被袁同礼描述为"冒涉暑雨匪警,几经艰险"②。有关这次迤西地区文献搜集成果,后由万斯年先生整理为《迤西采访工作报告》,发表在1944年第3期《图书季刊》上,引起学界轰动。

万斯年1931年2月入职国立北平图书馆,至1934年6月一直为平馆编纂委员会馆员。此后调入阅览部参考组从事参考工作。抗战期间在极为艰苦的战时环境下,经他与同事们共同努力搜集的抗战史料和西南民族文献,成为国家图书馆不可或缺的特藏。

---

① 戚志芬. 袁同礼与中日战争史料征辑会 [J]. 北京图书馆通讯,1989(1):58-62,70.
② 李致忠. 中国国家图书馆馆史资料长编(1909—2008)[M]. 北京:国家图书馆出版社,2009:334.

3. 邓衍林的《中国边疆图籍录》

图15 中国边疆图籍录 邓衍林 北京 商务印书馆 1958

《中国边疆图籍录》（简称《图籍录》图15）是邓衍林著述中影响最大、深受学界优评的一部专题书目著作。《图籍录》初步完成于抗战全面爆发前，1939年交付商务印书馆，后因战事影响而一直未能出版，直到1958年才正式出版。①

关于《图籍录》的编纂和出版，邓衍林在该书《凡例》中曾如此描述："编者（邓衍林 作者注）对于吾国边疆及各民族资料素喜注意，十年来未尝稍懈。平津沦陷，余避地南服，怀此巨万稿片，辗转流亡。黄河以北，大江以南，昔日访书之地，今则尽成灰烬，能毋慨然！近日研究边疆问题及民族史者日多，各方友好有知之者，催促整理付印，虽云覆瓿之物，无济时艰，第恐稿片流浪，多易散失，爰加整理，暂作结束，付诸剞劂，籍供参考。"②《图籍录》收录有关我国边疆史地和各民族的资料，著者倾十年搜集之功，虽战时辗转颠沛，仍身携巨万卡片，为应战时研究边疆和民族史研究学者的需要而交付出版。

《图籍录》总计55万字，收录"古今专著及舆图几及万种"③，周余姣统计为"从所知文献最早时期——汉朝一直收录到1939年（原拟出版年份）以前，著录各种文献8000种"④，内容"包括边疆区域及各民族地区，凡有关边

---

① 关于《图籍录》编制的具体完成情况，1936至1937年度的《国立北平图书馆馆务报告》（民国二十五年七月至二十六年六月）也明确记载："中国边疆图籍录，搜辑关于东北蒙古新疆西藏云南关系及海防之中文书籍及舆图约及万种依地依时为次，业已编竣。其他关于中国边疆问题之西文书亦得三千余种，现在继续搜集编辑中。"
资料来源：国立北平图书馆. 国立北平图书馆馆务报告（民国二十五年七月至二十六年六月）[M]. 北平：国立北平图书馆，1937：12-13.
② 邓衍林. 中国边疆图籍录[M]. 北京：商务印书馆，1958：凡例（八）.
③ 邓衍林. 中国边疆图籍录[M]. 北京：商务印书馆，1958：凡例（二）.
④ 周余姣. "图写边疆"：邓衍林《中国边疆图籍录》研究[J]. 国家图书馆学刊，2018（3）：68-77.

疆史地资料及各民族之文献记载"。其编排体例先依地区，再以作者时代先后为序，又加入"西夏史料""契丹及辽代史料"等专目，总共分为一般论著、边疆舆图、中国边界关系、西夏史料、契丹及辽代史料、金源史料、元代史料、明代边墙史料、明倭寇史料、丛书及期刊、东北资料、辽宁、吉林、黑龙江、热河、蒙古资料、察哈尔、绥远、西北资料、陕西、甘肃、宁夏、青海、古西域资料、新疆、西藏、西康、西南资料、西南各民族、云南、贵州、广西、四川、台湾、海防资料（附江防资料）等35大类。每一条目的著录款项一般为书名、卷数、编撰人姓名、版刻、附注其他有关事项。另外，对于所收各类书的存佚、馆藏地（凡国立北平图书馆所藏之珍本均以*号标明）、著录刻本、一书多名，以及舆图和部分地方志选取原则等都在著录中予以说明。

关于《图籍录》的学术价值，周余姣概括为三点：即，从图书馆学角度看，其主要体现在"收录范围极广，为专业学术研究提供了资料和线索"；在著录方面"继承了传统目录的优点，在专科目录编制上继承并发展"；在目录的编制上"运用现代图书馆学的知识，完善目录的编制"，尤其是书后附有《书名索引》《著者索引》《笔画检字表》，用四角号码排列，方便研究者使用。①

《图籍录》的学术价值除周余姣提及三点内容外，至少在如下方面也有体现：

首先，邓衍林编辑《图籍录》除其个人"素喜注意"边疆和民族资料外，更主要的是应时之需，目的在为研究边疆问题及民族史的学者提供使用。如在分类方面，采用的是"形式和内容相结合的原则"，便于使用者直接检索到所需参考书；再如有关馆藏地的著录信息，可以为研究者提供亲自到收藏地查阅文献之路径；有关书后索引的编制，增强了《图籍录》作为参考工具书的可用性。所以，《图籍录》是以方便"用"为总原则，其编排体例等都以这一总原则为前提视情调整。

其次，《图籍录》的出版得到学术界的普遍肯定。从另外一个角度看，这种来自学术界的普遍性肯定与邓衍林所学图书馆专业和所为图书馆参考工作

---

① 周余姣."图写边疆"：邓衍林《中国边疆图籍录》研究[J].国家图书馆学刊，2018（3）：73-74.

是密切相关的。他掌握图书专题目录编制的理论和方法，能从研究者使用的角度考虑具体编制中的原则，相应条目著录信息突破一馆一地的物理域限，使得《图籍录》在"中国边疆"专题上又具有了联合目录的性质，受到学者的肯定是势在必然。

邓衍林编辑《图籍录》的十年过程，正值国内学术界边疆研究"从学术的边缘进入学术中心"的历史时期，①通过编辑整理相关书目，为从事边疆史地和民族学研究的学者提供帮助，成为学术界的共识。如沂支编有《先秦两汉地理图籍考略》（1931），李小缘编制《中国边务书目》（1934），何多源发表《海南岛参考书目》（1935），吴玉年编辑《西藏图籍录》和傅成镛的《〈西藏图籍录〉补》（1935），以及郑允明1937年的《〈西藏图籍录〉再补》和吴玉年的《〈西藏图籍录〉拾遗》等。而与此同期在国立北平图书馆，也出产了多部有关中国边疆和民族主题的书目和索引。如《东北事件之言论索引》（钱存训1931）、《北平图书馆方志目录考》（袁同礼1933）、《北平图书馆中文舆图目录》（王庸、茅乃文1933）、《国立北平图书馆故宫博物院图书馆满文书籍联合目录》（李德启、于道泉1933）、《国立北平图书馆方志目录》（谭其骧1933）、《藏蒙满汉四体合璧佛教名辞典》（彭色丹译1933）、《国立北平图书馆特藏清内阁大库舆图目录》（王庸1934）、《中国地学论文索引》（王庸 初编、续编、又续编）（1934—1936）、《中华民国疆域沿革录》（王祖彝1935）、《中国地方志综录》（朱士嘉1935）、《康藏论文索引》（国立北平图书馆索引组1936）、《西北图籍——新疆》（朱士嘉、陈鸿舜1936），《元太祖成吉思汗生平史料目录》（邓衍林1936）、《国立北平图书馆中文舆图目录》（续编）（王庸、茅乃文1937）、《国立北平图书馆西南各地方志目》（万斯年1941）等。②此外，国立北平图书馆还专门设置了远东研究室和满蒙文研究室（1935）、苏俄研究室（1936）。应该说，邓衍林的《图籍录》是国立北平图书馆有关中国边疆和民族问题研究诸多工作项目成果中的一项，因其收录文献类型完整、收录范围

---

① 蒋正虎. 从边缘到中心：20 世纪 30—40 年代中国的边疆研究 [J]. 中国边疆史地研究，2016（4）：147-159.

② 邓衍林. 中文参考书举要 [M]. 北平：国立北平图书馆，1936：117-143；全根先，陈荔京. 民国时期国家图书馆目录学论著编年 [J]. 国家图书馆学刊，2013（3）：102-112.

广泛，远超出一类文献或一个分支领域参考工具书的优势，因而获得学术界的充分肯定。

也有研究者指出《图籍录》存在"未标文献来源""失于文献考订"和"疏于文献统计"的问题。① 考虑到《图籍录》作为一部工具书，倘若上万种图书来源都予以一一标注，势必造成篇幅体量大幅增加，这种做法对于一部工具书来说是否妥当有待商榷。

二、复员前后北馆的参考工作

复员前后北馆的参考工作主要集中在两个时期，第一个时期为1937年7月"七七事变"爆发至1942年1月国立北平图书馆（北馆）被伪教育总署接收改称"国立北京图书馆"之前，可概括为抗战时期北馆的参考工作；第二个时期为1945年8月15日日本宣布战败投降到1948年底，可谓复员后平馆的参考工作。中间时段即1942年1月至1945年8月伪教育总署治下的"国立北京图书馆"时期的参考工作，在本章最后一节另述。

1. 抗战时期北馆的参考工作

"七七事变"后，日军占领北平，北平成为日本军国主义统治中国华北的政治、军事、经济和文化中心。北平被改为"北京"。覆巢之下，国立北平图书馆的馆务受到很大影响。战事初期，图书外借停止，停开晚馆，《图书季刊》等出版物停止出版。② 虽然如此，北馆的参考馆员在参加馆产保护的同时，仍在坚持开展工作。

（1）参考馆员参加馆产保护

1938年2月3日，中华教育文化基金委员会董事会召开会议，正式成立以王访渔、张允亮和顾子刚三人为委员的馆行政委员会，此时袁同礼副馆长已率员南下至昆明，他通过信函等方式与行政委员会委员保持联系，对相关馆务做出指示。根据中基会董事会的要求，留在北平的馆员最重要的任务是保护馆产。故在北馆的留守人员既要克服困难照常开馆接待读者，同时也要根据特殊时期的需要，承担馆产的保护任务（表10）。

---

① 周余姣."图写边疆"：邓衍林《中国边疆图籍录》研究[J]. 国家图书馆学刊, 2018（3）: 68-77.

② 李致忠. 中国国家图书馆史（1909—2009）[M]. 北京：国家图书馆出版社, 2009: 110.

参照战前国立北平图书馆职员任职情况（1936年至1937年度），[①]表10中原参考工作机构留守人员有：王访渔（总务部兼阅览部主任）、丁瀞（参考组组员，同时兼阅览组组员）、王宜晖（参考组组员）、李兴辉（参考组书记）。另外，根据1937年9月《国立北平图书馆职员录》，[②]王宜晖为参考组组员，同时兼文书组组员，马龙璧为参考组助理。王访渔为战时平馆行政委员会三委员之一，负责全馆工作，肩负重大责任；丁瀞、马龙璧与其他留守馆员共同承担保护普通书库、杂志书库和新闻报库的任务；王宜晖和李兴辉则参加保护"采访编目各种目录卡片"和"未编目之图书、金石、拓本、古器物模型"的工作。足见，与战时南下参考馆员的职责因时因地予以调整一样，留守平馆的参考馆员职责也多了一份"安全保卫"工作的内容。

表10[③]　抗战期间国立北平图书馆留守人员保全馆产职责分工

保管职责	人数	馆员
主持大体 综理庶事	2	王访渔*、顾子刚
甲乙库善本书籍	5	赵万里、李耀南、陈恩惠、彭色丹、刘福春
普通书库 杂志书库 新闻报库	18	韩嵩寿、金守淦、丁瀞*、张乾惕、张志仁、黄祖勋 王钦骞、金　勋、金裕洲、陆元烈、于冠英、马龙璧* 冯则谦、李纯敏、索恩锟、孙长振、万宝琛、赵炳勋
采访编目各种目录卡片 未编目之图书、杂志 未编目之金石、拓本 未编目之古器物模型	18	袁涌进、李钟履、孙楷第、杨殿珣、张秀民、徐崇冈 王树伟、韩公远、王锡印、刘桐凤、王宜晖*、张增荣 刘树楷、赵广文、李柄寅、刘际尧、李兴辉*、冯景荪
馆舍、家具、设备	6	宋琳、张桂森、张任仆、赵荫厚、高凌汉、王少云
关防、文书、案卷	3	王祖彝、顾华、王廷燮
合计	52人	

带*人员，为战前从事参考工作馆员。

---

① 国立北平图书馆.国立北平图书馆馆务报告（民国二十五年七月至二十六年六月）[M].北平：国立北平图书馆，1937：本馆职员一览.
② 国家图书馆档案 1937-※013- 人事 2.
③ 该表为作者整理，资料来源：1947年6月5日教育部训令第30811号（原件）及7月4日国立北平图书馆复原情形报告（文档）（档年录6.8）》[M]// 北京图书馆馆史资料汇编（1909—1949）. 北京：书目文献出版社，1992：883-894.

第三章 低谷与坚守时期的参考工作（1938—1949）

（2）参考咨询服务工作

从前述《中华图书馆协会会报》（1940年第6期）和《国立北平图书馆工作概况》（1943）的史料可知，北馆的参考工作即使在战时最为艰难的情况下，亦未停止。1937年7月至1938年6月的《馆务报告》是抗战爆发后国立北平图书馆第一个年度报告。该报告一改既往编辑体例，以"北平之部"和"南方之部"两个部分，分而对全年工作情况进行总结。

对于"北平之部"的"阅览及参考"工作，因时局关系阅览时间缩短，导致阅览人数减少。有关"参考事项"主要包括"编辑参考目录"和解答"咨询事项"两个方面。已经完成编辑的参考目录有：《古物流出国外著述目录（西文）》《一九三五、六年西文期刊中关于中国问题书目》《敦煌石室写经题记汇编》《国人西文著述目录》和《汉译日文书目类编》等。关于"咨询事项"，则完成《中日文书关于中国石刻及雕塑选目》《馆藏北平书志选目》《馆藏禁毁书目总目》《中国各种灾害之调查及救济事业资料辑目》《国术参考选目补》《〈浮生六记〉参考资料辑目》《奇门遁甲参考资料简目》《十四世纪以后中国沿海各省所被兵灾参考资料辑目》《琉球群岛之参考资料辑目》《清末海外贸易参考资料简目》《"精神病在中国之发展"的参考资料辑目》《中国儿童研究书目》《关于中国语言著述目录》和《关于木刻参考资料书目》等咨询。①

（3）有关索引编制

这项工作如战前一样，《石刻题跋索引》《国学论文索引》（第五编）、《医学论文索引》《工程论文索引》（主要是电气、矿冶两类，兼收数学、天文、物理、化学和地质等学科）、《地学论文索引》（三编）等编制工作，或已阶段完成，或仍在编制中，但亦受"期刊来源缺乏，续辑不易"的影响。而类似专题书目或专题目录的编纂出版事项，亦因"经济及时局关系"，不得不"暂行停印"。②可见战时期间北馆工作之艰难，反映在各个业务工作领域。

---

① 国立北平图书馆.国立北平图书馆馆务报告（民国二十六年七月至二十七年六月）[M].北平：国立北平图书馆，1938：9-11.

② 国立北平图书馆.国立北平图书馆馆务报告（民国二十六年七月至二十七年六月）[M].北平：国立北平图书馆，1938：9

2. 复员后平馆参考工作

（1）编纂工具书

编纂工具书在战前即是国立北平图书馆参考工作的重要组成部分。复员后国立北平图书馆就开始恢复相关编纂工作，主要包括书目和索引两种工具书的编纂。截至1946年底，已经完成或正在编辑中的书目有：《中国外交史书目》（全书计划数部，已经完成《中国国际关系》《中英外交史》《中俄外交史》三部）、《甲骨文论著目录》《胡适之先生著作目录》《北平史料书目》《藏文经目录》《蒙文经书目录》《满蒙文书籍联合目录续编》《舆图目录三编》（原有《舆图目录初、二编》，此为继续前两编的工作编辑《三编》）、《永乐大典辑佚》。

除上述书目性质的工具书的编辑工作，还编有《全国方志流寓传索引》《古今名人图像索引》和《五体清文鉴索引》等三部索引。[①]

（2）为国民政府审理汉奸案提供咨询服务

北平光复、馆务回迁，成为1945年8月至1948年12月期间平馆工作的主要内容。复员后的国立北平图书馆的组织机构，在国民政府正式公布《国立北平图书馆组织条例》（1946年6月）后得以重新确立（参见本章第一节），参考咨询和辅导工作开始恢复。此间，国立北平图书馆参考组为国民政府司法机关审理汉奸案，提供了系列咨询服务。有鉴于该项咨询服务所具有的重要意义，以及国家图书馆相关档案的完整保存，现将该咨询受理完成的基本情况记述如下。

1945年8月15日，日本战败宣布投降，战后复员工作开始。与此同时，为惩治汉奸、体现民族正气，国民政府依法启动对汉奸的审判工作，时间主要集中在1946至1947年之间。[②]国立北平图书馆承接有关审理汉奸案的咨询服务大都集中在这个时期。目前所见档案记载，总计有10件咨询，分别由首都高等法院[③]、河北高等法院和河北高等法院天津分院委托。其中首都高等法院委托咨

---

① 1946年12月国立北平图书馆复员以来（1945年）工作概况（文稿）（档概况2.19）[M]//北京图书馆馆史资料汇编（1909—1949）．北京：书目文献出版社，1992：1266-1275.

② 王庆林．战后国民政府对汉奸的审判（1945—1949）[D]．暨南大学，2007.

③ 1946年4月1日，国民政府司法部正式任命赵琛为首都高等法院院长，陈光虞为代理首席检察官，首都高等法院即在南京朝天宫成立。
资料来源：王庆林．战后国民政府对汉奸的审判（1945—1949）[D]．暨南大学，2007：16.

询1件，河北高等法院委托8件，河北高等法院天津分院1件。这些咨询主要是为审理王荫泰、喻熙杰、张心沛①、周作人②、孙正平、罗庆山、刘静山③、金璧辉、管翼贤④等9名汉奸案，要求国立北平图书馆提供相关文献支持。

  从咨询类型看，总体上分为两类，其一为史实查证，如审理王荫泰案，即为其律师函请提供有关王荫泰"对国立北平图书馆曾捐赠书籍多册，又曾竭力保全其所藏书籍未被敌伪掠夺并曾提高馆员待遇"的证明⑤。再如有关周作人的审理查询，则是"查本院受理周作人汉奸一案前，披该被告于庭审时供称，曾于任职伪北平图书馆长任内保存善本图书多册，胜利后该批图书即由现国立北平图书馆接收藉作有利证明等语，究竟有无具体事实"⑥。第二种咨询类型即是提供日伪时期出版的相关出版物，以为法庭审判提供证据。如河北高等法院于1936年7月6日致函国立北平图书馆，委托查询并调阅1940年出版的《新民

---

① 王荫泰、张心沛、喻熙杰三人在日本帝国主义侵华时期，均为华北政务委员会要员。华北政务委员会系日本帝国主义控制中国华北和掠夺资源的行政机构，1940年3月汪伪国民政府成立前，根据日本政府的意图，由华北临时政府改称而成。名义上隶属汪伪政权，实际上完全由日本华北驻屯军操纵。1945年8月日本投降后宣布解散。
资料来源：李巨廉，顾云深，余伟民.第二次世界大战百科词典[M].上海：上海辞书出版社，2015.

② 周作人（1885—1967），1942年4月14日—1943年1月22日，周作人以"教育总署督办"兼任"国立北京图书馆馆长"。1943年2月3日，伪教育总署训令张心沛继周作人后接任国立北京图书馆馆长。
资料来源：李致忠.中国国家图书馆馆史资料长编（1909—2008）[M].北京：国家图书馆出版社，2009：351-352.

③ 刘静山（1893—1973），1940年当选为天津市商会会长，为日伪效劳，搜刮人民财富。
资料来源：刘静山.国家图书馆工具书数据库[DB/OL].[2021-12-26].http：//dportal.nlc.cn：8332/nlcdrss/gjs/gjs.htm.

④ 管翼贤（1899—1951），毕业于日本东京法政大学政治经济科，20年代初步入新闻界，任天津《益世报》驻京记者以及神州通讯社记者，是当时北京新闻界的活跃人物。"七七事变"后，委身日伪，先后充任伪华北政务委员会情报局局长、华北剿共委员会事务主任、中国新闻协会副会长等职。
资料来源：国家图书馆工具书数据库[DB/OL].[2021-12-26].http：//dportal.nlc.cn：8332/nlcdrss/gjs/gjs.htm.

⑤ 国家图书馆档案，档案号：1946-※026-咨询-008001至008006.

⑥ 国家图书馆档案，档案号：1946-※026-咨询-010001至010003.

报》《北京市政府公报》《河北省政府公报》《新民会事务年报》《新民会历届联合协议会会议录》以及《敦邻》杂志等。此类型咨询中以审理大汉奸金璧辉案，河北高等法院委托查询并调阅相关文献最多。为使该案件审理获得充分证据，从1946年9月13日至1947年5月30日，河北高等法院前后致国立北平图书馆公函5份，国立北平图书馆分别函复4份，有关该咨询往返函件所成档案总计20页。[①]

国立北平图书馆为国民政府审判汉奸案所提供的参考咨询服务，既是国立北平图书馆服务国家重大司法审判的历史记录，也是对"文献足征"历史作用的最好诠释。

另外，从国家图书馆所存审理汉奸案档案看，咨询委托方（河北高等法院、河北高等法院天津分院、首都高等法院）与咨询受理方（国立北平图书馆）往返咨询公函多件，各项著录信息详尽，管理颇为规范。目前所见档案，所有咨询的答复均先由文书股拟稿员王祖彝拟稿，再经总务组主任王访渔审核，最后至馆长袁同礼签批发出。这些公函档案（图16，图17）是国立北平图书馆参考咨询业务管理的生动实录。当然，这类咨询本身也不同日常阅览服务中的读者咨询工作，咨询委托方和受理方以公函方式往返沟通，也是政府机构公文流转格式的要求。由此也进一步表明，咨询档案的备档管理对于记录参考工作业务发展过程的重要性。

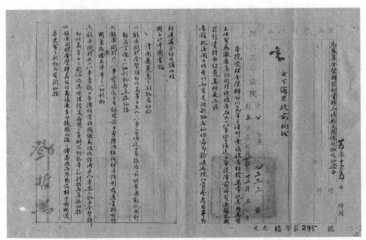

图16　1946年12月3日河北高等法院致国立北平图书馆公函

---

① 国家图书馆档案，档案号：1946-※026-咨询-007001至007020。

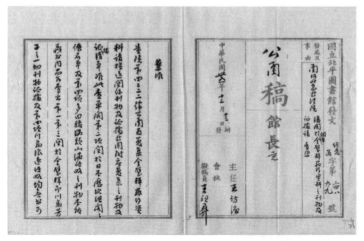

图17　1946年12月13日国立北平图书馆致高等法院公函

第三节　伪教育总署治下的参考工作

一、《国立北京图书馆暂行组织大纲》与参考工作机构设置

北平失陷初期，因国立北平图书馆系用庚子赔款退款创办，并由中基会管理，内中牵涉美国的利益，占领日军未敢公然对国立北平图书馆采取"接收"行动，但是其仍通过控制下的傀儡组织"北平市地方维持会"（后更名"北京地方维持会"）染指平馆。1941年11月11日，伪教育总署发出第1982号训令，根据该训令制定了"《管理国立北京图书馆暂行办法》"（简称《办法》）。《办法》明确对于馆内所办事项要"逐月呈报教育总署审核"；"教育总署随时派员赴馆视察、调查"，馆内"卷宗文件可随时调阅"；馆中大小职员人事"教育总署得随时撤换之"；"全部图书应加以严密检查"[①]。这一切都表明，日伪当局已直接插手国立北平图书馆，平馆实际已经失守。

1942年1月2日，伪教育总署接收平馆，改名为"国立北京图书馆"，

---

① 1941年11月11日伪教育总署训令第1982号核发管理国立北京图书馆暂行办法（原件）（档阅览1.20）[M]//北京图书馆馆史资料汇编（1909—1949）.北京：书目文献出版社，1992：780-783.

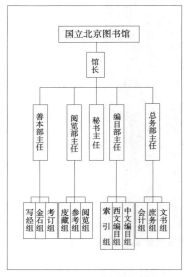

图18 伪教育总署治下"国立北京图书馆"组织机构图

4月14日周作人以"教育总署督办"名义兼任"馆长"。4月21日，伪教育总署命令施行《国立北京图书馆暂行组织大纲》（简称《大纲》），《大纲》总计十条。根据《大纲》，"国立北京图书馆"馆长下设"秘书主任"一职，在机构方面设总务部、编目部、阅览部和善本部总计4部12组（图18）。[①]其中第八条是关于阅览部的相关规定："阅览部设阅览、参考、庋藏三组"，分别负责："关于阅览事项"；"关于答复咨询事项"；"关于参考研究指导事项"；"关于书库之整理保管事项"。[②]参考组作为专职参考工作的服务机构隶属于阅览部。

二、《阅览部办事细则》与参考组职责

为进一步贯彻落实《大纲》第八条的有关规定，阅览部于1942年6月30日制订《阅览部办事细则》（简称《细则》），[③]1943年7月"呈经教育总署核定备案施行"。[④]《细则》分为总则、职掌、阅览组、庋藏组、参考组和附则等六章，总计五十条。其中参考组的职责从第五十四条至第五十七条，具体规定如下：

第五十四条：阅览人对于目录或参考书不明其用法时，参考组职员应详细说明其使用法或检查法；

第五十五条：阅览人如有问题口头咨询者，参考组应根据咨询范围尽力协助其蒐集资料解决疑难；

---

① 国立北京图书馆.国立北京图书馆馆务报告（三十二年度）[M].北平：国立北京图书馆，1943：19.

② 国立北京图书馆暂行组织大纲.国立北京图书馆概况[M].北京：国立北京图书馆，1942：13-16.

③ 国家图书馆档案，1942《阅览部办事细则》，1942-※020-章则3-002020至002021。

④ 国立北京图书馆.国立北京图书馆馆务报告（三十二年度）[M].北平：国立北京图书馆，1943：20.

第五十六条：馆外有来函咨询有关图书馆或图籍等问题时，本组应尽力代为蒐集资料，编辑各种答案、参考书目，交由文书组正式答复；

第五十七条：个人或团体来馆参观时，由本组秉承本部主任、秘书主任之意旨，引领其参观许可场所，并随时记录编制统计，每半个月作一报告。

从上述四条细则内容来看，"国立北京图书馆"参考组的业务与1935至1936年度国立北平图书馆参考组组长莫余敏卿拟定的《参考组办事规程》中规定的业务总体上是一致的，这也说明图书馆的参考工作有其本身的业务性质和规律特点。相比之下，《细则》比《规程》个别条目还有细微深化或略有不同。如将"个人或团体来馆参观"要每半月作一次报告，在《参考组办事规程》中的展览业务虽然包括，但仅作为"其他事项"未作具体要求；《细则》对答复咨询流程的要求，是"交由文书组正式答复"，而《参考组办事规程》中的规定则是由书记完成"抄写一切答复及专门书目"，那么《细则》中的规定是否是在咨询交文书组前要先由本组书记完成"抄写及专门书目"，就没有进一步的规定了。另外，有关参考工作业务操作流程，以及业务档案的管理等方面，《参考组办事规程》则有明确规范性的规定，而《细则》没有相应的内容。所以，从总体上来讲，《参考组办事规程》更重管理，《细则》则偏重咨询服务。同时，《细则》继承了《参考组办事规程》的核心内容，是参考工作在非常时期仍旧保持业务的连续性、在参考工作管理制度方面的体现。

除了上述《细则》中有关参考组的规定，在《国立北京图书馆阅览暂行规则》（总计二十条）第十八条还有："如有特殊咨询事件，请随时至出纳柜问讯处接洽"的规定。[①]故此，当时"国立北京图书馆"对于咨询服务除了参考组要履行解答读者咨询之责任，阅览室也有解答咨询之责任。

三、参考咨询服务

有关参考咨询服务的情况，目前所见史料仅在《馆务报告》（三十二年度）"阅览事项"下有一段总结性文字："本馆特设参考组，派有专员。凡阅览人或馆外人对于书籍种类、内容以及阅览手续有所咨询时，均就见闻所及，或以书面或用口头尽量答复，并辅导阅览人使用目录及参考书籍，历年遵行，

---

① 国立北京图书馆概况（三十一年六月）（国家图书馆民国时期文献数据库）[DB/OL].[2021-07-19].http：//mg.nlcpress.com/library/publish/default/Booksearch.jsp.

成效尚佳。一般阅览人或馆外人均称便利,只以随问随答事属微琐,故难遍举也。凡莅馆参观者,除普通自由参观外,如先期通知或团体参观,均派员招待导引。举凡藏书设备及阅览应行详细说明者,均一一指告以期明了。本年中分期招待之中外人事共九百三十四人。"①从该总结中可以看出,1943年度的为阅览人的参考咨询服务工作,是在设有专门参考工作机构和派有专人的情况下开展的;开展咨询的方式是书面兼具口头;咨询解答虽然"事属微琐,故难遍举也",然"成效尚佳"。同时,参考组兼顾负责到馆参观读者的服务。

但是,同样在该年《馆务报告》中,有两点需要注意,其一是"馆外人士对于图书馆未有书本目录参考不便,均以为憾,而离任馆长之更迭,其交替接受亦无所适从"②。从1943年1月周作人辞去馆长兼职后,又有张心沛、景耀月、俞家骥先后任职"国立北京图书馆"馆长,③一年之内馆长更换四任,如此频繁的人事更迭,加之日伪当局根据《国立北京图书馆检查禁书办法》(1942年4月伪教育总署颁布),从1942年6月1日开始持续半年的"禁书"检查,开馆都属于"勉强维持"④。参考咨询服务工作开展得到底如何,似有待更多史料佐证。其二,我们从"三十二年年终全体职员题名"⑤中看到,参考组组长为丁瀶,但其下无组员。战前原参考组组员留在"国立北京图书馆"工作的只有李兴辉、王宜晖和马龙璧,此时李兴辉和王宜晖分别在编目部的中文编目组和西文编目组,马龙璧则在阅览部庋藏组工作。综上,这段时期,在参考机构人员缺乏,全馆业务几成凋敝的状态下,虽然目前没有更多史料可以佐证当时参考咨询服务工作状态,但其情形也是不难想见的。

---

① 国立北京图书馆.国立北京图书馆馆务报告(三十二年度)[M].北平:国立北京图书馆,1943:16.

② 国立北京图书馆.国立北京图书馆馆务报告(三十二年度)[M].北平:国立北京图书馆,1943:8.

③ 国立北京图书馆.国立北京图书馆馆务报告(三十二年度)[M].北平:国立北京图书馆,1943:21.

④ 李致忠.中国国家图书馆馆史:1909—2009[M].北京:国家图书馆出版社,2009:133.

⑤ 国立北京图书馆.国立北京图书馆馆务报告(三十二年度)[M].北平:国立北京图书馆,1943:24-27.

第四章 分析与思考

从京师图书馆成立（1909）到北平市军事管制委员会接管国立北平图书馆（1949），国家图书馆走过了风雨如磐的四十年。在这四十年发展历程中，参考工作亦伴随着国家图书馆的发展经历了孕育产生、中兴发展和低谷坚守的三个历史时期。反观这四十年发展历史，办馆理念、学人群体和业务格局是决定和影响国家图书馆早期参考工作的三个关键性因素。

第一节 办馆理念与参考工作

一、社会环境与事业发展

国家图书馆早期参考工作的发展，与其所处的历史环境息息相关。1909年9月9日京师图书馆成立后不久，辛亥革命爆发，结束了几千年的君主专制制度，建立了民主共和制度，中国社会发展发生了巨大变化。这种变化反映在政治、经济、文化等各个领域。仅从图书馆文化事业的发展来看，有三条既平行又合一的主线贯穿始终，其一是"中国古代藏书楼逐步衰落与近代图书馆日渐兴起"，其二是"藏书由私有走向公共"，其三则为"古代藏书思想转向近代图书馆学"[①]。正是在这样一个历史进程中，从京师图书馆到国立北平图书馆，国家图书馆完成了从古代皇家藏书楼向近代图书馆的转变。

出现这种转变的动因可以从外部和内部两个方面分析。从外部环境看，

---

① 韩永进. 中国图书馆史（近代图书馆卷）[M]. 北京：国家图书馆出版社，2017：1.

首先，以韦棣华1910年在武昌成立公书林和1920年创办武昌文华图书馆科为标志，欧美图书馆理念伴随"西学东渐"思想浪潮的传入并开始产生影响；其后有上海国民大学图书馆学系（1925）、金陵大学文学院图书馆专科（1928）等图书馆教育的兴起；同时中华教育改进社（1920）和中华图书馆协会的先后成立（1925），助推了图书馆学研究的蓬勃开展；而继《图书馆规程》和《通俗图书馆规程》（1915）之后，《图书馆条例》（1927）、《图书馆规程》（1930）[①]等图书馆法规的颁布，则为图书馆事业的发展在国家层面确立了制度性的保障。

从内部环境看，从中华教育文化基金董事会成立（1924）并创办北京图书馆（1926），到与教育部共同完成国立北平图书馆与北平北海图书馆合组国立北平图书馆（1929），其间，教育部通过颁布《合组国立北平图书馆办法》（与中华教育文化基金董事会联合制订 1929）、《国立北平图书馆组织大纲》和《国立北平图书馆委员会组织大纲》（1929）[②]等一系列关于国立北平图书馆的管理政策，确立了国立北平图书馆委员会为国立北平图书馆的最高行政管理机构，明确了"国立北平图书馆受教育部与中华教育文化基金董事会合组之国立北平图书馆委员会之监督"[③]的管理模式。对于建立如此管理模式的用意，合组后的第一年度《馆务报告》曾述为"在今日中国特殊情形之下，颇感其必要"，藉此"图书馆行政"可以"避免政潮"[④]。从实质上看，合组国立北平图书馆系用中基会管理的二次退还庚子赔款所建，相关购书和运行等经费亦多出自该款项，其管理模式实际上体现的是美国图书馆的办馆理念。而此时期距离1876年美国麻省伍斯特公共图书馆馆长格林首次提出"为读者提供帮助"的倡议已过半个世纪，参考服务理论在美国已被普遍接受并付诸实施。

---

① 韩永进.中国图书馆史（近代图书馆卷）[M].北京：国家图书馆出版社，2017：87-88，148-151.

② 国立北平图书馆.国立北平图书馆馆务报告（民国十八年七月至十九年六月）[M].北平：国立北平图书馆，1930：43-46.

③ 李致忠.中国国家图书馆馆史资料长编（1909—2008）[M].北京：国家图书馆出版社，2009：127.

④ 国立北平图书馆.国立北平图书馆馆务报告（民国十八年七月至十九年六月）[M].北平：国立北平图书馆，1930：3.

特别是经过民国初期"宣传美国图书馆事业，倡导模仿美国图书馆事业"的新图书馆运动的洗礼，美国图书馆办馆理念、图书馆学理论、分类编目技术和方法、图书馆服务等，在我国得以普及。①这些对于国立北平图书馆参考工作事业的发展，都具有关键性的意义和作用。

二、"一董三会"的作用

合组后的国立北平图书馆主要由"一董三会"实施管理，即中基会董事会、国立北平图书馆委员会、建筑委员会和购书委员会。中基会董事会负责保管、分配和监督使用美国第二次退还的庚子赔款，决定着国立北平图书馆的财政运行；国立北平图书馆委员会专司"审议图书馆办理方针及进行计划""推荐馆长及副馆长之人选于教育部及董事会""审核图书馆之预算、决算"等；②建筑委员会"主持建筑上一切进行事宜"，购书委员会"协助馆长确定购书方针"③。"一董三会"共同构成国立北平图书馆的决策层。

以1929年为例（表11），"一董三会"可谓政界名流、学术名宿云集。新文化运动的旗手胡适，中国地质事业奠基人丁文江，中国近代物理学奠基人叶企孙，中国植物分类学奠基人胡先骕，与梁启超、王国维并称清华"四大导师"的赵元任、陈寅恪，历史学家傅斯年，图书馆学家戴志骞等，他们共同具有欧美留学经历，深受美式教育的影响，同时共为各自学科领域之翘楚；而周诒春、任鸿隽、蒋梦麟则是亦官亦学，都有在政府任职和主管大学教育的背景；他们与职掌国立北平图书馆的蔡元培和袁同礼，共同构成国立北平图书馆的决策层。他们对于国立北平图书馆的事业发展，具有中枢灵魂作用，这一点在国立北平图书馆的日后发展中得到了充分证明。

---

① 韩永进. 中国图书馆史（近代图书馆卷）[M]. 北京：国家图书馆出版社，2017：80-81.
② 国立北平图书馆委员会组织大纲[M]//北京图书馆馆史资料汇编（1909—1949）. 北京：书目文献出版社，1992：1052-1053.
③ 国立北平图书馆. 国立北平图书馆馆务报告[M]. 北平：国立北平图书馆，1930：3.

表11　国立北平图书馆"一董三会"任职人员概览（1929）

名称	组织机构/人员
中基会董事会①	董事长：蔡元培 副董事长：蒋梦麟 名誉秘书：胡适 名誉会计：翁文灏 干事长：任鸿隽 董事：赵元任、孙科、施肇基、李立瀛、伍朝枢
委员会②	委员长：陈垣 副委员长：任鸿隽 会计：孙洪芬 委员：马叙伦、刘复、周诒春、傅斯年、蔡元培（当然）、袁同礼（当然）
建筑委员会③	委员长：周诒春 委员：丁文江、戴志骞、任鸿隽、刘复、孙洪芬、袁同礼
购书委员会	委员长：任鸿隽 委员：丁文江、陈垣、陈寅恪、傅斯年、叶企孙、胡先骕

第二节　学人群体与参考工作

1929年至1930年度的《馆务报告》系合组后国立北平图书馆第一个年度报告。该报告对国立北平图书馆的职能定位描述为"国立图书馆虽归行政系统，但其事业实属专门科学，即为学术机关"④。主持馆务的袁同礼副馆长在合组后的国立北平图书馆第一次馆务会议上指出："办图书馆，须注意学术化"；其后在第五次馆务会议上他再次强调，"以后本馆进行方针，重在学术，希本馆同人，均有所编辑，于刊物上发表"⑤。正是在这种办馆方针指导

---

① 赵慧芝.中基会和中国近现代科学[J].中国科技史料，1993（3）：68-82.
② 国立北平图书馆.国立北平图书馆馆务报告[M].北平：国立北平图书馆，1930.
③ 1927年7月成立，系为国立北平图书馆文津街馆舍筹建而设，建筑委员会最初由范源濂、李四光、周诒春、袁同礼、安那五人组成。1931年6月文津街馆舍落成后，其历史使命即告结束。
　资料来源：李致忠.中国国家图书馆馆史[M].北京：国家图书馆出版社，2009：57.
④ 国立北平图书馆.国立北平图书馆馆务报告（民国十八年七月至十九年六月）[M].北平：国立北平图书馆，1930：3.
⑤ 袁咏秋，曾季光.中国历代国家藏书机构及名家藏读叙传选[M].北京：北京大学出版社，1997：132-133.

下，合组后的国立北平图书馆逐渐形成颇具影响力的学人群体，构成了20世纪一个独特的"精英思想世界"，在这个精英思想世界里，涌现了大量的专家学者，形成了一个奇异的人才井喷现象。①我们暂以是否具有图书馆学教育背景为划分标准，一为图书馆学学人群体，二为非图书馆学学人群体。

一、图书馆学学人群体

图书馆学学人群体的共同特征是，受到中国传统文化的熏陶和浸润，具有良好的系统的美国图书馆学教育经历。他们或是赴美留学被称为"留美的一代"，或是毕业于武昌文华图书馆科，被称为"文华的一代"。②

1. 以袁同礼和刘国钧为代表的"留美的一代"

中国图书馆事业的起步与发展与"留美的一代"密不可分。"留美的一代"系指20世纪中国图书馆事业发展以来的第一代学人，是"中国图书馆学的奠基者""跨越时代的成就卓著的图书馆学家"③。除杜定友毕业于菲律宾大学以外，其余均为美国学成归来。包括沈祖荣、胡庆生、戴志骞、洪有丰、袁同礼、李小缘、刘国钧、杨昭悊和李燕亭。④"留美的一代"虽然数量较少，但是他们兼具中国传统文化根基和美国图书馆学先进理念，学成回国后，心怀报国之心，热情投身中国图书馆事业，为中国图书馆事业发展做出了巨大贡献。这是"留美的一代"所具有的第一个共同特点。

"留美的一代"学成回国后，积极宣传、倡导、模仿美国图书馆事业，并将所学图书馆理论与中国图书馆事业具体实践相结合，理论有建树，实践有创新，因而他们是图书馆理论与实践的有机结合体，这是"留美的一代"又一个共同特点。

---

① 周余姣.以书为师，因业成缘：国立北平图书馆学人群体研究述略[J].图书馆，2018（1）：41-58.
② 程焕文.图书馆精神[M].北京：北京图书馆出版社，2007：78.
③ 范凡.民国时期图书馆学著作出版与学术传承[M].北京：国家图书馆出版社，2011：32.
④ 范凡.民国时期图书馆学著作出版与学术传承[M].北京：国家图书馆出版社，2011：30-31.

图19　刘国钧　1922—1925年留学美国威斯康星大学

作为"留美的一代"代表人之一，刘国钧（图19）[1]1915年至1920年在金陵大学文学院学习，毕业后留在金陵大学图书馆工作。经过两年的图书馆实践工作，他于1922年留学美国进入威斯康星大学哲学系、图书馆专科学校及研究院学习。1925年学成回国后先任金陵大学图书馆主任兼任文学院教授，后于1929年至1931年6月[2]任职于国立北平图书馆编纂部主任兼阅览部主任。也就是在这个时期，他出版了《中国图书分类法》（1929年）、《中国图书编目条例草案》（1929年）。其中《中国图书编目条例草案》借鉴西方现代编目思想和方法，并结合中国传统目录学，具有较强的适用性，除北平图书馆以外，被多家图书馆使用。1934年刘国钧出版《图书馆学要旨》时，他已重返金陵大学担任图书馆馆长、文学院院长及教授。在该书中，刘国钧提出"要素说"，即建立图书馆需要图书、人员、设备、方法等四要素，被誉为"中国图书馆学理论体系的一部分"[3]，"对我国图书馆学的发展有着极深刻的影响"[4]。在图书馆参考工作领域，刘国钧有关参考工作的理论述介在本书第二章中已做阐述。

袁同礼（图20）[5]1916年从北京大学毕业后即到清华学校图书室工作，1917年8月至1919年8月，代理清华学校图书馆主任，至1920年秋赴美之前，

---

[1]　北京大学信息管理系等.一代宗师：纪念刘国钧先生百年诞辰学术论文集[M].北京：北京图书馆出版社，1999.

[2]　有关刘国钧在国立北平图书馆任职时间，根据《国立北平图书馆馆务报告·附录四本馆职员一览》（民国十九年七月至二十年六月）记载，1930—1931年度刘国钧仍为国立北平图书馆编纂部主任兼阅览部主任，但注明"请假"。故此处采用这一时间。作者注。

[3]　北京大学信息管理系等.一代宗师：纪念刘国钧先生百年诞辰学术论文集[M].北京：北京图书馆出版社，1999：11-12.

[4]　王子舟.杜定友和中国图书馆学[M].北京：北京图书馆出版社，2002：165.

[5]　国家图书馆.袁同礼纪念文集[M].北京：国家图书馆出版社，2012.

在参考部工作。①赴美后又先后在哥伦比亚大学（1920—1922）、纽约州立图书馆学校学习（1923），系统接受了美国图书馆学教育。

袁同礼有关参考工作的实践，最初发端于他在清华学校图书馆参考部的工作。在任国立北平图书馆馆长时期，他对于图书馆事业发展的各个方面都竭力推动，对于图书馆参考工作亦给予充分的重视和支持。1935年他在文华图书馆学专科学校发表演讲，介绍欧美图书馆最新发展趋势。在该演讲中他首先介绍欧美图书馆六大发展趋势，其一是"欧美各国近皆致力

图20　袁同礼　1920—1922年留学美国哥伦比亚大学

于图书馆之建筑"，其二"美国图书馆近年来注重参考讲座之设立，以供读者之咨询"，其三是"美国图书馆注重技术之管理，出纳手续尽量使其简易迅速，以便读者"，其四是"美国图书馆近来更注重裁减报纸杂件及零碎材料等职收藏，残篇断简，昔日之弃若敝屣者，今一变二成为重要之参考材料"，其五是"钞印材料之方法较前进步"，其六是"专门图书馆之发展极为普遍。银行界有银行图书馆，……其盛行可概见矣"。其中第二和第四趋势，均为相关参考工作发展新态势。在介绍上述六大发展趋势后，他进而提出："纵观欧美今日图书馆事业之趋势，及审查我国当前之需要，谋我国图书馆事业之发展，亟应循下列之四种途径"，即"应注重发挥图书馆效能""应注重参考工作""应推进平民教育"和"应技术与智识并重"。参考工作被视为发展我国图书馆事业的四种途径之一。他如是说："在我国今日经济情况之下，欲效欧美参考讲座之设立，自属难能之事，但在原则上则应谋此项参考工作之发展，由所谓藏书之所而变为用书之所，不但只讲参考者之咨询，而更应由被动变为主动，提出问题而引起一般人士探讨之兴趣。欧战以后各国国界多有变迁，因是国际间纠纷时出，他如战绩问题，亦形成欧美间之严重问题，所以欧美图书馆多搜集此种材料，以引起学者研究之兴趣。我国当今国难方殷，一切建设亦

---

① 邓景康，韦庆媛. 邺架巍巍：忆清华大学图书馆 [M]. 北京：清华大学出版社，2011：192-199.

正萌芽，诸多问题正待我人之寻找提示材料以引起学者研究之兴趣。再者我国图书馆经费无不感受短绌，故尤应仿效美国剪片及零碎材料之搜集，所费不多，功用甚大。我国今日各大学之研究院尚未健全之时，图书馆参考工作实属刻不容缓之事也。"①这是目前为止，我们看到的袁同礼有关图书馆参考工作的专门阐述。这个阐述是在日本帝国主义已经侵略中国，"国难方殷"之时，因此，其阐述具有战时特殊背景下的意义，主要可以解析为三点：首先，参考工作通过举办讲座，使图书馆实现从藏书之所到用书之所的转变；其次，参考工作要由被动向主动转变，即从读者向参考馆员咨询，到参考馆员主动提出问题"引起一般人士探讨之兴趣"的转变；最后，仿效美国开展剪报服务，在节省费用的同时，图书馆的功用可以得到更大的发挥。如此可见，袁同礼对参考工作性质和作用既有充分的理解和认识，同时又将其与战时国家发展需要相结合，如此站位之于国立北平图书馆参考工作的发展，其意义不言而喻。

"留美的一代"在美国所受图书馆学教育是系统而全面的，其中自然包括图书馆参考工作的理论学习和教育。据学者最新研究发现，作为"留美的一代"的戴志骞于1917至1918年在纽约州立图书馆学校学习期间，该校课程设置中即有马奇的《参考部视角下的大学图书馆管理》（College Library Administration from the Point View of the Reference Department）、怀尔的《政府出版物》（Government Documents）、《高级参考工作》（Advanced Reference Work）、沃尔特（Frank K. Walter）的《初级参考工作》（Elementary Reference Work）和韩南（William E. Hannan）的《立法参考工作》（Legislative Reference Work）等课程。②刘国钧在《图书馆学要旨》中多次提到马奇和怀尔。邓衍林在其《中文参考书举要》"序"中谈及"袁守和先生谓欲师美国Mudge' Guide to Reference Books 及英国Minto's Reference Books二者之体例，将吾国重要之参考书籍，一一撰为提要"，可见马奇和怀尔是为"留美的一代"图书馆学人"共同师从"的学者，无论是否直接选听过他们的课程。所以，我们可以说，美国图书馆学教育及参考工作的理论学习和图书馆实践，直接影响到学成归国后的袁同礼和刘国钧在国立北平图书馆的业务管理和实践。

---

① 袁同礼. 欧美图书馆之新趋势 [J]. 文化图书馆学专科学校季刊, 1935.3, 7卷（1）: 1-4.
② 郑锦怀. 中国现代图书馆先驱戴志骞研究 [M]. 北京：中国海洋大学出版社, 2017: 100-103.

2. 以汪长炳、李钟履、邓衍林为代表的"文华的一代"

武昌文华图书馆学专科学校（Boone Library School，简称文华图专）是我国第一所独立培养图书馆学专门人才的教育机构，由韦棣华带领中国近代图书馆学先驱沈祖荣、胡庆生先生于1920年3月创办。① 它"以理论、实践相结合的方式，吸收、消化并产出中国近代图书馆学、档案学最重要的一批研究成果和个案，并以学生输出和刊物发行等多种方式传播并践行其理念和价值诉求"②，文华图专培养的学生在我国图书馆事业建设和发展中，发挥了不可估量的作用，被称为"文华的一代"③。根据武汉大学信息管理学院编写的《世纪历程：武汉大学信息管理学院百年院史（1920—2020）》中对"文华图专毕业生名录"④统计，从1925年6月至1936年6月毕业的二年制的学生总计为75人，同期到国立北平图书馆工作的13人，占毕业生总数的17%；1931年6月至1937年6月毕业的一年制的学生计为39人，同期到国立北平图书馆工作的6人，占毕业生总数的15%。如果我们以1929至1937年间国立北平图书馆职员人数最多的一个年度，即1933—1934年度的职员总数139人作为参照，⑤ 该年度在馆的文华图专毕业生总计17人，占全馆人数的12.2%。从表12（见118页）显示，文华图专毕业生由于接受美式图书馆学教育，具有良好的英文基础，他们在国立北平图书馆大部分都偏重在西文采访或编目岗位。他们或为部门主任，或为科组长，或为重要专业岗位馆员，成为国立北平图书馆事业发展中坚力量的重要组成部分。

---

① 武汉大学信息管理学院.世纪历程：武汉大学信息管理学院百年院史（1920—2020）[M].武汉：武汉大学出版社，2020：1.
② 肖鹏.当代图书馆学档案学专业人才培育的反思与改革策略：以文华系统的参考咨询教育为切入点[J].图书情报工作，2014（18）：5-18.
③ 程焕文.百年沧桑世纪华章：20世纪中国图书馆事业回顾与展望（续）[J]图书馆建设，2005（1）：15-21.
④ 彭敏惠.文华图专珍稀史料图录[M].武汉：武汉大学出版社，2020：272-286.
⑤ 根据1929至1937年各年度《国立北平图书馆馆务报告》"本馆职员一览表"，作者按年度统计职员人数如下：1929—1930：85人；1930—1931：101人；1931—1932：122人；1932—1933：127人；1933—1934：139人；1934—1935：115人；1935—1936：124人；1936—1937：126人。该统计未排除每个年度中兼职岗数，因该数字很小故忽略不计。

我们将在国立北平图书馆工作的"文华的一代"作为平馆学人团体的重要组成部分,其意义在于,他们接受的是美式图书馆教育,受过系统的美式图书馆学专业训练,是图书馆学理论向实践转化的有效载体。而同时,他们又是国立北平图书馆决策层"学人团体"治馆理念的执行者,是国立北平图书馆业务有效运转的中间环节。他们在努力工作的同时与母校始终保持学术联系,通过在《文华图书馆学专科学校季刊》①发表论文和译作,宣传国内外图书馆事业最新发展动态和最新研究成果。如严文郁的《何以阅览人不满意图书馆》②《世界民众图书馆概况:德意志、英吉利》(译)③、曾宪三的《奥国国立图书馆》(译)④、李钟履的《乡村图书馆经营法之研究》⑤《美国杂志精选》(译)⑥、于震寰的《日本国国立图书馆》(译)⑦、张桂森的《我所参观北平的几个图书馆》⑧、邓衍林的《编制四库全书总简目录索引简述》(合著)⑨、徐家璧的《图书馆专业之研究》⑩等。而《文华图书馆学专科学校季刊》也通过刊发"参考工具书研究、介绍有关图书馆参考书籍的配备和参考工

---

① 1929年1月沈祖荣创办,初名为《文华图书科季刊》(1929至1931年1-3卷),后变名为《文华图书馆学专科学校季刊》(1932至1937年4-9卷)。1937年停刊。与《中华图书馆协会会报》(1925年创办)、《图书馆学季刊》(1926年创办)并称民国图书馆学三大期刊。作者注。
② 严文郁.何以阅览人不满意图书馆[J].文华图书馆学专科学校季刊,1934.12,6卷(4):543-547.
③ 严文郁.世界民众图书馆概况:德意志、英吉利(译)[J].文华图书馆学专科学校季刊,1934.6,6卷(2):234-248.
④ 曾宪三.奥国国立图书馆[J].文华图书馆学专科学校季刊,1935.12,7卷(3/4):426-441.
⑤ 李钟履.乡村图书馆经营法之研究[J].文华图书科季刊,1931.6,3卷(2):123-180.
⑥ 李钟履.美国杂志精选(译)[J].文华图书科季刊,1931.12,3卷(4):529-559.
⑦ 于震寰.日本国国立图书馆(译)[J].文华图书馆学专科学校季刊,1935.12,7卷(3/4):547-557.
⑧ 张桂森.我所参观北平的几个图书馆[J].文华图书馆学专科学校季刊,1937.3,9卷(1):134-138.
⑨ 邓衍林.编制四库全书总简目录索引简述(合著)[J].文华图书科季刊,1931.6,3卷(2):247-258.
⑩ 徐家璧.图书馆专业之研究[J].文华图书科季刊,1930.3,2卷(1):71-87.

作的组织、人员和工作方式"等文章,①对参考工作理念的"社会化扩散和传播"②,促进参考工作理论研究与实践的有效互动,产生了积极的影响。

在参考工作业务中,严文郁(图21)身兼编纂和阅览两部主任之职,为专职参考工作机构的直接主管业务主任,汪长炳(图22)为首任参考组组长,邓衍林(图23)、丁湆(图24)皆为参考组业务骨干。邓衍林的《中文参考书举要》和《中国边疆图籍录》,李钟履(图25)③的《图书馆参考论》,成为文华图书馆科毕业生有关参考工作研究领域的优秀代表之作。

图21 严文郁 文华图专本科班四期（1923.9—1925.6）

图22 汪长炳 文华图专本科班五期（1924.9—1926.6）

图23 邓衍林 文华图专讲习班一期（1930.9—1931.6）

图24 丁湆 文华图专讲习班二期（1933.9—1934.6）

图25 李钟履 文华图专本科班九期（1929.9—1931.6）

---

① 谢灼华.评《文华图书馆学专科学校季刊》[J].图书情报知识,2007(4):104-110.
② 肖鹏.当代图书馆学档案学专业人才培育的反思与改革策略:以文华系统的参考咨询教育为切入点[J].图书情报工作,2014(18):5-10.
③ 严文郁、汪长炳、邓衍林、丁湆和李钟履的照片均选自:彭敏惠.文华图专珍稀史料图录[M].武汉:武汉大学出版社,2020.

表12 武昌文华图书科毕业生在国立北平图书馆任职情况（截至1949年）

序号	姓名	字	学制	入馆时间	在馆时间	任职情况
1	李芳馥	馨吾	两年	1923	1923—1949	1929.6 总务科科员（北平北海图书馆） 1929.7—1932.6 总务部文书组组长 1932.7—1934.6 采访部西文采访组组长 1935 派赴美国哥伦比亚大学研究 1936 派赴美国芝加哥大学研究 1937.9 美国实习回国 1942.1—3月，采访部主任（驻沪） 1946 采访组主任 驻沪办公 1949 主任
2	严文郁	绍诚	两年	1926.7	1926.7—1938.6 1942—1944.3	1929.6 编目科科员（北平北海图书馆） 1929.7—1930.6 编纂委员会委员 1930 赴美国哥伦比亚大学办事 1932 派赴德国柏林大学办事 1933.7—1934.6 编纂部主任，阅览部主任（兼） 1929.7—1930.6，1933.7—1934.6 编纂委员会委员 1934.7—1935.6 编目部主任兼阅览部主任，购书委员会委员 1937.5 赴美考察图书馆事业 1938.1 从美国返回，任国立罗斯福图书馆筹备委员会委员兼秘书 1942.3 总务部兼采访部主任
3	汪长炳	文焕	两年	1926.7	1926.7—1932.8	1928.9 参考科科员（北平图书馆，后名北平北海图书馆） 1929.6 参考科科员（北平北海图书馆） 1929.7—1932.6 编纂部西文编目组组员，兼阅览部参考组组长 1932 派赴美国哥伦比亚大学办事 1934 哥伦比亚大学交换期满（暑假） 1935 赴美国国会图书馆办事；参加第二次国际图书馆协会大会及目录学大会 1936 赴美国国会图书馆实习

（续表）

序号	姓名	字	学制	入馆时间	在馆时间	任职情况
4	曾宪三	省盦	两年	1928.1	1928.10—1946	1929.6 编目科科员（北平北海图书馆） 1929.7—1930.6 编纂部西文编目组组员，采访部官书组组长（兼） 1930.7—1934.6 编纂委员会委员 1930.7—1933.6 编纂部西文编目组组长，采访部官书组组长（兼） 1930.7—1934.6 编纂委员会委员 1933.7—1934.6 编纂部西文编目组组长 1934.7—1936.1 编目部西文编目组组长 1936 赴美国哥伦比亚大学研究 1937.9 派赴美国哥伦比亚大学研究 1946.9 编目组主任
5	何国贵	驭权	两年	1928.7	1928.7—1946.9	1929.7—1934.6 编纂部西文编目组组员/馆员 1931.7—1932.6 期刊部西文期刊组组长（兼） 1932.7—1933.6 期刊部中西文期刊组组长 1933.7—1934.6 西文期刊组组长（兼） 1934.7—1936.6 编目部西文编目组组员；采访部官书组组长（兼） 1936.7—1937.9 编目部西文编目组组长 1938.3.4 赴昆明协助西南联合大学筹建图书馆 1938—1939 昆明南馆负责编制入藏图书目录 1942.1 重庆办事处主任，负责英文图书季刊 1946.9.25 在重庆去世
6	岳良木	荫嘉	两年	1928.8	1928.8—1937.6	1929.6 采访科科员（北平北海图书馆） 1929.7—1932.6 采访部西文采访组组长 1932.7—1934.6 总务部文书组组长 1935.3—1936 赴美国哥伦比亚大学办事并在哥伦比亚大学实习 1936.7—1937.6 工程参考图书馆主任

（续表）

序号	姓名	字	学制	入馆时间	在馆时间	任职情况
7	李钟履	仲和	两年	1928.11	1928.11—1949	1929.6 总务科科员（北平北海图书馆） 1929 总务部文书组组员 1930 自费赴文华大学肄业 1932.7—1935.6 采访部西文采访组馆员 1936.1—1937.9 采访部西文采访组组员 1938 编目部西文编目组组长 1942.4 编目部西文编目组组长 1949 编辑
8	于震寰	镜宇	两年	1929.1	1929.10—1931.7 1933.7—1935.6 1949—1949.8	1929.6 书记（北平北海图书馆） 1929—1930 编纂部中文编目组组员 1932 自费赴文华图书馆科肄业 1935.3 中华图书馆协会事务所
9	张桂森	月如	两年	1929.11	1929.11—1945	1931—1936.1 阅览部阅览组馆员/组员 1936.1 自费留学 1937.9 采访部中文采访组 1946.9 总务部会计组组员
10	陈 颂（女）		两年	1930.7	1930.7—1931.9	1930.7—1931.6 编纂部西文编目组组员
11	徐家璧	完白	两年	1930.7	1930—1942	1930.7—1934.6 编纂部西文编目组组员 1934.7—1936.6 编目部西文编目组组员 1936.7—1937.9 采访部官书组组长，编目部西文编目组组员（兼） 1938—1939 昆明南馆负责编制入藏图书目录 1941 驻缅甸仰光办事处职员，负责运输
12	曾宪文		两年	1931.1	1931.10—1937	1931.7—1934.6 年编纂部西文编目组组员/馆员 1933.7—1934.6 采访部官书组组长（兼） 1934.7—1937.6 编目部西文编目组组员 1937.10—1939 经平馆推荐，得 Barbour 奖学金两年，美国密西根大学研究图书馆学。

（续表）

序号	姓名	字	学制	入馆时间	在馆时间	任职情况
13	丁瀞	汇川	一年	1931.7	1931.7—1949	1931.7—1933.6 阅览部阅览组馆员 1934.7—1937.6 阅览部参考组组员 1936.7—1937.6 阅览部阅览组组员（兼） 1942.4 阅览部阅览组组长 1943，1945—1946.9 参考组组长 1949 编辑
14	宋友英（女）		一年	1931.7	1931.7—1941	1931.7—1934.6 编纂部西文编目组组员/馆员 1934.7—1936.6 采访部中文采访组组员 1941 昆明各办事处职员，负责编辑地学论文索引
15	张树鹄	正侯	一年	1931.9	1931.9—1939	1931.9—1934.6. 期刊部西文期刊组馆员 1934.7—1936.6 采访部期刊组组员 1938—1939 昆明南馆负责编印新书分类目录
16	邓衍林	竹筠	一年	1932	1932—1938	1931.7—1932.6 阅览部阅览组馆员 1932.7—1937.6 阅览部参考组馆员 1937.9 采访部西文采访组组长（兼） 1937.12 随袁同礼南下至长沙 1938 转香港又至昆明南馆，负责编辑西南边疆图籍录和云南书目
17	孙述万	书城	两年	1933	1933—1943	1933.7—1934.6 期刊部中文期刊组组长 1934.7—1936.6 采访部西文采访组组长 1936.7—1937.6 采访部西文采访组组长（代） 1937.9 西文采访组组长（兼） 1934.7—1936.6 采访部期刊组组长（兼） 1936.7—1937.9 采访部期刊组组长 1941 驻香港办事处职员，负责运输 1942.1—3 月，驻重庆办事处职员，采访部西文采访组馆员
18	余炳元		一年	1934.1	1934.10—1939.1	1935.7—1936.6 编目部西文编目组组员 1936.7—1937.6 工程参考图书馆馆员

（续表）

序号	姓名	字	学制	入馆时间	在馆时间	任职情况
19	颜泽霭		两年	1936	1938—1943.10	1936.7—1937.9 采访部西文采访组组员 1938—1939 昆明南馆征购抗战史料，排印《暴日侵华与国际舆论》初编及二编 1941 驻重庆办事处职员，负责英文图书季刊 1942.1—3月 驻重庆办事处职员，采访部西文采访组馆员
20	袁仲灿	少虚	一年	1937	1937—1939	
21	杨漪如		两年	1940	1940—？	
22	梁慕秦（女）		一年	1941	1941—1943	1941 驻重庆办事处，负责编辑中西文国际关系论文索引
23	邢云林		一年	1948	1948.10—1950.8	

说明：

1. 表中人员顺序根据文华图书馆科毕业生入职国立北平图书馆时间编辑。

2. 表中人员任职情况依据的最早的文献记载是1929年《北平北海图书馆第三年度报告》，故凡在1929年以前入职人员的"入馆时间"与"任职情况"中的时间无法一一对应。

3. 表中宋友英、徐家璧、颜泽霭三人"在馆时间"信息在不同史料中出现相异情况，作者均经认真考证予以订正，恕不一一注明参考来源。

4. 表中人员各项信息来源，因参考档案史料繁多，兹主要列述部分参考文献如下。

①北平北海图书馆.北平北海图书馆第三年度报告[M].北平：北平北海图书馆，1929.

②国立北平图书馆馆务报告（民国十八年七月至民国二十六年六月）（国家图书馆民国时期文献数据库）[DB/OL].[2021-03-05].http://www.nlc.cn/dsb_zyyfw/ts/tszyk/.

③工作人员名录[M]//北京图书馆馆史资料汇编（1909—1949）．北京：书目文献出版社，1992：1362-1383.

④工作人员名录[M]//北京图书馆馆史资料汇编（二）（1949—1966）北京：北京图书馆出版社，1997：1746-1764.

⑤中华图书馆协会执行部编辑.中华图书馆协会会报（第1—5册）（影印本）[M].北京：国家图书馆出版社，2009.

⑥李致忠.中国国家图书馆馆史资料长编（1909—2008）[M].北京：国家图书馆出

社，2009.

⑦李致忠.中国国家图书馆馆史（1909—2009）[M].北京：国家图书馆出版社，2009.

⑧李致忠.中国国家图书馆百年纪事[M].北京：国家图书馆出版社，2009.

⑨赵俊玲.中华图书馆协会会报（索引）[M].北京：国家图书馆出版社，2009.

⑩武昌文华图书馆学专科学校编辑.文华图书馆学专科学校季刊（影印）[M].北京：国家图书馆出版社，2009.

⑪范凡.民国图书馆学著作出版与学术传承[M].北京：国家图书馆出版社，2011.

⑫彭敏惠.文华图专珍稀史料图录[M].武汉：武汉大学出版社，2020.

二、非图书馆学学人群体

上述图书馆学学人群体是伴随着我国新图书馆运动和近代图书馆发展而发轫成长起来的知识分子，他们以其专业图书馆学理论为基础，通过不同业务平台，将图书馆学理论与业务实践相结合，从而使国立北平图书馆的事业发展和建设更为符合图书馆建设的规律，进而在服务国家、服务社会和服务公众方面，发挥更大的效能。

除了图书馆学学人群体之外，国立北平图书馆还聚集了一批精通中国传统版本目录学，在中西交通史、敦煌学、少数民族语言、历史地理学等领域颇有建树的学者，我们将之概括为非图书馆学学人群体，以与图书馆学学人相区别。如徐鸿宝（1881—1971，金石学、版本学、目录学、文献学）、马廉（1893—1935，小说戏曲）、孙楷第（1898—1986，敦煌学、文献学、目录学、戏曲理论）、向达（1900—1966，历史学、敦煌学）、王庸（1900—1956，中国地理学史、地图考证）、于道泉（1901—1992，藏学）、王重民（1903—1975，目录学、敦煌学）、贺昌群（1903—1973，西北史地与中西交通史）、赵万里（1905—1980，目录学、版本学、校勘学）、张秀民（1908—2006，中国印刷史）、萧璋（1909—2001，训诂、语言文学）、谭其骧（1911—1992，历史地理学）等。①他们当中既有博学精深的学者，也有初

---

① 李致忠.中国国家图书馆馆史（1909—2009）[M].北京：国家图书馆出版社，2009：68-69.
韩永进.中国图书馆史（近代图书馆卷）[M].北京：国家图书馆出版社，2017：附录卷.

露头角的青年俊彦，他们与图书馆学学人群体相互融合、各展所长，使国立北平图书馆呈现出一派人才济济的气象。

当美式图书馆理念随着新图书馆运动在中国得到广泛传播的同时，西方图书馆分类编目技术和方法与中国传统文献学、版本目录学"相遇"，开始中国化的转变。这种转变在国立北平图书馆主要体现在相当一批具有参考工具书性质的目录、索引、提要、辞典等的编纂与出版，而承担编纂工作的主要是这批非图书馆学学人。我们仅从邓衍林在1936年出版的《中文参考书举要》中就可以看到国立北平图书馆编纂相关参考工具书的出版情况（表13）。承担编纂工作的一部分来自国立北平图书馆编纂委员会，如赵万里、王重民、孙楷第、王庸等；另一部分则来自编纂部的谭其骧、彭色丹、于道泉、李德启、梁廷灿；以及舆图部的茅乃文和总务部的王祖彝[①]。他们都不属于参考工作专职机构，不直接面对读者，但是他们通过编制专题书目和索引，实质上是为从事研究的读者在利用文献资源时提供参考服务。正如合组后国立北平图书馆第一个年度报告中总结的，国立北平图书馆"其事业不在研究本身而在如何供给研究者之便利"[②]。因此，研究非图书馆学学人以及他们所编纂的专题书目、提要目录等参考工具书，是研究国立北平图书馆参考工作的重要组成部分。

有关参考工作专职机构与编纂委员会和编纂部在工作职责方面既有交叉又互有相异的情况，我们在下一节专述。

---

① 国立北平图书馆.本馆职员一览表.国立北平图书馆馆务报告[M].北平：国立北平图书馆，1930，1933，1934，1936.

② 国立北平图书馆.国立北平图书馆馆务报告[M].北平：国立北平图书馆，1930：6.

表 13 《中文参考书举要》① 收录国立北平图书馆馆员编纂的参考工具书汇总（1928—1936）

题名	编纂者	出版	出版时间	备注
国立北平图书馆现藏中国官书目录	国立北平图书馆（编纂部）官书组编	国立北平图书馆铅印本	1928，1931	一册。第一辑 1928；第二辑 1931
国学论文索引（一至四编）	国立北平图书馆（编纂部）索引组编	北平中华图书馆协会铅印本	1929—1936	四册。1929 年（初编），1936 年（四编）
日本访书志补	杨守敬撰 王重民辑	北平中华图书馆协会铅印本	1930	一册。中华图书馆协会丛书第三种
日本东京所见中国小说书目提要（六卷）大连图书馆所见中国小说书目（一卷）	孙楷第	北平国立北平图书馆暨中国大辞典编纂处铅印本	1932	一册
中国通俗小说书目（十二卷）	孙楷第	北平图书馆铅印本	1933	附：邓衍林编西译中国小说目录
国立北平图书馆方志目录	谭其骧等	北平国立北平图书馆铅印本	1933	四册。附索引乡土志乡镇志
国立北平图书馆善本书目（四卷总目一卷）	赵万里	北平国立北平图书馆刻本	1933	
藏蒙满四体合璧佛教名辞典	彭色丹	北平国立北平图书馆藏稿本	1933	一册
国立北平图书馆中文舆图目录	王庸 茅乃文	北平国立北平图书馆铅印本	1933	一册
国立北平图书馆故宫博物院图书馆满文书籍联合目录	李德启编 于道泉校	北平国立北平图书馆及故宫博物院图书馆合刊铅印本	1933	

① 邓衍林. 中文参考书举要 [M]. 北平：国立北平图书馆，1936.

（续表）

题名	编纂者	出版	出版时间	备注
历代名人生卒年表 历代名人生卒年表续编	梁廷灿	北平国立北平图书馆馆传钞梁氏稿本	1933	一册。卷首有索引
中国地学论文索引（又续编）	王庸 茅乃文	北平编者印行铅印本	1934	四册。（初编至1936）（续编1934—1936）
中国河渠水利工程书目	茅乃文	北平编者印行铅印本	1935	一册（国立北平图书馆代售）
清代文集篇目分类索引	国立北平图书馆（编纂部）索引组编	北平国立北平图书馆铅印本	1935	一册
中华民国疆域沿革录	王祖彝（原题王念仑编）	王氏五典书房铅印本	1935	（附：县名检查表民国以来历改县名表）
国立北平图书馆善本书目乙编（四卷）	赵万里	北平国立北平图书馆铅印本	1935	一册
国立北平图书馆中文期刊目录	国立北平图书馆（编纂部）期刊组编	北平国立北平图书馆铅印本	1936	

第三节　业务格局与参考工作

从业务格局观察参考工作，是客观、全面审视国立北平图书馆参考工作的另外一个视角。

一、大业务中的小参考

自从1928年9月北平图书馆增设参考科开始，国立北平图书馆专职参考工作机构就始终在全馆大业务格局中占有一席之地，即使在伪教育总署治下的"国立北京图书馆"也不例外。但是纵观国立北平图书馆整个业务发展的历史，参考组的设置还是"大业务中的小参考"。我们仅从1929年至1937年间国立北平图书馆阅览部的各个业务科组职数配备情况即可了然（表14）。

表14　国立北平图书馆阅览部业务科组职数一览表（1929—1937）[①]

年度·科组	阅览	参考	庋藏	备注
1929—1930	7	3	4	参考组3人分别由编纂部、采访部和阅览组馆员兼任；阅览部主任由编目部主任兼任
1930—1931	6	2	4	参考组2人分别由编纂部、采访部馆员兼任；阅览部主任由编目部主任兼任
1931—1932	10	2	5	参考组2人分别由编纂部、采访部馆员兼任；主任请假
1932—1933	10	2	6	参考组2人，1人专职，1人由采访部馆员兼任；主任请假
1933—1934	11	1	7	编目部主任兼阅览部主任，1人专职
1934—1935	11	4	7	编目部主任兼阅览部主任，3人专职，1人兼阅览组组员
1935—1936	15	6	8	1. 参考组6人中，5人专职，1人阅览组馆员兼任 2. 总务部主任兼阅览部主任
1936—1937	15	8	7	1. 参考组8人中，7人专职，1人阅览组馆员兼任 2. 总务部主任兼阅览部主任

[①] 该表系作者根据1929—1937年各年度《国立北平图书馆馆务报告》"本馆职员一览表"信息统计汇总。

表14的统计数字显示，参考组人员职数最少的年度是1933至1934年，只有1人，同年度的阅览组和庋藏组分别为11人和7人；职数最多的是1936至1937年，为8人（不包括南京工程参考图书馆），阅览组和庋藏组分别为15人和7人。虽然从整体趋势看参考组的人员职数在增加，但与阅览和庋藏两组相比，仍为少数。这种情况说明，当时国立北平图书馆读者服务的接口业务，阅览服务所占权重是最大的，这也是以实体图书馆为主要服务载体的那个时代的图书馆所具有的共同特点。从历史渊源的角度看，参考工作孕育于阅览服务中，做好阅览服务并在服务中响应"阅览人"的需求，乃是阅览服务和参考工作内在的业务逻辑关系。因此，参考组一直设置在阅览部下也是这种内在逻辑关系使然。而从对馆藏文献的揭示以进一步服务读者的角度看，阅览部主任由编纂部（编目部）①主任兼任，参考组馆员由编纂部或采访部馆员兼任，亦是由于对文献采访编目工作熟悉而能更好地服务于读者，才在参考工作机构中屡屡出现"兼任"的情况。在1949年后的北京图书馆曾经出现阅览参考部、参考书目部的名称，参考工作的业务主体似乎很清楚，而工作边界又模糊于阅览和编目工作的业务范围，其历史根源恐怕可以追溯于此。或者说，图书馆业务格局在某一个时期的整体建构程度，决定着其下各个业务模块的发展域限。处于20世纪20年代中后期至30年代末的中国图书馆事业发展，正处于从形式到内容努力实现"新式图书馆的中国化"的转型过程，②这种转型既体现在图书馆管理上，也体现在技术和方法上。图书馆的业务首先要解决图书文献的分类编目"中国化"的问题，然后才能为阅览人提供更好的服务。因此，无论机构设置还是人员配置，图书馆的编目部门都是占有绝对优势地位的。我们以国立北平图书馆人员数量最多的年度（1933—1934）为例，③全馆职员总数为139人，除正副

---

① 根据国家图书馆馆史史料和相关业务档案记载，从1909到1949年的40年间，有关编目业务的机构名称历经多次调整变化，主要有：目录课（1916—1924）、编目科（1928—1929）、编订股（1929）、编纂部（1929.7—1934.6）、编目部（1934.7—1937.6）、编目部（1942，伪教育总署治下）、编目组（1945—1949），本节为叙述方便，统一采用编纂部名称。作者注。
② 韩永进.中国图书馆史（近代图书馆卷）[M].北京：国家图书馆出版社，2017：147.
③ 国立北平图书馆.本馆职员一览.国立北平图书馆馆务报告[M].北平：国立北平图书馆，1934：1-14.

馆长3人外，其中总务部12人，采访部14人，编纂部46人，阅览部20人，善本部8人，金石部4人，舆图部5人，期刊部6人，编纂委员会21人。编纂部位列之首，其次是编纂委员会，阅览部还不及编纂部的一半，具体到参考组的人员数量，相比之下更显"少数"。

同样，在图书馆学研究领域也呈现出这种发展情形。纵观民国时期图书馆学著作出版与学术传承发展的历史，有关"分类编目得到的关注是空前绝后的，而其他方面的研究却相对薄弱"①。根据范凡对民国时期出版的图书馆学著作的研究统计，从内容来看，排前五位的是公共图书馆、学校图书馆、编目、文献目录学和图书馆管理。前两位是综论图书馆的内容，涉及图书馆具体业务的研究内容，编目为首，有关参考工作内容则包含在"图书馆管理法"中，与图书馆行政、采访、整理（典藏、修理以及特殊类型资料的整理方法）并行。②从"核心作者的著作所涉及的研究领域"来看，排名前五的为①通论，②分类，③编目，④检字、索引、书目，⑤行政、管理、购求、参考、建筑。③从专论性质的研究著述出版情况看，沈祖荣于1917年即出版《仿杜威书目十类法》（文华公书林出版），杜定友1922年出版《世界图书分类法》，而民国时期首部专论参考工作的《图书馆参考论》1933年才正式出版，前后相差十余年。一个图书馆实践学科领域能够出版专著予以总结，至少说明该领域的实践水平已经达到一定程度，至此也可以看出参考工作在图书馆实践领域的发展状态。当然有关专论参考工作的文章远比研究专著的出版要早，如朱家治之《图书馆参考部之目的》（1922）④，还有早于《图书馆参考论》的图书馆学通论性的研究著作，如洪有丰的《图书馆组织与管理》（1926）⑤、杜定友

---

① 范凡. 民国时期图书馆学著作出版与学术传承 [M]. 北京：国家图书馆出版社，2011：165.

② 范凡. 民国时期图书馆学著作出版与学术传承 [M]. 北京：国家图书馆出版社，2011：45.

③ 范凡. 民国时期图书馆学著作出版与学术传承 [M]. 北京：国家图书馆出版社，2011：54-56.
范凡在其著作中，将杜定友、吕绍虞等36位图书馆学家列为"核心作者"，其中包括在国立北平图书馆工作的李钟履和刘国钧。作者注。

④ 朱家治. 图书馆参考部之目的 [J]. 新教育，1922，5（1/2）：121-126.

⑤ 洪有丰. 图书馆组织与管理 [M]. 上海：商务印书馆，1926：65-76.

的《图书馆学概论》(1927)①，其中亦有相关篇章对参考工作的内容进行介绍。但总体而言，"大图书馆学小参考"的参考工作学术研究水平②与图书馆参考工作实践领域的"大业务中的小参考"的实务状态是一致的。

二、小参考与大参考

纵观国立北平图书馆参考工作发展的历史，尤其在"中兴与发展"时期（1929—1937），参考工作虽设有专职机构，但在国立北平图书馆的不同业务机构职责规定中，亦存在着与参考组的职责既同又异的情况。这种情况主要集中在编纂部和编纂委员会的职责规定中。

1. 职责的"同"

关于编纂部的职责，根据《国立北平图书馆组织大纲》，其内设中文编目、西文编目和索引三组，具体职责包括：关于编目事项；关于分类事项；关于考订、雠校及撰拟提要事项；关于出版物之设计及编纂事项。③

编纂委员会成立于合组后的国立北平图书馆，有关编纂委员会的职责，在国立北平图书馆《馆务报告》中最初描述为"主持出版事项"④，但是从历年《馆务报告》的记载，编纂委员会具体负责和承担的业务工作是编纂及出版事项，包括专题书目、专题史料等的编制，以及《国立北平图书馆馆刊》《图书季刊》等定期刊物的编辑工作。

关于参考组的职责虽然在《国立北平图书馆组织大纲》中仅明确为"关于答复咨询事项"，但是在历年《馆务报告》中，均设有专栏，对于完成阅览

---

① 杜定友.图书馆学概论[M].上海：商务印书馆，1927：100-103.
② 严文郁在其著述《中国图书馆发展史——自清末至抗战胜利》一书中，将1873—1945年划分为播种时期（1873—1911）、萌芽时期（1912—1927）、茁壮时期（1928—1937）和晦暗时期（1938—1945）四个时期，并对1873—1945年间的图书馆学著作出版情况做过统计。范凡在其著述中的研究统计及结论相对应于严文郁在该书中的统计原则上一致，但范凡的研究更为细致深入。有关严文郁的具体统计参见：严文郁.中国图书馆发展史：自清末至抗战胜利[M].台北：枫城出版社，1983：199-200.
③ 1929年教育部指令第3066号核准国立北平图书馆组织大纲备案（原件）（档章则2.9）[M]//北京图书馆馆史资料汇编（1909—1949）.北京：书目文献出版社，1992：1054-1061.
④ 国立北平图书馆.国立北平图书馆馆务报告[M].北平：国立北平图书馆，1930：3.

人专题咨询和专题书目，以及重要咨询案例等均给予总结。在《参考组办事规程》（莫余敏卿拟订）中，明确"参考组答复本馆阅览者一切咨询或代搜集参考资料，或编辑专门目录""编制专门书目"。

由此看来，编纂部、编纂委员会和参考组职责的"同"主要集中体现在专题书目的编制（包括带有提要的书目）；编纂部与编纂委员会的"同"还体现在"编纂出版事项"，编纂部的编纂出版展现形式多以"索引"为主（索引组承担索引编制），编纂委员会的出版成果则有书目、提要、目录等多种形式。

这种多部门编制书目（目录）的情况，首先根源于国立北平图书馆机构设置的特点。从1929年8月国立北平图书馆改组设立8部16组开始，其机构设置既有根据图书馆业务流程划分，如采访部、编纂部、阅览部，也有基于特殊文献类型设立的善本部、金石部、舆图部和期刊部。除了上述编纂部、编纂委员会的职责外，善本部、金石部、舆图部和期刊部都承担着对本部门所负责的类型文献的"考订编目"或"整理编目"的工作。因此，据于"考订编目"而成相关专题或主题书目，也就非常自然。

由于各业务部门的职责中具有"同"的一面，因而其表现出来的业务特征就具有了参考工作的共同性。在这个意义上来说，国立北平图书馆的参考工作除了专职承担参考工作的参考组，还有其他业务部门承担具有参考工作性质的部分工作，因而从全局角度看，国立北平图书馆的参考工作又是"小参考"和"大参考"的有机结合，是为一个整体。

2. 职责的"同"与阅览人的不同

合组后国立北平图书馆申明"本馆政策"在购书方面既"为国家皮藏重籍之图书馆"，又"为供给科学（包括自然与人文科学）研究之图书馆"；在研究方面，则明确"其事业不在研究本身而在如何供给研究者之便利"；在阅览方面则强调"中国公家藏书向来注重收藏，本馆目标则注重应用，极愿以此已有之基础供大多数人之利用。爰在阅览部内设立参考组，专备阅览公众之咨询或代编辑书目或为搜集材料"[①]。据此可知，国立北平图书馆的阅览人主要分为两大类，一类为从事科学研究的"研究者"，一类为"大多数人"的"阅览公众"。从阅览政策可以明见，其服务机构当为参考组，在服务一线面对阅览

---

① 国立北平图书馆. 国立北平图书馆馆务报告[M]. 北平：国立北平图书馆，1930：5-6.

公众，承担公众咨询和代编书目等工作。那么"如何供给研究者之便利"为科学研究服务呢？这一类服务则主要体现在由编纂部（索引组）、编纂委员会，以及善本、金石和舆图等部门编制的专题书目、索引、提要、目录的功用。因而，在国立北平图书馆由业务机构职责之"同"而出现的"小参考"和"大参考"之结合，实质是由于阅览人（读者）范围不同，体现在对图书馆使用需求上的差异而产生的结果。

从历史发展的角度看，这些所有经非参考工作专职机构编制的专题目录、索引、提要等，最初目的本是从事采访编目的馆员为工作需要而编制，具有服务于采访编目工作的参考工具的意义。但随着专题目录编制规模的增大并逐渐规范化出版，其功用就已经超越编目人员自身而成为参考图书馆员和从事科学研究的阅览人共同使用的参考工具书。而类似专题书目、索引、提要等的编辑，实际上是基于馆藏文献的一种整理工作，"这种工作所具有的学术性，使我国现代图书馆事业在开端之时，就与学术研究建立起密切联系。另一方面，图书馆职员在文献学及图书馆学方面的学识素养和业务训练，成为他们参与其他学科研究活动的有利条件，从而促进了诸如小说、敦煌、金石等文献学在中国二十世纪三四十年代的创立"[①]。

索引的编制成为整个学术界高度认可和使用的重要参考工具，与民国时期一个重要的文化浪潮——索引运动的兴起密切相关。[②]合组后的国立北平图书馆在编纂部下设索引组，王重民任组长。该组自设立起，前后相继编辑出版《敦煌学书籍论文索引》（1932）、《西康论文索引》（1935）、《工程论文索引》（1936）等多部索引工具。有学者将索引工具的编纂总结为"中西参考工具思想碰撞的总结性成就"，这一点在国立北平图书馆确是一个突出的特点。我们这里仅从参考工作的角度对国立北平图书馆的索引编制工作的职责进行分析。索引编制的工作其最初归属编纂部，属于图书编目范围的业务。但是从历史发展的角度看，这一职责归属随着图书馆事业的发展也发生了变化。索引编制工作逐渐浸润于参考工作业务领域，成为参考咨询馆员业务工作的组成内容。关于这一点，我们从日后北京图书馆时期的参考咨询组与书目索引组合

---

① 荣方超.国立北平图书馆编纂群体及其职能考（1929—1937）[J].国家图书馆学刊，2018（6）：73.

② 王余光.索引运动的发生[J].出版发行研究，2003（6）：74-76.

并为一的机构变化情况（1960年），①即可得到佐证。

纵观国立北平图书馆时期的参考工作，我们可以从两个角度摹绘出她发生、发展的图景。从大的历史发展看，国立北平图书馆参考工作从孕育到产生是伴随着清末民初社会转型与思想文化演进的时代浪潮而生。新型图书馆运动兴起加速了我国传统藏书楼向新型图书馆的蜕变进程，京师图书馆在社会变革的大背景下，既保留了中国传统藏书楼的精神底蕴，同时与新式图书馆办馆理念逐渐融合，参考工作的萌芽（1916）与专职参考工作机构的设立（1928）正是这种融合的突出表征。从国立北平图书馆参考工作自身的产生和发展来看，它孕育于读者阅览服务工作，并在阅览服务中逐渐形成相对独立的业务范围。历经起步阶段的孕育与初创（1909—1928），在中兴与发展（1929—1937）时期出现了国家图书馆参考工作发展史上的第一个发展高峰，虽在低谷与坚守（1938—1949）时期遭受战乱影响，但参考工作未曾间断。形成了具有专职机构、专职参考馆员，以及较为规范的管理制度。举凡读者日常阅览咨询，专题书目编制，文献索引和参考工具书的编纂与出版，专题阅览室的开设等传统经典意义的参考工作内容，在这个时期均已位列其中。甚至文献展览、到馆读者参观等非参考工作主体业务，亦在该时期的参考工作中出现。可以说，其后北京图书馆②参考工作的发展，在国立北平图书馆时期都能找到其业务源头。

当然，这个时期参考工作总体上还附属于阅览服务工作的范围，而国立北平图书馆具有参考工作职责性质的机构与参考工作机构并存产生的业务边界交叉，亦为其后续发展在机构名称和业务范围方面不断变化与调整埋下伏笔，有关该问题将在后续篇章中继续阐述。

---

① 李致忠. 中国国家图书馆百年纪事（1909—2009）[M]. 北京：国家图书馆出版社，2009：61.

② 1949年北平市军事管制委员会接管国立北平图书馆，同年9月27日，国立北平图书馆更名国立北京图书馆，1951年6月启用北京图书馆名，对外联系沿用国立北京图书馆。

资料来源：李致忠. 中国国家图书馆百年纪事（1909—2009）[M]. 北京：国家图书馆出版社，2009：38，40，44.

下篇

北京图书馆时期（1949—1997）

第五章　转型与复兴时期的参考工作（1949—1965）

1949年中华人民共和国成立，政权更迭，国家的国体、政体、经济基础、上层建筑，乃至整个社会形态都发生了根本性的变化。[①]为适应这种变化，巩固新生政权，中央人民政府在政治、经济和文化各个领域采取了一系列措施。图书馆作为文化领域的重要组成部分，首要任务是对旧有图书馆的接管和整顿，明确图书馆的服务对象和发展方向，为此制定了一系列的方针政策。特别是随着第一个五年计划实施（1953年）和经济建设全面展开，"舍美袭苏"，"向科学进军"（1956年），成为该时期国家图书馆发展的社会背景主色调。

第一节　北京图书馆工作任务与服务对象的重新界定

1949年2月13日，北平市军事管制委员会接管国立北平图书馆。新旧政权更迭初期，北京图书馆还陷于"各种制度没有建立，工作限于混乱。……旧的制度已废，新的未建立，一切都是草创和摸索……馆内工作人员思想情况复杂"[②]的局面，但是作为图书馆服务工作类型之一的参考工作仍在继续。《国立北平图书馆研究室规则》明确"本馆为便利政府人员与学术机关之特别参

[①] 韩永进. 中国图书馆史（现当代图书馆卷）[M]. 北京：国家图书馆出版社，2017：1（绪论）.

[②] 北京图书馆1952年工作总结 [M]// 北京图书馆馆史资料汇编（二）（1949—1966）. 北京：北京图书馆出版社，1997：628-631.

考，设立研究室"①。这一方面说明设立研究室的目的，另一方面也明确了研究室的服务对象是"政府人员"和"学术机关"。

1951年3月27日，中央人民政府文化部文物局制定《改造北京图书馆方案》，②确定北京图书馆的任务，其中第一项明确规定北京图书馆负责"收集、保藏、整理，利用图书杂志、报纸，广泛宣传马列主义、毛泽东思想，辅导人民获得科学、技术、文学及艺术等各部门知识以配合新民主主义各项建设"，第二项为"编辑整理参考资料，解答机关、学校团体以及一般读者的咨询"。关于第一项任务，可以拆解为：图书、杂志和报纸的收藏整理；宣传马列主义毛泽东思想；辅导人民学习知识以配合新中国之初的各项建设。第二项任务则是既明确服务对象为"机关、学校团体以及一般读者"，也明确指出通过"编辑整理参考资料"方式提供"咨询"服务。

1954年文化部进一步明确规定，北京图书馆的办馆方针为："为人民服务，为经济建设服务，为科研工作服务，逐步向列宁图书馆的方向发展。当前的任务是宣传马列主义，宣传总路线总任务，以爱国主义与社会主义的精神教育人民，促进国家的社会主义建设和社会主义改造，并着手图书馆科学工作方法的研究。"③

由此，这一时期北京图书馆办馆方针和任务可以归纳如下：一是明确对马列主义毛泽东思想的宣传，二是服务新中国成立初期的经济建设，三是向苏联学习，走列宁图书馆之路。

---

① 1949年5月国立北平图书馆研究室规则 [M]// 北京图书馆馆史资料汇编（二）(1949—1966). 北京：北京图书馆出版社，1997：1257.
② 改造北京图书馆方案 [M]// 北京图书馆馆史资料汇编（二）(1949—1966). 北京：北京图书馆出版社，1997：22-23.
③ 1954年1月16日社会文化事业管理局一九五四年第二次局务会议，讨论北京图书馆一九五四年工作计划 [M]// 北京图书馆馆史资料汇编（二）(1949—1966). 北京：北京图书馆出版社，1997：37.

第二节　机构设置的变迁

一、多次易名的参考工作机构

北京图书馆组织机构的设置一方面延续了国立北平图书馆时期机构设置的基本框架，如保留相关图书馆基础业务的采访、编目、阅览和善本特藏等部门，另一方面则遵循北京图书馆办馆方针和任务，增设了一些新的业务机构，如苏联研究室（图29，见144页）；苏联图书室（图31，见146页）；科学方法研究部、联合目录编辑组（图32，见147页）；图书馆学研究部（图33，见148页）等。其中，最为波动不定、一直在调整变化中的则是参考工作机构。

根据1950年《国立北京图书馆组织条例》（草案）第十条规定："参考研究部办理参考研究、编纂咨询等事项，及领导馆内有独立性而又暂不能设立专部的各部门。分设参考、研究两股。苏联、舆图、金石，及少数民族语文四研究室，与史料征辑会、编纂委员会。"[①]而在该《条例》后附的《国立北京图书馆组织系统表》中，还包括展览委员会。这应该是自1928年9月国家图书馆第一个独立建制参考工作机构设立以来最为庞杂的机构建置。参考研究部除承担"参考研究、编纂咨询等事项"，还要领导"有独立性而又暂不能设立专部的各部门"，这种设置明显带有从国立北平图书馆到北京图书馆转型过渡时期的痕迹。

1951年，经过"各种制度没有建立，工作陷于混乱"的两年多的调整，"经过上级的仔细考虑，参照了苏联图书馆组织规制"[②]，北京图书馆的组织机构终于得以确立（图30，见145页）。参考研究部更名为参考辅导部，下设科学工作方法研究股、参考咨询股、群众工作股和编译股。科学工作方法研究股和群众工作股是向苏联图书馆学习而新增设的机构。其中，科学工作方法研究股经过多次调整，至1958年独立成为科学方法研究部，群众工作股划

---

① 1950年5月23日呈文化部文物局民字第568号，呈送我馆组织条例请鉴核（档027/1-4）[M]// 北京图书馆馆史资料汇编（二）（1949—1966）. 北京：北京图书馆出版社，1997：121，123.

② 北京图书馆1951年工作总结（档004/1-1）[M]// 北京图书馆馆史资料汇编（二）（1949—1966）. 北京：北京图书馆出版社，1997：622.

归为阅览部,名为群众工作组(图32)。1952年8月,北京图书馆组织机构进一步调整,在馆长下设办公室、阅览参考部、采访部、编目部、善本特藏部和苏联图书室4部2室,18个科组,并重新任命科组以上干部。其中,阅览参考部主任为贾芳,阅览参考部下设阅览组、推广组、皮藏组、群众工作组和参考研究组等5个组。参考研究组组长为张秀民(图26)[1],副组长戚志芬[2]

---

[1] 张秀民(1908—2006),谱名荣章,字涤瞻,浙江嵊县人,1931年毕业于厦门大学国学系,同年7月入职国立北平图书馆,至1971年退休。从国立北平图书馆到北京图书馆40年工作期间,张秀民先后从事中文图书编目、索引编制、编译、参考咨询等工作,并担任索引股股长、编译股股长、参考研究组组长等职。张秀民是我国著名印刷史专家、目录学家、参考咨询专家。其在图书馆工作中,同时进行印刷史和版本目录学的研究。1937年"七七事变"之后,其研究重点转向安南史研究,先后发表《占城人Chams移入中国考》(1948)、《明代交阯人在中国之贡献》(1949)等论文,成为这一领域的经典之作。1949年后,他专注于中国印刷史问题,经过数十年的艰苦研究,于1989年出版《中国印刷史》,该书在国内外学术界产生了巨大反响。
资料来源:张秀民,韩琦.中国印刷史(增订版)[M].杭州:浙江古籍出版社,2006:846-852.
1951年11月8日中央人民政府文化部文物局通知抗字第2504号,你馆暂行组织机构及股以上人事配备已呈部批准,自本月起试行由(档027/1-5)[M]//北京图书馆馆史资料汇编(二)(1949—1966).北京:北京图书馆出版社,1997.

[2] 戚志芬(1919—2013),字舫吟,山东威海人。1943年7月毕业于西南联合大学历史系,并留校任教。同年8月,参加"中日战事史料征辑会"工作,任助理编纂。1946年8月抗战胜利后,"中日战事史料征辑会"解散,戚志芬随国立北平图书馆返平,先后在中文编目、索引组工作。戚志芬是新中国北京图书馆参考工作的奠基人之一,曾先后担任参考研究组副组长、组长。戚志芬撰写并发表《鲁迅先生作品在苏联》(1953)、《图书馆应积极配合科学研究工作》(1956)、《中国的书目工作》(1959)、《发挥馆藏图书资料潜力为社会科学研究工作服务》(1963)、《音容宛在 遗教犹存:回忆郭老与北图二三事》(1979)、《西文美国参考工具书选目提要》(1979)、《社科参考工作的建设与发展之我见》(1984)、《袁同礼先生与中日战争史料征辑会》(1989)等40余篇文章,出版专著《参考工作和参考工具书》(1988)和《中国的类书、政书和丛书》(1991)等。
资料来源:周玉玲.默默奉献做读者的知心人:访北图研究馆员戚志芬先生[J].北京图书馆馆刊,1994(3-4):181-184.
李凡.国家图书馆参考工作史研究[M].北京:国家图书出版社,2018:340-342.

（图27）①。1957年，扩编为参考研究部，张申府为主任（图28）②。1958年再次更名为参考书目部。

图26　张秀民（1908—2006）　图27　戚志芬（1919—2013）　图28　张申府（1893—1986）

① 戚志芬女儿、中国社会科学院原古代史研究所研究员万明提供。
② 张申府（1893—1986），名崧年，河北献县人。张岱年之兄。张申府早年参加革命工作，积极投身五四运动，曾参与创办《每周评论》，任《新青年》编委，为新文化运动做出了贡献。1920年在北京随李大钊同志筹组共产主义小组，参与建党活动，是中国共产党第一批党员之一。1942年10月至1946年10月，担任国立北平图书馆重庆办事处编纂部主任、《图书季刊》主编。1949年9月入北京图书馆工作，曾任参考股股员、参考研究股编目员、研究员。1957年被任命为参考研究部主任。主要从事文献翻译和中外文图书采访等工作。他长期从事哲学、逻辑学的研究和教学工作，硕果累累，特别是对罗素的数理逻辑和爱因斯坦的相对论等方面，不但是最初的介绍者，而且在研究上也有很深造诣。主要代表性著作有：《名理论（逻辑经验论）》（1927，1928）、《所思》（1931）、《我相信中国》（1938）、《什么是新启蒙运动？》（1939）、《独立与民主》（1945）等；代表性文章有《试编罗素既刊著作目录》（1920）、《纯客观法》（1927）、《实与理性》（1938）、《论中国化》（1939）、《辩证方法与机械主义的对比》（1940）、《"怎样开展科学运动"讨论大纲》（1941）、《唯物论的重要》（1942）、《说实话》（1944）、《发扬五四的精神："放"》（1957）、《知乐歌》（1984）等。
资料来源：著名爱国民主人士、我党的老朋友 张申府同志在京逝世[N]. 人民日报，1986-07-13（4）.
北京图书馆. 北京图书馆大事记（1909—1992）[M]. 北京：北京图书馆，1992：54.
北京图书馆业务研究委员会. 北京图书馆馆史资料汇编（二）（1949—1966）[M]. 北京：北京图书馆出版社，1997：121-123, 167-168.
张燕妮. 张申府文集（四卷本）[M]. 石家庄：河北人民出版社，2005.
杜运辉. 燕赵文库·张申府集（三卷本）[M]. 石家庄：河北人民出版社，2017.

根据史料记载，自1950年至1966年"文革"爆发前，北京图书馆专职参考工作机构设置深受苏联图书馆组织模式影响，但在不同阶段的任务重点各有不同，具体体现为：一是强调参考工作机构的研究属性，其名称表述为参考研究部（1950，1957）；二是突出参考工作对群众读书学习的辅导作用，故名为参考辅导部（1951）（图30）；三是参考工作从属于阅览服务工作，属于读者服务工作的一部分，因此其名称定位于阅览服务的业务范畴中（1952，1953和1956）（图31）；四是以参考咨询服务的结果展现形式"书目"作为参考工作机构名称的特质属性，参考咨询和书目工作互为内涵，名曰参考书目部（1958，1962，1965）（图32，图33）；五是首次以咨询内容的所涉学科为设立标准，区分为社科参考和科技参考两大业务体系（1965）（图33）。

通过参考工作专职机构的设立和名称变化，一方面可以清晰看到国立北平图书馆时期参考工作的历史延续，另一方面也体现出新的突破，如以咨询内容所涉学科类型划分为社科参考和科技参考，是该时期新特征。而苏联图书馆组织规制的影响是苏联图书馆学理论和实践在20世纪50年代全面主导我国图书馆事业发展的一个侧面反映，也是促成北京图书馆组织机构转型的直接动因。

二、具有参考工作特征的相关机构

除上所述参考工作机构建制，这一时期北京图书馆还有两个具有参考工作特征的相关机构，一为"全国联合目录编辑组"，二为"科技服务组"。

1956年，中共中央发出"向科学进军"的号召，各类型图书馆都加强为科学研究服务的工作，但图书资料的不足成为制约科学事业发展的一个突出问题。解决这个问题，进行全国范围的文献资源协调成为当务之急。为此，1957年9月，国务院全体会议第57次会议批准《全国图书协调方案》，根据该《方案》于当年11月成立"全国联合目录编辑组"（简称"联合目录组"），附设于北京图书馆，人员由包括北京图书馆在内的北京大学图书馆、清华大学图书馆、中国科学院图书馆、北京师范大学图书馆、中国医学科学院图书馆、首都图书馆的人员共同组成。"联合目录组"从成立至1966年，共出版全国性和地方性的联合目录300余种。其中较重要的有《全国西文期刊联合目录》《全国中文期刊联合目录》《全国日文期刊联合目录》《全国俄文期刊联合目录》

《中国古农书联合目录》《中医图书联合目录》《中国丛书综录》等。[1]从设立联合目录组的目的来说，其成立是为统筹协调全国性文献资源，由此，编辑各类联合目录成为其重要工作之一。联合目录不仅服务于全国图书馆文献资源采购业务，同时也为科学研究工作者提供服务，成为科学研究所需的重要参考工具书。正因如此，"联合目录组"于1977年8月重新恢复机构建制后，便由北京图书馆专职参考工作机构参考研究部代管，至1980年正式划归参考研究部建制。

"科技服务组"则是北京图书馆根据国家特定时期发展需要而成立的具有参考咨询服务协调职能的临时性工作机构。1961年2月，北京图书馆"为加强向自然科学技术科学方面的研究服务"专门成立科技服务组。[2]科技服务组的主要职责一是"对外负责与一些科技研究单位（主要是国防尖端和一些保密性的单位）进行联系，了解它们的科研项目和需要书刊资料的情况"，二是"对内协助领导组织馆内力量，根据科研单位的需要提供馆藏的书刊资料或编制有关的书目索引"。因此，该组虽然名为"服务组"，实际上是承担对外联络和对内协调的组织机构。他们在对科研单位所提出的咨询问题性质和需要做出具体分析后，再"分别转给科技文献组、参考书目组、期刊组、目录室等有关部、组代为编制书目（索引）或查找"。该组在成立一年多的时间里，总计完成咨询260件，其中编制专题书目（索引）96件，查找书刊资料164件。根据被服务单位的反映，可用率达到80%。[3]作为临时性的咨询服务机构，虽然目标是专门负责为"科研研究单位"服务，且也取得一定成绩，但因为协调职责与馆内相关机构交叉，而具体工作又需要其他机构分担完成，协调成本过大，影响工作效率。最终于1962年下半年"在完成它的开创任务后撤销了"[4]。

---

[1] 韩永进. 中国图书馆史（现当代图书馆卷）[M]. 北京：国家图书馆出版社，2017：77.
[2] 在国家图书馆馆史史料中，有关该组的称谓曾经前后出现过"科技服务组""科学技术服务组""科技服务工作组""科学技术服务工作组"和"科学研究服务临时工作组"的不同表述。本书统一采用"科技服务组"的表述。作者注。
[3] 科技服务组成立以来的工作汇报和今后的工作的建议[M]//北京图书馆馆史资料汇编（二）北京：北京图书馆出版社，1997：533-535.
[4] 十五年来北京图书馆为科学研究服务工作[M]//北京图书馆馆史资料汇编（二）. 北京：北京图书馆出版社，1997：573-592.

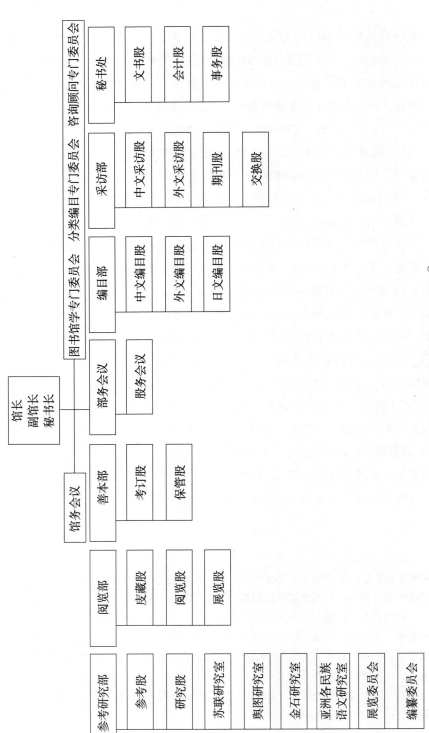

图29 1950年国立北京图书馆组织系统图①

① 该图系《国立北平图书馆组织条例》所附《国立北平图书馆组织系统图》,其中"展览股"在原图中有遗漏,系作者根据《国立北平图书馆组织条例》内容补充。
资料来源:国立北京图书馆组织条例(草案)[M]//北京图书馆史资料汇编(二)(1949—1966).北京:北京图书馆出版社,1997:123.

第五章 转型与复兴时期的参考工作（1949—1965） 145

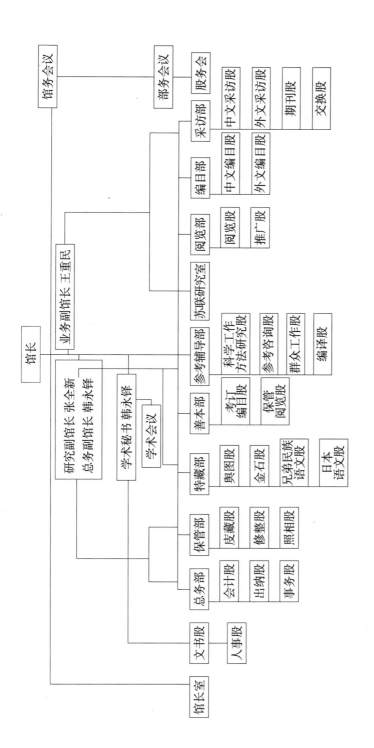

图30 1951年国立北京图书馆暂行组织系统图[①]

① 1951年11月8日中央人民政府文化部文物局通知抗字第2504号，你馆暂行组织机构及股以上人事配备已呈部批准，自本月起试行由[M]//北京图书馆史资料汇编（二）（1949—1966）.北京：北京图书馆出版社，1997：168. 为方便阅读，原系统图中相关部、股的人事信息作省略处理。

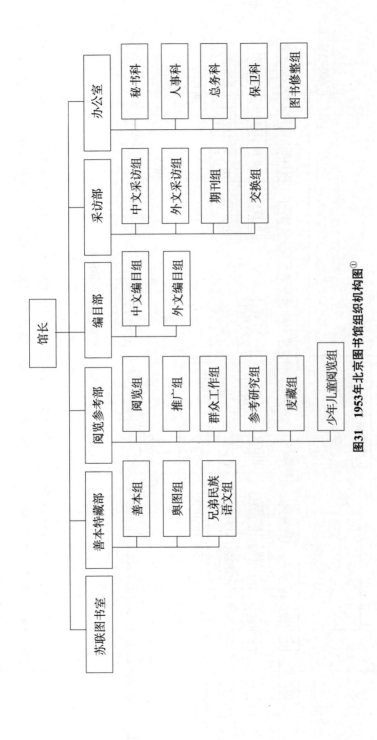

图31 1953年北京图书馆组织机构图[①]

---

① 作者根据《北京图书馆1953年工作概况》（馆内编印，1954）绘制。
转引自：李致忠.中国国家图书馆馆史资料长编（1909—2008）[M].北京：国家图书馆出版社，2009：405.

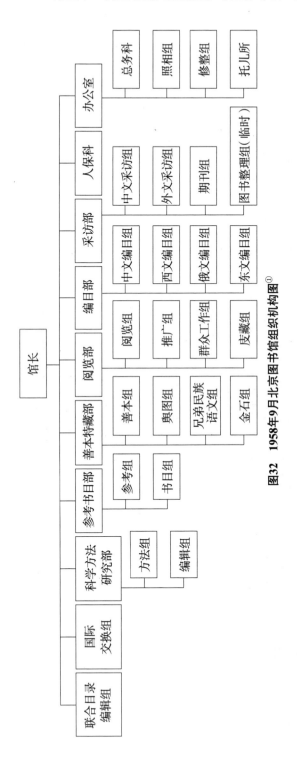

图32　1958年9月北京图书馆组织机构图[1]

① 1958年9月北京图书馆组织机构图[M]//北京图书馆馆史资料汇编（二）（1949—1966）.北京：北京图书馆出版社，1997：179.

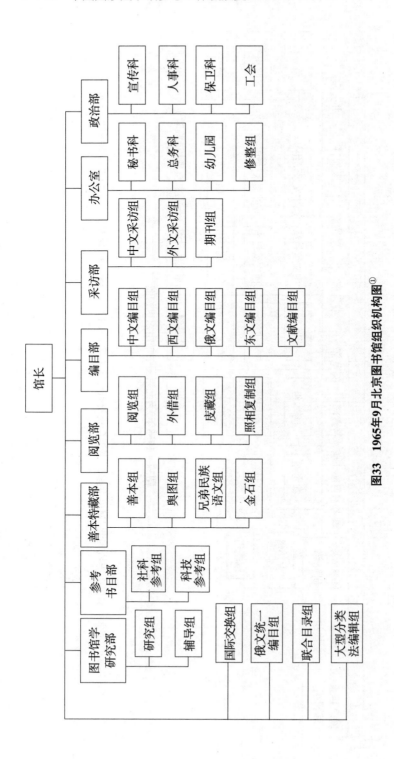

图33 1965年9月北京图书馆组织机构图[①]

① 国家图书馆档案，1965年北京图书馆工作人员名册。

转引自：李致忠. 中国国家图书馆馆史资料长编（1909—2008）[M]. 北京：国家图书馆出版社，2009：501-502.

第三节　参考咨询服务

从1949年到1965年，北京图书馆各项事业伴随着新中国建设事业的发展而发展。参考咨询服务作为北京图书馆读者服务工作的重要组成部分，完成从"旧"到"新"的转型过渡，各项工作呈现快速发展的景象（表15）。

表15　北京图书馆参考咨询工作统计（1949—1965）[①]

年	咨询/件	书目/种	展览/次	时事简报/简辑/次	备注
1949			9		
1950	231	10	18		
1951	233		64		
1952	293	2	46		
1953	800	77	65		
1954	1485	75	62		
1955	1716	43	44		
1956	1800	26	36		
1957	1548	24	31		

---

① 本表系作者根据1950—1965年北京图书馆各年度总结，以及北京图书馆《1949—1965年各项主要工作统计》（1978年3月15日办公室根据有关资料编成）数据汇总而成。其中有些年度统计数据存在差异，作者均逐一考证确认，在此恕不一一说明。此外，在1949—1965年期间，北京图书馆的图书文献展览工作从职责划分应归于群众工作组，但在实际工作中，参考部的咨询馆员经常会参与其中。且为了让更多读者了解相关专题的馆藏情况，参考咨询馆员通常会在展览结束后根据展陈主题和内容进一步整理形成专题书目。由于揭示参考书目编制和专题文献展览之间业务关系的档案史料有限，该表中不做具体区分。有关文献展览的统计数据，仅为研究者全面了解该时期国家图书馆参考工作提供参考。作者注。

（续表）

年	咨询/件	书目/种	展览/次	时事简报/简辑/次	备注
1958	1647	212	46	1590	该统计包括时事剪辑和图书介绍两部分的数据
1959	3201	453	61	80	
1960	1762	251	76	47	上半年统计数字
1961	2231	152	26	29	社科咨询：2046件 科技咨询：185件
1962	1693	50	59	30	
1963	1878	32	41	54	社会科学咨询：1726件 自然科学咨询：152件
1964	1817		46		
1965	1376	5	51	211	社会科学咨询：1171件 自然科学咨询：205件
合计	23711	1412	781	2041	

一、发展中的两个节点

根据表15的统计数据，在1949—1965年这一时期，北京图书馆的参考咨询服务出现两个跳跃式发展的节点。

第一个节点是在1953年。统计数据显示，1950年至1952年三年的年平均咨询量为252件，书目编制年平均量为4种，1953年咨询数量则提升到800件，编制书目77种。产生这种现象有两个原因：其一，从1949年2月北平市军事管制委员会接管国立北平图书馆开始，在国家体制发生巨大变化的形势下，主导的政治意识形态和图书馆的管理理念发生了根本性的转换，在这个转换过程中，"馆内工作人员思想情况复杂，没有建立完整的工作制度，使工作忙乱，只是作了应付现状，工作是被动的"①，因此无论是咨询的数量还是书目的编制工

---

① 北京图书馆一九五二年工作总结（抄件）（档004/1-1）[M]// 北京图书馆馆史资料汇编（二）（1949—1966）.北京：北京图书馆出版社，1997：631.

作,都处于徘徊状态。随着新的机构建制于1951年底完成,明确了"我馆今后的努力方向,主要是学苏联的先进经验。结合我馆具体情况,更多的向列宁图书馆的方向和工作方法学习"①,各项业务逐渐走向正轨,咨询和书目编制工作量呈现跳跃式提升也是必然的结果。其二,1953年是实施国民经济建设第一个五年计划(1953—1957)的第一年,标志着新中国进入社会主义建设阶段。在重申"为群众服务,为国家经济建设服务,为学术研究服务的任务和方针"的指导下,全体馆员的工作热情和积极性得到了极大提高。

  第二个节点是在1958年。表15数据显示,1958年编制书目的数量从1953年的77种跃升到212种,增长将近3倍;同时新推出时事剪辑和图书介绍咨询服务项目,总计1590次。这种跃升和变化,是1956年以来业务重心调整的直接显现。1956年1月14日,中共中央在北京召开知识分子问题会议,周恩来代表中央在会上做了《关于知识分子问题的报告》,第一次把知识分子问题、发展科学技术问题作为全党要重视的重大问题。明确提出"科学是关系到我们国防、政治和文化方面的有决定性的因素"②,进而发出"向科学进军"的号召。在这样的背景下,文化部在全国图书馆工作会议上,提出《明确图书馆的方针和任务,为大力配合向科学进军而奋斗》。北京图书馆制订了《北京图书馆十二年(1956—1968)工作规划纲要(草案)》(修订稿),成立科学顾问委员会,负责解答读者提出的专门性问题。1957年年初,北京图书馆将参考研究组扩编为参考研究部,同年9月6日,《全国图书馆协调方案》经国务院全体会议第57次会议批准。其中,对"中心图书馆的任务"规定之一就是"为科学研究服务""编制联合书目及新书通报"。1958年1月15日,成立全国联合书目编辑组,作为全国中心图书馆下面的办事机构,附设在北京图书馆。由此,服务于科学研究,向科学进军,成为促进北京图书馆参考工作发展的巨大推动力。

  当然,1958年成为该时期参考工作发展的第二个节点,其中也不可排除"大跃进"等政治运动的影响。如为配合"大跃进",1958年北京图书馆"发动全馆工作人员编书目的群众运动,共计编出了书目索引180余种"③。

---

① 北京图书馆一九五二年工作总结(抄件)(档 004/1-1)[M]// 北京图书馆馆史资料汇编(二)(1949—1966).北京:北京图书馆出版社,1997:637.
② 关于知识分子问题的报告 [N]. 人民日报,1956-01-30(1-2).
③ 北京图书馆.今日的北京图书馆 [J]. 图书馆学通讯,1959(10):53-56.

二、主要服务方式和内容

1949—1965年期间北京图书馆参考咨询服务的主要方式有：解答读者咨询问题、编制参考书目、设立研究室（1955）[①]、编辑时事简报（1958）等。从形式上看，这些服务方式是国立北平图书馆时期参考咨询服务方式的继承和延续，但从内容上则又体现出新时代对参考咨询服务的不同需求：

第一，服务于维护国家领土和主权完整以及外交事务。1949年新中国成立后，中国与部分周边国家存在着历史遗留的边界问题。为配合勘界谈判，50年代末至60年代，北京图书馆先后编制了《中印边界问题资料简目（补编）》《中国边界目录（中苏、中朝、中越、中蒙）》《馆藏西文有关中越、中朝边界书目（附条约、地图）》《馆藏日文有关中苏、中朝边界书目》《馆藏西文有关中苏边界书目（附条约、地图）》《〈筹办夷务始末〉中有关中苏关系的资料》《清末奏议、文集中有关中俄边界资料目录》《中缅边界参考资料目录》《滇缅界务资料》《中越界务参考资料》《中朝界务参考资料》《克什米尔及其附近地区资料目录》《有关越、老、泰国的交通、山川、河流等资料目录（中外文）》《有关冲绳岛资料目录（英文、日文）》（1965）等。[②]

[①] 戚志芬在其《参考工作与参考工具书》一中对北京图书馆1955年设立研究室及服务情况有一段描述："1955年初开辟了五间研究室，供机关、学校、科研工作者利用研究室进行研究工作。有的单位研究黄河水文历史资料，有的单位研究地震历史资料，有的要编写国民经济史讲义。外国专家，如德国人研究老子、苏联人研究中国古代哲学、埃及考古学家要考古等等，都可以申请利用研究室，由我们提供资料，帮助他们解决图书资料上的疑难问题，随时答复他们的咨询，他们还可以短期内在研究室进行科学研究。有的单位可来几个人一起探讨他们的科研项目，有的专家则单独潜心著述，都是受欢迎的。"（参见：戚志芬.参考工作与参考工具书 [M].北京：书目文献出版社，1988：9.）这是目前所见有关北京图书馆时期开展研究室服务比较集中的一段说明。从这段文字可以判定，一是使用研究室需要申请预约，二是专门配备参考咨询馆员提供文献咨询服务。作者注。

[②] 书目11019、书目11012-11018、书目24015、书目24008、书目005-007[A]// 国家图书馆立法决策服务部.国家图书馆参考书目档案.2018.

第二，服务于国家经济建设与发展。如1954年主动为国家地质部编辑整理报矿资料①，该报矿资料于1958年油印出版（图34）；1955年编辑《有关苏联历届五年计划参考书目》②；1958年北京图书馆参考组编制《十年来我国社会主义经济建设成就资料》第一分册（总论，与财贸、交通运输合订）；第二分册（工业建设）；第三分册（农业建设）③。1962年为有关部门制定农业计划提供美国农业过关问题、世界各国农业机械化程度、中国土地经济资料、日本农业单位面积产量问题等专题咨询。④在专题书目编制方面，如1953年编制《馆藏中俄文土木工程书目》《馆藏外文建筑书目》《有关地震的论著资料》《华北地质资料目录》《馆藏钢铁冶金目录》等；⑤1954年编制《我国著名大铁桥建筑资料目录》（图35）；1955年编制《景德镇瓷业参考资料》⑥；1956年编制《馆藏农业书刊目录》《馆藏日文农业图书目录》《馆藏林业书目》《馆藏畜牧书目》等；⑦1957年编制《北京图书馆馆藏化学书刊目录：中外文》《北京图书馆馆藏物理学书目》《北京图书馆馆藏西文有关中国书目》等。⑧

---

① 国立北平图书馆一九五四年工作总结（抄件）[M]// 北京图书馆馆史资料汇编（二）（1949—1966）.北京：北京图书馆出版社，1997：647.
② 国立北平图书馆一九五五年工作总结（抄件）（档 004/-1）[M]// 北京图书馆馆史资料汇编（二）（1949—1966）.北京：北京图书馆出版社，1997：662.
③ 书目 22001-002、书目 23001[A]// 国家图书馆立法决策服务部.国家图书馆参考书目档案.2018.
④ 北京图书馆1962年工作总结（档004/1-2）[M]// 北京图书馆馆史资料汇编（二）（1949—1966）.北京：北京图书馆出版社，1997：741.
⑤ 李致忠.中国国家图书馆馆史资料长编（1909—2008）[M].北京：国家图书馆出版社，2009：435.
⑥ 书目 15014[A]// 国家图书馆立法决策服务部.国家图书馆参考书目档案.2018.
⑦ 北京图书馆编、印的出版物选目（1912—1982）[J].北图通讯，1982（3）84-94，21.
⑧ 北京图书馆参考组.北京图书馆馆藏化学书刊目录：中外文本（油印本）[M].北京：北京图书馆，1957：100；北京图书馆参考组.北京图书馆馆藏物理学书目（油印本）[M].北京：北京图书馆，1957：125；北京图书馆参考组.北京图书馆馆藏西文有关中国书目（A classifid catalogue of books on China in western languages in the national library of Peking）[M].北京：北京图书馆，1957.

图34　北京图书馆参考组编印《馆藏采矿书目》（1958）

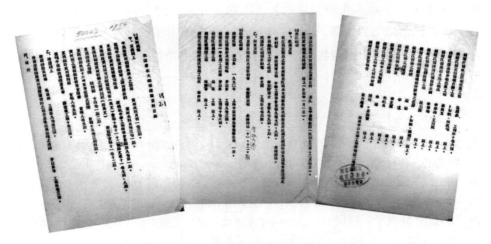

图35　我国著名大铁桥建筑资料目录（1954）

第三，服务科学研究工作。1956年1月，中共中央召开知识分子问题会议，向全党和全国人民发出了"向科学进军"的号召。1956年7月，全国图书馆工作会议在北京召开，与会代表一致认为"图书馆是向科学进军的有力武器"，并确定了图书馆工作的基本任务："向科学研究工作者提供图书资料，为科学研究服务，促进科学的迅速发展"，由此，在图书馆界掀起了为科学研究服务的热潮，参考咨询服务成为为科学研究服务的最重要手段。向达在1956年5月11日的《人民日报》发表《科学研究工作需要充分的图书资料》一文，提出："国家图书馆、科学院图书馆和大学图书馆应该把参考工作提到应有的地位。"北京图书馆参考研究组于1956年在《图书馆工作》第2期发表《北京图书馆的参考工作如何为科学研究服务》，戚志芬同期发表《图书馆应积极配合科学研究工作》。

该时期北京图书馆一方面在组织建制上设立"科技文摘索引参考室"（1958），成立"科技服务组"（1961），另一方面通过开辟研究室、建立参考目录室和参考辅助研究书库等方式，积极开展为科学研究服务，编辑专题书目和专题资料，成为服务科学研究的重要服务形式。如1954年编辑各种参考性与推荐性的专题书目及馆藏资料目录共计75种，内容涉及钢铁冶金、电报工程、机械工程、燃料工程、土木建筑、化学工业等重工业领域；[1]1959年为冶金建筑研究院提供了管类薄壳计算原理；为交通部某所提供了放射性同位素在道路方面应用的资料等。[2]

第四，为政治宣传和重大时事服务。这是该时期北京图书馆参考咨询服务的突出特征。如配合政治学习编制《学习总路线资料索引》（1953）[3]、学习毛主席著作书目、中苏友好书目索引（1958）；[4]《批判修正主义书目》（1958）[5]；为支持拉丁美洲人民的斗争，并对拉丁美洲加以了解，编制书目《馆藏西文拉丁美洲书目》（1958）[6]；为支持古巴人民反对美帝侵略斗争、揭露美帝国主义战争阴谋、反对印度侵略我国领土，编辑时事资料剪辑（1962）；[7]为配合"反对现代修正主义的斗争"，编制有关南斯拉夫问题英

---

[1] 国立北平图书馆一九五四年工作总结（抄件）（档004/1-1）[M]// 北京图书馆馆史资料汇编（二）（1949—1966）.北京：北京图书馆出版社，1997：645-656.

[2] 北京图书馆1959年工作总结（档004/1-1）[M]// 北京图书馆馆史资料汇编（二）（1949—1966）.北京：北京图书馆出版社，1997：695-708.

[3] 李致忠.中国国家图书馆馆史资料长编（1909—2008）[M].北京：国家图书馆出版社，2009：435.

[4] 北京图书馆1958年工作总结（档004/1-1）[M]// 北京图书馆馆史资料汇编（二）（1949—1966）.北京：北京图书馆出版社，1997：686-687.

[5] 北京图书馆.批判修正主义书目（铅印本）[M].北京：北京图书馆，1958：199.

[6] 北京图书馆参考组.馆藏西文拉丁美洲书目（油印本）[M].北京：北京图书馆，1958.

[7] 北京图书馆1962年工作总结（档004/1-2）[M]// 北京图书馆馆史资料汇编（二）（1949—1966）.北京：北京图书馆出版社，1997：739-740.

文书目（1963）等。①

此外，这一时期举办了大量重要历史人物或事件周年展、社会主义阵营各国革命斗争取得的成就或纪念日书刊展等，并由此产生了大量咨询成果——编制该主题的各类书目，供读者和研究人员利用。如1955年与中国土木工程学会联合举办纪念我国杰出的铁路工程师詹天佑逝世35周年展览会，编制《詹天佑逝世三十五周年纪念展览书目》（1955）②；1961年6月北京图书馆举办"馆藏外文冶金工业书刊展览"，展出书刊为1957年至1961年6月入藏馆藏，并编制《北京图书馆馆藏外文冶金工业书刊展览目录》③；1965年9月中国外文书店和北京图书馆联合举办"越南民主共和国书刊展览"④，配合该展览编制了《中越友谊资料选目》《越南文艺作品中译本选目》《庆祝越南民主共和国建国二十周年馆藏书刊资料选目》《庆祝越南劳动党建党三十五周年馆藏书刊资料选目》《庆祝胡志明主席七十五寿辰本馆馆藏书刊资料选目》等书目资料。⑤

与此同时，该时期所有涉外咨询也都归口于参考工作部门负责解答，来函委托者主要是来自苏联、民主德国、越南、朝鲜、罗马尼亚和阿尔巴尼亚等社会主义国家阵营的使馆、研究机构或个人。⑥

第四节　参考工作管理

一、研究室的管理

参考工作管理是参考工作有序发展的重要保证。1949—1965年北京图书馆

---

① 北京图书馆1963年工作总结（档004/1-2）[M]//北京图书馆馆史资料汇编（二）（1949—1966）.北京：北京图书馆出版社，1997：774.
② 书目12016[A]//国家图书馆立法决策服务部.国家图书馆参考书目档案.2018.
　注：整理登记时间为1957年，书目首页标注57006。
③ 北京图书馆.北京图书馆馆藏外文冶金工业书刊展览目录（油印本）[M].北京：北京图书馆，1961.
④ 新华社.越南书刊展览在北京图书馆展出[N].人民日报，1965-09-05（4）.
⑤ 书目5001-5005[A]//国家图书馆立法决策服务部.国家图书馆参考书目档案.2018.
⑥ GZ00004.1961年—1962年涉外咨询统计[A]//国家图书馆立法决策服务部.国家图书馆参考工作档案汇编（1960—1997）.2018.

时期的参考工作管理,是在国立北平图书馆时期已有管理制度基础上,结合新形势下图书馆事业发展需要,加以修订和更新。目前所见该时期有关参考工作的管理制度,主要集中在对研究室的规范。如《国立北平图书馆研究室规则》(1949)、《北京图书馆研究室暂行规则》(1958)和《北京图书馆研究室简则》(1961)。显然这是自1934年《国立北平图书馆研究室暂行规则》[1]重订以来,对专事参考咨询服务的研究室进行管理的制度性延续。在1934年《国立北平图书馆研究室暂行规则》中,服务对象仅限于"至本馆研究室作高深研究者",其余主要侧重于到馆阅览程序方面的规定。1949年后,对设立研究室的职能定位则调整为"本馆为便利政府人员与学术机关之特别参考,设立研究室"[2](1949),其后,有关设立研究室的职能进一步表述为"为了配合祖国经济建设及科学研究"[3](1958)和"配合科学研究和经济建设的需要"[4](1961)。从关于研究室管理的规章制度看,核心变化在于服务宗旨的调整,至于涉及研究者在研究室的具体阅读研究、具体工作环节的管理,基本上保留了原有方式。

二、《北京图书馆科学顾问委员会组织及办法》

1954年,文化部将北京图书馆的办馆方针明确为"为经济建设服务,为科研工作服务"。为切实落实这一办馆方针,提高参考咨询服务对专业化问题的解答质量,北京图书馆于1955年出台了《北京图书馆科学顾问委员会组织及办法》(简称《办法》),并于1956年5月25日正式成立科学顾问委员会,聘请相关专家和教授,负责解答读者提出的专门性问题。[5]

该《办法》总计七条,具体包括设立顾问委员会的目的、聘任顾问委员

---

[1] 国家图书馆档案,1929-※025-阅览-003031,003032,003033.
[2] 1949年5月国立北平图书馆研究室规则[M]//北京图书馆馆史资料汇编(二)(1949—1966).北京:北京图书馆出版社,1997:1257.
[3] 1958年北京图书馆研究室暂行规则[M]//北京图书馆馆史资料汇编(二)(1949—1966).北京:北京图书馆出版社,1997:589.
[4] 国家图书馆档案,档案号:1961-&052-007-6-1-004001至004006.
[5] 李致忠.中国国家图书馆百年纪事(1909—2009)[M].北京:国家图书馆出版社,2009:53.

的流程、顾问委员的职责、顾问委员的待遇和履职保障、顾问解答专门问题的流程等。其中，第三条对顾问委员会顾问职责规定为"本委员会所聘各顾问负责解答我馆读者所提出的专门性问题，并在可能范围内协助我馆某些有关科学研究的工作"。有关具体的解答专门性问题的流程，在第五条则规定为"我馆在收到读者的专门性问题后，即分别用电话联系或转寄各顾问。转寄的问题，希于两周内寄回答案。问题不易在两周内答复，或无法答复者，请预先通知我馆，以便转告读者"[①]。

《办法》的制定和实施，是该时期北京图书馆为提升参考咨询服务专业化水平而在业务管理方面做出的一种制度性规定。主要以"解答读者所提出的专门性问题"为宗旨，《办法》还进一步规定："如有必要，得由我馆邀请全体顾问集会报告和讨论工作，交流经验，或征求对我馆科学研究工作问题的意见。"[②]可见，顾问委员会对北京图书馆科学研究工作的管理，又具有决策咨询的作用。

三、参考工作业务统计与咨询档案管理

参考工作业务统计是参考工作管理的重要内容。该时期参考工作管理主要体现在北京图书馆和参考工作机构的馆级与部门级两个层面的管理。

1. 馆级有关参考工作业务统计的管理

1958年7月，北京图书馆制订《北京图书馆暂行统计规则草案》，其中明确采访部、编目部、阅览部和参考部的统计工作职责，在参考部具体规定相关参考部业务统计工作是由参考研究组和目录组承担。[③]这是馆方对有关参考工作统计工作的制度规定。从目前我们所见北京图书馆1949—1965年年度工作总结中，除1964年外，有关参考工作的数据从1956年开始设立"解答咨询""阅

---

① 北京图书馆科学顾问委员会组织及办法（档007/6-1）[M]// 北京图书馆馆史资料汇编（二）（1949—1966）.北京：北京图书馆出版社，1997：176.
② 北京图书馆科学顾问委员会组织及办法（档007/6-1）[M]// 北京图书馆馆史资料汇编（二）（1949—1966）.北京：北京图书馆出版社，1997：176.
③ 国家图书馆档案，1958年北京图书馆规章制度汇编，1958-&044-007-1-2-001065至001067.

览辅导次数""编印参考书目""专题图书展览"等栏目分类汇总统计,①有些年度的统计项还增加了"计划数""完成数""完成百分比"等指标量化和分析性的划分。如在1956年的统计汇总中,②各统计项目均包括1956年和1955年两年的统计数值,同时还将1956年的同一项目的统计分为"计划数"和"完成数"。如"解答咨询"项1955年为1716件,1956年为1800件;1956年的"计划数"是2000件,而实际"完成数"为1800件。如此设置,既可以看到"解答咨询"数量1956年环比1955年的增长情况,同时也可以分析1956年"解答咨询"工作任务完成的实际程度。到1958年,则明确将当年完成计划的百分比一并列出。如1958年计划"解答读者咨询问题"是2000件,实际完成1647件,完成1958年计划的82.3%。"编制参考书目"则为完成计划的282.7%。③

另外,有关咨询问题的分类,既有按照"学科"和"服务对象"并行汇总总结,如1950年总结中即将"一般学术性及资料性"的解答咨询分为"经济建设""史地""国际外交""文教",以及"政府机关团体"五类。也有按照"经济建设"和"科学研究"进行划分,到1961年以后,在各年汇总统计信息中基本上采取"社会科学问题""自然科学问题"作为统计解答咨询分类标准。

除上述规定,北京图书馆还在《来馆接洽公务暂行办法》(1958)中要求,"参考问题、搜集资料由参考研究组主办";"凡阅览解放前一般期刊、日报或搜集其中资料者,由阅览组或参考研究组组长批准"④,对参考研究组的工作责任,以及组长的审批责任都作出了明确的规定。

2. 参考部内部业务管理

参考部有关参考工作业务管理的制度规定,在相关资料中查检到1962年底

---

① 在国家图书馆馆史档案中,未见1957年的工作总结。作者注。
② 北京图书馆1956年工作总结(档004/1-1)[M]// 北京图书馆馆史资料汇编(二)(1949—1966). 北京:北京图书馆出版社,1997:671.
③ 北京图书馆1958年工作总结(档004/1-1)[M]// 北京图书馆馆史资料汇编(二)(1949—1966). 北京:北京图书馆出版社,1997:691-694.
④ 国家图书馆档案,1958年北京图书馆规章制度汇编,1958-&044-007-1-2-001072.

图36　杨殿珣
（1910—1997）

杨殿珣①（图36）②调任参考部主任后，"拟定了《参考部工作条例》，编写了《参考部历年工作一览》"的介绍，③却未见到在现有存档档案中有相关内容的记录。但是从现存的参考工作档案显示，这一时期参考研究部业务工作管理包括咨询问题登记、咨询工作量统计，以及咨询结果的存档等方面。如五十至六十年代的《北京图书馆读者咨询卡片》（1959）（图37）、《北京图书馆咨询登记卡》（1963）（图38）、《北京图书馆图书外借代查资料卡》（1961）、《参考咨询统计月报表》④（1963）（图39）和《咨询问题登记表》⑤（1964）（图40）等。

---

① 杨殿珣（1910—1997），河北无极人。1931年12月至1984年10月在北京图书馆工作，先后从事中文采访、参考咨询等工作，目录学专家。1950年11月至1962年11月，任采访部副主任，1962年11月至1965年，任参考书目部主任。著有《宋代金石书目考》《宋代金石佚书目》（1936）、《石刻题跋索引》（1941）、《石经论著目录》《中国家谱通论》（1943）、《中国年谱概说》（1979）、《中国历代年谱总录》（1980）、《〈中国历代年谱总录〉续录》（1982）等。
资料来源：杨殿珣同志[J].北京图书馆参考工作（第四辑），1984（4）：87-89.
② 国家图书馆立法决策服务部.书海津梁：国家图书馆立法决策服务（内部）[M].北京：国家图书馆出版社，2011.
③ 杨殿珣同志[J].北京图书馆参考工作（第四辑），1984（4）：87-89.
④ GZ00011/GZ00012.1963年社会科学参考组咨询统计表[A]//国家图书馆立法决策服务部.国家图书馆参考工作档案汇编（1960—1997）.2018.
⑤ GZ00017-1/GZ00017-53.1964年社会科学参考组咨询问题登记表[A]//国家图书馆立法决策服务部.国家图书馆参考工作档案汇编（1960—1997）.2018.

第五章　转型与复兴时期的参考工作（1949—1965）

图37　北京图书馆读者咨询卡片
（1959）

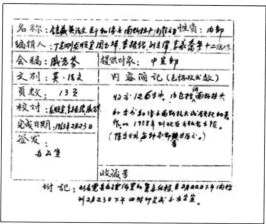

图38　北京图书馆咨询登记卡
（1963）

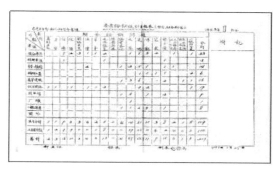

图39　1963年社会科学参考组咨询统计表（参考咨询统计月报表）

1963年的"参考咨询统计月报表"（图39）显示，该时期咨询统计是按照服务对象和解答咨询问题所属学科类别进行分类统计的。服务对象划分采取多标准组合式，如机构性服务对象有保证单位[①]、科研单位、高等院校、机关团体、图书馆、厂矿；个体服务对象又划分为科研人员、一般读者；"国外

---

① 保证单位，系指"党政军"领导单位。作者注。

读者也单列为一类。解答咨询问题按照马列主义、哲学、经济、政治、国际关系、法律、军事、文化教育、医药卫生、语言文字、文学、史地、传记、艺术、图书学、工业经济工业史、农业经济农业史和一般科学史等十八类。

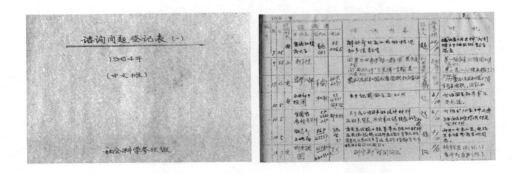

图40　1964年社会科学参考组咨询问题登记表

1964年的"咨询问题登记表"①（图40）显示了每单咨询的具体情况记录。登记表按照接受咨询时间（月、日）排序，分别设置咨询形式（包括电话、函件等）、咨询者（包括单位名、经问人、电话等）、咨询内容、经办人、答复日期和附记等栏目。"参考咨询统计月报表"是"咨询问题登记表"以月为单位的汇总，而"咨询问题登记表"则是月报表所包含咨询情况的具体展现。两者结合既可以了解每个月的咨询情况，又可以对咨询问题的委托单位、各类咨询问题分布情况等全面掌握，便于人力的安排和调配。

---

① 　GZ00017.咨询登记表（一）1964年（中文摊）[A]// 国家图书馆立法决策服务部.国家图书馆参考工作档案汇编（1960—1997）.2018.

第六章　中断与恢复时期的参考工作
（1966—1976）

十年"文化大革命"（简称"文革"），给党和国家乃至中华民族造成了深重的灾难，也使中国图书馆事业经历了巨大波折。北京图书馆先行闭馆，后又逐渐恢复，重新开馆。①参考工作与北京图书馆共命运，"十年浩劫，参考部在图书馆成为重点批判对象，成了砸烂单位，组被解散了，人员先是去修补报纸，后来纷纷下干校改造。和其它战线一样，图书馆经历了一番沧桑"②。

第一节　参考咨询业务机构的取消与恢复

"文革"之初，北京图书馆的行政管理几经更迭，曾经出现全馆"完全处于无政府状态，无人负责"③的情况。到1967年12月18日，除柏林寺和报库部分开馆外，北京图书馆闭馆参加运动。④

一、机构取消、参考馆员被下放

1968年1月，在军管会领导下，北京图书馆成立办事组，撤销包括参考部

---

① 李致忠.中国国家图书馆馆史（1909—2009）[M].北京：国家图书馆出版社，2009：226.
② 戚志芬.参考工作和参考工具书[M].北京：书目文献出版社，1988：11.
③ 国家图书馆档案，011 6卷／本馆开展各项政治运动文件 1965—1976.转引自：李致忠.中国国家图书馆馆史（1909—2009）[M].北京：国家图书馆出版社，2009：573.
④ 李致忠.中国国家图书馆百年纪事（1909—2009）[M].北京：国家图书馆出版社，2009：70.

在内的原有部处科组机构,全馆分为四个连。①随后,北京图书馆职工开始分批下放湖北咸宁"五七"干校劳动锻炼,第一批下放时间为1969年9月,第二批为1970年5月17日,总计下放人员为260名。其中,第二批下放咸宁"五七"干校的参考部人员有:戚志芬、张秀民、丁克刚、张玄浩、王玉林、梁思睿、周迅、杜心士、刘婉茹、韩伟、贾方才、焦树安、邢淑贤、关振泽等。②下放"五七"干校的参考部员工中,既有携妻带女全家下放,也有夫妻同道共同劳动锻炼(图41)③,经过两年多的农村劳动,到1972年5月,下放人员开始分批陆续回馆工作。戚志芬因为郭沫若先生查找文献工作的需要首批回馆。

图41　参考馆员下放"五七"干校

参考部被解散后,多年苦心积累的资料、各类的工具书几乎全部散失。④参考馆员下放农村劳动改造,参考工作遭受严重冲击,近乎完全中断。

二、《关于北京图书馆主要服务对象的请示报告》和机构建制的恢复

1971年5月3日,北京图书馆恢复开馆;1972年2月5日,开始逐步恢复"文

---

① 李致忠.中国国家图书馆百年纪事(1909—2009)[M].北京:国家图书馆出版社,2009:70.
② 根据2021年4月4日原参考研究部社科参考组副研究馆员邢淑贤回忆(访谈人:卢海燕;访谈方式:电话采访;访谈记录返回访谈人确认)。作者注。
③ 图片由邢淑贤提供。
④ 焦树安.参考工作的回忆与断想:纪念建国三十五周年[J].国家图书馆学刊,1984(3):1-3.

革"前行政体制,业务部门设采编部、阅览部、善本部和报刊部。①有关参考工作组织机构的情况,在1972年北京图书馆编印的专供对外宣传使用的《北京图书馆简介》中描述为"北京图书馆的组织机构是在正副馆长下,设办公室、政工组、总务科等行政组织;另设统一编目部、采编部、阅览部、报刊部、特藏部、国际交换组、参考组等业务机构,全馆现有工作人员500余人"。另据戚志芬《参考工作与参考工具书》中记载,"1972年8月以后,参考部的两组才先后逐渐恢复"②。显然,在1972年的组织建制中,已经有了参考工作的机构建制,但还没有恢复到"文革"前的与采编部、阅览部等部门同等业务级次的参考工作机构建制。

参考部恢复部处建制是在1973年5月13日,国家文物事业管理局向北图转发经国务院办公室同意的《关于北京图书馆主要服务对象的请示报告》(简称《报告》)和《简报北京图书馆的任务与服务对象上存在的主要问题》③(简称《问题》)之后。《问题》将北京图书馆自"文革"以来在业务工作领域存在的问题列述为图书采购减少,编目积压,参考工作停顿,以及办馆方针、服务对象不明确等四个问题。其中针对参考工作停顿的问题,《问题》概述道:"参考咨询部是该馆为中央领导部门和科研、生产单位服务的一个重要部门,理应加强,但却一度把它撤销了,以致在钓鱼岛问题发生后,中央有关部门急令查找这方面的资料,该馆却迟迟提供不出。④中美谈判期间,外交部多次要求提供有关资料,几乎每次都不能完成交代的

---

① 北京图书馆业务研究委员会.北京图书馆大事记(1909—1992)(内部编印)[M].北京:北京图书馆,1992:68.
② 戚志芬.参考工作与参考工具书[M].北京:书目文献出版社,1988:11.
③ 李致忠.中国国家图书馆馆史资料长编(1909—2008)[M].北京:国家图书馆出版社,2009:581-583.
④ 2014年,国家图书馆设立"国家图书馆立法决策服务工作史资料征集、整理与研究(1949—2014)"项目。在该研究档案整理中,发现一份有关钓鱼岛专题的咨询档案。该档案记载,1972年5月"北京图书馆革命委员会"为"国务院图博口领导小组"(1970年5月成立,是"文革"早期设立的领导图书馆、博物馆和文物工作的专门管理机构,1973年2月14日撤销)编制了《关于钓鱼岛等岛屿是我国领土的资料》(之一),同年8月又编制《关于钓鱼岛等岛屿是我国领土的资料》(之二,附"盛宣怀诏书"质疑),其后又陆续整理了几份参考资料。这份资料均是从北京图书馆所藏(转下页)

任务。担任参考咨询工作,必须具有一定的专业知识,领导上曾为此分配来一些有关专业的大学生,但该馆对他们的使用有些不够合理,如让一个学数学力学的同志去看马列主义阅览室;让一个农学院毕业生在办公室做行政事务工作;让一个学古典文献专业的大学毕业生在政工组,不能发挥他们的专长。"简而言之,这个时期的参考工作存在两大问题,其一是机构取消,影响了为国家外交国防的文献咨询服务;其二是人才使用不当,用非所学。而更为关键的问题是"把为科研服务作为修正主义的办馆方向来批判,否认各不同类型图书馆在服务对象上必要的分工,对为党政军领导机关和科研服务与为工农兵服务的一致性认识不清,弄得是非界限不清,领导和群众都观念模糊,顾虑重重,不敢再抓为中央领导机关和科研单位服务工作,片面地提出'为直接从事阶级斗争、生产斗争和科学实验的工农兵服务'"。针对上述问题,《报告》首先明确,"宣传马克思主义、列宁主义、毛泽东思想,为三大革命运动服务"是各类型图书馆的总任务,北京图书馆在具体执行时"应以党、政、军领导机关,科研部门,重点生产建设单位为主要服务对象,同时适当地开展一般读者的阅览工作"。对于参考工作存在的问题,《报告》指出:"恢复该馆的参考咨询部门,充实适当数量有业务专长的干部,加强解答关于书刊资料咨询问题。要密切和有关部门、单位的联系。加强调查研究,及时了解科学技术的新发展,有计划有目的地积累资料,主动地向有关部门、单位及时提供书刊、目录、资料等。"正是在国务院的推动下,北京图书馆在"文革"后半期,重新明确了办馆方针和服务对象,各项业务工作开始逐步恢复。1973

(接上页)古籍、善本、舆图等资料中挖掘出的钓鱼岛相关记述。这份钓鱼岛资料的整理编辑者是善本部的研究馆员,该资料1973年3月由善本部转交给参考组。从1972年5月到1973年3月这个时期,正是参考部由撤销到恢复的阶段,故先期由善本部承担,至参考部恢复才转交至参考部。《问题》中所述"迟迟提供不出"也是因为参考部的机构建制被解散的缘故,而善本部又非专职咨询业务部门。作者注。

年参考研究部的机构建制正式恢复，许觉民①（图42）②为主任。参考部下设社会科学参考组与科学技术参考组，科学技术参考组下辖的科技文摘索引阅览室重新开放接待读者。

1975年邓小平复出主持中央常务工作，在各条战线进行整顿，北京图书馆遂进一步整顿调整。7月5日，北京图书馆临时党委决定原阅览部和参考部合并成立阅览参考部。此次调整后的机构包括社科参考组、科技参考组、宣传组、文献研究室、阅览组、外借组、书库组、照相组和柏林寺组。其中文献研究室是专为面向中央服务而设立。可见，1973年以后，北京图书馆参考工作专职机构的服务职能逐渐得到强化，不仅完全恢复了"文革"前的社科参考组和科技参考组，还在文献研究方面有了新的突破。通过专门设立研究室，为提高参考咨询服务的文献研究能力奠定了良好基础。

图42　许觉民（1921—2006）

第二节　"文革"后期的参考工作

一、参考咨询的恢复

十年"文革"时期的北京图书馆参考工作，以1973年恢复参考研究部建

---

① 许觉民（1921—2006），江苏苏州人，文学评论家。1949年前在生活书店工作，1949年以后历任三联书店副经理，人民文学出版社副社长兼副总编辑，北京图书馆参考部主任，中国社会科学院文学研究所所长等职。《文学评论》主编。1969年至1973年6月在文化部"五七"干校。1973年4月至1978年4月任北京图书馆研究员、参考部主任。2006年11月13日在北京协和医院逝世，享年85岁。著有文学评论集《人生的道路》（1982）、《洁泯文学评论选》（1983）、《风雨故旧录》（2002）、《晨昏断想录》（2006）、《雨天的谈话》（2007）、《中国现代文论》（2010）等。
资料来源：许觉民.风雨故旧录[M].上海：上海教育出版社，2002：内封.
洁泯.晨昏断想录[M].北京：三联书店，2006：内封.
许觉民.雨天的谈话[M].长沙：湖南教育出版社，2007：内封.
② 许觉民.风雨故旧录[M].上海：上海教育出版社，2002：内封.

制为界，可分为前后两个时期。从1966年至1972年的七年时间，参考工作与北京图书馆的其他工作一样，受到重创，"参考部在图书馆成为重点批判对象，成了砸烂单位"。从1973年开始至1976年粉碎"四人帮"宣告十年"文革"结束，参考工作逐渐得到恢复，参考部恢复建制当年，咨询总量即达788件，1974年和1975年参考工作发展更为迅速，咨询量大幅度上升，分别为1767件和1474件（表16）。

表16 北京图书馆参考研究部业务统计表（1973—1975）①

年	合计	参考咨询/件								参考书目/种	科技文摘索引阅览室/人次
		咨询内容		咨询方式		咨询对象					
		社科	自科	书面	口头	党政机关	科研生产单位	其他单位	外国		
1973	788	329	459	-	-	99	447	233	9	33	6568
	百分比	41.75%	58.25%	-	-	12.56%	56.73%	29.57%	1.14%		
1974	1767	906	861	211	1556	327	1289	146	5	10	6834
	百分比	51.27%	48.73%	11.94%	88.06%	18.51%	72.95%	8.26%	0.28%		
1975	1474	685	789	192	1282	379	938	148	9	19	6990
	百分比	46.47%	53.53%	13.03%	86.97%	25.71%	63.64%	10.04%	0.61%		

① ①本汇总表系作者根据国家图书馆立法决策服务部整理的《国家图书馆参考工作档案汇编》（1960—1997）（2018）中的《1973年参考部工作报表》《1974年参考部工作统计》和《1975年参考部工作统计表》整理而成，原统计表中存在的个别数据错误和遗漏等问题，均经作者考证后予以更正和补充。在此不再一一注明。因1976年参考研究部相关"自科"咨询的统计数据原缺，为便于同比分析，本表只汇总1973—1975三年统计数据。
②在1973—1975年的北京图书馆参考研究部的统计报表中，有关统计分类的表述略有差异，如按内容分类即有"哲学社会科学"和"自然科学"（1973），"社科"和"自科"（1974）；按用户类型分类有"党政机关""科研及生产单位""一般单位""科学工作者""外国"（1973），"党政机关""科研单位""生产单位""其他单位""外国"（1974），"党政机关""科研单位""一般单位""科学工作者""外国"（1975）等。为便于统计分析，咨询内容分类统一表述为"社科"和"自科"；用户类型分类统一表述为"党政机关""科研生产单位""其他单位"和"外国"四项。其中1973年的"科研及生产单位"和"科学工作者"合并表述为"科研生产单位"，1974年的"科研单位""生产单位"合并表述为"科研生产单位"，"一般单位"统一表述为"其他单位"，1975年的"科研单位"和"科学工作者"合并表述为"科研生产单位"。

相比之下，1974年的咨询总量比1973年增长124%，1975年比1973年增长87%，咨询总量基本上恢复到"文革"前的水平。另外，从咨询内容看，除了1974年"社科"咨询量略高于"自科"，1973年和1975年的咨询量，"自科"大大高于"社科"；从咨询方式看，口头咨询是解答读者咨询的主要方式；从咨询对象来看，党政机关占全年咨询总量的百分比持续增高，到1975年已达全年咨询总量的25.71%，科研生产单位占比最高的是1974年，达全年咨询总量的73%。科技文摘索引阅览室的阅览人次，三年平均达到6797人次，这种情况与科研生产单位委托的咨询数量始终是参考部年咨询总量的最大占比的情况相一致。

二、参考工作的特点

虽然从参考部恢复建制到十年"文革"结束只有四年的时间，但无论是在业务恢复速度方面，还是在北京图书馆服务职能发挥方面，参考工作都具有突出的表现。

首先，该时期参考咨询服务依旧以信函咨询和口头咨询（含电话咨询）为主，其中口头咨询占绝对多数（见表16）。这说明在以实体图书馆为主要服务阵地的时代，图书馆主要用户群体为到馆读者，而读者在阅览过程中遇到问题，也多以现场咨询方式得到辅导解决。从总体上看，无论信函咨询还是口头咨询，所涉咨询内容集中体现在如下几类：

1. 革命领袖语录和经典著作名篇名诗的出处。如1973年的咨询档案记录中，查革命领袖语录的有"全世界无产者和被压迫民族联合起来"的出处，查经典名句的有"水至清则无鱼""人至察则无徒"的出处等等。这类咨询在1973—1976年之间的咨询记录中数量比较多，可谓是一个代表类型。

2. 各类型电影拍摄所需文献资料。这一类型的咨询委托方基本集中在长春电影制片厂、北京电影制片厂、八一电影制片厂、上海电影制片厂、科技电影制片厂等当时国内几大电影制片机构。如《车轮滚滚》（长影，1973）[①]、

[①] GZ00025.1973年参考部咨询登记表[A]// 国家图书馆立法决策服务部. 国家图书馆参考工作档案汇编（1960—1997）.2018.

《海岛女民兵》（北影，1974）[①]、《南海诸岛》（八一电影，1975）、《熊迹》（长影，1975）[②]、《井冈山》（上影，1976）、《长征》（北影，1976）、《宇宙》（科影，1976）[③]等。这类咨询查询内容通常包括影片主题所涉时代背景、风土人情、语言服饰、自然景观、武器装备等，文献形式涵盖文字说明、舆图、服装、武器式样、人物风景照片等等。

  3. 以重大政治运动和历史事件为导向的文献咨询。这类咨询在"文革"时期的北京图书馆参考咨询服务中成为最具时代标志的"历史特征"。如在1974年的"批林批孔""评法批儒"运动中，有关咨询达493件，占据当年全部（口头/电话）咨询总量的62.88%。内容涉及孔子及其儒家思想代表人物，韩非子等法家思想代表人物的简历、图像、著述、思想影响研究等文献史料，我们从表17中的代表性咨询可见一斑。再如1976年，唐山大地震等重大自然灾害，毛泽东主席逝世、粉碎"四人帮"等历史事件的发生，亦在当年的咨询中得到集中体现。

---

① GZ00036.1974年参考部咨询登记表（1974.7—1974.9）[A]// 国家图书馆立法决策服务部. 国家图书馆参考工作档案汇编（1960—1997）.2018.

② GZ00058.1975年参考部咨询登记表（1975.1—1975.12）[A]// 国家图书馆立法决策服务部. 国家图书馆参考工作档案汇编（1960—1997）.2018.

③ GZ000105.1976年1月—12月咨询登记表[A]// 国家图书馆立法决策服务部. 国家图书馆参考工作档案汇编（1960—1997）.2018.

表17　1974年北京图书馆有关"批林批孔""评法批儒"部分代表性咨询览目①

时间	题目
1月	孔子死的阳历月日
2月	关于印度反动派甘地、尼赫鲁、拉达、费西南、克迪亚等人尊孔材料
	查《三国演义》《论语》《中庸》《孟子》《大学》《史记》《易经》等书的英俄文译本
3月	有关评论《水浒》的文章
	查王安石"有阴有阳，新故相除者，天也；有处有辩，新故相除者，人也"的解释
	查阅"五四"以来反动派地主资产阶级尊孔复古的人物资料
4月	查一段攻击秦始皇的话出处："至于秦始皇的这个罪恶最为两千年来中国人民所早已深恶痛绝的，任何偏袒的历史家，都无法抹去他这个大罪恶。"
	学习毛主席三篇光辉文献的介绍文章；辅导《哥达纲领批判》的材料；鲁迅批孔言论摘抄；《辨奸论》有关文章
5月	学习关于批林批孔儒法之争的资料
	西文关于儒家和法家的评论书籍
6月	秦始皇对法家的称赞；秦始皇对关于郡县制的论战；黄巢起义的口号、主张；黄巾起义的口号、主张；汉高帝、元帝、清咸丰尊孔言论
	章太炎重新改编的《三字经》本？南宋农民起义领袖资料？王应麟的著作？邓子诚的《中华两千年史》
	有关柳下跖、荀子、王充、韩非子、商鞅、桑弘羊、曹操、刘知几、柳宗元、王安石、王夫之、章太炎、李贽等人的言论注释

① 该表系作者根据北京图书馆参考部1974年《咨询登记表》的相关内容遴选整理而成。具体参见：GZ00035.咨询登记表（1974.1—6）[A]// 国家图书馆立法决策服务部 . 国家图书馆参考工作档案汇编（1960—1997）.2018；GZ00036.咨询登记表（1974.7—1974.9）[A]// 国家图书馆立法决策服务部 . 国家图书馆参考工作档案汇编（1960—1997）.2018；GZ00037.1974年10月—12月咨询登记表[A]// 国家图书馆立法决策服务部 . 国家图书馆参考工作档案汇编（1960—1997）.2018.

（续表）

时间	题目
7月	郭沫若《我怎样写武则天》的文章发表何处？
	查四字女经，以及作者、历史背景
	有关春秋战国时期劳动人民反孔斗争资料
	有关儒法两条路线斗争在军事上的具体表现
	有关太平天国资料（义和团的形成）
	查二十四孝图及内容；查荀子等思想家图像
	马恩关于批天命论及上层建筑方面论述语录
	有关对董仲舒的批注资料；韩非子、王充的主要著作
	《弟子规》《名贤集》《三字经》的历史背景和注释；儒法家人物传记
	历代儒法两家在经济战线上的论战资料
	历代儒家如何阻止商业、手工业、科学技术的发展、发明（最好是印刷术、印刷工业的）；历代法家如何支持科学技术的进步？毕昇、蔡伦、王桢等人的生平事迹；宋元明清以来我国封建社会发展缓慢的原因——孔孟儒学起了什么阻碍作用？
	儒法斗争推动钢铁工业发展方面的历史资料，儒法代表人物是如何论述的？
	古代航空科学发展资料，儒法两家代表人物有关这方面的论述
	研究法家路线对我国古代水利科学发展的影响和推动的有关资料
	有关春秋和两汉时候的军事路线斗争的资料
8月	女千字文和《闺训千字文》是否一回事？出版时代？
	印刷史上儒法两条路线斗争
	有关明朝儒法斗争历史资料
	儒法斗争对我国冶铸业发展的影响
	儒法斗争对我国化工发展的影响
	查阅有关五四运动以来的反孔斗争资料
	查朱柏庐《治家格言》注释本、《列女传》《古文观止》《弟子规》注释及历史背景
	先秦时期有关儒法两家在经济、特别是商业方面之斗争？
	有关刘知几的生平事迹；有关武则天的资料
	有关儒法军事思想等方面的资料
	有关女儿经的资料及历代的妇女进步思想家
	李春造赵州桥的资料及李春的身世
	有关毛主席儒法斗争论述及有关故事资料

第六章　中断与恢复时期的参考工作（1966—1976）　173

（续表）

时间	题目
9月	有关秦王朝开展军事斗争中儒法两家军事思想和军事路线方面的资料
	宣扬孔孟之道的美术作品及研究资料
	有关荀子《疆国篇》的时代背景
	有关新老沙皇侵华及尊孔言论和资料
	有关元朝"红巾军"起义方面资料
10月	有关机会主义头子尊孔言论；历代劳动人民反孔资料等
	儒法两家有关暴力方面的论述
	张居正有关经济思想的资料
	有关《盐铁论》的版本及注释
11月	荀子《修身篇》、苏轼《张方平谏用兵书》、枚乘《七发》出处？有关法家人物论述《人定胜天》及教育方面资料；《武林旧事》有否？
	有关盐铁论注释资料
12月	《王霸篇》的历史背景？
	有关哲学战线上的儒法斗争资料（各朝代均要）
	历史上有关盐业方面的资料及儒法之争对盐业的影响
	有关法家人物对军事装备的论述
	查有关中国近代史戊戌变法等书
	查苏修尊儒反法的有关文章及苏修法律汇编等

其次，编制专题书目索引也是该时期解答读者咨询的重要服务方式。这个时期专题书目索引的编制选题主要受制于"文革"时期"为政治斗争服务"①的需要。如1966年11月，社科参考组编制《活学活用"老三篇"资料目录》②；1966—1967年编制大量"供批判参考使用"的文献资料目录，包括《邓拓、吴晗、廖沫沙著作目录》《翦伯赞著作目录》《周扬著作目录》等；③1974—1975年先后应首钢理论组和《光明日报》等单位的需要，编制《有关〈三字经〉

---

① GZ00052.（参考研究部）（1975）社参组九、十两月工作简报[A]// 国家图书馆立法决策服务部.国家图书馆参考工作档案汇编（1960—1997）.2018.
② 书目6017[A]// 国家图书馆立法决策服务部.国家图书馆参考书目档案.2018.
③ 书目6001-014、书目6016-015、书目7001-005、书目7007-020、书目7022、书目23010[A]// 国家图书馆立法决策服务部.国家图书馆参考书目档案.2018.

〈千字文〉〈神童诗〉〈弟子规〉的作者和历史背景以及〈名贤集〉的部分典故资料》《鲁迅反对尊孔复古言论选辑》《有关批林批孔报刊资料索引（1973.11—1974.1）》①《历代儒法之争资料目录》《历代劳动人民批孔笑话资料》《劳动人民反孔斗争史料简编》②《列宁在十月革命后对巩固无产阶级专政限制资产阶级法权的指导以及有关资料》③；1976年编制"批判'四人帮'"的如《"四人帮"及其写作班子在报刊上发表的文章编目索引》等文献资料目录。④其中有些目录索引还广为发送，以最大限度地发挥作用。如1975年，北京图书馆社科参考组完成《馆藏历代主要法家及进步思想家著作书目》的编制。该书目包括26位主要法家的著作及后人注释评论，总计3060余部，1400多个版本，最终发行范围包括中央、省、市级党政军机关，以及全国各图书馆等。⑤

编制书目的第二类需求是来自于相关专题的全国性会议或文献展览工作。如为配合全国建筑会议的需要编制《国外高层建筑专题资料目录》（1973），为"中国古代科学技术文献展览"撰写简介（1974），为"环境污染与保护书刊资料展览"编制《馆藏环境污染与保护书刊资料展览目录》（1975）等。

也有少部分是根据业务工作需要编制的带有工具书性质的基础书目，这些基础书目的编制，既可以强化参考馆员在基础业务积累方面的功力，也方便为读者提供咨询服务。如 《苏联生物学文摘综合类目表》《外国略语

---

① 书目25045、书目25047-52、书目26004[A]// 国家图书馆立法决策服务部.国家图书馆参考书目档案.2018.
② GZ00032.1974年参考部工作统计[A]// 国家图书馆立法决策服务部.国家图书馆参考工作档案汇编（1960—1997）.2018.
③ GZ00055.1975年参考部工作统计表[A]// 国家图书馆立法决策服务部.国家图书馆参考工作档案汇编（1960—1997）.2018.
④ 书目3006-012[A]// 国家图书馆立法决策服务部.国家图书馆参考书目档案.2018.
⑤ GZ00053.（参考研究部）（1975）十一月份简报[A]// 国家图书馆立法决策服务部.国家图书馆参考工作档案汇编（1960—1997）.2018.

辞典目录》①《微生物冶金专题资料索引》②（1973）；《国家地区目录》（1974）③；《全国总书目》《馆藏美国书目》（包括西文、俄文、日文）④（1975），以及1976年编制的《黄河、扬子江地图目录》《有关汉水资料目录》⑤等。

再次，该时期还为响应中央号召开展相应主题的专项服务，如在1976年北京图书馆回顾总结当年工作时强调，"坚持开门办馆的方向，积极主动为阶级斗争、生产斗争和科学实验三大革命运动服务"，其中"工业学大庆服务组"配合首钢设计我国第一座无料钟高炉的科研项目，提供专利、期刊论文等资料百余篇。"农业学大寨服务组"在举办"农牧水产书刊资料展览"后即着手帮助顺义县木林公社建立公社图书馆，送了400册复本书刊，帮助他们选书、建立制度、整理图书、培训干部。⑥这些服务既是图书馆综合业务的体现，也是具有参考咨询工作性质的延伸服务。

最后，开展读者辅导工作。在这一时期，除上述参考咨询服务工作内容外，还启动了一项重要的服务工作，即读者辅导。这项工作主要由科技文摘索引阅览室承担。

科技文摘索引阅览室是科技参考服务的重要窗口。自1973年1月恢复开放到1976年的三年时间里，到室读者年均6797人次。该室开展的业务辅导工作包括两个层面：一是辅导到馆读者使用科技文摘索引等参考工具书、召开读者座谈会了解读者需求，以提高服务质量；二是开展对北京地区科技信息机构的指导性服务，如1975年科技参考馆员对北京市技术交流站、轻工业情报站适时进

---

① GZ00028.1973年参考工作报表[A]// 国家图书馆立法决策服务部. 国家图书馆参考工作档案汇编（1960—1997）.2018.
② 书目1040[A]// 国家图书馆立法决策服务部. 国家图书馆参考书目档案.2018.
③ GZ00036. 咨询登记表（1974.7—1974.9）[A]// 国家图书馆立法决策服务部. 国家图书馆参考工作档案汇编（1960—1997）.2018.
④ GZ00055.1975年参考部工作统计表[A]// 国家图书馆立法决策服务部. 国家图书馆参考工作档案汇编（1960—1997）.2018.
⑤ GZ000105.1976年1月—12月（共601件）咨询登记表[A]// 国家图书馆立法决策服务部. 国家图书馆参考工作档案汇编（1960—1997）.2018.
⑥ 李致忠. 中国国家图书馆馆史资料长编（1909—2008）[M]. 北京：国家图书馆出版社，2009：604.

行业务辅导,以帮助他们提高科技信息检索能力。

三、参考工作管理

1. 咨询统计

"文革"后期北京图书馆参考工作的快速恢复,还体现在对参考工作的业务管理上。如日常咨询管理方面设有《咨询登记表》(表18)[①]和《参考部工作统计报表》(表19)。[②]《咨询登记表》将所有咨询按照时间顺序编号登记。登记内容包括咨询单位和姓名、证件、电话或地址、咨询内容、复查结果摘记、经办人、复查日,以及"备注"等。《参考部工作统计报表》则将服务机构、咨询性质、委托方式、检索阅览,以及编制书目等内容汇于一表,每月一填,相关负责人签字。这项工作虽然看似简单,但是日复一日、年复一年的积累,完整地反映了参考工作的全貌。

表18　北京图书馆1972年12月咨询登记表

[①] GZ00025.咨询登记表(1972.12—1973.12)[A]// 国家图书馆立法决策服务部.国家图书馆参考工作档案汇编(1960—1997).2018.

[②] GZ00032.1974年参考部工作统计[A]// 国家图书馆立法决策服务部.国家图书馆参考工作档案汇编(1960—1997).2018.

表19　1974年1月参考部工作统计报表

(手写表格影印件)

除了《咨询登记表》和《参考部工作统计报表》外，参考部还编辑每月工作简报，或者以某一专项工作为主题内容编辑工作简报。这些简报具有阶段性工作总结的性质，其内容较之《咨询登记表》和《参考部工作统计报表》要深入细致得多。如1975年《社参组九、十两月工作简报》，[①]将咨询情况分列为"咨询单位统计""咨询内容简析""答复方式""答复时间"和"外地来信咨询情况"等五个单项统计（表20），从五个维度分别进行统计，统计精细化程度得到提高，统计结果也更为完整和多角度地反映了业务工作状况。

---

① GZ00052.（参考研究部）（1975）社参组九、十两月工作简报 [A]// 国家图书馆立法决策服务部.国家图书馆参考工作档案汇编（1960—1997）.2018.

表20 1975年社科参考组九、十两月咨询情况统计[①]

咨询单位统计		中央各部门及其下属机构	军队系统有关单位	文化、宣传出版单位	科研高校	北京市有关单位	外地来京者	其它（包括本馆者）	小计
	次数	30	13	11	8	10	7	11	90
咨询内容简析		专题书目索引	专题图片资料等	评论《水浒》的书目、资料	革命史书目、资料或索引	一般文史资料	一般书目、索引资料等	外事资料等；地矿经济资料	小计
	次数	11	10	16	9	13	4	2；9	90
答复方式		提供有关的书目、资料索引	有关论文、资料	《水浒》书及有关资料	专题书目、资料	一般资料	查无馆藏	查不出是否收藏	小计
	次数	28	6	16	3	12	7	4	90
答复时间		当日答复	一周或一周以上	正在办理者	未办				小计
	次数	63	10	3	3				90
外地来信咨询情况									
①来信部门		政府部门	学校	工厂	个人				小计
	次数	7	3	1	8				21
②办理情况		按要求答复	不做答复	未复	因其它原因未复				小计
	次数	7	2	3	3				21
③咨询内容		要专题书目、资料	《水浒》资料	文史资料	向我馆提意见	征求我馆意见	造船史资料	其它	小计
	次数	7	3	3	2	1	1	1	21

① 为便于阅读，该表作者系根据《社参组九、十两月工作简报》中的相关统计表汇总而成。表内各栏目设置皆遵守原统计表中的文字表述，未做改动。

2. 审批制度

这一时期参考工作管理还体现在承接读者咨询的核查与审批环节。在《咨询登记表》中，设置有"经办人"和"复查日"的栏目，经办人系解答读者咨询的承办人，"复查日"通常是对经办人完成的咨询予以复核。外事咨询业务流程通过馆办交办、参考部承接、咨询完成呈送馆办、馆办答复委托方等环节统一操作。特殊情况的重要咨询，则需要专门请示审批。

3. 学科划分

尽管参考工作到"文革"后期才逐渐恢复，但为发挥参考咨询馆员专业优势、确保读者咨询服务质量，在参考工作管理和咨询分工方面，随着"组内人员逐渐有所增加""先将一部分同志（主要是中文的）日常业务按学科划分"，初步划分为史学、文学、哲学与政治理论、总类、接待等。[①]如朱光暄、史玺传解答有关部委委托的"菲律宾与我明朝何时来往"，杨殿珣解答"伪满时阜新煤田开发资料"等。

此外，根据对现存1973—1976年期间社科参考咨询档案分析发现，涉及外文文献的咨询或是外事咨询，亦注重将参考咨询馆员的学科专业、外语能力和所咨询内容统一起来作为分配咨询课题的考虑要素。如戚志芬精通英语、俄语、德语、西班牙语等多门外语，加之其具有历史学的专业背景，承担了许多国家外交机构委托的重要外事咨询，类如1973年的"公元166年意大利某国王和中国关系资料""拉丁文版尼布楚条约""法国记者法布雷著有关智利的书"等。[②]涉及有关苏联或者是俄文文献的咨询，则主要由掌握俄语的焦树安、马惠平承担，前者具有哲学专业背景，后者则有史学专业背景。这种以参考咨询馆员学科背景为依托开展的参考咨询服务，到90年代后期在国内图书馆参考咨询服务领域逐步演变成为"学科馆员"[③]，并以一种制度性的设计在高校图书馆、专业性图书馆逐渐得以确立。

---

① GZ00049.1975年第四季度社科参考工作计划[A]// 国家图书馆立法决策服务部. 国家图书馆参考工作档案汇编（1960—1997）. 2018.

② GZ00025.咨询登记表（1972.12—1973.12）[A]// 国家图书馆立法决策服务部. 国家图书馆参考工作档案汇编（1960—1997）. 2018.

③ 姜爱蓉. 清华大学图书馆"学科馆员"制度的建立[J]. 图书馆杂志，1999（6）：30-31.

4. 读者反馈

读者反馈是参考咨询服务最重要最直接的质量评价方式。这一时期有很多读者来信涉及对参考服务或参考咨询成果的评价，亦有对所编资料提出商榷意见。这也说明，这一时期图书馆的参考馆员与读者之间的密切联系以及参考馆员所编制的参考资料对读者利用图书馆所发挥的作用。

1974年"批林批孔"运动席卷全国，由这场政治运动进一步发展起来的"评法批儒"活动随之在全国范围广泛开展。以弘扬法家精神、批判儒家思想的政治导向为牵引，各方读者有关儒法两家代表性人物及其著述思想的咨询快速增长。为满足广大读者的需求，参考研究部编辑整理了《历代法家文选》（简称《文选》），并于1975年署名"北京图书馆"正式出版（图43）。[①]《文选》的出版在获得充分肯定的同时，也收到了来自读者的"指正"。如来自"天津市河西区房屋修建工程处"的一位读者，不仅认真研读了《文选》全书，还将《文选》与南开大学出版的《法家文选》[②]相比较，指出《文选》中存在"异体字""段落划分不一致""对有的作者的生平说法不一致""标点差异很大""异文"和"异译"等六个方面的问题，最后还将《文选》和《法家文选》的"异文、异译"做了非常详尽的"对照表"附于信函之后。[③]

[①] 北京图书馆. 历代法家文选 [M]. 北京：文物出版社，1975.
[②] 南开大学法家著作译注组. 法家文选 [M] 天津：天津人民出版社，1974.
[③] GZ00043. 指出《历代法家文选》的几个问题 [A]// 国家图书馆立法决策服务部. 国家图书馆参考工作档案汇编（1960—1997）.2018.

图43　北京图书馆编《历代法家文选》和南开大学法家著作译注组编《法家文选》书影

参考研究部对读者来函提出的"问题"逐一解读并予以认真回复读者提出的译文方面的问题，一方面表示"我们将认真研究、择善而从"，另一方面也说明诸如"断句标点问题，这是当前译注法家著作的一个十分重要的问题。……来信所提《秦献记》一文的断句问题，……我们所据系我馆收藏的章太炎本人的手稿，手稿中有他本人的断句，这恐怕是最可靠的依据了"①。

关注并指出《文选》中存在的问题，进而提出完善修改建议，这既是读者对于参考咨询服务的一种质量监督，同时在互动交流中，也促进了读者对参考工作的认识和了解。

---

① GZ00045．回复董敬伟对《文选》的意见及问题 [A]// 国家图书馆立法决策服务部．国家图书馆参考工作档案汇编（1960—1997）．2018．

第三节 "北图事件"及其影响

"北图事件"①发生于1967年7月中旬至9月上旬,1969年即被定为"北图反革命事件",多名参考咨询馆员受到牵连。②

一、由参考咨询到"北图事件"

1967年7月11日,中央文革领导小组③成员戚本禹通过文艺组成员金敬迈④,向北京图书馆三派群众组织("联合指挥部""联合战斗总部""浪里飞舟")的负责人交办一项咨询任务,即查询"北京图书馆收藏的解放前有关江青的图书杂志",且要求"集中起来上交封存"。

承担该项咨询任务的是北京图书馆参考部社科参考组,7月下旬社科参考组便完成编辑整理的第一批目录,并于月底将相关书刊提出,总计19种23册。这些文献为1936—1937年间上海出版发行的书刊,内容为相关江青饰演的电影、广告、消息、评论,及江青撰写发表的文章。

8月17日,当北京图书馆负责人和文艺组图博口、戏剧口负责人到戚本禹处请示如何处理所提出书刊时,戚本禹矢口否认自己曾经布置过相关任务。9月初,江青等在一些公开场合讲话中,有意散布有人在整她的"黑"材料。10

---

① 从1978年"北图事件"平反到2009年国家图书馆百年馆庆之前,在这三十年的历史发展中,有关"北图事件"发生的历史事实以及相关研究稀见著述文字。2009年,为庆祝国家图书馆建馆100周年,国家图书馆出版的《中国国家图书馆馆史》(1909—2009)和《中国国家图书馆馆史资料长编》(1909—2008),首次披露了"北图事件"发生及至平反的全过程,使我们得以了解"北图事件"的基本面貌,这亦成为作者撰写"文革"时期北京图书馆参考工作发展史的重要史料依据。本节中引用"北图事件"的史料均转引自《馆史》和《长编》,凡有补充新增史料,会另外加以注释。作者注。
② 李致忠.中国国家图书馆馆史(1909—2009)[M].北京:国家图书馆出版社,2009:232.
③ 1966—1969年中共中央设置的领导"文化大革命"的机构。全名为中共中央文化革命领导小组。中国大百科全书数据库[EB/OL].[2023-05-31].http://www.nlc.cn/.
④ 金敬迈(1930年8月17日—2020年3月15日),江苏南京人。小说家。1965年出版成名作长篇小说《欧阳海之歌》。
资料来源:秦亢宗.中华百年文学大辞典[M].杭州:浙江工商大学出版社,2014.

月21日晚，谢富治、吴法宪、戚本禹等人在人民大会堂小会议室接见北京图书馆几个群众组织代表及有关人员，明确"搜集材料就此停止"，同时决定三件事"第一，不准再谈此事；第二，未上交的材料（如目录）统一送到公安部，交谢富治处理；第三，有关30年代的报纸封存，没有中央文革的介绍信，任何人不得查阅"。至1969年清查"五一六"分子起，在北京图书馆搜集有关江青材料的这一工作任务，被定性为"北图反革命事件"，成为"五一六"分子搞的十大反革命事件之一，是在中央挂号的、震动全国的大案件。①

二、"北图事件"的影响

"北图事件"因其性质被定性为反革命事件，其影响首先是在政治上的。北京图书馆参加这项咨询任务的相关人员长期受到精神上的迫害和政治上的审查，有人竟被扣上反革命的罪名遭到了长期的隔离或公开审查，有人因此在政治上背了包袱，精神上更是备受压抑。②其次，在北京图书馆参考工作机构中造成了严重的影响，当时几乎所有同志都认为"参考工作是危险的"，而不愿从事这项工作，在很长时间内不少同志背着包袱，甚至有"谈虎色变"之感。③除此之外，在业务上这种影响直接导致三十年代的报纸被封存，"没有中央文革的介绍信，任何人不得查阅"，当然受限制的还包括"文革"时期被列为"封、资、修"的书刊，长期不能和广大读者见面。

1978年1月7日，《人民日报》刊发《狠批"四人帮"文化专制主义 "文艺黑线专政"论，北京图书馆开放大批中外图书》，④该文指出："我国规模最大、藏书最多、历史悠久的北京图书馆的广大革命同志，最近深入揭批'四人帮'的文化专制主义和'文艺黑线专政'论，揭发'四人帮'为叛徒江青销

---

① 国家图书馆档案，"北图事件"专卷。转引自：李致忠.中国国家图书馆馆史（1909—2009）[M].北京：国家图书馆出版社，2009：233.
② 李致忠.中国国家图书馆馆史（1909—2009）[M].北京：国家图书馆出版社，2009：233.
③ 焦树安.参考工作的回忆与断想：纪念建国三十五周年[J].国家图书馆学刊，1984(3)：1-3.
④ 柏生.狠批"四人帮"文化专制主义 "文艺黑线专政"论，北京图书馆开放大批中外图书[N].人民日报，1978-01-07（1）.

毁三十年代的罪证而制造诬陷革命群众的所谓'北图事件'的罪行，全馆形势大好，被'四人帮'搞乱了的思想界限进一步得到澄清。大批中外图书重见天日，开始供广大读者借阅，受到热烈欢迎。"

1978年12月5日，中共北京图书馆临时委员会在文物局落实政策大会上，宣布为"四人帮"制造"北图事件"的被关连人员的平反决定。指出"在'文化大革命'运动中，江青一伙为了篡党夺权的需要，企图消灭有关他们罪恶历史的人证和物证，制造了许多冤案、假案，甚至不惜无中生有、栽赃陷害、出尔反尔、横加罪名，残酷打击陷害干部。上述所谓反革命'北图事件'完全是'四人帮'制造这类的冤案之一。北图党委决定：对所谓反革命'北图事件'应予全部澄清，对由于这一事件而受到审查的所有同志，应予彻底平反"。至此，北京图书馆与"北图事件"有牵连的人员才得到彻底解放。①

"北图事件"是国家图书馆参考工作发展史上因参考咨询而"获罪"的特例事件，也是"文革"时期参考工作遭受政治运动影响的一个侧面的真实写照。北京图书馆参考馆员所遭受的迫害与压制，成为特殊历史时期给图书馆烙下的时代印记。

---

① 李致忠. 中国国家图书馆馆史（1909—2009）[M]. 北京：国家图书馆出版社，2009：234.

第七章　改革与开放时期的参考工作
（1977—1997）

1977年至1997年是我国结束十年"文革"动荡，由乱而治、进入改革开放的重要时期。从国家层面看，全国科学大会的召开（1978）、关于真理标准问题的大讨论（1978）、党的十一届三中全会（1978）、《关于建国以来党的若干历史问题的决议》（1981）和"一个中心、两个基本点"（1987）的确立，为全面解放思想、集中精力发展经济，创造了前所未有的大好形势。从图书馆事业发展来看，中国图书馆学会正式成立（1979），1980年5月中央书记处工作会议专门听取图书馆工作汇报，决定在文化部设立图书馆事业管理局并将新建北京图书馆馆舍列入国家计划。中央书记处专门听取图书馆工作汇报，对图书馆事业的繁荣与发展起到了巨大的推动作用。[①]伴随着1987年北京图书馆新馆落成并正式投入使用，"北京图书馆跨入了80年代世界先进图书馆的行列"[②]，国家图书馆参考工作的发展亦进入了改革与开放的新时期。

第一节　参考工作改革的历史背景与核心内容

"文革"后期，北京图书馆尽管在机构建制上恢复了参考工作专职机构，但是历经了"文革"极左思想影响，"图书馆的阶级性被提到了吓人的地步，

---

① 李致忠. 中国国家图书馆馆史（1909—2009）[M]. 北京：国家图书馆出版社，2009：263.

② 李致忠. 中国国家图书馆馆史（1909—2009）[M]. 北京：国家图书馆出版社，2009：317.

一些人把一个为广大人民服务的公共场所与军队、警察、法院等国家机器等同起来，视为无产阶级专政的工具，于是图书馆呈现出非常紧张的状态，人人把关、层层设防，还提心吊胆，神经紧张，生怕稍微差错，'炮打''立场'的大棒打来，大祸临头。这种沉重的精神枷锁，至今还使一些同志心有余悸"①。1978年12月，中共北京图书馆临时委员会宣布为"北图事件"平反。同时明确，北京图书馆的工作中心要转移到为社会主义现代化建设服务上来，各项业务工作要纳入积极为中央党政军领导机关、科研部门和重点生产建设单位等主要服务对象的服务轨道上来。思想变革是消除"文革"极左思想影响、发展图书馆事业的重要前提。然而在业务管理体制、人员工作作风等方面，存在"干好干坏一个样，干与不干一个样"，群众的积极性不能充分调动，干部难当。②正是在这样的情况下，北京图书馆于1984年开始全面改革。

一、改革方案的提出

参考工作的改革探索要早于北京图书馆的整体改革步骤。早在1980年7月底8月初，北京图书馆前后召开三次馆长办公会议，听取参考研究部工作汇报，形成《关于加强参考研究部工作的几点意见》（简称《几点意见》），全文如下：③

> 一九八〇年七月三十一日、八月一日、十二日的上午，召开馆长办公会议，听取了参考研究部的工作汇报，对参考研究部的性质、任务以及存在的问题，进行了认真的研究。
>
> 会议指出，参考研究工作是科学研究工作的耳目和尖兵，要充分认识参考研究工作对发展科学文化事业的重要作用。参考研究部是我馆承担参考研究工作的主要业务部门，应该根据中央书记处关于"把北京图书馆搞成一个中心，建设全国性的图书网"的指示精神，把它建设好，成为我国参考研究工作的重要阵地，有效地发挥参考研究工作的作用。参考研究部

---

① 谭祥金. 北京图书馆当前工作中的几个问题[J]. 图书馆学通讯，1979（1）：13-17.
② 胡沙. 北京图书馆的改革与展望[J]. 图书馆学通讯，1985（4）：11-13.
③ 国家图书馆档案，组织机构，027 1，1980年1号。转引自：李致忠. 中国国家图书馆馆史资料长编（1909—2009）[M]. 北京：国家图书馆出版社，2009：785.

的任务是：一、为读者解答咨询查找资料，提供资料线索；二、编制各种书目和索引；三、开展文献研究，掌握文献情报，做好宣传报导；四、编制联合目录。

会议认为，随着科学文化事业的发展，图书资料越来越多，对图书资料的需要和利用也越来越复杂。因此，按专业分科，有利于把参考研究工作做细做深入。参考研究部从现在起，就要做准备，创造条件，适当时候实行按专业划分科组，使参考研究部的体制适应参考工作的发展。

会议认为，为了做好工作，应当逐步建立一支专业比较齐全的、数量充足的、能胜任参考研究工作的干部队伍。参考研究部的干部应由两部分同志组成。一部分是能独立从事参考研究工作的专业干部，条件是懂一门专业（如：马列主义、哲学、政治、经济、历史、文学、科学技术），懂一门外语或古汉语；另一部分是能承担参考研究中的辅助性工作的同志，具备中等文化程度。目前，参考研究部干部的现状还不理想，专业门类不全，干部的数量和质量都觉不足，干部老化现象严重，精通专业的干部缺乏，各组领导干部不健全。对此现状，必须采取积极的态度，予以认真解决。

关于今后五年，即新馆建成以前的一段时间，参考研究部的工作重点是：抓紧整顿改革，健全干部队伍，注意基础工作的建设。具体设想分两步走。第一步在今明两年，暂不作大的发展，主要抓紧配齐领导骨干，制订今后五年发展规划，准备体制调整。同时，注意挖掘潜力，做好日常服务工作，并注重在职干部的业务进修，提高业务水平。第二步是调整体制，明确各组的方针任务，充实和扩大干部队伍，制定规章制度，有计划地开展各项工作。（办公室一九八〇年八月二十九日）

根据《几点意见》我们可以概括出如下要点：

第一，明确了参考研究工作的性质和参考研究部的职能定位，以及参考研究部的四项工作任务。

第二，按专业划分进行组织机构设置是国家科学文化事业发展的需要，也是做细做深参考研究工作的基础。

第三，开展人才培养，形成专辅结合的参考研究工作队伍。

第四，分两步走完成参考研究部的干部配备和体制调整。

图44 田大畏（1931—2013）

据此，参考工作改革的基本思路已经形成。

1982年2月田大畏①（图44）②被任命为参考研究部主任。参考研究部酝酿并提出参考部机构改革方案，同时逐步加大相关业务规范建设和管理力度。③这些渐进式的探索，为1984年参考工作的全面改革奠定了基础。

1984年5月，参考研究部正式提出改革方案，并于同年9月26日经馆长办公会议讨论通过，后以《关于参考研究部近期工作的几点意见》④（简称《意见》）为标题，在《北京图书馆参考工作》（资料汇编）第五辑上刊发。时任参考部代主任曹鹤龙⑤将该方案主要内容概括为三个方面，即其一，"拓宽参考咨询服务的范围""变被动服务为主动服务，建立多渠道、多层次、多样化服务的全方位服务模式"；其二，"引进经营管理机制，建立服务型的经

---

① 田大畏（1931—2013），俄语翻译家。1982年2月—1984年4月，任北京图书馆参考研究部主任；1984年4月—1985年6月，任北京图书馆副馆长。先后出版《契诃夫与艺术剧院》《滨海遥远的过去》《古拉格群岛》《社会主义经济制度的最初模式》《屠格涅夫戏剧集》《中国古典文学在苏联》《莫斯科的伪善者们：契诃夫散文集》《三国演义与民间文学传》《死魂灵》等数十部译著，发表译文多篇。
资料来源：李致忠．中国国家图书馆百年纪事（1909—2009）[M]．北京：国家图书馆出版社，2009：88．
重庆英才中学．田大畏．[EB/OL]．[2023-08-03]．https：//www.cqyc.com/．
② 《古拉格群岛》译者田大畏去世[N]．新京报（数字版），2013-06-22（1）．
③ GZ00175．参考部1982年工作总结[A]//国家图书馆立法决策服务部．国家图书馆参考工作档案汇编（1960—1997）．2018．
④ 参考研究部．关于参考研究部近期工作的几点意见（1984年9月26日馆长办公会批准）[J]．北京图书馆参考工作（第五辑），1985（5）：9-29．
⑤ 曹鹤龙（1939—2021），毕业于中国人民大学国政系工运史专业（1959至1964年），历任参考研究部代主任（1984年5月—1986年2月）、主任（1986年2月—1991年5月）。曾主编《马克思恩格斯著作中译文综录（1899—1980）》《马恩列斯研究资料汇编（1979—1981）》《新民主主义革命时期新文化运动回忆录索引（1977—1989）》《列宁著作在中国（1919—1992）》等。
资料来源：国家图书馆出版社微信公众号2021-04-07．

营管理体制";其三,"为适应社会商品经济环境,开展有偿服务"[①]。这三个方面实际上是分别从服务理念、管理机制和经营模式的角度,对传统参考工作的一次重大和具有突破性的探索。

二、参考工作改革的核心内容

根据《意见》,参考工作改革的核心内容主要包括六个方面:参考研究部的职责;参考研究部机构设置;划分业务层级、确立业务职能;建立业务委员会;干部考核办法;实行考核奖之外的其他奖惩办法等。其中,前两项侧重参考研究部的职责定位、任务目标,以及为履行工作职责、完成任务目标所必需的组织机构保障;第三项侧重岗位职责设定;第四项至第六项,则是侧重业务管理和人员考核及奖惩措施。

1. 参考研究部的职责

参考研究部作为北京图书馆参考工作的责任主体,其职责具体包括:

(1)结合国家各项事业发展的需要,调查研究国内外有科学参考价值的图书资料和外国研究中国的图书资料,向读者报导和介绍。

(2)结合国家各项事业发展的需要,编制书目索引。

(3)组织和管理文献检索室,向读者开放。

(4)为读者提供参考咨询服务。

(5)调查研究国内外图书馆参考工作的理论和方法,促进参考工作的科学化、体系化。

(6)加强干部培训,提高干部的知识水平和业务素质,并根据参考工作的业务需要组织和管理干部。

可以看出,《意见》对于参考研究部职责的规定,实际上贯穿着从参考工作业务到管理的一条逻辑主线。首先,"国家各项事业发展的需要"是参考工作发生的前提,而满足"需要"则要对"图书资料"进行"调查研究",这里尤其强调"外国研究中国的"图书资料[职责(1)]。其次,对于"图书资料"的"调查研究"要通过"编制书目索引""向读者开放"[职责(2)(3)],从而实现"为读者提供咨询服务"[职责(4)]。与此同时,通过调查研究和"干

---

① 曹鹤龙. 我的述职报告 [J]. 北京图书馆参考工作(第十三辑),1989(1):8-13,7.

部培训",实现参考工作管理的"科学化、体系化"[职责(5)(6)]。

2. 参考研究部机构设置

机构设置是参考研究部职责的一种外化组织形式。"文革"结束后,北京图书馆专职参考工作机构曾于1978年9月先行做过调整,即在原社会科学参考组和科学技术参考组基础上,增设书目组(即《民国时期总书目》编辑组)、文献研究室、马列著作研究室,以及联合目录组(代管)。到1984年,伴随北京图书馆全面改革,为切实履行参考研究部的职责,作为参考工作专职机构的"参考研究部"进一步优化了其组织机构形式。(图45)。

如图45[①]所示,1984年参考研究部的机构调整,在1978年内设机构基础上,强化了"专业文献研究"功能,并以此为基础在组织机构上形成学科化分工。其后,虽然根据业务发展需要参考研究部的内设机构分别于1989年和1991年做了调整(图46和图47),但总体思路没有改变。

---

① 1984年组织机构图根据《关于参考研究部近期工作的几点意见》绘制。其中,"全国联合目录编辑组"于1977年8月恢复,1978年9月由参考研究部代管,1980年12月,正式划归参考部,1988年1月,划归报刊资料部。另,有关文献室的设置情况,焦树安先生在《参考工作的回忆与断想:纪念建国三十五周年》(《北图通讯》1984年3期)一文中亦有介绍并被《中国国家图书馆馆史资料长编》(1909—2008)摘要。焦文中说:"……除设有社科文献检索室及科技文献检索室外,还设置各类专业文献室21个,具体如下:社会科学有九个:马克思主义文献室、哲学文献室、政治法律文献室、经济文献室、文学文献室、历史文献室、文教文献室、地区文献室、形象资料室等;科技方面有十二个:数理科学文献室、天文地球科学文献室、生命科学文献室、能源科学文献室、环境科学文献室、矿冶技术文献室、机械技术文献室、交通航天技术文献室、电子技术文献室、化学化工文献室、建筑工业文献室、轻工文献室等。"焦文中的文献室名称表述与《意见》中的表述略有出入。但是能够明确的是,1984年的机构调整突出了专业文献研究的特征。作者注。

第七章 改革与开放时期的参考工作（1977—1997） 191

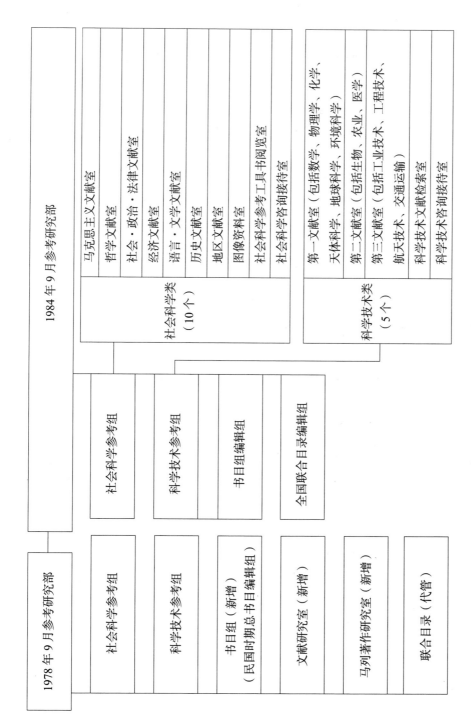

图45 参考研究部1978年和1984年内设组织机构对比

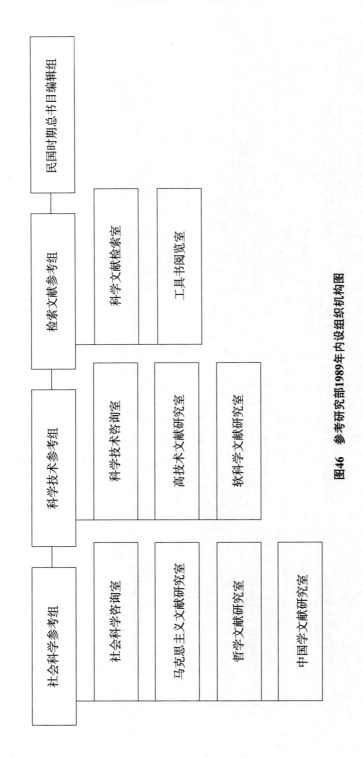

图46 参考研究部1989年内设组织机构图

第七章 改革与开放时期的参考工作（1977—1997） 193

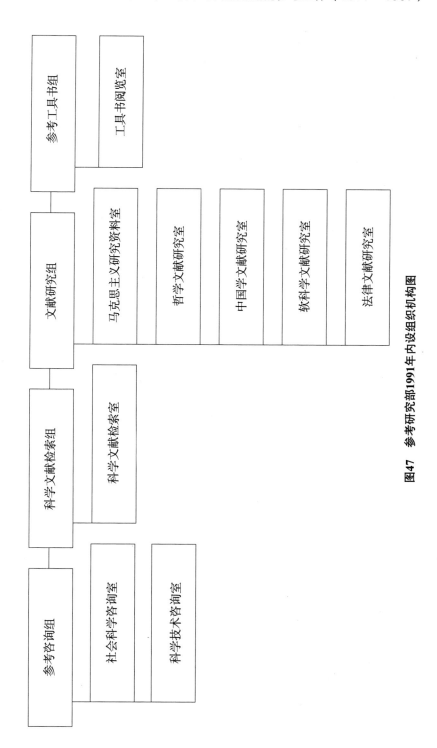

图47 参考研究部1991年内设组织机构图

3. 参考研究部的管理机制

职责的履行需要内设机构建制的支持，同时更需要有效的管理体制，这是参考工作改革的重要内容。该时期参考工作改革采取的是"以承包责任制为核心的服务型经营管理体制"[①]。具体做法则表现为：建立岗位责任制、制定业务规范、确定有偿服务的政策和方法、施行以业务经营和行政管理相结合的双轨制管理模式，加强业务考核和工作检查。

建立岗位责任制即是在确定工作人员或者科组的工作范围，明确相应的岗位责任的前提下，以"项目承包责任制"或者"工作岗位承包责任制"方式进行任务管理和考核，凡承担项目人员均须填写《参考研究部业务计划书》（表21），该计划书内容包括选题名称（以岗位为选题的，标明岗位名称）、主持者、参加者、选题目的、选题计划、执行选题计划的条件、完成选题计划的时限、成果形式、执行者的权利和义务、考核指标、奖惩指标、计划执行结果、《工作总结》摘要、工作态度考核、成果评定意见，以及考核结果等16项。

为确保岗位责任履行过程中的规范管理，本次改革同时制订了《参考研究部干部考核与奖惩（试行）办法》（1984年10月22日部务会议通过）、《参考研究部工作条例（试行草案）》（1984年6月14日部务会议通过）、《社科参考组咨询工作条例》（1984年）、《科技参考组咨询工作条例》（1984年）、《参考研究部关于文献研究和书目工作规范的若干规定》（1985年试行草案）等。

如何落实岗位责任和进行业务管理呢？从图44我们看到，完成机构调整后的参考研究部的内设机构，实际上是以业务行政科组和若干专业学科文献研究室相结合的模式搭建的。即在部主任下的行政科组（社会科学参考组、科学技术参考组、书目编辑组和全国联合目录编辑组）设有正副组长，文献研究室设有室主任。部主任、组长分别负责部和组两级行政管理工作，其职能主要在于审查和协调工作计划以及为保证计划完成创造必要的行政条件，如经费、人员等；具体工作计划都内化到各个学科文献研究室，由"室主任"全权负责项目的策划、组织，及至完成项目过程中的相关研究环节。在行政上有以主任为首的各科组长组成的部务会议，在业务上有以研究员为首的业务委员会（1984年

---

① 曹鹤龙. 参考研究部在改革中前进 [J]. 国家图书馆学刊，1988（4）：63-65.

7月成立），行政工作是保证业务工作顺利进行的必要手段，如此管理模式体现了以业务工作为中心的原则。①

表21　参考研究部业务计划书（档案）②

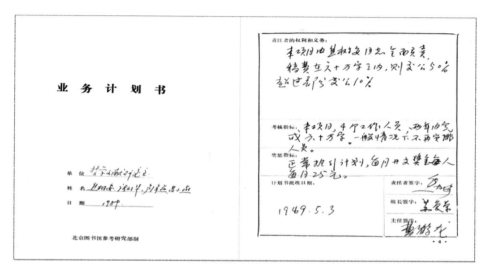

注：该档案系1989年参考研究部哲学文献室单项工作计划书部分内容。时任室主任焦树安，社会科学参考组组长苏爱荣，参考研究部主任曹鹤龙。

4. 有偿服务的尝试

有偿服务是参考研究部管理机制的重要组成部分，有偿服务的理念及其实践所体现出的是国家图书馆决策者和参考工作者对于参考工作理论认识的转变。这种转变拓展了图书馆参考工作服务的边界，对机构设置、利益分配、绩效考核等带来一系列的影响，它为参考工作的发展"注入了活力，增添了动力"，给参考工作发展"带来革命性的变化"。③

我们在作为参考研究部全面改革方案的《关于参考研究部近期工作的几点意见》中，未见相关"有偿服务"的表述。但是在《参考研究部1984年业务

---

① 焦树安. 参考工作的回忆与断想：纪念建国三十五周年 [J]. 国家图书馆学刊, 1984 (3): 1-3.

② GZ00451. 北京图书馆参考研究部单项业务工作计划书（社科参考组）表 [A]// 国家图书馆立法决策服务部. 国家图书馆参考工作档案汇编（1960—1997）. 2018.

③ 曹鹤龙. 我的述职报告 [J]. 北京图书馆参考工作（第十三辑）, 1989 (1): 8-13, 7.

工作总结》①中则有如下记载："在馆长和业务处的领导和支持下,在坚持做好传统的咨询服务的同时,在社科参考组和科技参考组进行了有偿服务的试点工作"。此外,在《意见》的配套管理文件《参考研究部关于文献研究和书目工作规范的若干规定》(1985年试行草案)中也有"文献产品"的提法。该《规定》明确"开展文献研究,编制书目索引"是实现为读者服务的"主要途径","为此,必须对各类文献按专业或专题进行调查和研究,经过整理和加工,构成可供利用的文献产品"。"文献产品"的提出明显带有商品经济环境下对参考咨询服务成果的重新定位的特征。

开展有偿服务的初期,北京图书馆制订了《北京图书馆开展非常规定题委托服务的试行办法》。②其中第三条规定:为履行国家图书馆的职责,凡中央党、政、军、群部委以上的领导机关委托本馆办理的有关制定国家法律政策和处理国家内政外交的方面的咨询、文献检索、文献编辑等业务,都属于无偿服务范围,由参考部承办。第七条规定:为统一管理好全馆的非常规定题委托服务工作,由参考部、阅览部、第二阅览部和报刊部派员组成"读者委托服务组"。服务组的日常工作受参考部领导。该《办法》还明确:服务组不接办常规服务项目和中央党、政、军、群领导机关的非常规定题委托服务项目。

以此可以看出,凡属为国家立法和决策的中央党、政、军、群部委以上的领导机关委托的咨询,均属于"无偿服务范围",由参考部承担;承当有偿咨询服务的主体是由多部门联合组成的"读者委托服务组",日常工作由参考部领导。面向读者的"常规服务项目"和立法与决策机关非常规定题委托服务项目不在该组业务服务范围内。

1987年10月北京图书馆新馆正式开馆服务,随着国家经济体制改革的深入和有计划的商品经济体制的形成,图书馆的有偿服务也在探索过程中全面展开。1988年,北京图书馆先后召开关于开展有偿服务和经营服务的研讨会、创

---

① 参考研究部1984年业务工作总结[J].北京图书馆参考工作(资料汇编)第五辑,1985(5):1-7.
② GZ00409.北京图书馆第17次馆长办公会议纪要(1985年5月8日).1985年—1986年馆长办公会议纪要[A]// 国家图书馆立法决策服务部.国家图书馆参考工作档案汇编(1960—1997).2018.

收工作研讨会；①同年读者委托服务组由业务处划归参考部。1992年，北京图书馆文献信息开发中心成立、报刊部"文献信息开发组"成立，馆属企业图新公司信息咨询中心也开始对外承接专项咨询课题。②有偿文献咨询服务延伸扩展至图书馆的各个领域。有偿服务业务也从最初参考研究部的试点，扩大到馆、部（处）及至馆属企业，内容亦从文献信息咨询逐渐扩展到培训、展览，乃至后勤管理。

第二节　全方位立体化的参考工作

北京图书馆的参考工作，经历"文革"结束后的短暂恢复，于1980年初开始探索改革之路，1984年进行全方位改革，及至1990年代，参考工作呈现全方位、立体化的业务格局。

一、统计数据与参考咨询服务

参考咨询服务是参考工作最为传统最为核心的经典业务，也是北京图书馆各项业务统计工作中必然包括的内容。除了十年"文革"期间相关业务统计有失完整，"文革"结束后，参考工作的业务统计工作很快得到恢复。根据目前所存相关参考咨询服务的业务档案，我们重点对1977—1997年的北京图书馆专职参考工作机构的咨询服务进行了整理汇总（表22）。

表22　1977—1997年参考研究部咨询数量汇总表③

年	总计/件	社科咨询	科技咨询	口头咨询	书面咨询	有偿咨询	编制书目/种
1977		529		403	126		
1978		1322		1118	204		15
1979	1835	845	990				28

---

① 北京图书馆. 北京图书馆年报 [M]. 北京：北京图书馆，1988：18.
② 北京图书馆. 北京图书馆年报 [M]. 北京：北京图书馆，1992：29-30.
③ 该表系作者根据《北京图书馆工作资料汇编》（1980—1986）、《北京图书馆年报》（1987—1997），以及《国家图书馆参考工作档案汇编》（1960—1997）相关档案整理。1992年数据为原缺。为方便阅读，对每年统计数据的具体参考来源不再逐一注明。

（续表）

年	总计/件	社科咨询	科技咨询	口头咨询	书面咨询	有偿咨询	编制书目/种
1980	2115	836	1279	1569	546		14
1981	2532	782	1750	1864	668		9
1982	1908	762	1146				13
1983	4748	1467	3281				8
1984	4316	1148	3168	3684	632		
1985	3316	970	2346	2794	522		
1986	2674	1013	1661	2121	553		
1987	1160			805	335	20	
1988	5891			4973	918		
1989	5022			3923	876	223	
1990	9349			8610	502	237	
1991	8435			7431	529	475	
1992							
1993	3826			3351	475		
1994	6097			5549	548		
1995	8227			7743	484		
1996	10399			9869	530		
1997	22445			21764	681		

根据1977—1997年参考研究部咨询量统计数据，大体上可以将这20年间的参考咨询服务分为1977—1979年，1980—1986年，以及1987—1997年三个阶段进行探讨。

首先，1977—1979年是"文革"结束的初期，图书馆各项工作处于整顿恢复时期，相关统计数据还不完整，目前所见存留档案只有社科参考咨询的统计情况。1980—1986年间，在国家改革开放的大形势下，北京图书馆各项工作逐渐走上正轨，业务统计管理趋于规范。这一模块中的统计除按年度汇总当年咨询量，还对咨询的种类按照"社科与科技""口头与书面"，以及"编制书目"三个维度进行统计。咨询量的峰值主要集中在1984和1985年，这与北京图书馆和参考研究部实行全面改革的业务进程相呼应；1987—1997年十年间的参考咨询业务统计有所简化，除保留"口头与书面"的咨询分类统计，还专门增加了"有偿咨询"的分类。

其次，1987年至1997年的十年，除了新馆搬迁当年咨询量有所下降，其他年度的咨询业务总量一直保持快速增长态势。这首先归因于1987年北京图书馆新馆落成并向读者开放服务，馆舍面积的扩大、馆藏资源的丰富、人才队伍的壮大和服务理念的转变，使得北京图书馆的综合服务能力得到极大提升。

伴随着改革的不断深入，1995年北京图书馆对包括参考研究部在内的相关业务机构再行优化调整（图48）。调整后的机构建制下，每一个科组都有面向读者的咨询窗口，参考咨询的服务面大大扩展，因而，口头咨询的数量达到改革开放以来的最高峰值。书面咨询通常带有一定专题性，对参考咨询馆员的学科知识、检索技能要求高，因而咨询过程相对较长，数量显现出平稳增长的特点。在有书面咨询统计记录的15个年份书面咨询统计中，1981年、1984年、1988年、1989年和1997年的年度咨询量超过600件，其余年份总体上平均在500余件。

快速增长的参考咨询量是读者对北京图书馆文献需求的重要标志。除此之外，该时期还完成了一些对国家立法和科学决策发挥重要作用的参考咨询任务。如1976—1977年间为毛主席纪念堂建设工程接受国家计委、中央工艺美术学院、北京市建筑设计院、中国科学感光化学所、北京玻璃研究所、中央美术学院等十余个单位委托，查找有关纪念堂兴建等方面的参考资料，北京图书馆提供了包括英、俄、法、德、意、保、罗、匈、日等九个语种的外文参考文献，受到委托单位的充分肯定。[①]再如为配合有关机构打捞"阿波丸"号沉船的决定（1977），北京图书馆对馆藏文献中的相关内容进行系统检索，将沉船位置的经纬度信息提供给相关部门。事后证明，北京图书馆提供的沉船位置与实际沉船位置十分接近，具有很高的精确度。另外，到90年代初我们配合国家地矿部完成"煤层气开发、非地震物探直接找油技术、油气地球化学特征及油气成因机理与模式等"专题文献咨询，为塔里木盆地油气资源开发提供科学支撑和保障（1991）；接受长江水利委员会和水资源保护局委托，为三峡工程技术实施及移民外迁等提供文献保障服务（1991）；以及为二十世纪科技带头企业之一珠海制药厂提供文献跟踪服务（1994）等。

---

① 我馆为《毛主席纪念堂》兴建积极提供资料[J]. 国家图书馆学刊，1977（1）：10.

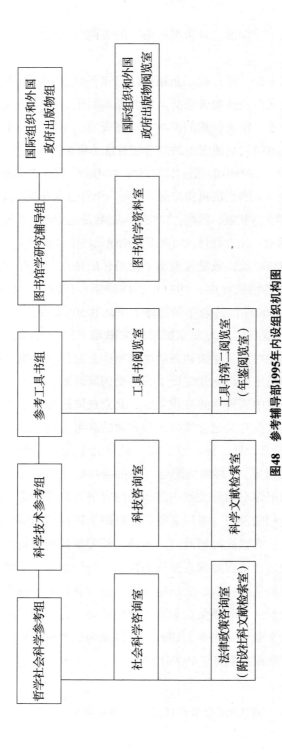

图48 参考辅导部1995年内设组织机构图

二、以《民国时期总书目》为代表的文献研究成果

这一时期北京图书馆的参考工作,因其强化"专业文献研究"功能,并在组织机构上形成学科化分工和有效的管理机制,推进了系列文献研究成果的编制和出版,《民国时期总书目》即是其中最有影响的代表性成果(图49)。

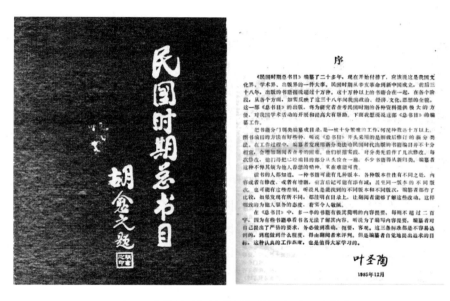

图49 《民国时期总书目》书影和叶圣陶作序

《民国时期总书目》是一部大型的回溯性书目,收录1911—1949年9月我国出版的中文图书。该书目的编制最早起步于1961年,当时经文化部出版局发起,得到上海市出版局的支持,由文化部出版局版本图书馆和上海市出版文献资料编辑所派员参加,在上海图书馆的协助下,以上海图书馆藏书为基础,历时三年完成目录草片的编制,随即整个工作因"文革"而中辍。1973年经国家出版管理行政机关的同意,把版本图书馆寄存在上海的卡片交给北京图书馆,以便继续完成书目的编辑任务。①但"文革"尚未结束,冲击阻力时有发生,工作时断时续。直到1978年9月,北京图书馆在参考研究部增设书目组,专职负责《民国时期总书目》的编制工作,接续编制工作才得以逐渐展开。1982

---

① 民国时期总书目(哲学·心理学)[M]. 北京:书目文献出版社,1991:(序)Ⅴ-Ⅵ.

年文化部图书馆事业管理局召开的公共图书馆事业规划会议,将《民国时期总书目》列为全国图书馆工作重点项目。至1986年书目组人员配备已达24人,[1]先后共有30余人参加该书目编制工作。[2]1992年11月,《民国时期总书目》编辑任务全部完成,总计包括哲学、宗教、社会、政治、法律、军事等20个分册,著录图书共为124,000余种。[3]全部书目从20世纪80年代中期到90年代末期,陆续分册出版。

《民国时期总书目》是一部具有"国家书目性质"的联合目录。[4]为了全面记录1911—1949年民国时期的中文图书出版情况,该书的编制采取"有书即录的方针",这种尊重客观历史的收录原则,反映了改革开放之初经过"拨乱反正"和真理标准的大讨论,图书馆界有识之士在思想认识上的大解放。《民国时期总书目》与《中国古籍善本书目》被喻为"好像高举的双臂,迎来了中国图书馆事业的春天,也突现了国家图书馆的龙头作用"[5]。

《民国时期总书目》的编制和出版,虽然也存有遗憾,如该时期出版的线装书、少数民族文字图书由于种种原因未作收录,还有同一种书的外文译本亦未作收录,但是它填补了我国有关民国文献书目编制的空白,与古籍书目和1949年后出版的国家书目共同构成了我国的中文图书目录体系。不仅是我国图书馆事业的一项重要基本建设,也是学术研究工作不可或缺的检索工具,在国内外学术界都产生了较大的影响。[6]从北京图书馆参考工作业务发展来说,《民国时期总书目》更是改革开放时期参考工作所取得的重要文献研究成果的力作,它也因此成为北京图书馆与美国联机计算机图书馆中心(OCLC,Online Computer Library Center)合作建立"民国时期总书目机读目录数据库"

---

[1] GZ00589.参考部1986年在册人员名单[A]// 国家图书馆立法决策服务部.国家图书馆参考工作档案汇编(1960—1997).2018.

[2] 李致忠.中国国家图书馆馆史(1909—2009)[M].北京:国家图书馆出版社,2009:278.

[3] GZ01145.北京图书馆动态(第37期).馆长办公室编1992年12月9日[A]// 国家图书馆立法决策服务部.国家图书馆参考工作档案汇编(1960—1997).2018.

[4] 民国时期总书目(哲学・心理学)[M].北京:书目文献出版社,1991:(序)Ⅲ-Ⅳ.

[5] 李致忠.北图改革开放二十年回顾[J].北京图书馆馆刊,1999(1):31-35,27.

[6] 李致忠.中国国家图书馆馆史(1909—2009)[M].北京:国家图书馆出版社,2009:279.

除《民国时期总书目》外，该时期参考研究部的文献研究工作也取得了丰富的成果。主要体现在基础文献研究、专题文献研究和参考工具书编制等几个方面。

基础文献研究是该时期参考研究部各专业文献研究室的重要基础业务建设工作，也是日常参考工作的重要业务支撑和储备。如哲学文献研究室先后编制完成《中外哲学工具书目录》（1984）、《西方哲学大事记》（1989）、《中西哲学大事年表》（1990）、《外国哲学、宗教期刊提要目录》（1990）、《国外哲学组织与研究机构资料》（1990）①、《馆藏中国哲学史史料及研究著作提要目录》（1990）、《西方哲学原著中译名与原文对照书目》（1990）、《中西哲学家年谱》（1990）②等；中国学文献研究室的《西方汉学家与中国古典文学》（1985）、《馆藏俄文中国学书目》《馆藏俄文工具书书目》（1987）③、《馆藏中国学著作辑译录》（西文、俄文）④和《馆藏中国学文献调查概述》（1989）⑤；马克思主义文献研究室的《列宁著作中译本综录》（1985）⑥、《新文化史回忆录索引》（1989）⑦；语言文学文献研究室的《北京图书馆馆藏苏联文学研究著作目录（50—60年代）》（油印

---

① GZ00877. 参考部各科组及个人工作总结 [A]// 国家图书馆立法决策服务部. 国家图书馆参考工作档案汇编（1960—1997）.2018.
② GZ01000. 哲学文献研究室1990年工作小结 [A]// 国家图书馆立法决策服务部. 国家图书馆参考工作档案汇编（1960—1997）.2018.
③ GZ00764. 社参组哲学文献室业务计划书 [A]// 国家图书馆立法决策服务部. 国家图书馆参考工作档案汇编（1960—1997）.2018.
④ GZ00877. 参考部各科组及个人工作总结 [A]// 国家图书馆立法决策服务部. 国家图书馆参考工作档案汇编（1960—1997）.2018.
⑤ GZ00842. 馆藏中国学文献调查概述（复印件）[A]// 国家图书馆立法决策服务部. 国家图书馆参考工作档案汇编（1960—1997）.2018.
⑥ GZ00456.1985年上半年各科室工作总结 [A]// 国家图书馆立法决策服务部. 国家图书馆参考工作档案汇编（1960—1997）.2018.
⑦ GZ00877. 参考部各科组及个人工作总结 [A]// 国家图书馆立法决策服务部. 国家图书馆参考工作档案汇编（1960—1997）.2018.

本 1981）①；以及高技术文献研究室的《高技术核能领域中英文文献调研》（1989）②等。

专题文献研究是在基础文献研究上开展的深度研究，要求研究者在特定领域或主题上进行更深入的探究和分析，并编制索引或目录，旨在为研究型读者提供服务。如《中国历代年谱总录》（1980）、《鲁迅研究资料索引》（合编 1980—1986）、《北京图书馆馆藏日本哲学思想史书目》（初稿 1982）、《外国哲学新书评介》（一）（二）（三）（1982—1983）、《中国哲学史书目提要·总论及先秦部分选录》（1984—1987）、《马恩列斯研究资料汇编》（1985）、《革命烈士传记资料目录》（第一辑）（1922年至1937年6月）（1986）和《革命烈士传记资料目录》（第二辑）（1937年7月至1949年9月）（1988）、《外国哲学著、译书目提要（1911—1949）》（1986—1989）、《孙中山研究总目》（1990）、《1522种学术论文集史学论文篇目分类索引》（1990）、《中国藏学书目》（1949—1991）（1994）、《中国藏学书目续编》（1992—1995）（1997）、《列宁著作在中国》（1995）等，上述成果均已正式出版。

如果说专题文献研究成果中有很多具有参考工具书的性质和作用，那么参考工具书的编制则不仅仅是基于日常参考工作的需要，更重要的是参考馆员通过编制参考工具书为读者提供解答问题的工具和手段，提高了参考咨询服务的读者受众面和服务效率。如《西文参考工具书联合目录》（1980）、《科技期刊与连续出版物名称对照手册：拉丁文音译日文》（1980）、《图书馆学论文索引：1958—1979》（1980）、《解放日报人名索引：一九四一年五月——九四七年三月》（1983）、《全国报刊电影文章目录索引（1949—1979）》（1983）、《科技参考工具书综览》（1987）和《科技检索期刊使用指南》（1989）等。

三、关于参考工作的研究

北京图书馆参考工作在管理机制方面的改革，大大促进了参考业务和相关科研工作的开展。科研工作既是参考工作的管理内容，也是评价参考馆员业

---

① 北京图书馆编、印的出版物选目（1912—1982）[J] 北图通讯，1982（3）84-94，21.
② GZ00747.高技术核能领域中英文文献调研 [A]// 国家图书馆立法决策服务部.国家图书馆参考工作档案汇编（1960—1997）.2018.

务绩效的重要指标，更是人才培养的重要方法和途径。该时期科研工作主要包括：承担科研项目、出版研究著述、参加专业交流、举办学术会议、发表研究论文等。而最具代表性的科研工作成果主要体现为创办《北京图书馆参考工作》（1983—1995）、编著《参考工作与参考工具书》（1988）、举办"参考工作理论与实践研讨会"（1989）。

1. 创办《北京图书馆参考工作》

《北京图书馆参考工作》系由北京图书馆参考研究部于1983年6月创办，旨在促进全国图书馆参考馆员共同探讨参考工作业务理论，开展经验交流的内部学术刊物。创刊初名为《北京图书馆参考工作（资料汇编）》，1991年12月更名为《参考工作》（以下统称《参考工作》），时任馆长任继愈亲自为该刊题名，1995年7月28日停刊。《参考工作》始于二十世纪八十年代初，终于九十年代前半期，生动记录了该时期北京图书馆参考工作的发展历程，对研究国家图书馆参考工作发展史，具有重要的史料价值。（图50，图51）

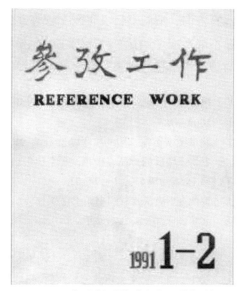

图50 《北京图书馆参考工作》第一辑封面　　**图51** 1991年改版后的《参考工作》封面

（1）《参考工作》创办与基本情况

二十世纪八十年代初期，党和国家的工作中心转移到经济建设上来，全面的改革开放拉开序幕。1980年5月26日，中央书记处召开工作会议，专门听

书馆工作汇报，对图书馆事业的繁荣与发展起到了巨大的推动作用。1980年7月31日，北京图书馆召开馆长办公会议，听取参考研究部工作汇报，形成《关于加强参考部工作的意见》，强化了参考咨询业务。①由参考研究部承担的《中国历代年谱总录》（1980）、《马恩列斯研究资料汇编》（1980）、《西文参考工具书联合目录》（1980）、《北京图书馆馆藏苏联文学研究著作目录（50—60年代）》（油印本1981）、《延安解放日报人名索引》（1981）等重要书目、索引先后编制完成、出版；②大型文献展《柯棣华大夫逝世四十周年、爱德华博士逝世二十五周年纪念展览》（1982）成功举办；③参考研究部内设机构亦在社会科学参考组和科学技术参考组建制基础上，先后增设马列著作研究室、文献研究室、书目组、联合目录组。④1980年和1981年参考研究部咨询总量已分别达到2115⑤件和2532件⑥，比1979年咨询总量分别提高15%和38%。至1982年底，北京图书馆全馆咨询总量已达33633件，⑦参考工作的发展呈现出良好发展态势。

与此同时，参考工作中存在的问题也凸显出来，主要表现在：有关人员在解答咨询、编制书目、研究文献等方面做了许多工作，积累了不少经验，但远远不能适应"四化"⑧建设的需要；关于参考工作的理论与实践尚未进行系统的总结，已有的成果和资料尚未得到广泛利用，对工作中的问题未能认真地探

---

① 李致忠．中国国家图书馆馆史资料长编（1909—2009）[M]．北京：国家图书馆出版社，2009：785．
② 北京图书馆编、印的出版物选目（1912—1982）[J]．北图通讯，1982（3）84-94，21．
③ 令恪．"印度医疗队在中国"展览访印展出工作总结[J]．北京图书馆参考工作（资料汇编）第七辑，1986（3）：60-62．
④ 曹鹤龙．谈谈北京图书馆参考工作[J]．北京图书馆通讯，1987（1）：57页．
⑤ 北京图书馆．一九八〇年全馆工作概况[M]．1980年北京图书馆工作资料汇编，1981（3）：30，46．
⑥ 北京图书馆．参考咨询统计表[M]．1981年北京图书馆工作资料汇编．1982：44．
⑦ 我馆一九八二年全馆业务工作概况[J]．北图通讯，1983（2）：39-40．
⑧ "四化"即工业现代化、农业现代化、国防现代化和科学技术现代化。第三届全国人民代表大会第一次会议于1964年12月21日至1965年1月4日在北京举行，周恩来总理在《政府工作报告》中首次提出。
资料来源：在第三届全国人民代表大会第一次会议上周恩来总理作政府工作报告[N]．人民日报，1964-12-31（1）．

讨，对国内外图书馆参考工作的现状也深感闭塞。[①]为改变这种局面，创办一个"供本馆工作人员、馆外同行们以及学术界的有关同志参考"的不定期"参考资料"的考虑正式纳入参考研究部工作计划中。[②]

有关创办"参考资料"的动因，田大畏有过几点说明，一是"建立探讨园地，交流工作经验"，二是"发表本部门工作人员的研究成果和解答咨询的资料"，三是"通过它展开与国外图书馆参考部门的交流"，四是"要总结和介绍老专家、老同志的经验，通过举办老同志从事参考工作或图书馆工作几十年纪念活动，进行学术讨论"。同时他也进一步说明"编这个刊物也是受到了日本国会图书馆的启发"[③]。据此，创办《参考工作》的动因可以综合概括为内因和外因两个方面，内因为：国家进行"四化"建设发展的需要，图书馆参考工作理论总结与实践运用的需要，改革开放发展大环境下与国外图书馆交流的需要；外因则是借鉴日本国会图书馆的有益经验，"他山之石"为我所用。总体来说《参考工作》的创办是北京图书馆参考工作适应八十年代改革开放大形势的需要，为提高北京图书馆参考工作水平更好地服务读者所做的积极努力。

《参考工作》从1983年6月创办到1995年7月停刊，总计编制印行21辑，包括专辑4期，增刊1期，累计发文280篇。它的创刊和印行得到全国图书馆特别是公共图书馆参考咨询工作机构的热烈欢迎，甚至"台湾'中央'图书馆每期都通过有关人士索取"[④]。根据目前所见有关该刊印数情况的记载，单期印数最多为1000份（第十六到二十辑）[⑤]，最少为500份（第二十一辑）[⑥]。

[①] 北京图书馆参考研究部. 编者的话 [J]. 北京图书馆参考工作（第一辑），1983（6）：1.

[②] GZ00175. 参考部1982年工作总结 [A]// 国家图书馆立法决策服务部. 国家图书馆参考工作档案汇编（1960—1997）.2018.

[③] 田大畏. 田大畏同志在开幕式上的发言 [J]. 北京图书馆参考工作（第十五辑），1990（8）：28-29.

[④] GZ01345. 关于继续编辑出版《参考工作》的请示报告 [A]// 国家图书馆立法决策服务部. 国家图书馆参考工作档案汇编（1960—1997）.2018.

[⑤] GZ01076. 关于继续编辑出版《北京图书馆参考工作》的请示 [A]// 国家图书馆立法决策服务部. 国家图书馆参考工作档案汇编（1960—1997）.2018.

[⑥] GZ01285. 与廊坊市码头工业公司签订印刷《参考工作》合同书 [A]// 国家图书馆立法决策服务部. 国家图书馆参考工作档案汇编（1960—1997）.2018.

（2）《参考工作》栏目设置与主要内容

《参考工作》栏目设置各辑间或有名称表述差异，但总体上可以归为工作总结、书目工作、文献调研、条例规定、参考工作理论与实践、咨询例释、学科专述、文献介绍、学术动态，以及读者来信选登等。下面主要就工作总结、书目工作、文献调研、参考工作理论与实践四个栏目的情况做重点介绍。

①工作总结

《参考工作》诞生于北京图书馆参考工作业务发展实践需要，"工作总结"栏目生动体现了这一特点。"工作总结"包括参考研究部总结、个人总结，以及专项业务工作总结三类。参考研究部总结包括1983年到1989年计七个年度的工作总结；个人总结有《往事与寄望：我做参考工作的回想》①《书海求索四十载 为人做嫁终不悔：记北京图书馆参考工作专家戚志芬同志》②《我的述职报告》③等；重要工作项目总结有《〈马克思恩格斯著作在中国〉展览工作总结》④《"印度医疗队在中国"展览访印展出工作总结》⑤《〈1911—1949全国中文图书总目〉概况和编辑工作中的几个问题》⑥《〈民国时期总书目〉总编辑办公室会议纪要》⑦等。

这些总结从一个侧面较为全面体现了20世纪80年代北京图书馆参考工作发展的历史面貌。比如曹鹤龙在其《我的述职报告》中，将其主政参考部时期的工作概括为"参考研究部的体制改革、发展目标、机构问题、行政与业务干

---

① 龙顺宜.往事与寄望：我做参考工作的回想[J].北京图书馆参考工作（第二辑），1983（3）：40-53.
② 刘一平.书海求索四十载 为人做嫁终不悔：记北京图书馆参考工作专家戚志芬同志[J].北京图书馆参考工作（第七辑），1986（3）：11-18.
③ 曹鹤龙.我的述职报告[J].北京图书馆参考工作（第十三辑），1989（1）：8-13，7.
④ 刘一平.《马克思恩格斯著作在中国》展览工作总结[J].北京图书馆参考工作（第二辑），1984（3）：11-16.
⑤ 令恪."印度医疗队在中国"展览访印展出工作总结[J].北京图书馆参考工作（第七辑），1986（3）：60-62.
⑥ 王润华.《1911—1949全国中文图书总目》概况和编辑工作中的几个问题[J].北京图书馆参考工作（第二辑），1984（3）：1-10.
⑦ 民国书目组.《民国时期总书目》总编辑办公室会议纪要[J].北京图书馆参考工作（第十二辑），1988（12）：10-13.

部、参考工作队伍建设、管理问题、业务建设问题、参考工作绩效考核、有偿服务、文献研究与开发、职工培训、思想工作、《民国时期总书目》工作,以及《北京图书馆参考工作》编印"等十四个方面,几乎每一个点都是贯穿八十年代北京图书馆参考工作业务发展的大问题。虽然《我的述职报告》是曹鹤龙个人履职总结,但因其角色是参考研究部主任身份,报告的相关内容具有非常特殊的史料意义和价值。

②书目工作

书目工作是传统参考工作业务的重要组成内容。参考咨询馆员基于某一专题对相关文献进行系统梳理而成专题书目,并根据该专题书目或以展览方式将书目信息向读者揭示出来,或通过进一步详解内容以提要方式正式出版。《参考工作》除报道参考咨询馆员基于亲自参加编制完成并已正式出版的书目介绍,如《〈解放日报人名索引〉[1]简介》[2],还以较大的比重对中小型专题书目予以全文刊发,同时辅以说明书目研究编制的目的和意图。如为配合澳门回归而专门编制的《澳门问题研究目录(1909—1988.4)》[3],是"为使研究者了解澳门问题的由来、中葡关系发展的历史及澳门的今天"而编辑,目录收集了从1909至1988年4月有关澳门问题研究的书目和论文信息,涵盖澳门社会、澳门经济、澳门文化体育、澳门文学艺术、中葡关系与澳门问题等六个大类的内容。对于某一重要专题书目则以专辑、增刊等方式全文刊发,并配以研究论文进一步对该书目进行深入解析和研究,或用以宣传目录之基础,或提供学界共享研究。如《〈马克思恩格斯著作在中国〉展览目录》即是以专辑的方式全文刊发。该展览目录是"为了纪念全世界无产阶级的伟大导师马克思逝世一百周年,中共中央马克思恩格斯列宁斯大林著作编译局、中国革命博物馆、中央档案馆和北京图书馆于1983年三月到五月在北京联合举办的《马克思恩格斯著作在中国》展览而编制的。这次展览展出了十九世纪末至1983年3月各个

---

[1] 北京图书馆社会科学参考组.解放日报人名索引(一九四一年五月——一九四七年三月)[M].北京:书目文献出版社,1983.

[2] 董盼霞.《解放日报人名索引》简介[J].北京图书馆参考工作(资料汇编)第一辑,1983(6):36-38.

[3] 苏爱荣.澳门问题研究目录(1909—1988.4)[J].北京图书馆参考工作(资料汇编)第十三辑,1989(1):14-65.

历史时期出版的马克思恩格斯著作各种中译文本572种（1300多册），有关的历史文件、照片、文物99件，图表5个，全部展品共1400多件。资料之丰富，版本之齐全，是建国以来从未有过的"[①]。而对于大型书目编制过程中的跟踪性研究和报道也是该栏目的一大特点。如大型回溯书目《民国时期总书目》（1911—1949.9）的编制工作。1978年北京图书馆在参考研究部成立"《民国时期总书目》编辑组"[②]着手书目的编制工作，《参考工作》陆续刊发了《〈1911—1949全国中文图书总目〉概况和编辑工作中的几个问题》[③]《〈民国时期总书目〉凡例》[④]《〈民国时期总书目〉出版说明》[⑤]《〈民国时期总书目〉编辑人员职责》[⑥]《对〈民国时期总书目〉提高质量加速工作进度的一些意见》[⑦]《杂谈〈民国时期总书目〉的编辑工作》[⑧]《建议在参考部建立"民国时期文献研究室"》[⑨]《民国出版图书抽样调查》[⑩]，以及《有待发掘的宝藏：解放后民国时期图书重印试述》[⑪]等。专题书目的编制既满足读者的需求，也为国家形势发展需要提供支撑，同时也使参考咨询馆员的业务水平在

---

① 北京图书馆参考研究部马列著作研究室.《马克思恩格斯著作在中国》展览目录[J]. 北京图书馆参考工作（第三辑），1984（4）：1-140.
② 李致忠.中国国家图书馆百年纪事（1909—2009）[M].北京：国家图书馆出版社，2009：80.
③ 王润华.《1911—1949全国中文图书总目》概况和编辑工作中的几个问题[J].北京图书馆参考工作（第二辑），1984（3）：1-10.
④ 宋光第（执笔）.《民国时期总书目》凡例[J].北京图书馆参考工作（第七辑），1986（3）：26-28,31.
⑤ 《〈民国时期总书目〉出版说明》[J].北京图书馆参考工作（第七辑），1986（3）：24-25.
⑥ 《民国时期总书目》编辑人员职责[J].北京图书馆参考工作（第十辑），1987（9）：9-11.
⑦ 焦树安.对《民国时期总书目》提高质量加速工作进度的一些意见[J].北京图书馆参考工作（第十辑），1987（9）：12-15.
⑧ 赵良珍.杂谈《民国时期总书目》的编辑工作[J].北京图书馆参考工作（第十二辑），1988（12）：13-20.
⑨ 赵良珍.建议在参考部建立"民国时期文献研究室"[J].北京图书馆参考工作（第十二辑），1988（12）：126-128,117.
⑩ 邱崇丙.民国出版图书抽样调查[J].参考工作（总第21辑），1994（12）：29-34.
⑪ 李凡.有待发掘的宝藏：解放后民国时期图书重印试述[J].参考工作（总第21辑），1994（12）：35-39.

编制专题书目过程中得到不断提高。

③文献调研

"文献调研"是《参考工作》最具特色的栏目,所刊登的文献调研报告,普遍具有较高的学术水平。如《英语词典二十年》[①]《苏联书目索引概述(综合性的和社会科学部分)》[②]《北京图书馆藏俄国传教士团出版的图书及其作者》[③]《北京图书馆藏白俄在华出版的图书》[④]《年鉴·图书馆·读者:馆藏中文年鉴类工具书调查断想》[⑤]《馆藏日文中国学文献资源情况》[⑥]《日本孙中山研究文献综述》[⑦]《中国藏书简史》[⑧]《英国判例法文献简介》[⑨]《新方志四十三年的回顾:〈中国新方志目录(1949—1992)〉析评》[⑩]等。

从上述调研成果可以看出,基于参考工具书或专题文献的调查与研究工作,不仅仅是惠及国内图书馆参考咨询馆员"为他人嫁衣裳"的奉献之作,也是北京图书馆参考咨询馆员业务研究水平的全面体现。马龙璧先生的《英语词典二十年》不仅仅是将1960年代至1980年代的英语出版情况进行概述介绍,还从"规定主义与描写主义之争、用法标记、单一化、地区英语词典增加、语法

---

① 马龙璧. 英语词典二十年 [J]. 北京图书馆参考工作(第四辑),1984(9):80-86.
② 王靖元. 苏联书目索引概述(综合性的和社会科学部分)[J]. 北京图书馆参考工作(第八辑),1986(11):95-121.
　王靖元. 苏联书目索引概述(综合性的和社会科学部分)[J]. 北京图书馆参考工作(第九辑),1987(1):115-143.
③ 王靖元. 北京图书馆藏俄国传教士团出版的图书及其作者 [J]. 北京图书馆参考工作(第十四辑),1990(2):62-71.
④ 王靖元. 北京图书馆藏白俄在华出版的图书 [J]. 北京图书馆参考工作(第十四辑),1990(2):72-126.
⑤ 马惠平. 年鉴·图书馆·读者:馆藏中文年鉴类工具书调查断想 [J]. 参考工作(总第16-17辑),1991(12):3-5.
⑥ 朗燕珂. 馆藏日文中国学文献资源情况 [J]. 参考工作(总第16—17辑),1991(12):62,61.
⑦ 刘峥. 日本孙中山研究文献综述 [J]. 参考工作(总第20辑),1993(6):37-40.
⑧ 焦树安. 中国藏书简史 [J]. 参考工作(总第20辑),1993(1):41-80.
⑨ 翟建雄. 英国判例法文献简介 [J]. 参考工作(总第21辑),1994(12):12-15.
⑩ 周迅. 新方志四十三年的回顾:《中国新方志目录(1949—1992)》析评 [J]. 参考工作(总第21辑),1994(12):20-28,34.

代码的出现、美国影响的增强、词源、标音、释义、引语与例句、版面编排和计算机的应用"十二个方面对英语词典的发展情况和存在的问题具体阐述，并对英语词典的发展做出预测："未来的词典只须在词条中附上几条精选出来的引语，能包括该词和显示词义与用法就行了。编辑的作用只是画龙点睛式地标上一两个同义词。"①《北京图书馆藏俄国传教士团出版的图书及其作者》《北京图书馆藏白俄在华出版的图书》则是对"俄国传教士团"出版的图书和"白俄在华出版"图书的系统性调研与梳理，时至今日也难见与其左右的同类书目研究成果；《新方志四十三年的回顾——〈中国新方志目录（1949—1992）〉析评》则从对《中国新方志目录》（1949—1992）一书的评价切入，进而对新方志的四十三年发展做了系统梳理。

④参考工作理论与实践

《参考工作》各栏目的内容设置具有很强的实践性特色。但是，对于参考工作理论的探讨与研究，也随着业务实践的发展而日趋深化。这主要表现为以"他山之石"积极学习国外图书馆参考工作理论和实践经验；并以参考工作为主题，与全国图书馆学界和业界同人共同探讨图书馆参考工作理论和实务。

对于国外图书馆参考工作的学习，主要集中在对苏联、美国、日本，以及德国的参考工作的研究，如《苏联国立列宁图书馆情报书目部工作动态：1979》②《苏联图书馆的劳动定额问题》③《苏联国立列宁图书馆为领导机关工作人员提供情报服务的历史、现状与前景》④《苏联列宁图书馆的书目参考服务工作》⑤《全苏科技情报研究所生物学数据库现状》⑥《日本国立国会图

---

① 马龙璧.英语词典二十年[J].北京图书馆参考工作（第四辑），1984（9）：80-86.

② 李以娣.苏联国立列宁图书馆情报书目部工作动态：1979[J].北京图书馆参考工作（第二辑），1984（3）：77-81.

③ 王靖元.苏联图书馆的劳动定额问题[J].北京图书馆参考工作（第四辑），1984（9）：102-108.

④ 王靖元.苏联国立列宁图书馆为领导机关工作人员提供情报服务的历史、现状与前景[J].北京图书馆参考工作（第六辑），1985（8）：86-95.

⑤ 王靖元.苏联列宁图书馆的书目参考服务工作[J].北京图书馆参考工作（第七辑），1986（3）：130-139.

⑥ 王德英.全苏科技情报研究所生物学数据库现状[J].北京图书馆参考工作（第九辑），1987（1）：148-151.

书馆参考工作概貌》①《美利坚合众国的国家图书馆》②《有关美、日两国国会图书馆为国会服务工作辑要》③《美国密执安大学图书馆参考服务工作考核标准的制定与评估》④和《联邦德国图书馆事业考察概述》等⑤。

关于参考工作的理论研究与探讨贯穿于二十世纪八十年代至九十年代上半期北京图书馆参考工作的始终。如周迅、杜心士早在1982年《北图通讯》上就发表了《图书馆现代化和参考工作》，对图书馆现代化建设和参考工作的关系做了全面论述，该文后在《参考工作》第五辑全文转载⑥；1989年1月焦树安在《参考工作》第十三辑发表《试论参考工作》⑦，全面完整地对参考工作的理论、组织机构、工作程序，及参考工作方法论进行了论述。

（3）《参考工作》停刊与基本评价

《参考工作》自创刊以来，印行经费由北京图书馆支付，参考部负责征订和发行，馆方则以创收提成方式返回部分征订费，用以支付相关编辑劳务费和稿费。到1995年由于纸张涨价等投入成本过高，不得不"忍痛割爱，将这部分撰稿、编稿力量及内容、稿源并入《馆刊》"⑧。显然，经费问题是导致《参考工作》停刊的直接因素。但从深层次原因看，北京图书馆经过八十年代的"拨乱反正 恢复发展"⑨至新馆落成，各项业务工作得到快速发展。尤其是进

---

① 田大畏. 日本国立国会图书馆参考工作概貌 [J]. 北京图书馆参考工作（第一辑），1983（6）：78-83.
② 邵文杰. 美利坚合众国的国家图书馆 [J]. 参考工作（总第19辑），1993（7）：1-34.
③ 焦树安. 有关美、日两国国会图书馆为国会服务工作辑要 [J]. 参考工作（总第19辑），1993（7）：35-38.
④ 李春明，周晨. 美国密执安大学图书馆参考服务工作考核标准的制定与评估 [J]. 参考工作（总第19辑），1993（7）：48-53.
⑤ 马惠平. 联邦德国图书馆事业考察概述 [J]. 参考工作（总第19辑），1993（7）：39-47.
⑥ 周迅，杜心士. 图书馆现代化和参考工作 [J]. 北京图书馆参考工作（第五辑），1985（5）：30-41.
⑦ 焦树安. 试论参考工作 [J]. 北京图书馆参考工作（第十三辑），1989（1）：129-141.
⑧ GZ01345. 关于继续编辑出版《参考工作》的请示报告 [A]// 国家图书馆立法决策服务部. 国家图书馆参考工作档案汇编（1960—1997）.2018.
⑨ 李致忠. 中国国家图书馆馆史（1909—2009）[M]. 北京：国家图书馆出版社，2009：261.

入九十年代，面对市场经济的大形势，北京图书馆与全国图书馆界一样正在寻找改革发展的突破点。其表现形式便是积极探索馆藏信息开发的有效途径，加大有偿咨询服务力度。显然在"图书馆与经济建设"[①]的社会语境下，《参考工作》很难通过"有偿服务"实现自收自支。八十年代的改革开放成就了《参考工作》的诞生，但在九十年代图书馆新一轮改革浪潮中，《参考工作》还未寻找到自救之路，其走向终结也是必然。

《参考工作》的停刊虽然令人遗憾，然其在国家图书馆参考工作发展历史上的地位却不能忽视。

第一，它是一部北京图书馆参考工作发展断代史。《参考工作》创办于八十年代初改革开放时期，终于九十年代上半期，历经12年，是北京图书馆参考工作发展历程的生动记录。很多内容与国家图书馆档案可以互为补充，弥补相关内容档案收藏的空白。据此，我们将《参考工作》理解为北京图书馆参考工作发展的一部断代史，应该是对其恰如其分的评价。

第二，它是联结全国图书馆参考咨询馆员的桥梁。《参考工作》虽然是非正式出版物，但其秉承的指导思想有助于参考咨询馆员间的业务交流和经验分享，特别是在八十年代改革开放初期，很多图书馆参考工作处于恢复状态，咨询馆员渴望交流并希望获得更多业务研究资料，因而它能得到全国图书馆参考咨询馆员的青睐和关注是必然的。《参考工作》栏目设计在不同时期的细微变化和调整，是北京图书馆参考咨询馆员对相关参考工作不同领域的问题认识的反映。尤其重要的是，《参考工作》通过对图书馆参考工作发展前沿问题的探讨，定期与全国图书馆参考工作同人分享研究成果，成为全国图书馆参考工作发展的风向标，无形中成了联结全国图书馆参考人的纽带和桥梁。

第三，它是人才培养与业务交流的平台。《参考工作》作者既有老一代参考咨询专家戚志芬、龙顺宜、马龙璧等，也有正值业务鼎盛之年、集参考工作理论与实务于一身的中年业务骨干，还有经历过"上山下乡"，奋发学习，积极提高业务知识的"知识青年"，以及恢复高考后刚刚走出校园的应届大学毕业生等。据作者粗略统计，在总计255名（以作者名字出现频次计算）发

---

① 馆长办公室.信息开发 大有可为：记第二届全国省（市）、自治区、计划单列市图书馆馆长联席会议[J].北京图书馆动态（第28期），1992（8）.

文作者中，来自北京图书馆的参考咨询专家及中年业务骨干占发文作者总量的51%，青年作者占40%。正是在这样一个平台上，老中青参考咨询馆员实现了参考工作业务实践经验的分享、交流和提升。

2. 编著《参考工作与参考工具书》

《参考工作与参考工具书》（简称《参》），戚志芬编著，1988年2月由书目文献出版社出版，著名参考咨询专家、印刷史专家张秀民先生为该书题签（图52，图53）。著者戚志芬时任北京图书馆参考研究部研究馆员。

图52　《参考工作与参考工具书》封面　图53　《参考工作与参考工具书》张秀民题签页

《参》书写作于20世纪80年代初，是十年"文革"结束后全面进入改革开放的时期。伴随着国民经济和教育、科学、文化事业进入发展的快车道，全社会对图书馆文献信息服务的需求亦越来越强烈。但是历经十年内乱，图书馆人才队伍建设受到极大影响，亟需在图书馆学理论和实践领域加快人才培养，以适应快速发展的社会需要。在这样的历史背景下，北京图书馆于1982年10月，正式开班职工业余大学。① 在职工业余大学课程设置中，戚志芬开设的"参考工作与参考工具书"是其中内容之一。同年，戚志芬又应邀为北京大学

---

① 李致忠. 中国国家图书馆百年纪事（1909—2009）[M]. 北京：国家图书馆出版社，2009：87-90.

哲学系研究生开设"工具书讲座"。《参》书即是在这两次讲课所形成的讲义基础上增补修改而成，全部书稿于1985年9月完成，1988年正式出版，总计52万字。

《参》书由上、下两编构成，共二十四章，书后有《附录》和《书、刊名称索引》。上编为"参考工作"，包括参考工作引论（第一章），参考工作的意义、地位和发展方向（第二章），参考工作的方式和内容范围（第三章），组织分工和机构的设置（第四章），解答咨询的方式、方法和原则（第五章），参考目录的编制（第六章），参考工作中的规章制度（第七章），以及参考工作人员应具备的条件及其培养和使用（第八章）等八章。下编为"参考工具书"，并分为中文和西文两个部分。其中"中文文史工具书部分"包括参考工具书概论（第九章），查考字、词的工具书——字典、辞典（第十章），类书、证书、百科全书（第十一章），资料密集性工具书——年鉴、手册（第十二章），查找书籍、论文、资料的工具书——书目、索引（第十三章），查考年、月、日和大事的工具书——年表和历表（第十四章），查找人物和传记的工具书（第十五章），查考地名和地理资料的参考工具书（第十六章），工具书指南性的书籍（第十七章）等九章；"西文文史工具书部分"包括词典浅谈（第十八章），工具书之王——百科全书（第十九章），便捷参考资料——年鉴、手册（第二十章），治学门径——书目索引（第二十一章），人物传记工具书（第二十二章），地理资料（第二十三章），和工具书刊指南（第二十四章）等七章。

《参》书是1949年以来，国家图书馆历史上由参考咨询专家撰写的第一部关于图书馆参考工作的学术研究著作，是20世纪80年代图书馆参考工作研究的代表性成果之一，也是基于北京图书馆参考工作业务实践的系统化总结。关于《参》书各章的具体内容我们不作叙述，只对其中具有特点性的内容进行深入分析。

第一，关于参考工作的定义。这是决定全书框架结构的核心问题。作者在第二章《参考工作的意义、地位和发展方向》中，首先考察了国内外权威工具书和著名图书馆学家有关参考工作的定义，其中包括《美国图书馆学和情报学百科全书》（Encyclopedia of Library and Information Science）《美国图书馆协会世界图书馆和情报服务百科全书》（ALA World Encyclopedia of Library and Information Services）、美国图书馆学家卡茨（W.A.Katz）、我国图书馆学家王重民，以及国内当时最新出版的图书馆学教材的相关定义。她认为，"参考工作是从答复咨询、提供个人帮助开始的，所以在创始阶段，解释参考工作就是答复咨询"，因为如此，"参考工作、参考咨询工作、咨询工作常常被人混淆，概念不清，界限不明，是有它的历史渊源的"。"我认为咨询工作只是参考工作中的一种方式，一部分内容，图书馆事业发展到今天，参考工作的内容和方式远远不应只是被动地答复读者的咨询，这与客观现实也不符，因此参考工作有一个正名的问题。"由此，她将参考工作定义为："参考工作是图书馆为读者服务工作的一种，它是以客观社会需要为契机，以文献为纽带，通过各种方式为读者搜集、存储、检索、解释和传递信息的业务过程。"[1]基于这样的认识，她将全书的内容结构按照参考服务（第一、二、三、五、六章）、参考工作管理（第四、七、八章）和参考源（第九至二十四章）"三个范畴"统领并逐一展开。其中，"参考服务即参考工作的各种服务方式、方法和内容范围；参考工作管理，包括组织分工、机构设置、规章制度、人员培养等方面；参考源主要是参考工具书"[2]。因此，《参》书有关参考工作的定义，其内涵实际上是咨询服务、业务管理和参考信息源三位一体，是对参考工作动态业务过程的总结和提炼，也是对既往将参考工作定义过于简单化、片面化的一种"正名"，是符合图书馆参考工作业务实践的。

第二，关于参考工作研究的方法论。以社会历史观为主导，是《参》书开展参考工作研究的重要方法论。如著者在阐述参考工作定义时，是从参考工作发生发展的社会机理加以说明，她认为参考工作的首要特点是随着图书馆的历史发展逐渐形成，与图书馆中的其他工作既相互联系又各自独立。在阐述图书馆咨询服务存在的必然性时，她从社会发展实践对图书馆的需要切入予以分析："解答咨询工作之所以存在，并不断发展，其基础是我们在社会实践中有需要它解决的矛盾，这种矛盾产生于广大读者对图书资料的需求，和他们对所需图书资料了解不足的现实情况。"[3]随着科学技术突飞猛进的发展，科学研究对图书馆工作的要求愈来愈高，这也是国家"四化"建设发展的需要。也即

---

[1] 戚志芬.参考工作与参考工具书[M].北京：书目文献出版社，1988：17.
[2] 戚志芬.参考工作与参考工具书[M].北京：书目文献出版社，1988：前言.
[3] 戚志芬.参考工作与参考工具书[M].北京：书目文献出版社，1988：18，38.

国家和社会发展的需要，是参考咨询服务产生的重要前提。在具体介绍参考工具书时，著者"考虑到工具书本身也是发展的，因而在谈某类工具书时，追本溯源，提及一些已经过时的书名，主要是想尽量勾画出这类工具书的'史'的发展过程"①。可见，从社会发展的角度出发，历史地看待参考工作的发生发展，以及参考工作整个业务过程，不仅仅是将图书馆的发展置于社会发展的大背景中，而且也将图书馆参考工作的社会属性提高到应有的地位。

第三，关于参考工作转型期的思考。《参》书成书于20世纪80年代初期，正值国内各类型图书馆开始引进新技术、采用新设备，图书馆自动化建设的起步阶段。北京图书馆于1984年引进安装了日本援助的M-150H计算机，并以此为基础建立ISDS（国际连续出版物处理系统）中国国家中心的计算机处理系统、研制西文图书辅助编目系统、编制汉字属性辞典、开发中文机读目录编制系统。②现代计算机技术应用于图书馆业务的过程，也是图书馆服务理念从传统向现代发生剧烈转变的过程，自然也会渗透并影响到对参考工作的思考。著者对此也从不同的角度提出了自己的思考。比如在考察计算机电子技术的发展对图书馆的影响时，她从美国的OCLC（Online Computer Library Center，联机计算机图书馆中心）、RLIN（Research Libraries Information Network，研究图书馆情报网）和WLN（Washington Library Network，华盛顿图书馆网）入手，阐述了计算机网络化在图书馆自动化实现过程中的作用，并进一步说明"由于图书情报工作自动化的方法、手段等一系列的发展和改进，其中通过计算机检索，部分地或全部地满足正在增长的读者需要。原来集中于自然科学、索引和文摘范围的数据库，正扩展到社会科学和人文科学领域，使参考馆员可以对不断增加的一切学科的世界文献，实行有效控制，可对专家读者提供相当深度的参考服务"③。但是她也同时强调，"新的一代参考馆员一定会以对新技术的热爱，来取代对传统目录的热爱。但历史是不能割断的，何况机检的查全率和查准率也不是尽如人意，了解手工检索也不是毫无用处。放眼未来，还要为逐步过渡到用电子计算机检索取代手工操作的阶段作积极的准

---

① 戚志芬. 参考工作与参考工具书 [M]. 北京：书目文献出版社，1988：前言.

② 张白影，荀昌荣，沈继武. 中国图书馆事业十年 [M]. 长沙：湖南大学出版社，1989：357.

③ 戚志芬. 参考工作与参考工具书 [M]. 北京：书目文献出版社，1988：5.

备工作"①。再如，在谈到参考工作的方式之一专题文献研究时，著者从国外图书馆情报界已经广泛研究的一门边缘科学"Biblio-Metrics"（文献计量学）作为切入点，提出要认真研究并充分运用文献的各种数学统计的规律，找出有关学科或课题的核心文献，同时结合图书馆的性质、任务和藏书特点来选择制定专题文献研究计划，并进而提出对北京图书馆馆藏有关中国学文献应该"促其齐全，形成中国学文献中心"的考虑。著者认为，从发展上看，专题文献研究将上升为参考工作中的主要工作，参考工作人员的作用就是将不会讲话、不会走路的图书资料激活、活化，通过学科专业化的方式对图书文献进行勘探和钻研、追索和提取。②著者申明类似的想法和考虑是从工作的经验中初步总结出来的，与欧美大学图书馆实行的学科专业图书馆员（Subject Specialist）制度是不谋而合的。③

图书馆参考工作是一项以实践性为主要特征的业务工作。《参》书基于业务实际从参考工作定义到组织机构设置，从参考工作的方式和内容到参考工作的管理，全方位系统阐述了图书馆参考工作。从内容架构上，上编《参考工作》偏重理论层面，下编《参考工具书》则主要定位在实践应用领域。而从全书结构占比看，上编（页数）占全书的23%，下编则占77%。不仅如此，下编介绍或提及的中西文书、刊，以及重点图书与隐含书刊的名称就多达1862种。从这个角度来说，《参》书不啻是一部指导图书馆开展参考工作的实操手册。

3. 举办"参考工作理论与实践研讨会"

1989年8月23—27日，由北京图书馆参考研究部和图书馆学研究部共同发起，在北京召开了"参考工作理论与实践研讨会"。这次会议是1949年中华人民共和国成立以来，首次以参考工作理论与实践为主题的学术研讨会。④会议收到论文39篇，来自全国公共图书馆、高校图书馆、专业图书馆的50余位代表参加了会议。

1987年8月，由中央宣传部、文化部、国家教委、中国科学院等四个部门

---

① 戚志芬. 参考工作与参考工具书[M]. 北京：书目文献出版社，1988：13.
② 戚志芬. 参考工作与参考工具书[M]. 北京：书目文献出版社，1988：26-27.
③ 戚志芬. 参考工作与参考工具书[M]. 北京：书目文献出版社，1988：49-5, 60-61.
④ 马炳厚，陆行素. 全国首届图书馆参考工作理论与实践学术研讨会综述[J]. 图书馆工作与研究，1989（4）：10-12, 9.

联合下发经国务院批准的《关于改进加强和改进图书馆工作的报告》。《报告》明确指出，为进一步发挥图书馆对两个文明建设的重要作用，图书馆要加强其教育职能、情报职能，必须把开发文献信息资源、最大限度满足四化建设对文献信息的需要放在重要地位，并指出，开发利用文献信息资源，提高服务质量，是图书馆工作的改革出发点和归宿点。[①]这是从国家层面对图书馆文献信息服务提出的要求。另一方面，从图书馆参考工作自身的发展来看，存在着三个主要问题："一、缺乏专门的研究，即没有形成一支稳定的专家队伍，对参考工作的整体和有关的各方面进行系统的考察和总结；二、缺乏深入的研究，即缺乏系统的积累和一以贯之的、由表及里的、去粗取精的综合和分析；三、缺乏理论的研究，即缺乏理论性的思考和科学归纳。"[②]尤其面对改革开放社会和经济发展的需要，图书馆参考工作面临着许多新的亟待解决的问题。"参考工作理论与实践研讨会"正是在这样的形势背景下召开的。

会议讨论的内容主要包括"参考工作的规定性和方法论""参考工作与情报工作的共同性和不同性""参考工作的多样化""建立参考工作的协作网""开展有偿服务的可能性和现实性"，以及"参考工作的现代化"等六个方面的问题。[③]

中国图书馆学会秘书长黄俊贵在发言中指出："参考工作是一个系统工程，要搞好参考工作，必须有一个良好的内部环境，有一个合理的藏书机构，有一个科学的目录体系，有一个合理的借阅制度，如此才能充分发挥参考工作的整体效应。"[④]北京图书馆周迅以《关于参考工作的几个问题》为题，系统阐述了"什么是参考工作""什么是现代参考工作的特点"，进而提出"树立'大参考'的观念"。周迅认为，解答"什么是参考工作"实际上是参考工作

---

① 邵文杰. 邵文杰在开幕式上的发言 [J]. 北京图书馆参考工作（第十五辑），1990（8）：32-33.
② 曹鹤龙. 参考工作理论与实践研讨会开幕词 [J]. 北京图书馆参考工作（第十五辑），1990（8）：22-25.
③ 曹鹤龙. 参考工作理论与实践研讨会闭幕词 [J]. 北京图书馆参考工作（第十五辑），1990（8）：26-27.
④ 黄俊贵. 黄俊贵在会上发言 [J]. 北京图书馆参考工作（第十五辑），1990（8）：36-41.

理论建设上的一个基本问题。关于现代参考工作的特点，周迅认为可以归纳三点，其一"现代参考工作不仅要熟悉并帮助读者使用自己的馆藏、自己的数据库，还应该了解并能够帮助读者使用别人的馆藏、别人的数据库"；其二"一切可能到任何一个图书资料机构去寻检资料的人，即一切可能的情报用户，应该说都是我们潜在的读者，都应是现代参考工作关心并为之服务的对象"；其三"现代参考工作应以主动服务为主，应以当代先进技术提供的高效率为后盾，尽量把工作做在读者上门之前"。她还强调，参考工作的"情报化"无疑将成为现代图书馆成熟的标志之一。关于"大参考"的提出，周迅认为，"参考工作不是孤立的存在，它是图书馆工作的一个分支，是图书馆业务链条上的一个环节"；"参考工作的水平是图书馆整体水平的反应，有高质量的图书馆，才能保证高质量的参考服务，这是'大参考'观念的含义之一"。此外，做好参考工作除了要有一支专职参考馆员队伍，还应该将图书馆不同业务部门的工作内容与参考工作结合起来，设立兼职参考馆员。培养专兼结合的参考馆员队伍是"大参考"的又一层含义。①周迅阐述的"大参考"思想与黄俊贵提出"参考工作是一个系统工程"的观点实质上是同一个问题的不同表述。

作为新中国成立以来首次召开的以参考工作为主题的学术会议，其所探讨的问题皆来自于改革开放大环境下的我国图书馆事业发展进程。会议的召开，既是在理论上对这些问题的积极回应，也是为我国图书馆参考工作的未来发展寻找开拓创新之路。因此得到全国图书馆参考工作者的极大关注，相关会议内容和参会者论文，后以专辑形式在《北京图书馆参考工作》第十五辑（1990年8月）做了全面刊发。

四、国际交流与合作

国际交流与合作是改革开放时期北京图书馆参考工作的重要组成部分。其首要特点是以参考馆员对专题文献的整理与研究为基础，通过编制书目、举办展览、建设数据库，以及出访考察等方式，开展多种形式的国际交流与合作。这些交流与合作既扩展了参考馆员的眼界和视野，同时也是北京图书馆时期参

---

① 周迅. 关于参考工作的几个问题 [J]. 北京图书馆参考工作（第十五辑），1990（8）：48-58，95.

考工作服务能力与水平的一种特殊展现方式。其中最具有代表性的是中印合作的展览《印度医疗队在中国》（1984）、中美合作的《民国时期总书目》数据制作（1986），以及与国际组织UNESCO合作的《中国图书馆信息数据库》建设（1995）。

1.《印度医疗队在中国》

1937年"七七事变"后，八路军总司令朱德于11月26日致信印度开国总理潘迪特·贾瓦哈拉尔·尼赫鲁（Jawaharlal Nehru），请求印度给予中国人民全面抗击日本帝国主义的侵略以力所能及的援助。在尼赫鲁和其他一些国大党领袖、社会知名人士的领导赞助下，印度政府于1938年9月1日派出以爱德尔大夫（Dr.M.M.Atal）为队长，由柯棣尼斯（Dr.D.S.Kotnis）、巴苏（Dr.B.K.Basu）、卓克尔（Dr.M.R.Cholkar）和木克吉（Dr.D.Mukherji）五位医生[①]组成的医疗队，医疗队冲破重重困难抵达中国后，积极投身到救治伤员工作，挽救了无数抗日战士的生命。柯棣华大夫因积劳成疾于1942年12月9日病逝于河北唐县。"印度医疗队在中国"的展览即是立意反映1938年8月至1942年12月医疗队援华抗战这一史实，以纪念中印两国友好历史上的光辉一页。

该展览起源于1984年3月7日，印度印中协会秘书长马哈巴特拉致函我对外友好协会会长，要求在印度举办"印度医疗队在中国"的展览。经各方磋商后决定由对外友好协会和北京图书馆联合举办这次展览，具体筹办事宜由北京图书馆负责，实际组织落实由参考研究部全面承担。

由于既往见诸报刊的有关印度医疗队的文章，对相关史实报道的时间误差、张冠李戴现象时有出现，参考咨询馆员通过查阅《新华日报》《解放日报》《晋察冀日报》《新岛日报》《大公报》等百余种报纸，并参考当年医疗队成员中唯一健在的巴苏大夫的几次专访以及他当年的日记，澄清了相关事实，在时间误差上也予以纠正。在对各种资料进行整理之后，参考咨询馆员编制形成了相关索引和《印度医疗队在中国》（1938年8月—1942年12月）大事

---

① 1938年12月9日，医疗队在前往延安途经重庆期间，在谭云山教授（时任印度国际大学中国学院院长）的建议下，五位大夫各自取了正式的中国名字，即在每人原名中加上一个"华"字，用以表示他们决心与中国人民休戚与共，患难同当。爱德尔即"爱德华"，柯棣尼斯即"柯棣华"，卓克尔即"卓克华"，木克吉即"木克华"，巴苏即"巴苏华"。资料来源：黄心川. 南亚大辞典 [M]. 成都：四川人民出版社，1998：485-486.

记，同时征集了相关照片约1000幅。①

《印度医疗队在中国》展览团抵达印度后，先后受到时任印度总统、副总统、总理的接见，这在印度历史上尚属首例。展览于1985年4月5日在新德里揭幕，印度时任副总统文卡塔拉曼（R.Venkataraman）出席剪彩。

《印度医疗队在中国》是改革开放以来北京图书馆参考工作第一次走出国门的国际化交流与合作（图54）。其在加强中印两国文化交流所产生的政治影响和意义自不待言。从参考工作业务本身而言，承担任务的参考馆员首先从查阅上百种报纸入手，并结合当事人日记和相关史料，对所得文献进行考证、比对、纠谬，形成索引和大事记，在此基础上结合展览内容和形式的需要，于国内外征得大量珍贵照片。所编制的"大事记"，因其翔实丰富，再辅以图片展示，使得展览格外生动鲜活。

展览获得的巨大成功一方面契合于中印两国政府积极改善两国关系的需求，另一方面则得益于参考馆员深厚的业务功底和专业学科知识的具备。任务组重要成员令恪②具有印地语专业学科背景，同时从事社科参考咨询工作多年。当时相关检索手段基本上以手工检索为主，如果不具备语言和学科能力、不具备丰富的参考咨询经验并掌握相关的检索方法，是很

图54 《印度医疗队在中国》（1938—1943）展板③

---

① 令恪."印度医疗队在中国"（图片）展览访印展出工作总结 [J]. 北京图书馆参考工作，1986（3）：60-62.

② 令恪（1928—2007），甘肃武山人。1951—1955年在北京大学东语系印地语专业学习。1955年9月入北京图书馆，主要负责印地文、梵文、孟加拉文、乌尔都文、南印度文，以及尼泊尔文等东方文图书的编目工作。1980年底调入参考研究部从事文献研究工作。资料来源：GZ00271.刘一平、令恪等员工简历 [A]// 国家图书馆立法决策服务部. 国家图书馆参考工作档案汇编（1960—1997）.2018.

③ GZ00163.令恪个人业务档案包含论著及成果6件 [A]// 国家图书馆立法决策服务部. 国家图书馆参考工作档案汇编（1960—1997）.2018.

难完成如此艰巨的展览任务的。

2.《民国时期总书目》与美国OCLC合作

1986年8月,《民国时期总书目》第一分册即"语言文字分册"正式出版。从此,《民国时期总书目》开启与美国OCLC的合作。

目前所见最早记录是1986年12月15日,北京图书馆第56次馆长办公会议纪要,谓"听取了谭详金同志关于拟同意将《民国时期总书目》输入美国OCLC数据库事宜的汇报,对此表示赞同。具体合作办法,可与对方进一步商谈"①。"为了使全世界的学者更便利地研究中国文化,更方便地查阅中国1911到1949年间的资料"②,1988年9月,北京图书馆与OCLC合作共同建立"民国时期总书目机读目录数据库"的协议正式签字。根据双方协议规定,北京图书馆的任务是用三年时间将18个分册的139,793种图书输入计算机。③为此,北京图书馆先后于1991年9月26日和1993年4月9日分两批次累计派出12人参加与OCLC共同编制机读目录数据的录入工作。④

北京图书馆与OCLC有关民国时期总书目机读目录数据制作的合作,起源于参考研究部历时多年的专题书目工作成果,派出人员以参考馆员为主体。参考馆员将已经编制出版的书本式《民国时期总书目》,逐条按照OCLC的书目数据字段格式录入计算机,使静态形式的书目转化为可以通过计算机检索利用的动态化书目,不仅方便读者嘉惠学林,提高文献检索效率,更重要的是,它标志着北京图书馆参考工作从传统手工方式向以现代技术为支撑的工作方式的

---

① GZ00488.一九八六年第五十六次馆长办公会议纪要(一九八六年十二月十六日)[A]//国家图书馆立法决策服务部.国家图书馆参考工作档案汇编(1960—1997).2018.

② GZ00851.国家图书馆关于OCLC事宜向文化部报送意向书及协议书[A]//国家图书馆立法决策服务部.国家图书馆参考工作档案汇编(1960—1997).2018.

③ GZ01149.关于《民国时期总书目》编辑、出版以及与美国OCLC共同编制机读目录的情况报告[A]//国家图书馆立法决策服务部.国家图书馆参考工作档案汇编(1960—1997).2018.

④ 1991年9月26日,派员赴美为王天红、杨苗苗、陈朝晖、王佩瑶、温峰、郁小波6人。1993年4月9日,派员为刘刚、张淘淘、李江、刘志学、田欢、于千6人。每批人员在美工作时间为一年。作者注。

转变。自该项合作开始，专题数据库制作成为北京图书馆参考工作不断拓展的新领域，《中国年鉴信息数据库》（1994）、《中国图书馆信息数据库》（1995）都是与OCLC合作之后，参考部陆续开始的数据库建设项目。

3.《中国图书馆信息数据库》与UNESCO合作（1995）

1996年8月第62届国际图联大会（IFLA）在北京召开。为在会议期间向各国同行充分介绍我国图书馆事业的发展情况，北京图书馆作为承办IFLA大会的中国国家图书馆，向联合国教科文组织（UNESCO）申请建设《中国图书馆信息数据库》，并于1995年3月得到批准。为完成数据库建设，根据文化部的要求，北京图书馆专门成立以参考研究部为主体的《中国图书馆信息数据库》项目课题组，组长由时任参考研究部主任焦树安担任。[①]

《中国图书馆信息数据库》使用FoxPro和MIT两种软件平台，编成两个不同数据库应用系统，分别建立七个数据库。经过不到一年的艰苦努力，该库总计收集中国3530个各类型图书馆的最新信息，其中公共图书馆1316个，研究图书馆804个，教育图书馆1205个，工会图书馆104个，其他类型图书馆101个。入库的图书馆数据信息，包括图书馆名称、地址、建立年、建筑面积、藏书发展、编目、图书保存和保护、计算机软件和硬件、数据库、图书流通和读者服务等40项。[②]该数据库因"设计思想先进，收集有关数据丰富，形式活泼，采用多媒体技术，从更多方面反映了中国各系统图书馆的重要信息，具有广泛使用价值，在国内同类数据中居于领先水平，为今后更全面更系统地反映中国图

---

① 根据档案记载，《中国图书馆信息数据库》项目课题组成员为：焦树安（组长 参考研究部主任、研究馆员，全面负责项目工作）、张明华（副组长 参考研究部副研究馆员，负责项目组工作安排、数据表格的审核管理）、蒋伟明（副组长 国际交流处处长、副研究馆员，负责英文翻译和与UNESCO日常联络）、程真（成员 参考研究部副研究馆员，负责软件设计及计算机技术支撑等工作）、郎燕珂（成员 参考研究部馆员，负责数据表发放、接收和管理）。
资料来源：GZ01493.《中国图书馆信息数据库》研制报告（纸质）[A]// 国家图书馆立法决策服务部. 国家图书馆参考工作档案汇编（1960—1997）.2018.
GZ01507.《中国图书馆信息数据库》科学技术成果鉴定证书 [A]// 国家图书馆立法决策服务部. 国家图书馆参考工作档案汇编（1960—1997）.2018.
② GZ01424.《中国图书馆信息数据库》简介 [A]// 国家图书馆立法决策服务部. 国家图书馆参考工作档案汇编（1960—1997）.2018.

书馆的信息数据库奠定了良好的基础"①。

《中国图书馆信息数据库》项目是我国图书馆首次与UNESCO的合作项目，②其在IFLA大会上的推出，既是对中国图书馆事业发展最新情况的形象展示和宣传，也是现代信息技术应用于北京图书馆参考工作领域的一次成功案例。无论《印度医疗队在中国》的展览，还是《民国时期总书目》数据录入工作，以及《中国图书馆信息数据库》项目，虽然成果展现形式不同，合作双方从国家与国家之间的文化交流，到北京图书馆与国际图书馆界和国际组织的合作，其本体还是以参考馆员编制专题书目为核心，但又超越书目范围而辐射到不同类型的文献信息。其形式以传统书目编制为基础，又与现代信息技术相融合，源于参考工作又超越了参考工作自身。

除此之外，北京图书馆还派出参考咨询专家先后出访日本、德国和菲律宾，并正式聘请当代著名汉学家、《华裔学志》驻中国代表德国汉学家弥维礼博士为《国际汉学》③顾问等，所有这些既是二十世纪八十年代改革开放时期中国图书馆界走出国门开展国际化合作的缩影，也是北京图书馆参考工作突破国内视域走向世界的标志。

五、参考工作管理

1. 实现参考工作档案规范化管理

该时期北京图书馆施行对参考工作档案全面管理。1982年参考研究部在酝酿改革方案之初，即下达《关于建立参考研究部业务档案的通知》。该《通知》包括归档范围、归档办法，以及管理方法三个部分。其中归档范围包括"集体或个人编制的各类图书目录索引、指南、资料汇编""有关图书馆学及

---

① GZ01507.《中国图书馆信息数据库》科学技术成果鉴定证书[A]// 国家图书馆立法决策服务部.国家图书馆参考工作档案汇编（1960—1997）.2018.

② GZ01325.关于支持"中国图书馆信息数据库"项目的函[A]// 国家图书馆立法决策服务部.国家图书馆参考工作档案汇编（1960—1997）.2018.

③ 《国际汉学》，不定期学术刊物。由北京图书馆参考研究部文献研究组中国学文献研究室与书目文献出版社合作创办，馆长任继愈任主编。
资料来源：GZ01145.1992年《北京图书馆动态》（第1—39期）[A]// 国家图书馆立法决策服务部.国家图书馆参考工作档案汇编（1960—1997）.2018.

情报学的各种译著、讲义及图书评介""有保存价值的咨询解答"和"有关业务工作报告、总结、条例以及完成本职任务的统计资料"[①]。《通知》明确所收"印刷品资料"类型的业务档案始于"1976年以后完成的，其它资料从1982年第四季度起开始收集"。自《通知》下发后，参考研究部的业务档案开始照章归档、坚持不辍，所有存留至今的业务档案，成为我们研究国家图书馆历史，特别是"文革"结束后到九十年代末这一时期，国家图书馆参考工作历史的珍贵史料。2014年，国家图书馆立专项对1949年以来的参考工作档案进行整理，其中1949年至1999年五十年的档案总量为6097件，而1980年至1999年的档案量为5475件，占总量的89.79%。[②]由此可见，《通知》在国家图书馆参考工作档案收藏中所起的重要作用。

2. 系统制订参考工作规章制度

该时期参考工作各项规章制度的制订亦达到前所未有的高潮。据作者不完全统计，这一阶段北京图书馆参考工作的管理规范涵盖了参考工作行政管理和咨询服务两大领域。前者包括岗位职责、人员聘任、业绩考核、安全保卫等，后者则包括参考咨询业务规程、咨询成果制作、档案登记与管理等，呈现出规范制订的多层级性、发展过程的阶段性，以及管理内容的精细化等特点（表23）。

从制订者来看，既有从全馆业务管理角度制订的《北京图书馆各部（室、处）业务工作职责范围》（1980）、《北京图书馆业务工作规范》（1985，1987）等，也有专职承担参考工作职责的业务机构制订的《北京图书馆参考研究部干部考核与奖惩试行办法》（1984）、《社会科学参考咨询工作条例》（1987）、《科技参考咨询工作条例》（1987）等。分级制订，逐级管理，形成自上而下的参考工作管理业务规章体系。

从制订时间跨度看，相关参考工作的规章制度又具有明显的阶段性特征，它们是北京图书馆参考工作从改革开放伊始到九十年代中后期，在不同历史发展阶段实际情况的反映。如收录在《北京图书馆业务工作规章制度汇

---

① GZ00172.关于建立参考研究部业务档案的通知[A]// 国家图书馆立法决策服务部.国家图书馆参考工作档案汇编（1960—1997）.2018.

② 卢海燕，张曙光，谢岩岩，等.历史与现实的对话：国家图书馆立法决策服务工作史档案整理初述[J].国家图书馆学刊，2019（5）：34-40.

编》（初稿）（1980）中的《北京图书馆各部（室、处）业务工作职责范围》（1980），是目前所见这一时期北京图书馆最早完成的一个业务规章制度的汇编性文件，"这些规章制度都是1975年以后根据工作需要由有关部（室、处）、科（组）制订的"①，相关参考工作的职责规定反映的是八十年代初北京图书馆的参考工作状况。再如《参考研究部工作条例（讨论稿）》（1984）、《参考研究部关于实行考核奖的若干规定》（1984）、《"北京图书馆参考研究部干部考核与奖惩试行办法"的补充规定》（1985）等，反映的是参考研究部1984年正式启动全面改革后，通过建章立制保障各项改革措施得以贯彻落实的历史写照。而《北京图书馆业务工作规范》（修订本）（1987）、《北京图书馆咨询条例》（讨论稿）（1987）、《参考研究部咨询工作规程（复印件）》（1987）等系列规范制度的制订，则是1987年北京图书馆新馆落成，为全面提升读者服务水平，在制度化建设方面所做的工作。当二十世纪九十年代初市场经济大潮冲击图书馆事业发展并对参考工作产生巨大影响时，北京图书馆出台的《北京图书馆关于加强信息开发管理的有关规定》（1993）、《北京图书馆关于信息开发收益分配的暂行规定》（1993）、《北京图书馆关于馆藏文献和知识产品对外开发使用的有关规定》（1993）等，则是对图书馆开展有偿咨询服务所做出的应对性规定和探索。

从具体内容来看，随着改革开放的深入，北京图书馆有关参考工作的管理越来越精细化。这一点尤其体现在1987年为迎接北京图书馆新馆落成，参考研究部制订的一系列相关管理规范上。如《参考研究部咨询工作规范细则》（讨论稿）、《参考研究部咨询工作规程》《社会科学参考咨询工作条例》（复印件）、《科技参考咨询工作条例》，以及《科技参考咨询室读者信函咨询转组登记表》《科技参考咨询室读者信函咨询转出函》《科技参考咨询室读者咨询回复函》《科技参考咨询室查复咨询流程记录卡》等关于咨询具体操作流程、具有模板特点的表单、信函等方面的规定。

---

① 北京图书馆办公室.北京图书馆业务工作规章制度汇编（初稿）[M].北京：北京图书馆（内部印刷），1980：说明.

表23　北京图书馆有关参考工作部分规章制度一览表（1977—1997）[①]

分类/制订者	名称	制订时间
一、综合管理		
北京图书馆制订	北京图书馆各部（室、处）业务工作职责范围	1980年10月
参考研究部制订	关于建立参考研究部业务档案的通知	1982年12月
	参考研究部业务职务规定（讨论稿）（1984年4月3日）	1984年4月
	参考研究部工作条例（讨论稿）	1984年6月
	参考研究部关于业务问题的若干规定（讨论稿）	1984年6月
	参考研究部关于实行考核奖的若干规定	1984年8月
	参考（研究）部关于行政工作承办程序的规定	1984年8月
	北京图书馆参考研究部干部考核与奖惩试行办法（1984年10月22日部务会议通过）	1984年10月
	工作岗位承包责任制考核办法（讨论稿）	1984年
	"北京图书馆参考研究部干部考核与奖惩试行办法"的补充规定（1985年4月1日部办公会议通过）	1985年4月
	参考（研究）部1986年继续试行承包制度的若干补充规定（复印件）	1986年
	参考研究部读者服务岗位职责（复印件）	1987年8月
	参考研究部主任、组长、文献室主任职责	1988年4月
	参考研究部收益分成暂行办法（1988年4月8日部务会讨论通过）	1988年4月
	检索文献组有偿咨询管理条例	1990年
	参考研究部办公室岗位责任制	1992年
	参考咨询组岗位职责	1992年7月
	参考（研究）部津贴实施的有关规定	1994年4月
	参考工具书组工作规范	1994年7月
二、咨询服务		
北京图书馆制订	北京图书馆业务工作规范	1985年1月
	北京图书馆馆开展非常规定题委托服务的试行办法	1985年5月

---

① 该一览表由作者根据国家图书馆有关文件和《国家图书馆参考工作档案汇编》（1960—1997）（国家图书馆立法决策服务部编制　2018）中的相关档案整理而成。为便于阅读，本表中对相关规章制度来源出处不再逐一注明。作者注。

（续表）

分类/制订者	名称	制订时间
	北京图书馆业务工作规范（修订本）	1987年2月
	北京图书馆咨询条例（讨论稿）	1987年7月
	北京图书馆咨询回函专用笺	1987年8月
	北京图书馆关于加强信息开发管理的有关规定	1993年8月
	北京图书馆关于馆藏文献和知识产品对外开发使用的有关规定	1993年8月
	北京图书馆关于信息开发收益分配的暂行规定	1993年8月
参考研究部制订	读者信函咨询转出记录	1984年
	北京图书馆科学技术咨询有偿服务索费函	1984年
	北京图书馆科学技术咨询有偿服务协定函	1984年
	社科咨询室咨询答复规范	1984年
	社科参考组咨询工作条例（试行）	1984年
	参考研究部咨询工作规范细则（讨论稿）	1987年7月
	参考研究部咨询工作规程（复印件）	1987年8月
	科技参考咨询工作条例	1987年7月
	科技参考咨询室读者信函咨询转组登记表	1987年7月
	科技参考咨询室读者信函咨询转出函	1987年7月
	科技参考咨询室读者咨询回复函	1987年7月
	科技参考咨询室查复咨询流程记录卡	1987年7月
	社会科学参考咨询工作条例（复印件）	1987年7月
三、其他		
参考研究部制订	参考研究部购书暂行规定	1988年5月
	检索文献组微机管理和操作条例（修订）	1990年
	参考研究部有关馆内复制及公务发信的规定	1994年5月
	科学文献检索组安全保卫工作条例	1994年7月
	科学文献检索室机房管理制度	1994年9月

第三节　专题文献研究室及其代表类型

专题文献研究室是改革开放时期北京图书馆参考工作机构的重要组成部分，强化"专业文献研究"是该时期参考工作的一个突出特征。从1984年参考工作全面改革开始，在不断优化组织机构设置的过程中，陆续形成了"前有直接面向读者服务的咨询室，后有以专业文献研究为核心的文献研究室"，被誉为"前店后厂"机构模式。[①]截止1997年底，计有马克思主义文献室、哲学文献室、经济文献室、历史文献室、软科学文献研究室、高技术文献研究室、中国学文献研究室、法律文献研究室、科学文献检索室和工具书阅览室等十余个文献研究室。根据设立文献研究室的目的，总体上可以将这些文献研究室划分为服务于国家科学决策、立法工作和学术研究三大类，软科学研究资料室、法律文献研究室和中国学文献研究室即为这三类文献研究室的代表。

一、软科学研究资料室

1978年12月党的十一届三中全会召开，伴随改革开放各项政策的深入贯彻和落实，关于政治体制改革问题，关于领导决策和组织管理的现代化、民主化、科学化等一系列问题都摆在改革决策者面前。1986年7月，首届全国软科学工作座谈会召开，万里在会上作了《决策民主化、科学化是政治体制改革的一个重要课题》的讲话[②]，随后，中央决定由国家科委规划并归口管理软科学研究工作。其中，关于软科学文献信息工作，国家科委建议由北京图书馆承担。[③]

1. 软科学研究资料室的筹建

根据国家科委的提议，参考研究部于1987年6月1日在北京图书馆第33次馆长办公会议上首次汇报并正式提出建立软科学资料阅览室的计划（后正式定名为软科学研究资料室）。1987年7月14日，副馆长谢道渊[④]带队前往国家科委，

---

① 卢海燕. 哲学为体 图书馆学为用：记国家图书馆参考工作学人焦树安先生 [J]. 国家图书馆学刊，2022（2）：106-113.
② 柯亚. 全国软科学研究工作座谈会在京举行 [J]. 科研管理，1986（4）：80.
③ GZ00618. 关于筹建"软科学文献研究室"的请示报告（讨论稿）[A]// 国家图书馆立法决策服务部. 国家图书馆参考工作档案汇编（1960—1997）.2018.
④ 谢道渊（1924—2014），安徽六安人。1983年5月至1987年12月，担任国家图书馆党委书记、副馆长。（转下页）

协商双方共建"软科学研究资料室"事宜。1987年10月15日，北京图书馆与国家科委政策局、中国科协管理科学研究培训中心、航天工业部系统工程研究中心联合举办"软科学图书资料展览"。1987年10月21日北京图书馆开始举办软科学系列讲座，由钱学森做导言报告。[①]经过这一系列的铺垫，1987年12月25日，经87次馆长办公会议决定在参考研究部成立软科学研究资料室。[②]1988年7月1日，软科学研究资料室作为北京图书馆新馆落成服务新举措之一，正式对外开放服务。为丰富和充实软科学研究资料室的文献，1988年7月11日，《中国自然辩证法研究会图书资料中心和北京图书馆软科学研究资料室合作议定书》（简称《议定书》）[③]签署，国家科委政策法规司、中国自然辩证法研究会[④]和北京图书馆的领导出席签订仪式。因此，在现存历史档案中，也有"软科学研究资料室是由北京图书馆、国家科委政策法规司（前身科技政策局）、中国自然辩证法研究会合作建立起来的"[⑤]记载。《议定书》相关各方申明"协作关系暂定为五年，至1993年7月30日止"。

（接上页）资料来源：谢道渊同志逝世 [N]. 国家图书馆通讯，2014-7-15（1）。
国家图书馆历届馆长、副馆长名单 [EB/OL].[2022-09-05].http：//www.nlc.cn/dsb_footer/gygt/.

① 李致忠. 中国国家图书馆百年纪事（1909—2009）[M]. 北京：国家图书馆出版社，2009：103.
② 北京图书馆参考研究部. 参考研究部1987年工作总结 [J]. 北京图书馆参考工作，1988（12）：1-7.
③ GZ00761. 软科学与自然辩证法研究会图书资料中心的合作议定书 [A]// 国家图书馆立法决策服务部. 国家图书馆参考工作档案汇编（1960—1997）.2018.
④ 中国自然辩证法研究会是中国科学技术协会（CAST）的组成部分。1981年10月30日正式成立。自然辩证法研究会研究领域遍及自然哲学、科学哲学、技术哲学、工程哲学和科学技术方法论等基础研究，囊括数学哲学、物理哲学、化学哲学、地学哲学、医学哲学、生物哲学等应用研究，包括科学社会学、科学技术与社会（STS）、科学伦理学、生态哲学、环境哲学、经济哲学，以及各个产业、行业领域的一些哲学、方法论、科技政策、发展战略等。
资料来源：自然辩证法研究会简介 [EB/OL].[2022-08-29]http：//www.chinasdn.org.cn/xinban/gyyjh/2019-10-31/2895.html.
⑤ GZ00749. 中国自然辩证法研究会与北京图书馆就在软科学研究方面的合作举行签字仪式上的发言 [A]// 国家图书馆立法决策服务部. 国家图书馆参考工作档案汇编（1960—1997）.2018.

2. 软科学研究资料室的任务及工作开展情况

软科学研究资料室设立之初的基本任务是[①]：

（1）收集、整理软科学研究文献资料数据和信息，编辑发行《软科学研究文献快报》，向中央党、政、军领导机构、各级各类决策管理研究部门、高等院校、科研单位、国家大型厂矿企业和咨询机构，以及广大专家学者等快速报导馆藏，开展情报服务；

（2）分编、标引，建立软科学检索系统，由作者索引、题名索引、关键词索引组成。按年度编辑出版《软科学研究文献索引》；

（3）实行开架阅览，为读者提供参考咨询服务；

（4）与国家科委政策法规司合作编辑《软科学研究》杂志。

经过一年多的运转，软科学研究资料室的各项工作呈现出一片欣欣向荣的景象。仅从1989年主要完成的任务即可见一斑：

（1）采集、分编相关软科学各类文献7500余件/种。其中包括国家及省、市、地各级立项的软科学研究报告、对策建议；全国与地区性软科学学术会议论文；公开发行与内部交流的软科学期刊；以及专业研究机构与专家学者个人捐赠的公开出版的软科学专著与文集等。[②]

（2）编辑、出版《软科学文献导报》共7期，面向全国发行。

（3）完成国家科委与国家基金委立项的《软科学文献数据库及检索系统》课题，完成课题计划的基础数据子系统、信息检索子系统、编辑子系统等全部三个子系统的软件程序设计，具有系统录入、存储、编辑、打印、分类、检索、查询、统计、分析等多功能。并已开始基础数据录入工作。

（4）建立全国软科学信息交流网络，该网络包括：中共中央及省市地委政策研究室；国务院各部委、直属局等政策法规司、政策研究中心、调研室、情报所；国务院及省市地区人民政府发展研究中心、经济研究中心、信息中

---

① GZ00619. 关于筹建"软科学研究资料室"的报告（手稿）[A]// 国家图书馆立法决策服务部. 国家图书馆参考工作档案汇编（1960—1997）.2018.

② 另据《议定书》和《关于筹建"软科学文献研究室"的请示报告（手稿）》（GZ00619）记载，该年软科学研究资料室还应该接受中国自然辩证法研究会图书资料中心移交的有关软科学的全部资料。按照《议定书》规定，所移交的资料所有权仍归中国自然辩证法研究会图书资料中心。

心、政策研究室、调研室；国家科委及省市地科委；中国社会科学院、中国科学院等科学研究机构等，总计十个系统的3971家机构。

（5）参加国家科委全国软科学研究状况普查工作，完成并出版《中国软科学机构总览》。①

（6）参加"国防科工委软科学理论与方法研讨会"等学术会议八次。

（7）全年接待读者607人次，完成读者咨询和资料复制269次。

（8）举办室藏展览，合作开展《软科学基础理论、方法及其应用讲习班》（1991）等软科学培训等。

3.《软科学导报》的创办

创办《软科学导报》（简称《导报》）是国家科委与北京图书馆合作建立软科学研究资料室工作计划中的重要内容。1988年7月1日，软科学研究资料室正式开启服务，10月《导报》第1期（创刊号）正式发行（图55）。该刊由国家自然科学基金资助，由北京图书馆软科学研究资料室编辑，为双月刊。从1989年2月第3期起，更名为《软科学文献导报》（图56），同时在封面注明"《软科学研究》副刊、国内统一刊号"和"内部交流、注意保存"字样。从1990年开始，主办单位调整表述为"国家科委政策法规司、北京图书馆主办"，封面样式和开本均重新调整（图57）。1991年因国家自然科学基金资助出现问题，《导报》编辑工作停止。

图55《软科学导报》第1期封面　图56《软科学文献导报》第3期封面　图57《软科学文献导报》1990年第1期封面

---

① 正式出版名为《中国软科学研究机构要览》（国家科委政策法规司.北京：兵器出版社，1989）。

《导报》创办伊始即明确其定位是服务于国家改革开放之需。发放范围覆盖了中央国务院各部委的政策法规部门、政策研究部门，中央军委及所属系统的相关机构，各省、市、地区的政策法规制订和研究机构，以及全国相关软科学的研究机构。《导报》编辑主要依据四大类型的文献资料，即软科学及软科学分支的理论研究著作；软科学课题研究报告、调研报告、统计资料、政策建议等；软科学会议文件、论文以及汇编；以及软科学连续出版物（包括期刊、内部简报、出版物）等。最终以提要目录的形式汇编成刊，并以此建立北京图书馆软科学文献信息数据库，为读者提供查询服务。

《导报》因其内容定位与国家科技发展战略需求相契合，一经推出，便受到各方用户的好评。到1990年底，三年累计编辑发行13期，每期发行4000册左右。① 与此同时，通过交换、订阅等方式，软科学研究资料室也获得大量非正式出版的有关软科学的内部研究报告，在管理科学和决策方面具有很重要的参考研究意义。

软科学研究资料室的成立和《软科学文献导报》的编制，是北京图书馆与国家部委合作为国家科学规划和决策提供服务的较为典型案例，也是编制决策参考类专报产品为国家决策服务的积极尝试和努力。

4. 软科学研究资料室的撤销

1992年8月27日，参考研究部呈文馆领导，请示撤销软科学研究资料室。主要理由是：第一，国家科委自1991年起停止拨款，《导报》无法继续编辑出版；第二，国家科委调整"软科学资料收藏中心"的定位，从合作之初设立在北京图书馆到归口为科技情报所系统，由此软科学研究资料室有关软科学交换资料数量严重缩减；第三，到软科学研究资料室阅览读者量随之骤减，至1992年8月日均接待读者量已不足6人次；第四，软科学研究资料室室藏资料种类繁多，与北京图书馆馆藏文献管理标准和规范存在巨大差异，无法融入国家总书库。在人员配置上也存在着人员流失、专业素养难以满足软科学研究与服务的业务需求等问题。

---

① GZ01154. 软科学资料室要求尽快解决若干问题的请示 [A]// 国家图书馆立法决策服务部. 国家图书馆参考工作档案汇编（1960—1997）.2018.
GZ01153. 关于继续编辑《软科学导报》的请示报告 [A]// 国家图书馆立法决策服务部. 国家图书馆参考工作档案汇编（1960—1997）.2018.

此后，软科学研究资料室实际上基本处于停滞状态，但据当时档案记载，该室在1993年4月之前已经完成室藏资料室的搬迁工作，[①]到1995年3月，参考研究部更名为参考辅导部，"原参考研究部文献研究组所辖中国学文献室、哲学文献室、马列室、软科学室撤销，合并到由社科咨询室和新建的法律政策咨询室组成的社科参考组"[②]。1995年4月8日，软科学研究资料室资料全部移交中文图书编目部。

5. 设立与撤消的时代背景分析

软科学研究资料室从设立到撤销的过程，反映了20世纪80年代北京图书馆参考工作改革发展的一个侧面。它的设立体现了与国家发展同步，与改革开放大形势与时俱进的积极创新精神，而它被撤销也是国家改革开放快速发展的必然结果。

（1）互补性的失衡弱化了双方合作的基础

软科学研究资料室是通过合作的方式而创立，其合作的基础首先是改革开放之初国家的大需求。国家科委[③]作为国务院综合管理全国科技工作的职能部门，其重要职责之一即是组织制订全国科技发展和科技促进经济、社会发展的战略、方针、政策和法规，负责研究制订全国科技体制改革的方针、政策、措施和总体规划，同时还是全国软科学研究和科技信息工作的归口管理部门。从

---

① GZ01227. 软科学资料 [A]// 国家图书馆立法决策服务部. 国家图书馆参考工作档案汇编（1960—1997）.2018.

② GZ01393. 参考辅导部1995年工作小结 [A]// 国家图书馆立法决策服务部. 国家图书馆参考工作档案汇编（1960—1997）.2018.

GZ01400. 法律政策咨询室九五年工作总结 [A]// 国家图书馆立法决策服务部. 国家图书馆参考工作档案汇编（1960—1997）.2018.

③ 中华人民共和国国家科学技术委员会（State Scientific and Technological Commission of The People's Republic of China），简称"国家科委"，曾是国务院原组成部门之一，负责管理国家科技事务。1956年3月，中国国务院成立科学规划委员会。1958年11月，科学规划委员会和国家技术委员会合并，成立中华人民共和国科学技术委员会，简称国家科委。1970年7月，国家科委与中国科学院合并。1977年9月，国务院再度成立中华人民共和国国家科学技术委员会。1998年，改名为中华人民共和国科学技术部。资料来源：张应吾. 中华人民共和国科学大事记（1949—1988）[M]. 北京：科学技术文献出版社，1989.

1998年国务院机构改革 [EB/OL].[2022-09-05].https://www.gov.cn/test/.

与北京图书馆的合作来看，其最大优势即在政策制订、科技信息和科技人才管理方面具有完整的系统性资源。北京图书馆作为国家图书馆，其文献资源的储备是改革开放之初国内最为雄厚的图书馆。因此双方的合作可以互为补充、互相借力，以实现服务国家"863计划"和"大力发展软科学"①的目标。软科学研究资料室在设立之初，文献交流工作拓展迅速、交换资料短时期内得以快速增加，皆因借助于国家科委系统性的资源优势。而在科委经费资助下创办的《软科学导报》，也正是通过系统性传播与宣传，才广受用户关注和肯定。

但是随着改革的不断深入和国家"八五"计划（1991—1995）②的实施，国家科委根据"八五"计划有关我国现代化建设的第二步战略目标，对科技情报服务工作提出新要求，即科技情报要"成为科技是第一生产力不可分割的重要组成部分，成为党中央、国务院、各级政府部门以及所有科技部门和科研单位的真正助手、尖兵、耳目和参谋"。并具体要求"开展综合性、战略性和政策性研究，为领导部门决策服务""要进一步加强对世界科学技术发展的系统跟踪，各有侧重地选择跟踪目标，形成全方位监视网，有针对性地及时报道国际科学技术与经济发展的新思想、新成果、新理论和新进展"③。这是针对整个"八五"计划实施期间，国家科委面向全国科技情报系统提出的任务。而在20世纪80年代末，国家科委管辖的科技情报系统已经具有八万名科技情报工作者和四百余家科技情报机构，④其综合服务能力于刚刚建立几年的软科学研究资料室来说，具有绝对优势。到目前为止，我们未见到国家科委与北京图书馆有关中断合作的任何史料记载，但软科学研究资料室先后被撤销的时间正值"八五"计划之初，其工作已无法满足国家对科技情报服务工作的新要求，国家科委对此进行必要的调整也是必然的。

---

① 中国共产党员第十三次全国代表大会文件汇编[M].北京：人民出版社，1987.11：30.
② 关于国民经济和社会发展十年规划和第八个五年计划纲要的报告：1991年3月25日在第七届全国人民代表大会第四次会议上[N].人民日报，1991-04-11（1）.
③ 为实现我国现代化建设和第二步战略目标做好情报服务：国家科委情报司司长刘昭东在一九九一年全国科技情报局（所）长工作会议上的讲话摘要[J].现代情报.1991，（2）：4-7.
④ 为实现我国现代化建设和第二步战略目标做好情报服务：国家科委情报司司长刘昭东在一九九一年全国科技情报局（所）长工作会议上的讲话摘要[J].现代情报.1991，（2）：4-7.

（2）系统性融合的缺失阻碍了专业服务能力的形成

软科学研究资料室以北京图书馆与国家科委合作方式设立，从成立之初它的工作即独立于北京图书馆的整体业务。室藏文献资源无论从采购到管理都自成一体。"自成一体"的管理机制，不但短时期内难以形成资源规模优势，而且也无法依托北京图书馆总书库的资源获得服务资源的补给。最大的问题是，"软科学研究资料"具有跨领域、跨学科、内容交叉性强的特点，在收藏范围的界定和把握上，需要图书馆员具有很强的跨学科专业能力和研判能力。但是短时期内，该室人才配备难以达到这个要求。加之后期人才流失严重，大大影响了工作拓展和推进速度。在服务方面，除《导报》外，缺少稳定有针对性的服务产品，服务效果一时难以显现。而其开展的学科前沿跟踪任务和专题咨询服务，与参考研究部其他科组业务又存在着一定的交叉与重叠，整体业务与北京图书馆大业务难以形成合力。

此外，20世纪从80年代末90年代初开始，国家因注重追求经济增长而忽略公益事业的投入，图书馆经费捉襟见肘，从业人员收入低下，图书馆事业陷入前所未有的困境。[1]北京图书馆亦是在这个时期开始探索创收和有偿服务之路，试图通过"以文补文"缓解事业发展中的困难。软科学研究资料室运行中原本存在有待改进和完善的问题还未及解决，国家科委经费断流更是雪上加霜，日常运转的经济基础不复存在，工作难以为继。

二、法律文献研究室

法律文献研究室是20世纪90年代初，北京图书馆设立的"主要为全国人大立法工作提供咨询、课题研究和阅览服务的机构"[2]，是国家图书馆首次以服务国家立法为目的而设立的法律文献收藏和决策咨询专职机构。

1. 筹建缘起

（1）全国人大副委员长王汉斌约见任继愈馆长

1991年10月24日，时任北京图书馆馆长任继愈应约拜访全国人大副

---

[1] 王子舟.建国六十年来中国的图书馆学研究[J].图书情报知识，2011（1）：4-12，35.

[2] GZ01244.北京图书馆法律文献研究室介绍[A]//国家图书馆立法决策服务部.国家图书馆参考工作档案汇编（1960—1997）.2018.

委员长王汉斌，双方就如何利用北京图书馆的法律文献资源为全国人大立法工作提供服务进行了磋商。参加此次会商的有全国人大常委会法工委办公室主任乔晓阳、政策研究室主任刘政、法律委员会研究室副主任高云翔和北京图书馆参考研究部主任焦树安①（图58）等。

根据此次会商内容整理形成的《一九九一年十月二十四日全国人大副委员长王汉斌同志约见任继愈馆长谈话纪要》（简称《纪要》）②，详细记录了会谈的情况，现对重点内容摘录如下：

图58　焦树安（1937—2002）

> 王汉斌："任继愈同志就北京图书馆为人大常委会立法工作提供服务的意见、写给人大常委会的信，我们收到了，说明任先生对此事很重视。常委会对这封信也很重视，特此约请你们来谈谈你们的想法。"
>
> 任继愈："北京图书馆是国家图书馆，为中央党政军机关服务是我们工作的重点。过去我们为党中央、国务院，毛主席、周总理、邓小平同志做过咨询服务，起到了较好的作用。由于各种原因我们对人大的服务开展的较差。美国、日本的国家图书馆称之为国会图书馆，其主要目的是为

---

① 焦树安（1937—2002），祖籍浙江绍兴，1937年生于陕西西安。1963年毕业于北京大学哲学系。同年入北京图书馆工作，先后从事目录咨询、参考咨询、哲学文献研究和参考工作管理等工作。1991年5月—1997年11月，任参考研究部主任。先后出版《西方哲学史话》（合译）（1982）、《比较哲学》（1987）、《中国古代藏书史话》（1991）、《民国时期总书目》（哲学·心理学）（1991）等著作26部，发表《略论存在主义》（1981）、《论比较哲学的历史、现状与方法论问题》（1983）、《波普三个世界理论简析》（1984）、《试论参考工作》（1989）、《试论图书馆参考工作的规定性、工作程序和层次以及方法论问题》（1984合作）、《中国哲学的基本倾向和它的过去、现在与未来》（1995）、《关于西方哲学传入与出版的历史回顾》（1998）等论文79篇。
资料来源：焦树安.焦树安文集[M].北京：北京图书馆出版社，2002.
卢海燕.哲学为体 图书馆学为用：记国家图书馆参考工作学人焦树安先生[J].国家图书馆学刊，2022（2）：106-113.

② GZ01097.全国人大副委员长王汉斌与任继愈馆长谈话纪要[A]// 国家图书馆立法决策服务部.国家图书馆参考工作档案汇编（1960—1997）.2018.

国会服务,北京图书馆是国家图书馆,有责任做好为人大常委会的服务工作。我们北图领导考虑要在参考研究部内建立政策法规文献室,对口为人大常委会及其附属机构服务。"

关于双方合作内容,焦树安代表北京图书馆提出面向全国人大立法工作服务的三点考虑:"为人大立法本身提供直接的文献服务""为人大常委提供某项立法的背景材料"和"提供法律咨询"。乔晓阳则从全国人大立法工作实际需求,建议北京图书馆通过两种方式开展服务:其一是为每两个月一次的常委会"讨论与通过法律"提供咨询和图书资料,其二是"建立中长期的研究课题项目,根据立法规划拟定选题进行研究"。显然,乔晓阳提出的两种方式为北京图书馆三点服务考虑提供了更为直接的对接途径。

根据《纪要》内容,双方会商的起因是时任馆长任继愈致函全国人大常委会。那么,任继愈馆长写信的动因是什么呢?《北京图书馆"八五"(1991—1995)建设规划》(1991年8月9日第二次馆务会议通过)[①]提出,为党政军中央领导机关决策和国家"四化"重点建设项目提供参考咨询服务工作,是北京图书馆在国家"八五"计划期间计划实施的重点工作项目之一。其中包括"筹建政策法规研究机构,争取与全国人大、政协和国务院各部(委)的政策法规机构建立联系,为国家社会主义法制建设主动提供文献情报服务"。由此可见,任继愈馆长拜访王汉斌的目的在于具体贯彻和落实《北京图书馆"八五"(1991—1995)建设规划》的相关内容。

(2)筹建计划的制订

根据双方会商结果,参考部启动了面向全国人大立法工作提供服务的规划设计。1991年11月26日,北京图书馆馆长办公会议"听取了参考部关于筹建政策法规研究室的意见,认为这项工作很重要,是我馆有步骤有针对性地开展为全国人大常委会立法工作服务的起步。今后要按照人大常委会的要求开展专题性研究"[②]。参考研究部亦将"……筹建政策法规文献室,直接为人大常委会

---

① GZ 01051.北京图书馆"八五"(1991—1995)建设规划 [A]// 国家图书馆立法决策服务部.国家图书馆参考工作档案汇编(1960—1997).2018.
② GZ01052.一九九一年第二十一次馆长办公会议纪要(一九九一年十一月二十六日)[A]// 国家图书馆立法决策服务部.国家图书馆参考工作档案汇编(1960—1997).2018.

立法服务"列入1992年工作计划。①

1992年6月25日,参考研究部提交《北京图书馆政策法律文献研究室筹办的意见》,②对研究室的性质、任务、机构和筹建工作的安排都做了具体规划。《意见》明确政策法律文献研究室的性质是"北图为全国人大立法服务的专门机构",在做好为全国人大服务的前提下,"可适当为国家司法、行政机构的政策法规部门及学术研究服务"。在具体工作任务方面,《意见》融合了双方会商时的考虑和建议,分解为两项,其一为"接受人大咨询,做好为立法服务工作",其二"接受全国人大提出的中长期立法研究课题,做好研究工作"。在机构设置上《意见》提出由"资料室(或数据库)""小型阅览接待室"和"咨询研究室"三部分组成。其中有关"咨询研究室"的考虑是"研究室目前只设一个,日后根据需要与可能增设扩大,基本上要与人大设立的法律、外事、财经、教科文卫、民族、华侨六个委员会相对口"。1992年7月2日,参考研究部召开筹办"政策法规文献研究室"可行性论证会,③7月27日,北京图书馆第十五次馆长办公会议同意设立政策法规文献研究室④,1992年底,法律文献研究室正式获准成立⑤。1995年3月,根据北京图书馆机构改革方案,参考研究部更名参考辅导部,在原法律文献研究室的基础上成立法律政策咨询室,⑥与社科咨询室合并组建哲学社会科学参考组,该机构一直有效运转并保持至1998年国家图书馆全面改革。

关于法律文献研究室的名称,从最初动议到正式对外服务,历经"政策法

---

① GZ01151.参考研究部1992年工作计划要点[A]// 国家图书馆立法决策服务部.国家图书馆参考工作档案汇编(1960—1997).2018.

② GZ01158.北京图书馆政策法律文献研究室筹办的初步建议[A]// 国家图书馆立法决策服务部.国家图书馆参考工作档案汇编(1960—1997).2018.

③ GZ01145.北京图书馆动态(第24期)(第1—39期)[A]// 国家图书馆立法决策服务部.国家图书馆参考工作档案汇编(1960—1997).2018.

④ GZ01144.一九九二年第十五次馆办公会议纪要(七月二十七日)[A]// 国家图书馆立法决策服务部.国家图书馆参考工作档案汇编(1960—1997).2018.

⑤ GZ01286.参考部法律文献研究室目前现状及存在问题[A]// 国家图书馆立法决策服务部.国家图书馆参考工作档案汇编(1960—1997).2018.

⑥ 根据GZ01400.法律政策咨询室九五年工作总结[A]// 国家图书馆立法决策服务部.国家图书馆参考工作档案汇编(1960—1997).2018.

规文献室"（1991）"政策法规文献研究室""法律文献研究室"（1992），以及"法律政策咨询室"（1995）的变化，但以"法律"和"文献"为其根本内涵的定位却始终未曾改变。

2. 服务概况

（1）以《八届全国人民代表大会常务委员会立法规划》为重心的法律咨询服务

为全国人大立法工作提供咨询服务，是法律文献室的主要工作任务，也是全国人大和北京图书馆双方会商的根本立意所在。法律文献研究室1992年底正式成立，1993年3月，第八届全国人民代表大会第一次会议召开[①]，1994年1月，《八届全国人民代表大会常务委员会立法规划》（简称《立法规划》）发布。《立法规划》的目标是"争取在八届全国人大任期内，大体形成社会主义市场经济法律体系的框架，同时基本健全其他方面的法律，保障和促进社会主义市场经济体制的建立，推动改革开放和现代化建设的顺利进行"[②]。

在馆藏文献调研、阅览室空间准备，以及人员配置等诸多工作齐头并进的情况下，法律文献研究室开始为国家立法工作提供服务。1993年即为全国人大以及为最高人民检察院等司法行政机构完成咨询20余件。1994年《立法规划》正式发布。法律文献研究室根据《立法规划》，主动与承担法律草案起草工作的国务院各组成部委和全国人大专门委员会等单位发函联系，[③]在宣传北京图书馆为国家立法工作服务的同时，也获得人大专委会和各部委的积极响应，当年即完成全国人大财经委、外交部等单位委托的多项立法课题咨询。如《有关美国、日本、印度、韩国、香港等国家和地区的相关法律和研究文献》《有关英国、匈牙利、美国、澳大利亚、日本、韩国等国家有关引渡的国内立法和双边条约的中外文文献和护照法（包括实施细则）》《有关美国、韩国、沙特阿拉伯等国民防法法律文本》等。

---

① 中华人民共和国第八届全国人民代表大会（简称八届人大），任期由1993年至1998年，期间，共召开五次会议。

② 曹志. 关于《八届全国人大常委会立法规划（草稿）》的说明 [J]. 人大工作通讯，1994（5）：5-7.

③ GZ01320.关于代馆草拟的法律政策咨询室对外工作联系函 [A]// 国家图书馆立法决策服务部. 国家图书馆参考工作档案汇编（1960—1997）.2018.

其后，围绕立法规划进行立法调研、法律草案起草过程中，法律文献研究室与国务院所属部委政策法规司局室的合作不断加强，咨询领域也得到了逐渐扩展。从课题内容来看，均为八届人大期间计划审议的法律草案，也是改革开放实践中，亟待通过立法解决社会经济发展中出现的各种问题的需要。且内容大部分是以借鉴国外同类法律制订的经验得失为需求重点。

此外，法律文献研究室还承担了面向教学研究机构和公司企业等的法律文献咨询和阅览服务。

（2）服务国家立法工作的基础业务建设

法律文献研究室根据工作需要，建立了可供计算机检索的《中外法律法规目录》。该目录包括英国、俄罗斯、日本、韩国、越南等30多个国家和地区的法律法规近4000余条，特别是对东南亚一些国家以及我国周边国家的经济法规做重点搜集和整理，大大提高了咨询效率。

3.融合发展

法律文献研究室是20世纪80年代北京图书馆参考工作改革发展的重要成果。考察法律文献研究室的设立与发展过程，有几点值得思考。

（1）服务广义的立法机关与专题文献咨询的扩展

法律文献研究室筹建之初明确定位"对口为人大常委会及其附属机构服务"，并强调在做好为全国人大服务的前提下，"可适当为国家司法、行政机构的政策法规部门及学术研究服务"。这实际上与我国的立法体制有关。我国的立法体制是在最高国家权力机关集中行使立法权的前提下，以"在中央的统一领导下，充分发挥地方的主动性、积极性"为原则，形成的统一而又分层次的立法体制，[①]包括全国人大及其常委会立法、国务院及其部门立法、一般地方立法、民族自治地方立法、经济特区和特别行政区立法。[②]从立法实践上，通常是由法律案的提案人或提案人所属部门或工作机关负责起草法律草案。具体包括：全国人大主席团、全国人大常委会、全国人大各专门委员会提出的法律案；由国务院提出的法律案；最高人民法院起草与司法审判以及审判组织有

---

① 中国人大网.我国的立法体制、法律体系和立法原则[EB/OL].[2003-04-025].http：//www.npc.gov.cn/zgrdw/npc/xinwen/2003-04/25/content_316546.htm.

② 中国政府网.立法制度[EB/OL].[2005-06-17].https：//www.gov.cn/test/2005-06/17/content_18185.htm.

关的法律草案；最高人民检察院起草与检察工作和检察院的组织有关的法律草案；中央军委起草有关军事方面的法律草案。因此，全国人大无疑是我们立法服务的重要对象群体，但是伴随着服务的推进，服务对象也应逐渐扩展范围，对应国家分层次的立法体制特点开展服务。

从咨询内容上看，法律草案起草过程中，需要更多的是古今中外同类法律的立法背景资料，涉及不同学科领域的知识内容，而不仅仅是法律条文本身。因此需要将法律咨询适当跨界，注意将法律文献咨询与多学科领域的一般参考咨询结合起来。由此，1995年北京图书馆法律文献研究室与社科咨询室合并组建哲学社会科学参考组，也是立法咨询服务内在业务发展规律使然。

（2）为常委会和专委会服务的计划与实现

为每两个月一次的常委会"讨论与通过法律"提供咨询和图书资料，是乔晓阳在全国人大和北京图书馆双方会商时提出的建议。也是目前为止所见全国人大向国家图书馆提出为常委会服务的最早记录。然在法律文献研究室服务人大立法工作过程中，并未真正建立为常委会服务的有效工作机制和制度。直到1998年国家图书馆开启全面、系统性服务两会后，国家图书馆才真正实现了为常委会两月一次会议的定期服务，并由之进一步扩展到为全国人大常委会委员长会议服务，为各专委会的服务亦逐渐实现常态化。[①]

从历史的角度看，有关研究室的规划"基本上要与人大设立的法律、外事、财经、教科文卫、民族、华侨六个委员会相对口"的考虑是全面而具有步骤性的。其最终实现是在2011年底，国家图书馆在立法决策服务部下设综合服务组、教科文卫组、社会经济组、内务司法组、外交与国防组、服务推广与保障组、部级领导干部历史文化讲座服务组。[②] 前五个科组即是对标（当时）全国人大专委会的相应机构设置的。或者可以说，2012年国家图书馆为国家立法和决策进行内设机构调整的思路，早在20世纪90年代初即已现雏形。

就一项业务或一种服务形式而言，无论是建立起有效工作机制，还是提供机构建制上的保障，是需要经过一段时间的实践积累过程的。这个过程内含

---

① 张雅芳，卢海燕，王磊. 履行国家图书馆职能，为国家立法与决策服务 [J]. 国家图书馆学刊，2005（3）：2-6.

② GZ4592. 关于立法决策服务部内设机构调整的通知. 国图发〔2011〕51号 [A]// 国家图书馆立法决策服务部. 国家图书馆参考工作档案汇编（1998—2016）.2018.

两个要素：其一是伴随着国家立法决策的民主化、科学化进程的不断加快，[①]在立法调研、立法审议和法律修订等工作中的法律文献信息需求日益增强；其二是国家图书馆综合服务能力的整体提升。因此，一项服务的提出，既要有对业务发展前瞻性的判断，更要有为实现目标所做的一切坚持和努力，二者缺一不可。

（3）文献资源的一般性收藏与满足特定需求

如何处理一般性文献与专题特殊类型文献的关系，涉及作为服务主体的图书馆自身基础业务建设问题。法律文献研究室的服务主要依托国家图书馆总书库的文献支撑和保障，但是在服务过程中，国家立法机构更多的是集中在对国外原始法源性文献的需求，亦即对现行法律、法规、法院判例、行政规章和行政命令汇编一类的文献资料。而还未具备法律数据库的年代，北京图书馆馆藏中（20世纪90年代）对原始法源性的文献收藏较少且分布零散。[②]这属于专题文献咨询服务中的共同性的特点。因此，如何做好一般性的馆藏资源的收藏和专业文献的"全"，则是图书馆文献资源收藏和建设永恒的主题。而对于国家图书馆而言，法律文献的"全"是履行为国家立法决策服务职责的当然要求。

三、中国学文献研究室

1. 从设想到成立

有关中国学文献研究室的设立，目前我们所见的最早记录是王靖元[③]于1988年1月27日写给时任北京图书馆副馆长杨讷的《建立中国学文献研究室（附资料室）的设想》[④]（简称《设想》）。《设想》从"为什么要建立中国学文献研究室""筹建设想""资料收集方法"和"完成任务条件"等四个方面提

---

① 科学立法、民主立法、依法立法的理论与实践 [EB/OL].[2022-09-15]http：//www.npc.gov.cn/npc/.

② GZ01288.科学文献检索室、参考咨询组、软科学、中国学、法律文献组 1994 年工作总结函 [A]// 国家图书馆立法决策服务部 . 国家图书馆参考工作档案汇编（1960—1997）.2018.

③ 王靖元（1933—2021），时为参考研究部参考馆员，中国学文献研究室成立后，主要从事苏俄文献研究和咨询服务。作者注。

④ GZ00692.建立中国学文献研究室（附资料室）的设想 [A]// 国家图书馆立法决策服务部 . 国家图书馆参考工作档案汇编（1960—1997）. 2018.

出在北京图书馆参考研究部建立中国学文献研究室的设想。《设想》认为"全面收集、整理和向读者提供国内外研究中国的文献资料"是国家图书馆的重要任务之一。并进一步阐明，随着北京图书馆参考工作改革的不断深入和北京图书馆新馆开放接待读者（1987年10月），建立中国学文献研究室的人力和物力条件已经具备。杨讷于1988年2月8日将对《设想》的批示意见回复给时任参考研究部主任曹鹤龙："我个人很同意建立一个中国学文献研究室，但不知目前条件（主要是人员、房子）是否具备。等你有空时，我们讨论一下。"

1989年1月20日，参考研究部提出筹建中国学文献情报中心的设想。[①]分为"筹建方针""服务对象""工作任务""人员编制""设备、经费"和"附注"六个部分的内容。在最后附注中特别说明，"目前筹备阶段暂称中国学文献研究室，下属于参考研究部社科参考组"。1989年5月29日，北京图书馆第十五次馆长办公会议"听取了陈汉玉[②]同志关于中国学文献研究室筹建方案的汇报""同意以参考部现有人员为基础，组建中国学文献研究室，开展工作"。这是北京图书馆馆长办公会议正式同意"组建"中国学文献研究室的开始。自此，"中国学文献研究室"进入边组建边开展工作的阶段，到1989年年底，已经有工作人员4名。[③]

关于中国学文献研究室正式成立的时间，在时任主任曹鹤龙1990年述职报告中有"筹建中国学文献研究资料室、法律文献研究资料室"[④]的表述，可见，1990年中国学文献研究室还处于筹建的状态。中国学文献研究室《一九九一年工作总结》则明确表述为："一九九一年三月，我室正式成立，确定了方针任务和近期工作内容"，另外，在1991年中国学文献研究室个人年度总结中，已有"中国学文献室于一九九一年二月二十八日召开第一次室务会

[①] 李致忠.国家图书馆馆史资料长编（1909—2008）[M].北京：国家图书馆出版社，2009：957-958.

[②] 陈汉玉（1948—），时任北京图书馆中国学文献研究室负责人。1995年3月至2003年4月，先后担任国家图书馆外文图书编目部和善本特藏部副主任。作者注。

[③] GZ00878.1989年参考部机构、人员建制情况[A]//国家图书馆立法决策服务部.国家图书馆参考工作档案汇编（1960—1997）.2018.

[④] GZ01073.曹鹤龙1990年述职报告[A]//国家图书馆立法决策服务部.国家图书馆参考工作档案汇编（1960—1997）.2018.

议，宣布正式成立"的记载，两份总结相互印证，可知1991年2月28日是中国学文献研究室正式成立的时间。①从馆长办公会正式批准"组建"到实际真正成立历时近两年的时间，其间中国学文献研究室以边筹建边开展工作的方式开始了业务建设。

2. 工作计划及实施

中国学文献研究室筹建伊始便明确要将该室建成一个以中国学为主题，集文献收藏、学术研究和咨询服务为一体的"中国学文献情报中心"。并将主要服务对象界定为"国外中国学界；国内学术界、教育界、文艺界、新闻、出版、图书资料等部门，以及社会团体和党政机关"，在此基础上确定了三项工作任务②：

（1）调查文献和解答咨询。包括调查中国学文献发表情况，调查国内中国学图书和重要论文、资料的收藏情况，调查流传国外的中国古籍及其他重要文献的收藏情况，建立适当规模的文献资料室，回答一般性咨询及进行更高级的研究工作和参考服务工作。

（2）普查研究机构和跟进最新研究成果。通过对国外中国学研究机构、研究人员及其研究成果和动态普查，建立研究机构档案；与各国中国学研究机构及人员建立经常性的直接联系，互相交换研究信息及成果，与最新研究成果保持同步。

（3）组织学术交流和服务。根据实际需要组织或接受委托组织中国学情报交流会或专题讨论会，组织国内专家对中国学研究成果进行评价、比较、分析，收集国内学术界对中国学家及其成果的反应，发表中国学研究动态，为促进中国学术界与国外中国学界的学术交流提供各种积极的服务工作。

尽管中国学文献研究室从筹建到正式成立历经近两年时间，其相关工作的开展实际上已经是按照上述任务计划逐渐展开，主要可以概括为建立中国学目录、开展文献调研、解答读者咨询和开展学术交流等四个方面。

第一，建立中国学目录。编制专题文献目录是北京图书馆时期参考研究部

---

① GZ01105.1991年参考研究部员工（个人）工作总结[A]// 国家图书馆立法决策服务部.国家图书馆参考工作档案汇编（1960—1997）.2018.

② GZ00854.中国学文献情报中心筹建报告[A]// 国家图书馆立法决策服务部.国家图书馆参考工作档案汇编（1960—1997）.2018.

对各文献研究室基础业务建设的首要要求。因此，中国学文献研究室筹建伊始便着手启动中国学目录建设工作。其中包括通用性的馆藏中国学目录和中国学专题目录两种。馆藏中国学目录的编制从最初复制馆藏相关目录卡片到年度更新补充，至1994年"中国学文献研究室已拥有一套完整的带有中译名的馆藏外文中国学图书目录"①。这些工作一方面加强了中国学文献研究室对北京图书馆馆藏中国学文献的了解，另一方面也为更好地服务读者做了初步的准备。与此同时，该文献研究室的专业图书馆员根据自身学科背景还编制完成了《北京图书馆馆藏中国学辑译录》（西文、俄文）（1989—1990）、《国外中国学研究目录》（1991）、《苏联中国学论文题录索引》（1991）、《比较文学论文索引》（1991）等专题类的中国学目录。

第二，开展文献调研。中国学文献研究室筹建之初，适逢全国图书馆界开展文献资源调查工作。②北京图书馆作为主要参加馆，积极开展相关文献的调研工作。中国学文献研究室以此为契机，对馆藏西文、日文和俄文的中国学文献进行了调查，总计调查文献35921种，最终形成调查报告《馆藏中国学文献调查概述》③。本次文献调研不仅基本厘清了馆藏西、日、俄文中国学文献的

---

① GZ01288.科学文献检索室、参考咨询组、软科学、中国学、法律文献组1994年工作总结[A]// 国家图书馆立法决策服务部.国家图书馆参考工作档案汇编（1960—1997）.2018.

② 1988年10月26—29日，全国文献资源调查工作会议在北京大学图书馆召开，会议主要研究和部署即将开展的对全国重点单位的文献资源的调查工作。这是我国首次跨地区、跨系统的文献资源调查，主要以具备科学研究服务条件的文献收集单位为调查对象，其目的在于调查和评估我国主要学科文献收集的完备程度和支持研究决策的能力，以掌握我国文献资源的优势和薄弱乃至空白环节。文献资源调查工作是为进行全国文献资源的规划协调、科学管理和建立全国文献资源保障体制提供决策依据，并为有关文献收藏单位在开发和利用现有文献资源方面提供切实的帮助。全国文献资源调查工作由部际图书情报工作协调委员会文献资源专业组统一领导，部际图书情报工作协调委员会是由国家十一个部委组成的高层次的文献资源协调机构。
资料来源：李晓明.全国文献资源调查工作将全面铺开[J].图书馆学通讯，1989（1）：80.
李玉文.全国文献资源调查工作会议在京召开[J].晋图学刊，1988（4）：89.

③ GZ00842.馆藏中国学文献调查概述[A]// 国家图书馆立法决策服务部.国家图书馆参考工作档案汇编（1960—1997）.2018.

来源及数量，同时对北京图书馆馆藏中国学文献的质量作出深入分析，为进一步开展中国学文献收藏、研究与服务奠定了良好的基础。

除了上述综合性的文献调研，中国学文献研究室还完成了《馆藏英国研究中国艺术图书报告》《北京图书馆各阅览室西文中国学文献收藏报告》（1990）。

第三，解答读者咨询。伴随编制中国学目录和馆藏文献调研等基础工作的开展，接待并解答读者咨询也逐渐成为文献研究室工作的重要内容。咨询数量逐年增加，1993年完成咨询80件，1994年上升到127件。其中，包括来自俄罗斯、德国、法国、瑞士、美国、印度、日本、香港等国家和地区的学者咨询。有些咨询系统而深入可自成专题，如1994年为日本冲绳县成立档案馆，提供了北京图书馆《馆藏中国—琉球关系史图书资料目录》，该目录包括古籍善本、金石、舆图等文献共41种（65种版本），获得冲绳县知事专函致谢。[①]

第四，开展学术交流。中国学文献研究室的服务对象首要的是面向"国外中国学界"和"国内学术界"，因此从筹建到正式成立，便陆续与包括苏联、俄罗斯、美国、澳大利亚、法国、荷兰等国家的中国学研究机构和学者建立联系。研究室曾经多次接待俄罗斯汉学家李福清（Boris Rifitin）并为其提供服务。1991年中国学文献研究室与书目文献出版社（国家图书馆出版社前身）共商创办不定期学术刊物《国际汉学》，由时任北京图书馆馆长任继愈为主编，中国学文献研究室负责相关文献的编译工作。1992年4月17日，参考研究部正式聘请著名德国汉学家、《华裔学志》驻中国代表弥维礼博士（Wilhelm K. Müller）为《国际汉学》顾问。[②]

3. 机构撤销及原因分析

1994年6月，北京图书馆新一届领导班子主持工作，确定了"调整机构，理顺关系，改革机制，提高效率，巩固基础，明确方向"的工作总任务。作为总任务的内容之一，1995年4月，北京图书馆进行了组织机构调整。中国学文献研究室与软科学研究资料室等一并被撤销，合并到由社科咨询室和新建的法

---

① GZ01288. 科学文献检索室、参考咨询组、软科学、中国学、法律文献组 1994 年工作总结 [A]// 国家图书馆立法决策服务部. 国家图书馆参考工作档案汇编（1960—1997）.2018.

② 《国际汉学》聘请学术顾问 [J]. 参考工作，1992（1）：72.

律政策咨询室共同组成的哲学社会科学参考组。①

如此调整的考虑，主要是基于两点：一是认为原参考研究部各文献研究室的"文献研究尽管取得了个别专题进展，但未能形成全局目标体系，也未能对我馆的前沿服务——咨询工作形成后援。文献研究与图书馆工作及读者服务相对脱节"，二是以软科学资料室等为代表的专题阅览室的设置"不能解决文献内容彼此交叉覆盖的问题"，藏书范围"并无确切标准"，读者利用率不高，而同时为满足专题阅览室的需要又产生了"破坏基藏库藏书体系"的问题。②

针对这两大问题，北京图书馆首先试图通过机构调整解决，将原图书馆学研究部的有关图书馆学研究功能和参考研究部的文献研究职能合为一体，以期达到"将参考工作与读者工作结合得更紧密"的目的，其实际操作方案就是裁撤文献研究室；其次是建立电子信息部，以期利用电子化手段，"建立完善的检索体系，满足读者专题用书的需要，同时提高我馆的文献检索能力，带动和提高我馆的文献供应水平和咨询水平"③，其实际操作方案就是成立电子信息部的同时，关闭专题文献阅览室。

中国学文献研究室以及参考研究部其他文献研究室，在深化文献研究、提供专题文献咨询服务等方面，取得一定成绩，在相关领域的学术界也产生了积极的影响。④但其被裁撤的理由总体上可以概括为三个方面：文献研究与读者服务的关系，专题文献建设与藏书体系的关系，专题文献阅览室收藏专题内容和边界范围的关系。这三大关系所表现出来的问题确实有其典型性，不仅仅存在于该时期的中国学文献研究室，它是图书馆建立专题文献研究室（阅览室）所必然出现的问题，尤其是随着现代科学技术的发展，学科交叉融合速度

---

① GZ01393. 参考辅导部1995年工作小结 [A]// 国家图书馆参考工作档案汇编（1960—1997）.

② 叶仁文. 机构调整是北图改革的必要前提和重要内容 [J]. 北京图书馆馆刊，1995（3）：2-10.

③ 叶仁文. 机构调整是北图改革的必要前提和重要内容 [J]. 北京图书馆馆刊，1995（3）：2-10.

④ 卢海燕. 哲学为体 图书馆学为用：记国家图书馆参考工作学人焦树安先生 [J]. 国家图书馆学刊，2022（2）：106-113.

愈快，这三大关系的矛盾问题就愈加凸显。通过裁撤机构的方式只是将显性问题隐秘化，并非真正解决问题之道。事实证明，在原参考研究部基础上重新组建的参考辅导部，因为文献研究机构裁撤、人员分流，原有参考研究部已经建立的专题文献研究管理机制和考核方法也随之废止，部门工作职责和任务重心均发生变化，研究职能被大大弱化，因而本欲通过机构改革加强图书馆学和专题文献研究的目标，实际上是难以实现的。成立电子信息部，以期通过完善信息化检索体系为读者提供专题服务的方向是对的，但是事实证明，这条路也非原初设计者所愿。传统模式下的专题文献研究室和阅览室所存在的问题，虽然在计算机检索系统设计中能够得到一定程度的解决，但其依然折射到图书馆文献信息检索系统的功能设计中。在机构已经裁撤，图书馆计算机检索系统建设远未达到专题文献研究和读者对专题文献的需求匹配的情况下，老问题仍然存在。

从中国学文献研究室自身来说，撤销之前虽然人员数量已达7人，但是人员配备直到1991年才逐渐到位，在专业文献研究领域，每个专业人员基本上属于单兵作战，始终未形成合力。而由于成立时间较短，社会与科研机构需求不稳定，业务自我涵养能力薄弱。特别是进入九十年代后，"以文补文"成了图书馆发展自救途径之一，图书馆业务存在的合理性一时倒向以创收多少为工作成效的衡量标准，文献研究工作亦不例外。我们从1993—1994年参考研究部读者服务情况（表24，表25）可以看出，包括中国学文献研究室在内的各文献研究室，无论接待读者还是解答读者咨询数量，都是绝对的小众；创收情况更是无竞争之力（表26）。显然，文献研究室走"以文养文"之路已到了难以维系发展的地步。

中国学文献研究室的创建与终结之路是国家图书馆开展文献研究与服务的一段历史轨迹，它所揭示的却是永远内在于图书馆事业发展中，具有永恒性特征的问题。处理好三大关系产生的问题，有赖于国家社会经济发展水平和图书馆事业的推进，更需要图书馆决策管理者对图书馆开展文献研究工作的本质和必要性能够深刻地认知和把握，在文献研究机构和专题阅览室循环往复的设立和关闭中，逐渐确立国家图书馆应坚守不变的文献研究主题，以之强化参考馆员的内功，稳固图书馆读者服务的根本。

表24 1993—1994年参考研究部各组接待读者数量[①]

单位：人次

年	检索组		工具书组		咨询组		文献组					总计
	阅览服务	光盘服务	读者阅览	年鉴展览	社科咨询	科技咨询	马列室	软科学	哲学室	中国学	法律室	
1993	21306	584	32153	2500	534	697	700	69	273	62	23	58901
1994	20433	834	31848		427	897	188	404	235	33	50	55349
合计	41739	1418	64001	2500	961	1594	888	473	508	95	73	114250

表25 1993—1994年参考研究部各组解答读者咨询数量

单位：件

年	咨询	检索组	工具书组	咨询组		文献组					总计
				社科咨询	科技咨询	马列室	软科学	哲学室	中国学	法律室	
1993	口头	1578	215	584	697	20	15	142	70	20	3341
	书面	50	10	136	173	4		94	10	8	485
1994	口头	3748	323	427	748	17	210	17	59		5549
	书面	65	3	102	254	4	16	12	68	24	548
合计		5441	551	1249	1872	45	241	265	207	52	9923

表26 1993—1994年参考研究部各组有偿咨询总收入明细表

单位：（人民币）元

年	检索组	工具书组	咨询组		文献组					总计
			社科咨询	科技咨询	马列室	软科学	哲学室	中国学	法律室	
1993	68792	425	6524	12055	1881			2502		92179

---

① 表24至表26中有关1993年和1994年的北京图书馆参考研究部的读者服务和创收信息，系作者根据参考研究部1993年和1994年的工作总结汇总整理而成。

（续表）

年	检索组	工具书组	咨询组		文献组					总计
			社科咨询	科技咨询	马列室	软科学	哲学室	中国学	法律室	
1994	124065.3	3320	4277	15661	838				5373	153534.3
合计	192857.3	3745	10801	27716	2719				7875	245713.3

第八章 分析与思考

1949年以来北京图书馆参考工作发展史所经历的三个时期，既是新中国社会发展变迁史的折射，同时也是国家图书馆发展史的缩影。反观参考工作自身发展在该时期图书馆工作中的角色定位、业务内涵和承担主体，体现出三个突出的特点。

第一节 参考工作的实践性与工具性

刘国钧在《什么是图书馆学》中对图书馆学具有实践性的目的做过清晰阐述。他说，图书馆学"改变现实使它更合于人们的理想。它企图改造的现实乃是人们的文化生活、人们的思想、知识、技能，乃是人类社会生活中重要现象"[1]。王子舟则将这种实践目的提升总结为"实用原则是图书馆学最本质的精神抽象，是图书馆学的主要哲学基础。……图书馆学的实用性或体现在针对图书馆活动的理论指导上，或体现在其学术成果本身就具有工具性，能够助人获取知识信息上"[2]。图书馆学的实践性从其外化表现形式来讲，即是图书馆服务的经验实践，因此，作为体现图书馆服务的主要方式之一的参考工作，其实践性与工具性正是一种逻辑的必然。

在新中国建设初期，图书馆的需求主要来自两个方面，其一是政权更迭和新的社会意识形态的变化；其二来自于历经多年战乱之后，国家亟待恢复的

---

[1] 刘国钧.什么是图书馆学[J].中国科学院图书馆通讯，1957（1）：1-5.
[2] 王子舟.20世纪中国图书馆学发展的三次高潮[J].图书情报工作，1998（2）：1-5，33.

大规模国民经济建设。前者表现为向苏联学习和对马克思列宁主义思想的广泛宣传和教育，在新的意识形态主导下，"舍美袭苏"的一边倒做法成为那个时代的主色调。在图书馆领域，全面复制苏联图书馆思想理论、图书馆事业建设、图书馆学教育和研究，以及图书馆具体业务实践等，成为第一要务。过度夸大图书馆的意识形态功能，导致图书功能的"泛政治化"[①]也体现在参考工作的业务实践中。如1956年由刘国钧负责组织开展了"图书馆员基本业务知识讲话"[②]系列讲座，其中"图书馆的参考咨询工作"开宗明义强调，公共图书馆的参考咨询工作任务首先是"向读者宣传党和政府的政策和决议，解释目前国际形势和国内经济政治生活中的重大事件"；其次才是"帮助读者获得人文科学、自然科学、工农业技术各个门类的基本知识；给当地各种企业、机关团体、政府部门，提供关于本地经济、政治、文化、教育等方面的资料"[③]，参考工作工具性的政治属性被充分地凸显。"文革"期间"泛政治化"倾向发展到极端，从而严重侵蚀到包括参考工作在内的图书馆各项业务工作，北京图书馆的全面停摆即是例证。

　　与图书馆事业发展中的"泛政治化"社会需求相并行的是新中国成立以后的大规模社会主义经济建设。1956年1月14日，周恩来总理在关于知识分子问题的会议上提出"向科学进军"[④]的号召。为贯彻落实这一号召，国家先后发布《1956—1967年科学技术发展远景规划纲要（修正草案）》和《1956—1967哲学社会科学规划纲要》。北京图书馆积极响应，制订了《北京图书馆十二年

---

① 韩永进. 中国图书馆史（现当代图书馆卷）[M]. 北京：国家图书馆出版社，2017：69.

② 1956年，在向苏联学习的形势下，为提高图书馆员基本业务知识，由刘国钧负责组织开展"图书馆员基本业务知识讲话"，总计八讲，其内容为《图书馆的工作和图书馆员的任务》（第一讲 刘国钧）、《图书馆藏书采购和藏书组织》（第二讲 陈鸿舜）、《图书分类》（第三讲 刘国钧）、《图书馆目录》（第四讲 刘国钧）、《图书馆的图书流通工作》（第五讲 万希芬、孙冰炎）、《图书馆的群众工作》（第六讲 张树华）、《图书馆的参考咨询工作》（第七讲 朱天俊）和《推荐书目的编制和使用》（第八讲 朱天俊），全文连载发表在《图书馆工作》1956年第4、5和6期上。作者注.

③ 朱天俊. 图书馆员基本业务知识讲话 第七讲 图书馆的参考咨询工作[J]. 图书馆工作，1956（6）：70-75.

④ 关于知识分子问题的报告[N]. 人民日报，1956-01-30（1-2）.

（1956—1968）工作规划纲要（草案）》。图书馆学家们亦纷纷发声表达图书馆在"向科学进军"中应做好为科学研究服务的工作。向达在《人民日报》发表《科学研究工作需要充分的图书资料》①一文。他说：国家图书馆、科学院图书馆和大学图书馆应该把参考工作提到应有的地位。多编各大图书馆所藏某一类书或某一专题的联合目录、专门目录、专题论文索引、专书索引、各种期刊索引。编辑图书通讯、科学技术文摘、书评文摘。同出版社合作，影印或重印馆藏重要善本图书。这些措施，对于科学研究都是迫切需要的。杜定友认为："图书馆为科学研究服务是我国图书馆学上一个新的课题，必须有新的看法和新的做法……为科学研究服务，动员图书馆全部的人力物力，这是必需的，但参考研究部应负主要的责任。必须配备专职干部，实际负责，领导一切为科学研究服务的工作，大型图书馆除了一般专业干部外，还要有专科研究员的设置。"②在这样的背景下，北京图书馆通过"编辑专题资料目录""提供参考资料"和"开办研究室，协助研究工作"，以及成立科学顾问委员会等方式，为国家经济文化建设服务、科学研究服务，参考工作迎来了建国以来的第一个高潮。

这是基于国家经济建设和社会文化发展需要而对图书馆参考工作提出具体要求，它在某种程度上弱化了在意识形态主导下凸显的参考工作实用工具性的"泛政治化"属性，突出了参考工作的业务本性。到改革开放八十年代，北京图书馆参考工作才真正从根本上回到其本然的业务发展轨道。

第二节　参考工作的变与不变的要素

讨论参考工作的实用性与工具性问题，实质上是在讨论参考工作的定位问题。社会环境的发展与变迁，直接导致参考工作定位的变化。究其根本，这种变化还在于作为参考工作的内涵是有其"变"与"不变"的要素，"不变"的要素是参考工作从诞生之日起，得以恒定存在的根本。

纵观国家图书馆参考工作发展的历史，"变"的要素可以概括为环境（政

---

① 向达.科学研究工作需要充分的图书资料[N].人民日报，1956-05-11（3）.
② 杜定友.图书馆怎样更好地为科学研究服务[J].图书馆学通讯，1957（2）：49-51.

治、经济、文化等）、机构（专职或附属）、人员（专职或兼职）、制度（专门规定或附于读者服务规章）、方法（分析或综合）、工具（不同种类、不同载体）、场所（工作、服务、展现）等，这些要素在不同时期会有不同的组合。如1928年9月北平图书馆设立参考科时，参考工作基本上是解答读者在使用图书文献时遇到的问题，以及由之产生的相关专题书目的编制业务；到1949年之后，特别是五十至六十年代，随着图书馆社会宣传教育功用的加强，参考馆员通过编制专题书目进而扩展为以书目为主线举办相关专题的图书文献展览和讲座，由此，展览和讲座又成为参考工作成果的一种表现形式。但是这些"变"的要素所体现的只是参考工作在某一阶段的发展程度，如设置专职机构说明其建制稳定，制订相关业务制度说明其管理规范等。这些"变"的要素的多和少，以及在不同时期相互之间的不同组合，则是由内涵其中的"不变"的根本所决定。

  这个"不变"的根本主要包含两点，一是参考工作之所以存在的前提与根据；二是参考工作对文献内容的洞察与把握。参考工作存在的前提和根据必定是国家的发展和社会的需求，这种需求可以表现为或机构或个体等不同类型的"读者"（用户）对图书馆文献信息的需求。只要有对文献信息使用的需求，势必就有读者和图书馆员之间关系的存在。因此，只要从"需求"到"关系"的联动链条不断，参考工作就不会终止。"文革"前期北京图书馆参考工作的停顿，是国家图书馆参考工作发展史上唯一一次"需求"与"关系"的分离。而1972年参考工作的恢复，恰恰是二者的链条回归联动的正途。我们也可以从另外一个角度表述为，图书馆参考工作的兴与衰是与国家的发展同步的。国家和社会的需求存在是参考工作存在"不变"的根本，而一旦需求与图书馆员服务相对接，对文献内容的洞察与把握，则是参考工作得以存在的本质要素。在国家图书馆参考工作历史上，有关边疆主题的参考咨询工作，尤为突出地体现了这一点。如：《关于朝鲜及安南史书目》的编制（1927）[①]；为国民政府外交部提供英国陆军部印《马来群岛地图》以证明珊瑚九岛为中国领土

---

① 北京图书馆.北京图书馆第二年季度报告[M].北京：北京图书馆，1928：20-22.

（1933）[1]；为国务院图博口领导小组提供《关于钓鱼岛是我国领土的资料》（1971—1972）[2]；以及为全国人大常委会提供有关钓鱼岛事件发生前后的媒体报道（1991）[3]等均是例证。

虽然参考工作中的"变"与"不变"的关系在不同历史时期展现出不同的表现形式，但是自参考工作产生之日起这样的关系便始终存在，即使是在"舍美袭苏"泛政治化的特殊年代，国家经济建设和科学发展仍会出现"向科学进军"的高潮，这是在"变"的情况下，参考工作"不变"的根本要素始终不变的逻辑必然。

第三节　参考工作的体与用的关系

参考工作的实施是由参考咨询馆员作为承担服务的主体来完成的，因此参考馆员的作用至关重要。回顾1949年以来国家图书馆参考工作发展的历史，可以清晰地看到参考馆员的专业学科知识与参考咨询服务有着极为重要的关系。这种关系我们将其概括为体与用的关系，也即专业为体，服务为用。

特定学科领域的专业知识是参考咨询馆员洞察和把握文献内容、驾驭参考咨询课题的本体，通过将专业知识运用到读者服务中，才能解决读者利用文献中出现的问题。这是从参考工作服务主体"人"（参考咨询馆员）的角度概括总结的一个特征，这一特征在20世纪80年代的北京图书馆参考工作中表现的最为突出。前文所述1984年的参考研究部的内设机构调整，强化了专业学科文献研究功能，并以此为基础在组织机构上形成学科化分工（参见图45），到1988年，参考研究部已经形成以业务科组为架构、以参考咨询和文献研究为支撑的机构建制。这种"前店（咨询室）后厂（文献研究室）"式的机构模式，充分

---

① 1933年8月袁同礼函外交部罗部长送南沙群岛地图（文稿）及罗文干复函（原件）（档年录2.17）[M]//北京图书馆馆史资料汇编（1909—1949）.北京：书目文献出版社，1992：381-383.
② 卢海燕，张曙光，谢岩岩，等.历史与现实的对话：国家图书馆立法决策服务工作史档案整理初述[J].国家图书馆学刊，2019（5）：34-40.
③ GZ01101.参考研究部1991年工作总结[A]//国家图书馆立法决策服务部.国家图书馆参考工作档案汇编（1960—1997）.2018.

发挥了参考馆员专业优势,不仅形成一批专业文献研究成果,同时也使为读者提供的参考咨询服务更为专业化。如戚志芬之于历史学,张秀民之于印刷史,杨殿珣之于版本目录学,田大畏之于俄罗斯文学,令恪之于印地语,焦树安之于哲学,周迅之于历史学,杜心士之于物理学,都是典型代表。因之,国家图书馆参考工作发展在20世纪80年代取得业界瞩目的成绩也就成为必然的结果。

尾 声

以1949年为分界线，国家图书馆历史的前四十年，受欧美图书馆理念影响，在积极向欧美学习的过程中，完成了从古代藏书楼向现代图书馆的转变。参考工作的孕育、产生和发展，正是这个历史过程的重要成果之一，其间，从1928年设立参考科到1937年抗战爆发前，形成了国家图书馆参考工作发展史上的第一次高潮。中华人民共和国成立初期，虽然历经政权更迭和国体政体的变化，特别是在"舍美袭苏""泛政治化"等对图书馆事业产生极左影响的形势下，国家图书馆参考工作的业务发展并未停止。在吸收苏联图书馆工作实践有益做法的同时，以国家经济建设和科技发展的巨大需求为动力，在"向科学进军"为科学服务的进程中，形成了国家图书馆参考工作发展史上的第二次高潮。"文革"中参考工作随着北京图书馆闭馆、全体图书馆员参加运动而终断。经过"文革"后期的短暂复苏，伴随着1978年中国共产党十一届三中全会的召开，国家迎来了改革开放的春风。八十年代的北京图书馆参考工作，在改革中重新焕发了生机和活力，形成了国家图书馆参考工作发展史上的第三次发展高潮，并逐步探索走上了中国特色的图书馆参考工作发展之路。

进入九十年代，市场经济快速发展，国家在图书馆事业上投入相对不足，图书馆经费紧张，从业人员收入低下，图书馆事业陷入前所未有的困境，[①]"有偿服务"成为图书馆业务工作中的主题词。为改变图书馆的发展与社会信息需求不适应、图书馆传统管理机制与高速发展的信息网络技术不适应的突出问题，国家图书馆以国家法律和政策为依据，实施以机构改革为中心的管理体

---

① 王子舟.建国六十年来中国的图书馆学研究[J].图书情报知识，2011（1）：4-12，35.

制改革，以人事制度、分配制度为重点的管理机制改革。[①]与此同时，互联网信息技术在传统图书馆领域，特别是在参考咨询服务领域的应用，得到了长足进展。继1987年参考研究部科学文献检索室开启光盘检索业务后，1995年集光盘检索、联机检索、用户培训、咨询服务和阅览服务于一体的北京图书馆电子阅览室正式面向读者提供服务；1998年建立"全国图书馆信息咨询服务网"。1999年初国家图书馆千兆馆域网开通，成为国内图书馆界首家使用千兆位以太网络技术的机构，这对国家图书馆在计算机网络技术应用领域具有里程碑意义。

在国家图书馆改革进取的大背景下，参考工作领域也不断创新，相继推出两会服务（1998）、国家图书馆部委分馆（1999）、部级领导干部历史文化讲座（2002）、国图数据资料库（2002）、国家图书馆网上咨询台（2005）、国家图书馆立法决策服务平台（2008）等系列服务项目；成立了北京图书馆简报中心（1998）、国家立法决策服务部（在参考研究辅导部加挂 1999）、国家图书馆企业信息服务中心（2005）、立法决策服务部（2007）[②]、国家图书馆海外中国学文献研究中心、法律参考阅览室（2009）[③]、国家图书馆中国边疆文献研究中心（2012）、国家图书馆科学评价中心（2017）等相关参考工作的专职服务机构，国家图书馆参考工作以及为国家立法与决策服务的支撑和保障能力大大提高，影响力日益扩大，国家图书馆迎来了参考工作发展历史上的新阶段。

---

① 刘惠平. 国家图书馆 [M]// 中国图书馆事业（1996—2000）. 长沙：湖南科学技术出版社，2002：78-85.
② 根据 2020 年 10 月 30 日文旅人函【2020】478 号，国家图书馆立法决策服务部更名为立法和决策服务部。
③ 2011 年 12 月 5 日，经 2011 年 28 次馆务会研究决定，立法决策服务部加挂"海外中国问题研究资料中心"牌子，"海外中国学文献研究中心"遂以此名更替。

附录一　国家图书馆参考工作机构部分负责人任职年表

历史时期	姓名	职务	任职时间
北京图书馆—北平北海图书馆 1926年3月—1929年8月	汪长炳	参考科科长	1928年9月
国立北平图书馆 1929年8月—1949年9月 [含（国立北京图书馆）]	刘国钧	编纂部主任兼阅览部主任	1929年10月—1933年2月
	汪长炳	编纂部西文编目组组员 阅览部参考组组长（兼）	1929年7月—1932年6月
	严文郁	编纂部主任兼阅览部主任	1933年7月—1935年6月
	王访渔	总务部主任兼阅览部主任	1935年7月—1938年6月 1942年—1943年
	莫余敏卿	阅览部参考组组长	1936年7月—1937年9月 1946年
	岳良木	工程参考图书馆主任（南京）	1936年7月—1937年6月
	钱存训	工程参考图书馆主任（南京）	1937年7月—1938年春
	金守淦	参考组组长	1942年4月
	丁濬	参考组组长	1943年,1945年—1946年9月
	顾斗南	工程参考图书馆（南京办事处）编纂	1946年，1949年
北京图书馆 1949年9月—1998年12月	张全新	副馆长兼参考辅导部主任	1951年11月
	贾芳	阅览参考部主任	1952年8月—1956年12月
	张申府	参考研究部主任	1957年1月—1958年2月
	杨殿珣	参考书目部主任	1962年11月—1965年

（续表）

历史时期	姓名	职务	任职时间
	许觉民	参考研究部主任	1973 年 4 月—1978 年 4 月
	姚 炜	参考研究部主任	1980 年 7 月—1982 年 2 月
	田大畏	参考研究部主任	1982 年 2 月—1984 年 4 月
	曹鹤龙	参考研究部代主任	1984 年 5 月—1986 年 2 月
		参考研究部主任	1986 年 2 月—1991 年 5 月
	马惠平	参考研究部副主任	1986 年 8 月—1989 年 5 月
		参考研究部副主任	1992 年 7 月—1995 年 3 月
		参考辅导部副主任	1995 年 3 月—1998 年 4 月
	胡昌媛	参考研究部副主任	1988 年 4 月—1988 年 12 月
	苏爱荣	参考研究部副主任	1989 年 2 月—1992 年 8 月
	李志刚	参考研究部副主任	1989 年 2 月—1990 年 3 月
	焦树安	参考研究部主任	1991 年 5 月—1995 年 3 月
		参考辅导部主任	1995 年 3 月—1997 年 11 月
	王绪芳	参考辅导部副主任	1995 年 8 月—1997 年 9 月
	卢海燕	参考辅导部副主任	1997 年 10 月—1998 年 4 月

附录二 《参考工作》总索引
（1983—1994）

说明

1. 《总索引》条目按篇名、作者、出版时间、卷期和页码顺序编制。
2. 为便于检索利用，原刊卷期号统一用阿拉伯数字表示。
3. 凡期目录标题与正文标题出现不一致的情况，均以[]形式标注正文标题。
4. 凡篇名标题以[]形式标注的条目，均为编者据内容新加注标题。

篇名	作者	时间·卷期·页码
工作总结		
编者的话	北京图书馆参考研究部	1983.6（1：1）
北京图书馆参考工作近况	田大畏	1983.6（1：2-5）
一年回顾——本部1983年业务工作项目[参考研究部一九八三年完成的业务工作项目]	刘志学（汇集）曹鹤龙（审阅）	1984.9（4：1-11）
参考研究部1984年业务工作总结	潘岩铭（汇集）曹鹤龙（审阅）	1985.5（5：1-7）
北京图书馆联合目录工作进展情况	田大畏	1985.8（6：1-4）
参考研究部1985年工作总结	翟江宏（汇总）曹鹤龙（审校）	1986.3（7：1-7）
参考研究部1986年工作总结		1987.1（9：1-4）
参考研究部1987年工作总结		1988.12（12：1-7）
参考咨询部一九八八年工作总结		1989.1（13：1-7）
我的述职报告	曹鹤龙	1989.1（13：8-13，7）

篇名	作者	时间·卷期·页码
1989年参考研究部工作总结（附：参考研究部业务委员会名单）		1990.2（14：1-15）
工作规划		
关于筹建参考工具书阅览室、科学文献检索室、马克思主义文献研究室的三个文件		1986.11（8：1）
关于筹建参考工具书阅览室的几点意见		1986.11（8：1-4）
关于筹建科学文献检索室的意见		1986.11（8：5-6）
关于筹建马克思主义文献研究室的几点意见		1986.11（8：7-9）
谈谈北京图书馆参考工作	曹鹤龙	1987.9（10：1-8）
北京图书馆参考研究部性质、任务、服务方式及机构设置		1991.12（16-17：1-2）
《鲁迅研究总目索引》的编制目的与设想	焦树安	1991.12（16-17：138-139）
面向改革开放的新局面 进一步做好马列室工作	张西平	1993.6（20：31-34）
条例与规定		
北京图书馆关于参考研究部工作职责的规定		1985.5（5：8）
关于参考研究部近期工作的几点意见		1985.5（5：9-12）
参考研究部关于文献研究和书目工作规范的若干规定（1985年试行草案）		1985.5（5：13-16）
参考研究部干部考核与奖惩(试行)办法(1984年10月22日部务会议通过)（附：北京图书馆参考研究部单项业务工作计划书[样表]）		1985.5（5：16-28）
参考研究部业务委员会成立		1985.5（5：29）
文献调查与研究		
中国共产党成立之前的马克思恩格斯著作中译本文献缀要	苏爱荣	1983.6（1：49-56）
《哥达纲领批判》中译本介绍	张育平	1983.6（1：57-58）
关于若干资本主义国家共产党东京国际理论讨论会的文献	宋益民	1983.6（1：59-60）
国外大学情况资料简介	刘克俊	1984.3（2：60-64）
马列著作中文书目初探	苏爱荣	1984.9（4：19-46）
参加《文心雕龙》学会成立大会所想到的——附《文心雕龙》中外文翻译论著目录	王丽娜	1984.9（4：47-76）
研究日本物理学史的宝贵资料——《日本物理学史》	杜心士	1984.9（4：77-79）

篇名	作者	时间·卷期·页码
英语词典二十年	马龙璧	1984.9（4：80-86）
苏联书目索引概述（综合性的和社会科学部分）（未完待续）	王靖元（编著）	1986.11（8：95-121）
北京都城建置资料简辑	邢淑贤	1987.1（9：108-114）
苏联书目索引概述（综合性的和社会科学部分）（续完）	王靖元（编著）	1987.1（9：115-143）
世界上最早创立的大学	刘峥	1989.1（13：142）
年鉴·图书馆·读者——馆藏中文年鉴类工具书调查断想	马惠平	1991.12（16-17：3-5）
国外科学与技术人员评介系统研究报告	王淑芬 吴宁 黄树杭 王树军 吕小燕	1991.12（16-17：5-61）
日本孙中山研究文献综述	刘峥	1993.6（20：37-40）
中国藏书简史	焦树安	1993.6（20：41-80）
浅谈地方立法文献的搜集	高学哲	1994.12（21：9-11）
英国判例法文献简介	翟建雄	1994.12（21：12-15）
民国出版图书抽样调查	邱崇丙	1994.12（21：29-34）
国外科技人才问题综评报告	《国外科技人员管理》课题组 王淑芬（执笔）	1994.12（21：10-60）
中国当代哲学发展概述（1949—1994）	焦树安 张明华	1994.12（21：61-101）
文献研究与展览		
《马克思恩格斯著作在中国》书展介绍	曹鹤龙 苏爱荣 刘一平	1983.6（1：12-15）
举办《柯棣华大夫逝世四十周年、爱德华博士逝世二十五周年纪念展览》的一些体会	令恪	1983.6（1：16-29）
《马克思恩格斯著作在中国》展览工作总结	刘一平	1984.3（2：11-16）
"印度医疗队在中国"展览访印展出工作总结	令恪	1986.3（7：60-62）
中印友谊万古长春	令恪	1986.3（7：63-73）
访印观感	令恪	1986.3（7：74-81）
印度援华医疗队在中国大事记	令恪 王国文	1986.3（7：81-96，129）
"孙中山先生生平事业展览"目录	苏爱荣（编辑）	1987.1（9：5-107）

篇名	作者	时间·卷期·页码
《纪念鲁迅先生诞辰110周年图书资料展览》开幕词	任继愈	1991.12（16-17：79）
文化部副部长刘德有同志在开幕式上的讲话	刘德有	1991.12（16-17：80）
鲁迅书展部分说明文字及中文图书简目	王 宏 程 真	1991.12（16-17：81-98）
从鲁迅展览看鲁迅研究著作	王 宏	1991.12（16-17：99-102，70）

书目工作

篇名	作者	时间·卷期·页码
对联合书目工作的一些意见	吴彭鹏	1983.6（1：6-11）
《马克思恩格斯著作中译文综录》介绍	曹鹤龙	1983.6（1：30-32）
《中国现代作家著译书目》出版	赵良珍	1983.6（1：32-33）
《1911—1949全国中文图书总目》语言文字分册简介	赵 威	1983.6（1：33-36）
《解放日报人名索引》简介	董盼霞	1983.6（1：36-38）
《论古代中国—1965至1980年日文文献目录》前言	周 迅	1983.6（1：38-40）
《非洲问题研究中文文献目录》的编辑和今后的一点想法	马惠平	1983.6（1：40-42）
《1911—1949全国中文图书总目》概况和编辑工作中的几个问题	王润华	1984.3（2：1-10）
《马克思恩格斯著作在中国》展览目录	北京图书馆参考研究部 马列著作研究室（编）	1984.4（3：1-140）
北京图书馆藏希腊、爱尔兰社会科学著作中文书目	社参组	1985.8（6：10-30）
中国古典文学作品俄译本简明表	田大畏（编）	1985.8（6：30-42）
北京图书馆有关《列宁全集》各种版本馆藏目录	李崇安	1985.8（6：42-45）
《北京图书馆藏中、英文香港研究书目》简介	李小文 李 凡	1985.8（6：46-47）
《民国时期总书目》序	叶圣陶	1986.3（7：19-20）
《民国时期总书目》序	吕叔湘	1986.3（7：21-23）
《民国时期总书目》出版说明		1986.3（7：24-25）
《民国时期总书目》凡例	宋光第（执笔）	1986.3（7：26-28，31）
《民国时期总书目》在编纂中	赵绍玲	1986.3（7：29-31）

篇名	作者	时间·卷期·页码
冯友兰教授著作书目	苏爱荣（编）焦树安（校）	1986.3（7：32-59）
非洲文学作品中译本目录	社参组	1986.11（8：24-69）
岳飞研究书目	李 凡	1986.11（8：70-94）
《民国时期总书目》编辑人员职责		1987.9（10：9-11）
对《民国时期总书目》提高质量加速工作进度的一些意见	焦树安	1987.9（10：12-15）
《政治分册》编辑工作之我见	赵良珍	1987.9（10：16-20）
参加《经济分册》编辑工作的几点体会 [参加《民国时期总书目》编写工作之后]	程 真	1987.9（10：21-24）
季羡林教授著作系年（1932—1987）	令 恪 李 铮（编）	1987.9（10：25-81）
人口学中文图书目录	程 真 刘 峥	1987.9（10：82-103）
北京图书馆馆藏《国外自动化技术的应用》西文图书专题目录前言	王淑芬	1987.9（10：104-110）
《民国时期总书目》总编辑办公室会议纪要	民国书目组	1988.12（12：10-13）
杂谈《民国时期总书目》的编辑工作	赵良珍	1988.12（12：13-20）
军事类交叉片的处理及军事分册编写工作的打算	陈汉玉 游 珂	1988.12（12：20-22）
澳门问题研究目录（1909—1988.4）	苏爱荣	1989.1（13：14-65）
马克思亲手编制的一份书目单	蔡兴文	1989.1（13：65-75）
比较文学主题学论文资料索引（1977—1990）	中国学文献研究室 王 冠	1991.6（增刊：1-145）
《民国时期总书目》编后	邱崇丙	1993.6（20：35-37）

中国学研究

篇名	作者	时间·卷期·页码
苏联部分汉学家介	田大畏 王靖元	1986.3（7：97-113）
法国巴黎国家图书馆与中国古籍	王丽娜（编译）何 冰（编译）	1987.1（9：144-146）
英国著名汉学家、东方学家阿瑟·韦理及其著作评述	王丽娜	1988.12（12：22-99）
唐诗在世界文学中的地位	王丽娜	1990.2（14：16-38）
如何检索有关中国的俄文文献资料	王靖元	1990.2（14：39-61）
北京图书馆藏俄国传教士团出版的图书及其作者	王靖元	1990.2（14：62-71）

篇名	作者	时间·卷期·页码
北京图书馆藏白俄在华出版的图书	王靖元	1990.2（14：72-126）
印度的中国研究	谢萌珍	1990.2（14：127-130）
馆藏日文中国学文献资源情况	朗燕珂	1991.12（16-17：62，61）
俄国中国学著作拾遗	王靖元	1992.6（18：48-56）
美国的中国学研究和中文图书馆泛谈	程 真	1993.7（19：54-60）
东京大学东洋文化研究所简介	朗燕珂	1993.7（19：61-62，60）
俄国驻北京传教士团图书馆考	粟周熊	1993.7（19：63-67）

国外图书馆及参考工作

篇名	作者	时间·卷期·页码
日本国立国会图书馆参考工作概貌（附：日本国立国会图书馆参考书志部刊物——《参考书志研究》）	田大畏	1983.6（1：78-83）
访菲观感	戚志芬	1984.3（2：69-76）
苏联国立列宁图书馆情报书目部工作动态：1979	李以娣	1984.3（2：77-81）
参考服务与图书馆——美国《图书馆与情报科学百科全书》辞条选译	马龙璧（译）	1984.3（2：82-90）
苏联图书馆的劳动定额问题	王靖元（编译）	1984.9（4：102-108）
参考服务与图书馆（续完）	马龙璧	1984.9（4：109-119）
苏联国立列宁图书馆为领导机关工作人员提供情报服务的历史、现状与前景	王靖元（编译）	1985.8（6：86-95）
参考咨询馆员	刘淑娥（译）范 铮（校并改写）	1985.8（6：95-100）
苏联列宁图书馆的书目参考服务工作	王靖元（编译）	1986.3（7：130-139）
美国斯坦福咨询研究所简介	吴嘉燕（编译）	1987.1（9：147，146）
全苏科技情报研究所生物学数据库现状	王德英（编译）	1987.1（9：148-151）
英国图书馆版本部的书面咨询服务	〔日〕渡边恭夫（著）刘 峥 朱兵兵（译）	1987.9（10：133-139）
苏联科技情报工作	王德英	1988.5（11：1-99）
一般参考工作办理要领	孟祥凤（译）	1989.1（13：76-78）

篇名	作者	时间·卷期·页码
美国政府科技报告	吴嘉燕	1989.1（13：122-128）
专题论文目录	科学文献检索室	1991.12（16-17：103-104）
专题论文目录	朱 冰	1992.6（18：42-43）
美利坚合众国的国家图书馆	邵文杰	1993.7（19：1-34）
有关美、日两国国会图书馆为国会服务工作辑要	焦树安	1993.7（19：35-38）
联邦德国图书馆事业考察概述	马惠平	1993.7（19：39-47）
美国密执安大学图书馆参考服务工作考核标准的制定与评估	李春明 周 辰	1993.7（19：48-53）
理论与实践		
西文期刊联合目录工作浅谈	王大方 程 真	1984.3（2：17-28）
关于文献检索终端的对话	潘岩铭（编）王春英（整理）	1984.3（2：29-39）
西文期刊联合目录浅谈（续完）	王大方 程 真	1984.9（4：12-18）
图书馆现代化和参考工作	周 迅 杜心士	1985.5（5：30-41）
试论图书馆文献研究馆员的职责	宋益民	1985.5（5：42-47）
谈谈北京图书馆怎样开展文献研究工作	周 迅	1985.5（5：48-59）
社科参考工作的建设与发展之我见	戚志芬	1985.5（5：59-76）
谈谈参考工作的科学管理	潘岩铭	1985.5（5：77-90）
关于西文期刊联合目录工作中的几个问题	潘岩铭	1985.8（6：4-9）
关于开展光盘检索服务的调查及设想	杨 苗 牛继峰	1988.12（12：100-107）
编制馆藏专题目录的几点体会	王靖元	1988.12（12：107-117）
建议在参考部建立"民国时期文献研究室"	赵良珍	1988.12（12：126-128，117）
试论参考工作	焦树安	1989.1（13：129-141）
科学文献检索室在改革开放中前进	杜心士	1991.12（16-17：63-67）
关于扩充、完善马克思主义研究资料室的几点意见	苏爱荣	1991.12（16-17：68-70）
微机辅助社科咨询档案管理系统的设计说明及理论探讨	程 真	1991.12（16-17：71-78）

篇名	作者	时间·卷期·页码
目录学述要	邱崇丙	1991.12（16-17：131-137，130）
试谈只读书光盘数据库检索服务	杜心士	1993.6（20：20-28）
试谈日本主要的文献检索期刊和检索服务	杜心士	1994.12（21：1-8）
关于年鉴专藏建设的几个问题	马惠平	1994.12（21：16-19）
新方志四十三年的回顾——《中国新方志目录（1949—1992）》析评	周 迅	1994.12（21：20-28，34）
有待发掘的宝藏——解放后民国时期图书重印试述	李 凡	1994.12（21：35-39）

参考咨询专家

篇名	作者	时间·卷期·页码
杨殿珣同志		1984.9（4：87-89）
北京图书馆领导致戚志芬同志的贺信		1986.3（7：8-9）
参考研究部为纪念戚志芬同志从事图书馆工作四十周年召开座谈会	本刊讯	1986.3（7：10）
书海求索四十载 为人做嫁终不悔——记北京图书馆参考工作专家戚志芬同志（附：戚志芬同志主要著译目录）	刘一平	1986.3（7：11-18）

咨询例释

篇名	作者	时间·卷期·页码
馆藏书院图书选目	邢淑贤	1983.6（1：43-48）
往事与寄望——我做参考工作的回想	龙顺宜	1984.3（2：40-53）
这是我们的光荣责任……	林 宪	1984.3（2：54-56）
兰溪栖真教院及藏书	邢淑贤	1984.3（2：57-59）
浅谈咨询工作中判断的作用	林德海	1985.8（6：48-50）
社科咨询解答三例（附：元剧、乔吉研究选目 蒋光慈资料选目）	王丽娜	1985.8（6：50-60）
英国开放大学有关资料介绍	程 真	1985.8（6：60-62）
列宁著作常用检索工具书介绍	刘一平	1985.8（6：63-73）
略谈百科全书	王丽娜（编译）	1985.8（6：74-85）
中国古代旅行者对伊朗的远征	社参组	1986.11（8：10-17）
"縻"字考证小记	程 真	1986.11（8：18-22）
科技参考咨询工作中的心得与体会	吴嘉燕	1987.9（10：111-118）
浅谈整架工作中的启示	侯若菲	1987.9（10：118-122）

篇名	作者	时间·卷期·页码
抚夷局寻踪	程 真	1988.12（12：118-120）
谈谈家谱的查询	郝月明	1988.12（12：120-123）
关于宋代僧人仲殊传记资料的辨析	王 宏	1992.6（18：44-46）
科研成果查新咨询有感	任丽萍	1992.6（18：46-47）
会议与交流		
有益的座谈——与美国朋友谈参考工作	苏爱荣（整理）	1984.9（4：90-101）
[焦树安、刘飞参加中国现代外国哲学研究会第四届年会；马惠平参加中国非洲史研究会第三届年会；王丽娜参加元代西域作家学术谈论会；周迅参加北京中日关系史年会；陆兰天、吴嘉燕参加第二次全国专利工作会议]		1986.11（8：154）
中国现代哲学的发展（1919—1949）学术讨论会综述	哲学文献研究室	1987.9（10：140-148）
关于召开参考工作理论与实践研讨会的通知		1988.12（12：131-132）
[阎万钧参加"中国敦煌吐鲁番学术讨论会"第三次年会、焦树安参加中国文化书院授课]		1989.1（13：128）
首次参考工作研讨会在京召开		1990.8（15：1-7）
"参考工作理论与实践研讨会"述评	苏爱荣 谢 媛	1990.8（15：8-21）
开幕词	曹鹤龙	1990.8（15：22-25）
闭幕词	曹鹤龙	1990.8（15：26-27）
田大畏同志在开幕式上的发言	田大畏	1990.8（15：28-29）
鲍振西同志在开幕式上的发言	鲍振西	1990.8（15：30-31）
邵文杰同志在开幕式上的发言	邵文杰	1990.8（15：32-33）
朱南在开幕式上的发言	朱 南	1990.8（15：34-35）
黄俊贵同志在会上的发言	黄俊贵	1990.8（15：36-41）
朱天俊同志在会上的发言	朱天俊	1990.8（15：42-44）
曾庆祥同志在会上的发言	曾庆祥	1990.8（15：45-47）
关于参考工作的几个问题	周 迅	1990.8（15：48-58，95）
参考工作的方法论问题	张天俊	1990.8（15：59-64）
试论参考对话	魏云波	1990.8（15：65-71，90）

篇名	作者	时间·卷期·页码
从传播学看参考工作	江金辉	1990.8（15：72-80，64）
西方图书馆参考服务专门化讨论	贺剑峰	1990.8（15：81-86）
谈谈图书咨询工作与情报咨询工作的异同	林榕奇	1990.8（15：87-90）
图书馆社科参考工作情报化的思考	朱积孝	1990.8（15：91-95）
参考工作与文献研究	邱崇丙	1990.8（15：96-103）
参考工作中的高技术文献情报工作初探	胡昌媛	1990.8（15：104-109）
社科参考咨询工作的现状及思考	沈伟一	1990.8（15：110-115）
参考工作为党政领导机关决策服务的理论与实践探索	陈久仁　皮剑英	1990.8（15：116-122）
公共图书馆开展咨询服务的新形式——谈举办农村实用技术信息交流活动	刘德城	1990.8（15：123-129）
市县公共图书馆参考咨询工作的特点与对策	余　海	1990.8（15：130-134）
高校图书馆参考工作特性、其发展趋势初探	朱立文	1990.8（15：135-138，109）
高校参考咨询工作浅析	马明波	1990.8（15：139-146）
参考服务的发展趋势	杨政银	1990.8（15：147-149，86）
文献检索自动化普及方向——"光盘—微机"检索	杜心士	1990.8（15：150-158）
开拓参考咨询工作的新领域——联机情报检索咨询服务工作的实践与探索（附：论文来稿名单）	刘学和　陈淑芬	1990.8（15：159-169）
工具书研讨会纪要		1990.8（15：170-176）
[马惠平赴德国进修]		1990.8（15：7）
[曹鹤龙参加"河北省市县图书馆深化服务研讨会"]		1990.8（15：25）
[潘黎蘅参加"全国软科学研究管理研讨会"]		1990.8（15：27）
[王丽娜参加"第四届全国《金瓶梅》学术讨论会"]		1990.8（15：41）
[粟周熊参加苏联乌兹别克"谢尔盖·博罗金文学奖"颁奖仪式]		1990.8（15：47）
[参考研究部召开筹备中国社会科学二次文献中心座谈会]	马惠平	1992.6（18：35）

篇名	作者	时间·卷期·页码
记全国首届年鉴展览开幕式	谢 媛	1993.6（20：1-2）
专家学者论年鉴		1993.6（20：2-3）
读者论年鉴展览	高学哲	1993.6（20：4-5）
全国首届年鉴展览述评	马惠平	1993.6（20：6-8，3）
中国年鉴名录一览	参考工具书组	1993.6（20：9-20）

业务动态

篇名	作者	时间·卷期·页码
[令恪访印；社参组为文化部领导出访提供有关希腊、爱尔兰图书文献资料；科参组为石油工业部提供石油工业经济信息管理系统及开发实践等文献资料；马列文献室承担《国际工人运动历史人物词典》部分条目撰写；王丽娜在《光明日报》发表《"龙城飞将"还是"卢城飞将"》；焦树安发表《狄德罗与百科全书——纪念狄德罗逝世二百周年》]	刘一平	1985.5（5：91-92）
[社参组为摩洛哥王国图书馆馆长提供《冯友兰教授著作目录》、为UNESCO提供《中国少数民族语言研究汉著目录》、为北京市文物管理局提供有关长城的史料]		1985.8（6：9）
北京图书馆成立读者委托服务组		1985.8（6：47）
[苏爱荣参加"社科咨询研讨会"；焦树安参加"中国近现代哲学史讨论会"；阎万钧参加"魏晋南北朝佛教史及佛教艺术学术讨论会"；王丽娜参加"中国古典文学理论学术会议"；焦树安、张明华参加"中国哲学史上的历史观问题"学术讨论会]		1985.8（6：73，100）
我馆举办孙中山先生生平事业展览	永 为	1986.11（8：153）
举办"开发文献资源"培训班计划		1988.12（12：7-9）
加强软科学、高技术文献研究——本馆软科学、高技术文献研究室"7.1"起对外服务	谢 媛	1988.12（12：123）
北京图书馆继续开展参考咨询有偿服务工作	朱天策	1988.12（12：124-125）
[北图参考研究部将举办"软科学基础理论、方法及其应用讲习班"]		1990.8（15：29）
["关于征辑软科学研究资料的通知"]		1990.8（15：31）
[参考研究部哲学文献研究室承担《中国文化史知识丛书》编辑出版工作]		1990.8（15：167）

篇名	作者	时间·卷期·页码
北图将设立政策法规文献研究室		1991.12（16-17：138）
中国学文献研究室成立 《国际汉学》将创刊	陈汉玉	1991.12（16-17：139-140）
参考部召开业务论证会		1991.12（16-17：140）
北图与美国OCLC共建《民国时期总书目》数据库	杨苗苗 刘志学	1991.12（16-17：140）
参考工具书组召开读者座谈会	朱大南	1991.12（16-17：141）
《周易》讨论会在北图参考研究部召开	张明华	1991.12（16-17：141）
[《北京图书馆参考工作》改版说明]		1991.12（16-17：142）
关于推荐《民国时期总书目·哲学心理学分册》为优秀图书的意见	方立天	1992.6（18：71，56）
我馆代表团出访日本		1992.6（18：72）
参考部进行计算机全员培训		1992.6（18：72）
《国际汉学》聘请学术顾问		1992.6（18：72）
焦树安赴俄罗斯参加第五届国际学术讨论会		1994.12（21：39）
粟周熊赴哈萨克斯坦访问		1994.12（21：39）

参考工具书介绍

篇名	作者	时间·卷期·页码
《中国现代作家著译书目》——独具一格的新工具书		1983.6（1：60）
科技工具书简介（八种）	梁思叡 刘文青 王 彭 刘克俊 陆兰天 吴嘉燕 叶慧娟	1983.6（1：71-77）
介绍美国行为医学学会及其《行为医学文摘》	聂 平	1984.3（2：65-68）
参考服务与图书馆——美国《图书馆与情报科学百科全书》辞条选译	马龙璧（译）	1984.3（2：82-90）
参考工作——日本《图书馆用词辞典》辞条选译	肖宏苋（译）	1984.3（2：91-95）
科技工具书简介（五种）	陆兰天 叶慧娟 吴嘉燕 刘克俊	1984.3（2：96-100）
查找人物传记的工具书	戚志芬	1986.3（7：114-121）

篇名	作者	时间·卷期·页码
美国马硅斯公司出版的名人录介绍	罗昭和	1986.3（7：122-129）
外文版常用传记辞典	王丽娜　林宪	1986.11（8：122-145）
日本出版的世界名人辞典介绍	吴宁	1986.11（8：146-152）
三本检索论文集的工具书介绍	李凡	1987.9（10：123-126）
历史在这里形成	林宪	1987.9（10：126-130）
《工程情报源》简介	刘海滨	1987.9（10：130-132，110）
类书漫话	张国风	1989.1（13：79-90）
浅谈百科全书	郭胜贤	1989.1（13：90-104）
科技参考工具书概论	吴嘉燕	1989.1（13：104-122）
漫谈类书	戚志芬	1991.12（16-17：105-130）
中国古代的字典和词典	张明华	1992.6（18：1-35）
大型英文传记工具书介绍	郭胜贤	1992.6（18：36-40）
新版工具书介绍	李凡	1992.6（18：41）
珍贵的国情百科全书——谈谈地方志	周迅	1992.6（18：57-70）
专题论文目录	齐小石	1993.6（20：29-30）
书讯		
新发现的《永乐大典》两卷影印本即将出版		1983.6（1：11）
《现代中国人物笔名录》即将出版		1983.6（1：42）
当代西文哲学新书简介	焦树安　龙顺宜	1983.6（1：61-70）
《中国现代作家著译书目（续编）》出版发行		1986.3（7：23）
《新技术发展与预测》一书出版发行		1986.3（7：9）
《世界各国的科技事业》一书将出版	吴嘉燕	1986.3（7：113）
参考工作指南——《参考工作与参考工具书》	谢媛	1988.12（12：129-130）

篇名	作者	时间·卷期·页码

读者来信选登

[南充师范学院、中央民族学院等九位读者写给社科参考组等咨询馆员的表扬信]		1986.3（7：40-144）
[吉林省桦甸县防疫站、中国城乡规划院经济所等十位读者发给社科咨询室和科技咨询室的表扬信]		1987.1（9：152-159）
[一位监狱服刑人员写给科技咨询室的咨询信以及科技咨询室参考咨询馆员的回复]		1989.1（13：143）

附录三 国家图书馆参考工作编年纪事
（1909—1997）

说明

1.《国家图书馆参考工作编年纪事》（以下简称《纪事》）以国家图书馆参考工作机构变迁史为主线，相关参考工作机构的业务工作和行政管理等诸事项均收入。

2.《纪事》采取依时纪事的编辑体例，即先按年份前后排列，再以年系事；年中各条，以月系事；月中各条，则以日之前后为序；有月无日条目，排列在当月最后。

3.《纪事》中以[]形式标注的内容，系编者所加，如北平沦陷期间"国立北京图书馆"即以[]括之，以示区别。

4.《纪事》中每一条目均依据而出，但考虑到整体篇幅限制，所有条目参考来源均做省略。

5.《纪事》中相关参考工作的统计数据，因国家图书馆不同历史时期管理方式和统计时限有别，在不同参考文献中时有不一致，凡遇这类情况，编者均按统一原则把握，不再逐一说明。

6.《纪事》中有关参考馆员参加各类学术会议的条目，编者酌情收录，这种情况主要体现在1978年改革开放以后的历史时期。

1909年

9月9日，清政府批准学部《奏筹建京师图书馆折》，派缪荃孙充任京师图书馆监督。开始筹建京师图书馆。

1910年

8月，京师图书馆设监督副监督各一人，提调一人，分事务为四科：一曰典藏科，二曰监察科，三曰文牍科，四曰庶务科。各设科长副科长一人，科员写官若干人，另设纂修处，总校一人，纂修写官若干人。

本年，学部颁布《京师图书馆及各省图书馆通行章程》，其中第五条规定"图书馆应设藏书室、阅览室、办事室"，第七条规定"图书馆收藏图籍，分为两类：一为保存之类；一为观览之类"。

1911年

清宣统皇帝溥仪退位，清朝结束。中华民国成立，民国政府教育部接管筹建中的京师图书馆。江瀚任馆长。

1912年

7月10日，京师图书馆馆长江瀚呈教育总长蔡元培审正京师图书馆暂定阅览章程书。《京师图书馆暂定阅览章程》18条。

8月27日，京师图书馆筹备就绪，于广化寺开馆接待读者。

1913年

6月，京师图书分馆在宣武门前青厂武阳会馆试开馆。

1916年

1月12日，教育部第51号令，批准《京师图书分馆暂行办事规则》（17条）规定京师图书分馆设目录课、庋藏课、庶务课三课。其中目录课负责"关于图书解题事项"（第四条二）；"关于阅览人之招待及统计事项"（第四条六）。

12月30日，教育部指令第320号，核准《京师图书馆暂行办事规则》（13条）规定京师图书馆设目录、庋藏、总务三课。其中目录课负责："关于图书解题事项"（第四条二）；"关于阅览人之招待及统计事项"（第四条六）。

1917年

4月28日，教育部指令第288号，核准《京师图书分馆办事规则》（总计16条）规定，京师图书分馆设目录课、庋藏课、庶务课三课。其中目录课负责"关于图书解题事项"（第四条二）；"关于阅览人之招待及统计事项"（第四条六）。延续《京师图书分馆暂行办事规则》同一条目内容。

1919年

1月28日，教育部指令第185号核准《京师图书分馆民国七年终报告书》。该报告在"六、关于阅览人之接待事项"中记载："馆中对于阅览人，向属谨慎周妥，取纳书籍必求迅速，茶水火炉，必求温洁，遇有质问，必婉词答复。凡馆中未备之书，只在阅览人之要求正当，决无不速为购买或设法介绍。"

1922年

12月18日，教育部指令第1938号批准《京师图书馆修改暂行办事规则图书阅览规则及藏书流布暂行规则》。

1923年

3月21日，教育部指令第502号，核准修改《京师图书馆暂行办事规则》（三章28条）延续京师图书馆设馆长一人，馆长之下设主任一人；分设总务、目录、庋藏三课。目录课负责："关于图书解题事项"（第十二条二十）；"关于阅览人之招待及统计事项"（第十二条二十四）。庋藏课负责："关于阅览人之引导事项"（第十三条三十二）。

8月，中华教育改进社第二届年会通过的决议案有"呈请中华教育改进社，转请政府即美国政府，以美国将要退还之庚子赔款三分之一，作为扩充中国图书馆案"。

1924年

3月29日，教育部指令第805号，核准《京师图书馆暂行办事细则》（五章56条），对职责做了较大改动，目录课负责编辑专务等外，去除原来"关于图书解题事项"；"关于阅览人之招待及统计事项"。在庋藏课职责之下增加："对于阅览人应和颜接待，恳切引导"一条（第四十二条四）。

9月，中美两国政府协议共同组建"中华教育文化基金董事会"管理第二次庚子退款。范源濂为会长、孟禄为副会长。

1925年

10月22日，中华教育文化基金董事会与教育部订立《合办国立京师图书馆契约》10条。

11月5日，聘范源濂为国立京师图书馆委员会委员长，推梁启超、李四光为正副馆长。以北海庆霄楼为筹备处。

11月26日，教育部令第206号，京师图书馆改名为国立京师图书馆，并暂移北海地方。

1926年

1月，因国库支绌，教育部难以支付中华教育文化基金董事会《合办国立京师图书馆契约》中所应承担的经费，通知暂缓实行该契约。

2月28日，中华教育文化基金董事会第一次常会在北京举行年会，决议自办图书馆，定名"北京图书馆"，聘梁启超、李四光为正副馆长，袁同礼为图书部主任，由范源濂、任鸿隽、周诒春、张伯苓、戴志骞等5人组成"北京图书馆委员会"。董事会拨开办费100万元，租北海庆霄楼、悦心殿、静憩斋、普安殿等处为馆舍。3月1日北京图书馆正式成立。

1927年

1月16日，北京图书馆开馆阅览接待读者，阅览室"两壁列字典、辞书、年鉴、人名地名辞书、参考用书约一千二百册"。

2月2日，制订《国立京师图书馆研究室暂行章程》（12条），明确规定：本馆研究室专为学者研究专门高深学问而设。

1928年

7月18日，旧国立京师图书馆奉命改名"国立北平图书馆"。同月，北京图书馆改名为"北平图书馆"。10月又改名"北平北海图书馆"。

9月，北平图书馆在原北京图书馆设总务、采访和编目三科基础上，增设参考科，是为国家图书馆历史上最早设立的参考咨询服务机构。参考科科员为：汪长炳、翟可舟。

1929年

1月28日，刘国钧参加在南京金陵大学召开的中华图书馆协会第一次年会，并担任中华图书馆协会执行委员会及监察委员会常务委员，袁同礼为执行委员会主席。

5月，教育部训令第715号核准《国立北平图书馆组织大纲》13条（《教育公报》1929.6）："国立北平图书馆，分总务图书两部。"图书部又分为庋藏、阅览、编订三股。其中阅览股的职责包括"关于收发图书事项；关于阅览室及研究室监察事项；关于编制阅览统计事项"（第十条），编订股的职责包括"关于编辑目录事项；关于考订版本事项；关于雠校及撰拟提要事项；关于补辑装订事项"。

8月31日，国立北平图书馆与北平北海图书馆正式合并，在新馆舍落成之前，中南海居仁堂的国立北平图书馆称第一馆，坐落在北海的北平北海图书馆称第二馆。聘请蔡元培、袁同礼为新合组的国立北平图书馆正、副馆长。

9月，教育部与中华教育文化基金董事会制订《合组国立北平图书馆办法》。

10月，袁同礼兼期刊部主任，徐鸿宝为采访部主任兼善本、金石部主任，钱稻孙为舆图部主任，刘国钧为编纂部兼阅览部主任，王访渔为总务部主任。

11月28日，教育部指令第3066号，核准《国立北平图书馆组织大纲》14条。除馆长副馆长外，下设总务部、采访部、编纂部、阅览部、善本部、金石部、舆图部与期刊部等8部16组。其中：阅览部设参考、阅览、庋藏三组，其职掌"关于阅览事项；关于答复咨询事项；关于图书出借事项；关于书库保管事项"。

11月，制订《参考部办事规程》5条。

本年，国立北平图书馆被国际联合会智育互助委员会（International Committee on Intellectual Co-operation）委托为中国咨询机关。

本年，国立北平图书馆组织机构经教育部指令第3066号核准《国立北平图书馆组织大纲》，调整为8部16组。其中在阅览部下设参考、阅览、庋藏三组。主任：刘国钧（编纂部主任兼），参考科改参考组，组长：汪长炳（兼），组员：爨汝僖（兼）、翟可舟。

1930年

"本年度国内外来函咨询或请求代编书目者亦颇频繁。此项咨询之答复为参考组之主要工作。"完成了《关于馆藏法文东方学书书目》《关于沟通东西文化书籍书目》《关于中国关税会议论文集目》等咨询书目编制。

本年，国立北平图书馆阅览部主任刘国钧发表《图书馆内之参考事业》一文。

本年，刘国钧担任中华图书馆协会执行委员会会常务执行委员，袁同礼为执行委员会主席。

本年，国立北平图书馆设总务部、采访部、编纂部、阅览部、善本部、金石部、舆图部与期刊部等8部16组。其中阅览部下设参考、阅览、庋藏三组。主任：刘国钧（兼）请假，参考组组长：汪长炳（兼），组员：爨汝僖（兼）。

1931年

6月25日，国立北平图书馆文津街新馆落成典礼。设立参考书部、善本阅览室、金石阅览室和舆图阅览室等专门阅览室。设立研究室。

本年，刘国钧担任中华图书馆协会执行委员会常务委员，袁同礼为执行委员会主席。

本年，国立北平图书馆下设总务部、采访部、编纂部、阅览部、善本部、金石部、舆图部与期刊部等8部16组。其中，阅览部下设参考、阅览、庋藏三组。主任：（空），参考组组长：汪长炳（兼），组员：爨汝僖（兼）。

1932年

5月31日，国立北平图书馆致函外交部，办理汪长炳赴美护照。即参考组组长汪长炳作为交换馆员赴美国哥伦比亚大学。

本年，《国立北平图书馆馆务报告》："各处函请本馆代为调查编制图书目录以备参考订购者约六十余起，答复之件须时最久者，以参谋本部及国防设计委员会委托调查关于边疆图书目录为最。"

本年，国立北平图书馆下设总务部、采访部、编纂部、阅览部、善本部、金石部、舆图部与期刊部等8部16组。其中，阅览部下设参考、阅览、庋藏三组。其中，阅览部主任（空），参考组组长（空），参考组组员：爨汝僖、邓衍林。

1933年

4月1日，制订《国立北平图书馆专门阅览室规则》。

8月，袁同礼致函（南京国民政府外交部）罗文干部长，送南沙群岛地图。为维护我国南海诸岛主权提供依据。

本年，《国立北平图书馆馆务报告·阅览及咨询》将参考事务分为"关于答复国际间主要问题书目""关于答复政府咨询之主要问题书目"和"关于答复各方面之主要书目"三类。

本年，李钟履所著《图书馆参考论》由北平中华图书馆协会出版。

本年，国立北平图书馆下设总务部、采访部、编纂部、阅览部、善本部、金石部、舆图部与期刊部等8部16组。其中，阅览部下设参考、阅览、庋藏三组。其中：阅览部主任严文郁（编纂部主任兼），参考组馆员：邓衍林。

1934年

2月8日，与中国工程师学会、中美工程师协会合作，开设工程参考室。

3月，制订《国立北平图书馆工程参考室暂行规则》7条。

4月，刘国钧所著《图书馆学要旨》由中华书局出版。其中第二章"参考部与参考书"对图书馆为什么要设立参考部，参考部的意义，参考部在图书馆中的地位，参考馆员的训练等都有论述。

7月，增设俄文阅览室。

11月，《国立北平图书馆阅览暂行规则》再版。该规则由国立北平图书馆阅览组1933年4月重订，计22条。其中第十九条明确规定：如有特殊咨询事件，请随时至出纳柜问讯处接洽。

12月，国立北平图书馆阅览组重订《国立北平图书馆研究室暂行规则》，计15条。其中第二条规定"研究室人员如下一周之内不能连续来馆者，须先来函声明，两周之内未能继续来馆者，本馆得转其座位分配于他人"；第十三条规定"本馆备有研究室记录一种，每届研究终结或某种题目完成时即请填写交还阅览组以便统计"。

本年，首次开设咨询台，据馆务报告记载："本年为来馆阅览人士之便利及指导读书、使用目录与随时答复口头之咨询起见，特设咨询处于出纳柜，由参考组员专任其事。"

本年，继续编纂《国防边防图书目录》及《国防边防论文索引》。计已编就《中国边务图籍录》及《西文中国边务问题书目》两种。又调查关于国防问题资源调查及战时经济统制计划中西日文书籍2000余种及中文论文索引4000余条。

本年，刘国钧为中华图书馆协会执行委员会主任，严文郁为执行委员会委员。

本年，重要咨询有60余件。包括：中国出版之西文期刊目录汇编初稿、中国出版之西文科学及工程学书目录、中国出版之社会科学及历史书目、国防书目及论文索引、关于战时粮食问题之西文书籍目录等。

本年，国立北平图书馆组织机构调整，撤销期刊部，将中文期刊组和西文期刊组合并为期刊组并入采访部，编纂部更名为编目部。调整后的机构为总务部、采访部、编目部、阅览部、善本部、金石部与舆图部等7部15组。其中，阅览部下设参考、阅览、庋藏三组。其中：阅览部主任严文郁（编目部主任兼），参考组组长（空），组员邓衍林、丁瀿、万斯年，书记李兴辉。

1935年

本年，阅览部设立远东研究室、满蒙文研究室。

本年，为国家资源委员会编辑及调查各项参考资料，首次接受文献有偿咨询费用，1934年和1935年各接受其"编辑费"1500元（国币）。

本年，参考组首次开办剪报业务，并编制《关于古代史地附有插图之书籍》《太平天国文献集目》《关于苏联经济与政治建设的著作简目》《关于国家预算制度书目》等书目。

本年，阅览部参考组组长莫余敏卿起草制订《参考组办事规程》。

本年，国立北平图书馆下设总务部、采访部、编目部、阅览部、善本部、金石部、舆图部等7部15组。其中，阅览部下设参考、阅览、庋藏三组。其中：阅览部主任王访渔（总务部主任兼），参考组组长莫余敏卿，组员邓衍林、丁瀿、王宜晖、万斯年，书记李兴辉。

1936年

3月，将俄文阅览室并入，设立苏俄研究室。

4月，原写经书库改设满蒙文研究室。

7月19日—23日，邓衍林参加在山东青岛举办的中华图书馆协会第三次年会。

9月，在1934年专辟工程参考阅览室基础上，为应国家经济建设之需要，便利工程界人士参考，于南京地质调查所（隶属实业部）图书馆内设立工程参考图书馆。开展阅览咨询及编辑相关专题论文索引工作。主任岳良木，馆员余炳元、胡绍声，书记李甫森。

本年编纂《新疆书目解题》（收录中文书目1300余种，西文书目1600余种）；《中国边疆图籍录》（收录关于东北、蒙古、新疆、西藏、云南、广西，以及海防等中文书籍及舆图，约及万种，西文书籍3000余种）。

本年，善本书籍南迁，原四库阅览室原址改设远东研究室，取西文、日文书关于远东问题者悉数集中一处，为研究参考者提供便利。

本年，参考咨询工作除答复日常读者之口头咨询的简单问题外，专题咨询有百余件，包括：《关于中国印刷及雕版史料选目》《邸报考略》《中国古代车舆舟楫图说之文献要目》《云南猡猡文研究资料目录（中西文）》等。

本年，出版《工程参考图书馆》《中文参考书举要》（邓衍林编）、《北平各图书馆所藏中国算学书联合目录》（邓衍林编）、《铁路工程论文索引》。

本年，国立北平图书馆下设总务部、采访部、编纂部、阅览部、善本部、金石部、舆图部等7部15组。其中，阅览部下设参考、阅览、庋藏三组。其中：阅览部主任王访渔（总务部主任兼），参考组组长莫余敏卿，组员邓衍林、丁瀣、王宜晖、万斯年，书记李兴辉。

1937年

7月，全面抗战爆发，北平沦陷。

8月，国立北平图书馆馆长袁同礼"愤日寇之暴行，不甘为敌傀儡，乃于上年八月奉命离平"南下。参考组组长莫余敏卿、组员邓衍林等国立北平图书馆各部分重要职员，随馆长袁同礼先后南下，部分典籍南迁，其余人员留北平继续开馆。

本年，国立北平图书馆下设总务部、采访部、编纂部、阅览部、善本部、金石部、舆图部等7部15组。其中，阅览部下设参考、阅览、庋藏三组。其中：阅览部主任王访渔（总务部主任兼），参考组组长莫余敏卿，组员邓衍林、丁瀣（同时兼阅览组组员）、王宜晖、万斯年、许国霖，助理马龙璧、临时助理赵启明，书记李兴辉。工程参考图书馆主任钱存训，馆员余炳元、胡绍声，书记李甫森。

1938年

6—10月，邓衍林、万斯年等十余人赴昆明参加西南联大图书馆工作。

9月，严文郁代理西南联大图书馆馆长。

10月18日，上海办事处致函（昆明）袁同礼，报告南京工程图书馆被日军接收，并于门口改悬一"中文图书文献整理馆"之牌。

10月，国立北平图书馆昆明办事处正式成立。

本年，邓衍林编辑《西南边疆图籍录》《云南书目》。袁同礼、万斯年编辑《云南研究参考资料》。

本年，因抗战爆发，《国立北平图书馆馆务报告》分为北平之部和南方之部总结。其中北平之部的参考工作编辑《古物流出国外著述目录（西文）》

《一九三五、六年西文期刊中关于中国问题书目》《敦煌石室写经题记汇编》《国人西文著述目录》《汉译日文书目类编》等；完成《中日文书关于中国石刻及雕塑选目》《中国各种灾害之调查及救济事业资料辑目》《十四世纪以后中国沿海各省所被兵灾参考资料辑目》《琉球群岛之参考资料辑目》等咨询。南方之部与长沙临时大学之合作开展采访、赠书、编目索引、阅览等工作；协助全国图书馆之复兴、中西书志之征购、战史文库之筹设、考订工作之继续。

本年，国立北平图书馆下设总务部、采访部、编目部、阅览部、善本部、金石部、舆图部等7部15组。其中，阅览部下设参考、阅览、庋藏三组。其中：阅览部主任王访渔（总务部主任兼），参考组组长（空），组员丁瀣、万斯年，书记李兴辉。

1939年

1月1日，国立北平图书馆与西南联合大学合组的中日战事史料征辑会在昆明地坛正式成立，抗战史料室在昆明柿花巷22号国立北平图书馆昆明办事处。该会成立目的：对于相关抗日战争的文献"及时搜集整理，加以保存，以备将来纂成专书，记录我中华民族此次伟大的奋斗经过"。

1—4月，中日战事史料征辑会编辑或进行中的有《入藏西文书籍期刊及日报简目》（英文）、《日报剪排》《卢沟桥事变以来中日战争大事日表》《卢沟桥事变以来大事日历长编》《卢沟桥事变以来每日战况详表》《卢沟桥事变以来战局转移地图》《卢沟桥事变以来中日战事简明一览表》《中日战事纪事长编》《卢沟桥事变以来新出战事书籍提要》《暴日侵华与国际舆论》（Japan's Aggression and Public Opinion）（英文本，第一辑已出版）、《西文中日关系书目》（A Selected Books and Pamphletes Concernring Sino-Japanese Relations）、《中日关系书目汇编》（A Bibliography of Bibliographies on Sino-Japanese Relations）、《中日关系书目汇编》，以及《中文杂志索引》《西文杂志索引》《中日战事论文索引》《中国问题论文索引》《中日战事公牍索引》《战时中国国际关系史料汇编》等。

4月10日，根据国民政府教育部社会教育司函将国立北平图书馆昆明办事处升格为馆本部。此后，昆明本部被馆中同人称为"南馆"，北平馆则称为"北馆"。

本年，国立北平图书馆南馆编辑完成《中国边疆图籍录》，委托上海商务印书馆排印发行。该图籍录将关于东北、蒙古、新疆、西藏、云南、广西之中文图籍变成分类书目，共收一万余种。

本年，国立北平图书馆南馆"馆内设立参考室，解答各项参考问题。或代编书目，或代制索引，或用通讯方法答复各地之咨询"。其主旨均在于对读者有所辅导，"增加其便利，促进其研究"。

1941年

7月，国立北平图书馆南馆派馆员万斯年前往丽江地区采集文献约15个月。

本年，莫余敏卿任国立北平图书馆昆明办事处主任，同时负责西文文牍兼会计，整理西文档案。爨汝僖负责中文文牍，整理中文档案。万斯年负责编辑采访。

12月，万斯年在《图书季刊》新第三卷第三四期合刊上发表《国立北平图书馆西南各省方志目录》。

1942年

1月2日，国立北平图书馆北馆被伪教育总署接收，改称〔国立北京图书馆〕，同时公布《国立北京图书馆组织大纲》10条。①

1月，莫余敏卿任总务部文书组组长，会计组馆员（兼）。

3月，严文郁任总务部兼采访部主任；王访渔任阅览部主任。

4月21日，伪教育总署命令施行《国立北京图书馆暂行组织大纲》，其中第八条明确"阅览部设阅览、参考、庋藏三组"，参考组职责为"关于答复咨询事项；关于参考研究指导事项"。

4月，金守淦为参考组组长。

10月，张申府担任重庆办事处编纂部主任、《图书季刊》主编，至1946年10月。

---

① 北京图书馆业务研究委员会.北京图书馆大事记(1909—1992)(征求意见稿)[M].北京：北京图书馆，1992：31.

从1942年1月至1945年8月，是"伪教育总署"和国民政府并行管理国立北平图书馆时期。因而，有些管理和业务存在着实际上的并行和交叉。参照《中国国家图书馆百年纪事》（1909—2009）中的编辑体例，凡涉及"伪教育总署"时期的"国立北京图书馆"，均用括号括之以示区分，本编年纪事同此操作。

本年，根据伪教育总署命令施行的《国立北京图书馆暂行组织大纲》，〔国立北京图书馆〕设总务部、编目部、阅览部和善本部总计4部12组。其中阅览部设阅览、参考、庋藏三组，分别负责："关于阅览事项""关于答复咨询事项""关于参考研究指导事项""关于书库之整理保管事项"。

1943年

1月，爨汝僖在渝任编纂兼总务主任。

7月，根据《国立北京图书馆暂行组织大纲》第八条规定制订《阅览部办事细则》"呈经教育总署核定备案施行"。其中第五十四条：阅览人对于目录或参考书不明其用法时，参考组职员应详细说明其使用法或检查法；第五十五条：阅览人如有问题口头咨询者，参考组应根据咨询范围尽力协助其蒐集资料解决疑难；第五十六条：馆外有来函咨询有关图书馆或图籍等问题时，本组应尽力代为蒐集资料，编辑各种答案、参考书目，交由文书组正式答复。第五十七条：个人或团体来馆参观时，由本组秉承本部主任、秘书主任之意旨，引领其参观许可场所，并随时记录编制统计，每半个月作一报告。

8月，戚志芬参加"中日战事史料征辑会"工作，被聘国立北平图书馆助理编纂。

12月，袁同礼在《社会教育季刊》发表《国立北平图书馆工作概况》，介绍国立北平图书馆参考工作情况："参考工作亦为本馆主要业务之一，盖以现代图书馆既广事收藏，自愿供人阅览，更愿使人知何所阅览。抗战以来，本馆虽限于人力资力，但对于政府机关与专门学者有关研究资料之咨询，仍愿尽答复之义务，或代编参考书目，或代为搜集其所需。"

本年，参考组接待读者参观，并继续开展参考工作，据该年度《国立北京图书馆馆务报告》："本馆特设参考组，派有专员。凡阅览人或馆外人对于书籍种类、内容以及阅览手续有所咨询时，均就见闻所及，或以书面或用口头尽量答复，并辅导阅览人使用目录及参考书籍，历年遵行，成效尚佳。一般阅览人或馆外人均称便利，只以随问随答事属微琐，故难遍举也。"

本年，教育部正式任命袁同礼为国立北平图书馆馆长。

本年，"国立北京图书馆"阅览部主任王访渔；参考组组长丁濬。

1944年

9月，万斯年在《图书季刊》新第五卷二三期合刊上发表《迤西采访工作报告》。

1945年

8月15日，抗战结束，馆务开始回迁。

本年，国立北平图书馆"暂恢复二十六年以前之组织，至新编制已由教育部呈送行政院转送立法院审核中"。

本年，丁潛为参考组组长。

1946年

6月28日，国民政府公布《国立北平图书馆组织条例》，明确规定："国立北平图书馆隶属于教育部，掌理关于图书之搜集、编藏、考订、展览及图书馆事业之研究事宜"（第一条），设立"采访组、编目组、阅览组、善本组、舆图组、特藏组、研究组、总务组"。（第二条）。阅览组下设立参考股，莫余敏卿担任股长。

本年，爨汝僖为国立北平图书馆上海办事处编纂，丁潛为参考组办事。

本年，参考组工作恢复咨询、辅导工作。编辑"抗战期间所出版之中文参考书举要"和"有关中国之西文书中人像索引"。

本年，南京办事处（工程参考图书馆前身），编纂顾斗南，编辑程德谟，书记董正荣。

1947年

本年，国立北平图书馆复原后，在原有阅览室基础上新辟有边疆文献阅览室、新书阅览室、法文阅览室、工程研究室、国际问题研究室、金石拓片研究室、满蒙藏文研究室、苏联文史研究室、日本研究室等。

1948年

5月16日，在北海静心斋举办"抗战史料展览"。

1949年

3月5日，北平市军事管制委员会文化接管委员会决定王重民为国立北平图书馆代理馆长。

5月30日，制订《国立北平图书馆研究室规则》，明确"本馆为便利政府人员与学术机关之特别参考，设立研究室"。使用者需与"本馆参考股接洽"后方可使用。

8月27日，华北高等教育委员会指令第1083号，同意聘张申府为参考股股员，9月2日到职。

9月27日，国立北平图书馆更名国立北京图书馆。

10月8日，《人民日报》报道《纪念鲁迅 北京图书馆举办展览》。

本年，在阅览组下设阅览股、庋藏股和参考股。

本年，工程参考图书馆，编纂顾斗南、编辑程德谟、书记董正荣，以及工友沈宏青。

全年，举办展览9次。

1950年

2月1日，上海办事处结束，爨汝僖回馆。

2月8日，《人民日报》报道《北京图书馆举办纪念"二七"展览》。其中介绍：展览内容包括"二七"当时的报纸，在武昌遇难的施洋烈士的照片及其坟墓的照片，参加"二七"运动的老工人像等；还有许多其他时代工人运动的照片及书籍等。

4月6日，决定送杨殿珣等17人到华北人民革命大学学习，12月学习结束回馆。

5月7日，《人民日报》报道《向先进的苏联出版事业学习——记苏联出版物展览》。其中介绍：为了庆祝苏联出版节，苏联对外文化协会与国立北京图书馆在该馆联合举办"苏联出版物展览"，陈列有六百多种苏联出版的报纸、杂志、书籍和近百幅的苏联艺术作品图片，刻画出了苏联出版事业的轮廓[①]。

5月23日，国立北平图书馆上报文化部文物局《国立北平图书馆组织条例》（草案）。其中第二条明确国立北平图书馆设馆长、副馆长和秘书处外，设采访部、编目部、善本部、阅览部和参考研究部等五个部。秘书处和五部再分设股、室、会。第十条规定：参考研究部办理参考研究编纂咨询等事项，及领导馆内有独立性而又暂不能设立专部各部门。分设参考、研究两股，苏联、舆图、金石，及少数民族语文四研究室，与史料征辑会、编纂委员会。编纂委员会由馆长兼任，并指定一人为书记主持会务。该条例后附《国立北京图书馆组织系统图》中的参考研究部的机构设置为：参考股、研究股、苏联研究室、舆图研究室、金石研究室、亚洲各民族语文研究室、展览委员会、编纂委员会。

---

① 虽1949年9月27日已更名为国立北京图书馆，但名称上仍有沿用和交叉使用旧名的情况。作者注。

6月9日，中央人民政府文化部文物局通知，暂调戚志芬前往政务院整理档案。

7月4日，中日战争史料征辑会资料列为专藏。

10月4日，《人民日报》报道《北京图书馆举办开国周年纪念展览》。其中介绍：为纪念新中国诞生一周年，"北京图书馆，特征集了一年来各项大事的图片与资料，自本月四日起，在该馆举办开国周年纪念展览"。

12月11日，《人民日报》报道《北京图书馆举办"美帝真相"展览》。其中介绍：国立北京图书馆为支援我人民抗美援朝的志愿行动，特搜集了各种资料并绘制了二十余幅统计图表，有系统的组成"美帝真相"展览。在展览期内提出有关书刊，以供参考研究。

12月19日，《人民日报》报道《太平天国革命百周年北京图书馆有展览》。其中介绍：为纪念太平天国金田起义一百周年，北京图书馆与北京大学文科研究所联合在北京图书馆举办"太平天国革命史料展览"。

本年，国立北平图书馆设置参考研究部，下设参考股、研究股、苏联研究室、舆图研究室、金石研究室、亚洲各民族语文研究室、展览委员会、编纂委员会。万斯年任参考研究股主任、编目员，张申府为参考研究股编目员。

全年，完成参考咨询231件，编印书目10种，举办展览18次，讲演会1次。

1951年

3月27日，中央人民政府文化部文物局抗字第587号通知北京图书馆，该局制定《改造北京图书馆方案》，确定北京图书馆的任务之一即是"编辑整理参考资料，解答机关、学校、团体以及一般读者的咨询"。

11月8日，中央人民政府文化部文物局批准北京图书馆暂行组织机构及股以上人事配备。张全新（副馆长）兼任参考辅导部主任，张申府为研究员，参考部下设参考咨询股、群众工作股、编译股和科学工作方法研究股。参考咨询股股长王树伟，工作人员戚志芬、金裕洲、李希泌；群众工作股股长马同俨，工作人员陈仲篪、王国文、赵树林；编译股股长张秀民，工作人员苏梦苹。

本年，完成《太平天国革命史参考目录》和《马克思恩格斯列宁斯大林论著中文译本目录》的编辑。

全年，全馆举办展览64次，参考咨询组全年面向134个单位完成咨询233件。

1952年

8月11日，北京图书馆组织机构进一步改革，在馆长领导下设办公室、阅览参考部、采访部、编目部、善本特藏部和苏联图书室4部2室，18个科组，并重新任命科组以上干部。其中，阅览参考部主任为贾芳，阅览参考部下设阅览组、推广组、皮藏组、群众工作组和参考研究组等5个组。参考研究组组长张秀民，副组长戚志芬。

9月29日，举办"中国印本书籍展览"，展出中国各代印本上千种。

11月，参考研究组重新组织、制定条例，大力开展答复咨询和编制书目索引工作。参考工作的学科范围包括自然科学、应用技术、哲学、社会科学。

全年，共解答咨询问题293件，编制专题目录2种，举办展览46次，讲演会5次。

1953年

3月12日，《人民日报》报道《北京人民观看斯大林生平事迹的影片和图片》。其中介绍：北京图书馆从八日开始举行哀悼斯大林同志的图书图片展览会。会上展览出斯大林各种著作的俄文版本和中文版本近一百种。

5月5日，举办"马克思诞生135周年纪念展览"。

5月6日，《人民日报》报道《北京和中共各中央局、中央分局所在城市昨天隆重举行马克思诞辰纪念会》。其中介绍：北京图书馆举办的纪念卡尔·马克思诞生一百三十五周年展览会，在五日下午正式开幕。展览会上陈列的各种照片、书籍、图表，生动地展示了马克思主义的发生、发展和伟大的胜利。

9月29日，《人民日报》报道《四位世界文化名人纪念展览会在京开幕》。其中介绍：世界四位文化名人屈原、哥白尼、拉伯雷、马蒂纪念展览会，二十八日在北京图书馆开幕。展览会陈列了近百幅巨幅图片、杂志和他们的原著和各国文字的译本。

10月18日，举办纪念屈原演讲会，郭沫若作"屈原的生平及其著作《离骚》"主旨演讲。

12月，参考研究组编制《北京图书馆如何管理图书》（戚志芬执笔），详尽、通俗地介绍了北京（国家）图书馆的藏书及藏书采访、编目等工作。

本年，北京图书馆机构设置为馆长直接领导下设办公室、苏联图书室，及阅览参考部、采访部、编目部、善本特藏部四个部。其中阅览参考部设阅览组、少年儿童阅览组、推广组、参考研究组、群众工作组、皮藏组。

本年，参考研究组组长张秀民负责解答问题及编辑专题；副组长戚志芬负责政治经济方面的解答；刘汝霖负责解答工程，编辑专题；组员李希泌答文史方面的问题；组员龙顺宜编专题目录。

全年，参考咨询解答专门性问题及介绍参考资料的工作总计800余件，编制专题目录77种，全馆咨询解答6049次，举办展览65次，讲演会19次。

1954年

1月12日，《人民日报》刊登《中央文化部一九五三年工作报告》，其中介绍"北京图书馆除加强了社会活动（如举办讲演会等）外，并配合国家经济建设进行了资料搜集、整理、供应等工作"。

1月16日，文化部社管局1954年第二次局务会议讨论1954年工作计划，其中确定"北京图书馆的办馆方针是：为人民服务，为经济建设服务，为科研工作服务，逐步向列宁图书馆的方向发展"。

1月21日，举办"纪念伟大革命导师列宁逝世30周年展览"，文化部部长沈雁冰为开幕式剪彩。

3月7日，《人民日报》报道《"斯大林逝世一周年纪念展览会"在京开幕》。其中介绍："斯大林逝世一周年纪念展览会"六日在北京图书馆开幕。北京图书馆馆长冯仲云致开幕词。展出有关斯大林生平革命活动和著述的图片二百多幅，及二十种文字的书刊一百五十多册。

4月，戚志芬执笔撰写《北京图书馆简介》（铅印本）。

6月17日，《人民日报》报道《北京图书馆等邀请吴组缃　讲儒林外史的思想和艺术》。其中介绍：为纪念"儒林外史"作者吴敬梓逝世二百周年，北京图书馆和中国作家协会十三日晚联合主办文艺讲演会。北京图书馆向听众介绍馆内所藏"儒林外史"珍本和有关吴敬梓作品的参考书籍和论文等，以便读者借阅和研究。

7月17日，《人民日报》报道《纪念契诃夫逝世五十周年展览会在京开幕》。其中介绍：这次展出的契诃夫著作有俄文原著、中文译本和日、法、德、英、捷克斯洛伐克、芬兰等国文字的译本二百多种……展出的数十幅图片，介绍了契诃夫的生平和著作以及他的戏剧在苏联上演的情况。

7月24日，《人民日报》报道《中央人民政府文化部　举办波兰人民共和国电影图片展览》。其中介绍"中央人民政府文化部从七月二十二日到八月五日在北京图书馆展览厅举办'波兰人民共和国电影图片展览'"。

本年，为配合宪法草案公布，召开三次读者座谈会，并将读者对宪法草案的修改意见转给宪法起草委员会。

本年，为更好服务祖国经济建设、文教事业和学术研究，制定《北京图书馆市内机关团体图书外借规则》。

本年，北京图书馆组织机构为在馆长、副馆长下设办公室、阅览参考部、采访部、编目部、善本特藏部和苏联图书室。其中阅览部下辖阅览组、推广组、皮藏组、群众工作组、参考研究组、少年阅览组。

全年，参考研究组开展参考研究、解答咨询，总计解答问题1485件，包括查找资料在内，另外阅览室辅导共6622件。编辑各种参考性与推荐性的专题书目，及馆藏资料目录75种。举办展览62次，讲演会26次。

1955年

"1955年初，开辟了五间研究室"，旨在为"祖国经济建设及科学研究"服务。

1月9日，参考研究组戚志芬为西德汉斯·布根博士提供"托马斯曼的中译本目录"。

3月8日，参考研究组龙顺宜答复德国克奇纳博士"解放后我国有关图书馆法、呈缴及珍贵图书出口等问题相关法规"的来函。

4月21日，《人民日报》报道《我国各地展开纪念列宁的活动》。其中介绍：北京图书馆也从今日起在馆内展出了图片"伟大的列宁"，并陈列了列宁的著作。

5月4日，为纪念世界文化名人席勒、密茨凯维支、孟德斯鸠、安徒生，举办"世界文化名人作品展览"。

5月6日，《人民日报》报道《世界文化名人作品展览开幕》。其中介绍：纪念世界文化名人席勒、密茨凯维支、孟德斯鸠、安徒生作品展览五月四日在北京图书馆开幕。这里展出的世界四大文化名人著述近二百中，有二十六种文字的版本。

7月1日，《人民日报》报道《"中印文化交流展览"展出》。其中介绍：在北京图书馆的正厅，二十九日起举行"中印文化交流展览"。展出的古书中，记载了中印两国在医学、天文学、数学、造纸和语言文字等方面交流的情况。

7月2日，文化部发布《关于加强与改进公共图书馆工作的指示》，其中明确公共图书馆的任务："以图书、资料、书目和索引为本地区的党和政府机关、财政经济部门，科学文教机关和其他机关、团体服务。"

10月28日，《人民日报》报道《首都各界人民纪念米丘林诞生一百周年》。其中介绍：北京图书馆举办的米丘林纪念展览订于二十八日开幕，将展出有关米丘林生平事业的图片，米丘林著作原本以及中国、波兰、捷克斯洛伐克、匈牙利、保加利亚和英国、法国等国文字的译本一百多种。

11月15日，《人民日报》报道《五年计划图片图书展览闭幕》。其中介绍：北京图书馆举办的"发展国民经济的第一个五年计划图片图书展览"在十二日开幕。

本年，与中国土木工程学会联合举办纪念我国杰出的铁路工程师詹天佑逝世35周年展览会。

本年，北京图书馆制订《北京图书馆十二年工作规划纲要》（第1次修正稿）（1956—1967）。其中对参考咨询组织机构和服务工作做出规划。如参考咨询部附设中央参考书库及阅览室，并管理各阅览室中的参考站；在参考咨询组的基础上扩建成参考咨询部等。

本年，北京图书馆制定《北京图书馆科学顾问委员会组织及办法》。聘请专家学者"解答我馆读者所提出的专门性问题"。

本年，北京图书馆组织机构为馆长、副馆长下设办公室、编目部、采访部、善本特藏部、阅览[参考]部、科学方法部。其中阅览部下辖阅览组、推广组、庋藏组、群众工作组、参考研究组、少年儿童组、苏联图书室、图书整理组。参考研究组组长张秀民；副组长戚志芬；研究员刘汝霖、汉佛语；组员龙顺宜、王敬、关振泽、朱家濂、丁克刚；见习员张增辉。

全年，解答咨询1716件，阅览辅导10522次；编印参考书目20种，展览会44次，讲演会38次。

1956年

1月14日，周恩来在中共中央关于知识分子问题会议上作《关于知识分子问题》主题报告，提出"向现代科学进军""向科学进军"。

1月30日，周恩来在"中国人民政治协商会议第二届全国委员会第二次会议"上提出"我国人民，首先是知识分子已经到了向现代科学大进军的时候"，由此，全国各行各业正式吹响"向科学进军"的号角。

1月，北京图书馆参考研究组编印《馆藏史记书目》。

3月13日，参考研究组龙顺宜答复人民出版社"对哲学、社会科学名著拟目提意见"的函件。

4月，北京图书馆参考研究组在《图书馆工作》1956年第2期发表"北京图书馆的参考工作如何为科学研究服务"一文，总结了参考工作几年来为配合科学研究所进行的主要工作。

4月，戚志芬在《图书馆工作》1956年第2期发表"图书馆应积极配合科学研究工作"。

5月28日，参考研究组龙顺宜应捷克科学院捷克文学研究所来函，解答"捷克文学家代尔的材料"的咨询。

5月11日，向达在《人民日报》发表《科学研究工作需要充分的图书资料》一文。文中谈到：国家图书馆、科学院图书馆和大学图书馆应该把参考工作提到应有的地位。多编各大图书馆所藏某一类书或某一专题的联合目录，专门目录、专题论文索引、专书索引、各种期刊索引。编辑图书通讯、科学技术文摘、书评文摘。同出版社合作，影印或重印馆藏重要善本图书。这些措施，对于科学研究都是迫切需要的。

5月25日，成立科学顾问委员会，聘请专家、教授27人担任顾问，负责解答读者提出的专门性问题。

6月，根据文化部指示，部分业务人员实行研究员制度，张申府、顾子刚、刘汝霖、丁瀣、张秀民、李钟履等分别被定为研究员、副研究员、助理研究员。

6月，刘汝霖在《图书馆工作》1956年第3期发表"我做参考咨询工作的一些体会"。

7月5日，文化部在京召开全国图书馆工作会议，提出《明确图书馆的方针和任务，为大力配合向科学进军而奋斗》的报告。报告提出"迅速加强书目参考工作"，明确"书目是为科学研究服务的一种重要手段，是图书与科学研究工作者联系的桥梁。为了密切配合科学研究工作的进展，图书馆应该根据科学研究的需要与馆藏的情况，更多、更快、更好地编制各种书目和索引，如专题联合书目、专门书目、新书通报、报刊论文索引、专题论文索引、专书索引等等……"并指出"这个工作是一个相当复杂的组织工作，为了做好这个工作，我们准备在北京图书馆中设置一个书目协调机构，负责全国书目工作的联系和协调，以加强书目工作的计划性。省、市馆也该有专人负责书目协调的工作"。

7月，北京图书馆举办纪念世界文化名人萧伯纳诞生100周年、易卜生逝世50周年展览会和演讲会。展出相关书刊300种和生平图片100张。

8月28日，《人民日报》发表题为《向科学进军中的图书馆工作》社论。图书馆学作为一门学科被列入当年制定的全国科学12年远景规划。

10月9日，为纪念鲁迅逝世20周年，举办鲁迅图片展览。

12月，北京图书馆修订《市内机关团体图书外借规则》。

本年，参考研究组编印《馆藏外文中近东及非洲国家书目》（油印本）、《馆藏农业书刊目录》《馆藏日文农业图书目录》《馆藏林业书目》《馆藏畜牧书目》等。

本年，参考部门建立参考卡制度，起到了记录、检查、提高工作效率等多种作用。

本年，北京图书馆机构设置为办公室、采访部、编目部、阅览参考部、善本特藏部、苏联图书室。其中阅览参考部下辖阅览组、推广组、群众工作组、参考研究组、庋藏组、少年儿童组。

本年，参考研究组组长张秀民；副组长戚志芬；研究员刘汝霖、汉佛语；副研究员顾子刚；组员龙顺宜、王敬（团员）、关振泽、朱家濂、丁克刚（群众）；见习员张增辉（团员）。同年底，戚志芬任参考研究组组长，张秀民调任阅览部副研究员，免去参考组组长。

全年，解答咨询1800件；阅读辅导14632次；编印参考书目9种。展览会36次，报告会37次。

1957年

1月15日，北京图书馆成立购书小组，由赵万里（善本部）、张申府（参考部）、杨殿珣（参考部）等组成。

2月，北京图书馆编译的《图书馆如何为科学研究服务》一书由中华书局出版。

2月，参考研究组扩编为参考研究部，张申府任主任。下设科技参考组和社科参考组，科技参考组设科学技术文摘索引参考室（后名为"科技文献检索室"），社科参考组设咨询室。

3月，社会科学参考组编印《（北京图书馆）馆藏西文有关中国书目》（上、下册）油印本。

6月，全国图书联合目录编辑组开始筹备工作。该组由北京图书馆书目索引组进行筹备，先后由中国科学院图书馆、清华大学图书馆以及北京图书馆抽调干部共同组成。根据原定任务，从编辑西文期刊联合目录着手。该组还草拟了"建立卡片目录中心，征集西文卡片目录办法草案"。

9月1日，北京图书馆等单位在北京联合举办"外国科学技术书刊展览会"，展出37个国家出版的科学技术著作17000种，科学期刊4000多种，科学产品样本1500种。此外，还展出各种类型的缩微阅读器。

9月6日，《全国图书馆协调方案》经国务院全体会议第57次会议批准。其中，对"中心图书馆的任务"规定之一就是"为科学研究服务""编制联合书目及新书通报"。

9月12日，《人民日报》报道《世界文化名人纪念活动本月继续举行　卡尔·林内诞生250周年纪念会今日在京举行》。其中介绍：9月下旬还将在北京图书馆举办一个包括今年七位世界文化名人纪念资料的综合展览。

11月，根据《全国图书协调方案》，成立"全国联合目录编辑组"。附设于北京图书馆内。中国科学院图书馆、清华大学图书馆和其他图书馆抽调干部共同组成。至1966年9年间，共出版全国性和地方性的联合目录300余种。其中较重要的有：《全国西文期刊联合目录》《全国中文期刊联合目录》《全国日文期刊联合目录》《全国俄文期刊联合目录》《中国古农书联合目录》《中医图书联合目录》《中国丛书综录》等。

本年起，定期出版《书目月报》。

本年，参考组编制《北京图书馆馆藏化学书刊目录：中外文》（油印本）、《北京图书馆馆藏物理学书目》（油印本）、《北京图书馆馆藏西文有关中国书目》（2册）。

全年，解答咨询1548件，编印书目24种，举办展览会31次，讲演会33次。

1958年

1月15日，国务院编制委员会国编办字第2号文，同意成立全国联合书目编辑组，作为全国中心图书馆下面的办事机构，附设在北京图书馆。

6月，在中国共产党成立37周年纪念活动中，北京图书馆向毛泽东、刘少奇、周恩来、朱德等中央领导同志发出个人借书证305个。毛泽东主席的借书证编为第一号。

7月1日，毛泽东主席办公室来信，为毛主席办理登记手续，并指定图书借还经手人。

7月18日，《人民日报》报道《文化界百花争艳气象新向党献礼一万三千多件》。其中介绍：北京图书馆为了配合学习毛主席著作的运动，编制了"毛主席著作及参考书目录"，同时还编印了配合农村技术革命、文化革命的图书目录。

7月22日，《人民日报》报道《民间创作像灿烂的春花 北京举行民间文学展览会》。其中介绍：中国民间文艺研究会、北京图书馆联合主办的"中国民间文学展览会"17日在北京图书馆展览厅开幕。展览会展出了我国古代、"五四"时期、各次国内革命战争时期和抗日战争时期、以及新中国成立以来到"大跃进"以前的各民族民间文学的出版物，和"大跃进"以来各党委和党报关于收集的民歌、民谣的通知和社论共一千多件。

7月，社会科学参考组编印《学习毛主席著作书目》。

7月，全国图书联合目录编辑组编辑的《全国西文新书联合目录通报》创刊，分为哲学、社会科学和自然科学、技术科学两个部分。主要报道全国各大图书馆新编西文图书，便利科研工作者、图书馆工作者以及其他读者掌握西文新书情报。1961年改名为《全国西文新书联合通报》，1967年停刊。

9月，北京图书馆开展群众性编书目运动，104人参加，另有6人参加校对、誊印和装订工作，共编书目81种。

9月，参考组编印《批判修正主义书目》（铅印本）、《馆藏西文拉丁美洲书目》（油印本）。

10月，北京图书馆编印《馆藏解放区出版文艺作品书目》。

10月，李钟履编《图书馆学书籍联合目录》由中华书局出版。收录清末至1957年各图书馆入藏的图书馆学著作，并标明馆藏地。

12月20日，北京图书馆成立科学文摘索引参考室，室中开架陈列各国当年出版各科文摘索引、期刊，供读者自由翻阅使用。

12月，举办马克思诞生140周年纪念展览。

本年，制定《北京图书馆研究室暂行规则》。第一条明确：我馆为了配合祖国经济建设及科学研究，自1955年起增辟研究室。

本年，北京图书馆为馆长、副馆长领导下设办公室、人保科、采访部、编目部、阅览部、善本特藏部、参考书目部、科学方法研究部、国际交换组、联合目录编辑组。其中参考书目部下设参考组和书目组。

本年，参考组编制《北京图书馆馆藏采矿书目》（油印本）。

全年，除日常解答咨询、编制书目索引外，还参加大型展览搜集材料、陈列和编制说明工作。解答读者咨询问题1647件；编制参考书目212种；举办图书展览46次，讲演会39次，图书介绍和时事剪辑1590次。

1959年

1月，成立马列主义毛主席著作阅览室。该阅览室藏书包括马、恩、列、斯经典著作的中文、俄文版；马克思、恩格斯著作的德文版；毛主席著作的各种不同版本及译本（包括外文译本和兄弟民族语文本），党的文献以及运用马克思列宁主义观点阐述问题的一般著作和有关人民公社的资料等，约5000余册。

2月28日，北京图书馆开展"让读者满意"运动。

2月，戚志芬在《图书馆学通讯》1959年第1期发表文章，介绍《北京图书馆》。

2月，李钟履编《图书馆学论文索引》（第一辑）由商务印书馆出版，收录建国前全国期刊报纸上刊载的图书馆学、目录学方面的论文5000余篇。

5月5日，《人民日报》报道《加强民族团结　维护祖国统一　大力增产节约　给外国干涉者以坚决的回击　全国各地青年以实际行动纪念"五四"运动四十周年》。其中介绍：北京图书馆、首都图书馆今天都举行了纪念"五四"四十周年的图片、图书展览。

5月28日，《人民日报》报道《纪念世界文化名人彭斯和达尔文　首都文化科学界举行纪念会》。其中介绍：北京图书馆为纪念罗伯特·彭斯诞生二百周年和查理·达尔文诞生一百五十周年，参考组编制《达尔文著作及其有关著作简目》。

5月，北京图书馆与首都图书馆合编《北京地方文献联合目录》。目录收录北京、上海、南京等13个图书馆所藏的9大类200余种文献，并附说明和索引。

7月24日，《人民日报》报道《安徽积极增产夏令药品 "全国中医书联合目录"开始付排》。其中介绍：北京图书馆和中医研究院图书馆联合编辑的"全国中医书联合目录"基本完成。

9月4日，《人民日报》报道《纪念波兰大诗人斯洛伐茨基150周年诞辰》。其中介绍：中国作家协会和北京图书馆在昨晚联合举行了纪念会，会上由戈宝权作了"斯洛伐茨基的生平及其创作"的报告；北京图书馆举办了诗人的生平图片及其作品的展览会。

10月，中华人民共和国成立十周年时统计，解放后所编全国性和专题性联合目录79种，其中全国性联合目录39种，主要有《全国中文期刊联合目录》《全国西文期刊联合目录》《全国日文期刊联合目录》《全国俄文期刊联合目录》《全国西文图书联合通报》《中国地方志综录》《中国丛书综录》等。

11月25日，《人民日报》报道《肖洛姆·阿莱汉姆诞生一百周年 首都文化界举行纪念会》。其中介绍：北京图书馆还专门布置了肖洛姆著作的小型图书展览。

12月，书目索引组编《马克思、恩格斯全集俄文第一版篇名总目》（油印本）。

12月，参考组编制《十年来我国社会主义经济建设成就资料》，分为第一分册（总论，与财贸、交通运输合订）；第二分册（工业建设）；第三分册（农业建设）。

本年，参考组编制《北京图书馆馆藏西文外科书目》《北京图书馆馆藏数学书目，西文部分》《北京图书馆馆藏数学书目，中文部分》。

本年，中医研究院图书馆、北京图书馆联合编制《中国针灸联合目录》《中国医史联合目录》，1960年发行。

本年，全国图书联合目录编辑组编制的《全国西文期刊联合目录》出版。共收录168个图书馆所藏西文期刊20270种。

本年，北京图书馆举办"马克思列宁主义在中国的传播和发展"展览。

本年，北京图书馆主编的《中国古农书联合目录》出版。共收录北京图书馆等25个图书馆所入藏的古农书643种。

本年，北京图书馆设办公室、采访部、编目部、阅览部、参考书目部、善本特藏部、科学方法研究部、国际交换组。其中参考书目部下设参考咨询组、书目组。

全年，解答咨询3201件，编制参考书目453种。举办图书展览61次，讲演会48次，时事剪报80辑。

1960年

1月，北京图书馆编印的《书目月报》自本月起改为《北京图书馆新书通报》，月刊，分为"人文科学"与"自然科学、技术、农业、医学"两册出版。仍为月刊。1967年8月4日停刊。1975年复刊。

4月22日，《人民日报》报道《大中城市机关工厂部队学校开展各种活动　隆重纪念革命导师列宁诞辰　纷纷举办展览会、报告会、座谈会学习列宁革命战斗精神》。其中介绍：由中国革命博物馆和北京图书馆联合举办的"纪念列宁诞生九十周年展览会"，22日将在中国革命博物馆开幕。

7月，举办"外国哲学、社会科学情报资料展览"。

11月11日，参考咨询组与书目索引组合并成立参考书目组。

12月29日，文化部副部长钱瑞生到馆视察工作，指示："北京图书馆应成为党和国家实现科学规划、攻破尖端、实现技术革命和培养科学理论队伍的重要服务机关。"

本年，科学文摘索引参考室划归科技参考组管理。

本年，北京图书馆制定《1960年北京图书馆八年（1960—62—67）工作规划草案》。该规划草案明确"加强书目和参考工作，更多更好地为生产建设及科学研究服务"。其中"在书目工作方面，1960—1962年内以参加全国的联合书目编制工作为主，继续编制馆藏各种书目，另外有重点地开展推荐书目工作，为今后大力开展这项工作创造经验和奠定基础。1960年争取完成书目450个。1963—1967年内，以编制推荐书目为主，并编制较大的馆藏目录，如馆藏线装书总目；此外，建立全国外文书、线装书的卡片目录中心"。"在参考咨询工作方面，1960年争取解答读者咨询问题3500件。1961年开办参考阅览室，集中馆藏主要参考工具书，以利读者。1963—1967年扩充参考组为参考部，业务工作按学科分组,并逐步建立专题参考卡片。"

本年,参考研究组编制《清末奏议、文集中有关中俄边界资料目录》《北京图书馆馆藏土木建筑书目补编》。

上半年,解答咨询问题1762件,编制参考书目251种。举办展览76次,讲演会28次,时事剪报47辑。

1961年

1月,科学文摘索引参考室更名科技文摘索引阅览室,对外正式服务。

2月20日,成立科技服务组,由康鸿禄、鲍振西负责,先后与国家科委和国防科工委等14个部、委、院及其所属的38个科研生产单位建立了联系。

3月,为中央联络部编制《有关法国政治经济资料目录》《有关意大利政治经济资料目录》。

5月,参考书目组编制《古代军事家传记资料目录》。

6月,参考书目组编制《馆藏外文小说书目》(日文、英文)。

6—7月,参考书目组编制《中国小说外文译本目录》。

7月4日,制定《北京图书馆研究室简则》。该《简则》第一条规定:我馆为配合科学研究和经济建设的需要,设有研究室。

7月27日,北京图书馆制定《北京图书馆科学研究服务临时工作组暂行工作简则》(草案)。

8月17日,《人民日报》刊登《学者专家的亲密助手——记北京图书馆的科学研究服务工作》一文。其中介绍参考书目组咨询情况:如北京图书馆为冶金工业部和石油工业部提供和查找到一些重要的研究参考文献资料。根据读者的需要,他们还举办了好几次书刊展览。

9月,北京图书馆和卫生部中医研究院主编《中医图书联合目录》出版。

10月,参考书目组为商业部研究室提供《农村市场资料目录》。

11月,北京图书馆制定《北京图书馆阅览通则(草案)》,明确"研究室:专题研究读者在本室阅览"。

12月,《全国中文期刊联合目录》(1933—1949年),全国图书联合目录编辑组编,北京图书馆出版。全书收录中文期刊19115种(包括补遗951种)。解放区出版的期刊未包括在内。

12月8日,参考书目组为曹禺完成《有关王昭君的资料目录》。

12月，《全国俄文期刊联合目录》，全国图书联合目录编辑组编辑出版。全书收录143个图书馆1958年底前入藏2485种俄文期刊。

12月，参考书目组编制《有关印度尼西亚革命资料目录（中、西、日文）》，"经过选择、整理后提供给印尼共产党中央委员会"。

12月，参考书目组为马列著作编译局编制《关于黄宗羲的资料目录》《关于王夫之的资料目录》《关于顾炎武的资料目录》。

全年，解答咨询2231件，其中包括社会科学咨询2046件，科学技术咨询185件；编制各种专题书目152种。举办图书展览26次，讲演会20次。时事资料简辑29次。

1962年

1月，社会科学参考组为溥仪撰写《我的前半生》搜集资料，提供《溥仪及伪满洲国的资料》。

3月24日，为全国人大代表彭迪先提供《有关货币学的论文索引（1956.1—1961.12）》。

4月18日，《人民日报》报道《"诗人杜甫"摄制完成不日将在十三城市上映》。其中介绍：摄制中得到了成都杜甫草堂、中国历史博物馆、中国科学院考古研究所、北京图书馆、陕西博物馆等有关单位的指导和协助。

4月，参考书目组为有关单位编制《有关中蒙边界资料》。

5月31日，参考书目组为国际关系研究所完成《研究美国垄断资本有关参考书选目》《关美国经济书目（日文）》。

6月，参考书目组为有关单位编制《中越界务参考资料》《中朝界务参考资料》。

10月16日，文化部文干字第2026号通知，任命杨殿珣为参考书目部主任。

本年，参考书目组编制《〈在延安文艺座谈会上的讲话〉版本目录》和《〈在延安文艺座谈会上的讲话〉参考文献和论文选目》，并在《图书馆》杂志1962年第2期发表。

本年，将原属于阅览部的参考咨询组和科学文献索引组抽出成立参考书目部。

全年，解答咨询1693件；编制书目50种。书刊展览59次。时事资料简辑30次。

1963年

2月10日，为配合全国农业会议的召开，北京图书馆等单位在会议现场举办"农业科学文献展览"。

2月，社会科学参考组完成《馆藏英、法文关于和涉及南斯拉夫问题书目》。

3月，社会科学参考组应朝鲜驻华使馆委托完成《馆藏朝美关系资料目录（中、西、日、俄文）》《清朝统治集团外交文件中有关朝美关系资料目录》。

3月，完成《馆藏各国教育概况、教育理论俄文书目（1955—1962）》。

7月，社会科学参考组为国务院五办完成《英文有关节育问题论文索引（1955—1962）》的编制。

9月，参考部在《图书馆》1963年第3期发表"中国历代农具图一览表"。

9月，为外文出版社完成《中国古典文学作品英、德、法文译本选目》。

12月，戚志芬在《图书馆》1963年第4期发表《发挥馆藏图书资料潜力，为社会科学研究工作服务》。

12月，马龙璧在《图书馆》1963年第4期发表《关于科学技术文摘索引参考室工作的几点体会》一文。

12月，完成《中苏关系论文目录（西文）》，收录1900年以来中俄、中苏关系论文204条。

全年，解答咨询1878件（其中社会科学1726件，科技152件）；编制书目索引32种，举办展览41次，讲演会6次，时事资料简辑54次。

1964年

1—4月，社会科学参考组应总参谋部的委托完成《〈东方杂志〉中有关中苏关系的资料（1934—1948）》《有关中苏关系书目》《中苏关系论文索引（汇辑）》。《有关中俄边界资料的清末奏议文集目录》《馆藏西文有关中苏边界书目（附条约地图）》《馆藏俄文有关中俄边界资料目录》《日文有关中苏边界书目》。

3月，举办"馆藏亚非拉国家和地区哲学、社会科学期刊展览"。展出27种文字的期刊730种。

6月，社会科学参考组编制《馆藏当代外国著名政治、军事人物传记书目（中、日、西文）》。

6月19日，北京图书馆通过1964年5月修订的《北京图书馆阅览通则》《北京图书馆读者领取阅览证办法》和《北京图书馆办理本市机关团体图书外借规则》。其中《北京图书阅览馆通则》第四条明确"本馆设有以下阅览室：1.科学阅览室：供阅哲学、社会科学、自然科学、工程技术等书刊。2.科技文摘索引参考室：供阅近期出版的中、外文自然科学、工程技术的文摘、索引等"。第五条明确本馆设有目录室和参考咨询室。参考咨询室解答读者提出的关于哲学、社会科学图书资料的咨询。

7月，举办《支援越南人民反帝爱国斗争图片展览》。

11月25日，为庆祝阿尔巴尼亚解放20周年，与外文书店联合举办"阿尔巴尼亚人民共和国书刊展览"。

11月26日，《人民日报》报道《庆祝阿尔巴尼亚解放二十周年 北京大学师生举行联欢晚会 首都展出阿尔巴尼亚书刊》。其中介绍：阿尔巴尼亚人民共和国书刊展览"今天上午在北京图书馆展出。展览会是由中国外文书店和北京图书馆为庆祝阿尔巴尼亚解放二十周年而举办的。

本年，社会科学参考组应世界经济研究所委托编制《美国对外军事援助资料索引（1949—1964）》。

本年，参考部副主任杨殿珣，社会科学参考组组长王碧澄，自然科学参考组组长马龙璧，副组长张谅。

全年，为"党政机关、经济组织、文教部门"提供一系列服务，总计解答咨询1817件，举办展览46次，报告会13次。

1965年

2月，参考部分设社科参考组、科技参考组。

2月，社会科学参考组完成《有关蒋介石的言论书目》。

3月，社会科学参考组为响应纪念"向雷锋同志学习"的号召而编制《"向雷锋同志学习"资料选目——纪念毛主席发出"向雷锋同志学习"的伟大号召两周年》。

5月，社会科学参考组应《大众报》国际部委托完成《关于美国经济危机资料目录（中、英）（1929—1932）》。

6月，完成《援越抗美资料选目1964.8—1965.5》。

8月1日，毛主席著作阅览室重新开放。

9月5日,《人民日报》报道《越南书刊展览在北京图书馆展出》。其中介绍:由中国外文书店和北京图书馆联合举办的"越南民主共和国书刊展览",今天上午开始在北京图书馆展出。

北京图书馆编制了《中越友谊资料选目》《越南文艺作品中译本选目》《庆祝越南民主共和国建国二十周年馆藏书刊资料选目》《庆祝越南劳动党建党三十五周年馆藏书刊资料选目》《庆祝胡志明主席七十五寿辰本馆馆藏书刊资料选目》等书目资料。

9月,社会科学参考组编印《哲学社会科学外文参考工具书选目提要》(油印本)。

10月,社会科学参考组为海燕电影制片厂拍摄大庆油田的电影,完成《关于外国煤油公司在中国的资料》。

12月11日,文化部文厅物字第1271号文,同意北京图书馆不再入藏工业标准专利文献,并将馆藏工业标准、专利文献及科技报告等中外科技资料调拨给国家科委科技情报研究所。

12月19日,《人民日报》报道《庆祝越南南方民族解放阵线成立五周年 我对外文委等联合举行晚会 首都一批工厂学校同越南留学生举行集会》。其中介绍:北京图书馆举办了小型图片展览,向读者介绍越南人民的斗争事迹。

全年,解答咨询1376件,其中社会科学咨询1171件,自然科学咨询205件;完成和基本完成编制书目5种;举办展览51次,讲演会5次,时事资料简辑211次。

1966年

1月13日,《人民日报》刊登《有志气,有能力》一文。其中介绍北京图书馆为上海革新闻将王林鹤等提供文献资料服务。

1月26日,《人民日报》刊登《人众心齐能搬山》一文。其中介绍:"你把这资料的英文名称写错了两个字,北京图书馆反复查核,给你校正了两个字,回电给我们,我们才找到这份'冷门'资料。"

2月23日,社科参考组(龙顺宜)完成《有关战时民防图书目录》(西俄文),总计收集民间防护图书22种,有关辐射防空壕的论文93篇。

3月,社会科学参考组编制《历代循吏传目录》。

3月,《北京图书馆简介》介绍,北京图书馆设办公室、采访部、编目部、阅览部、参考书目部、善本特藏部、图书馆学研究部和国际交换组等部门。

6月6日，为配合"文化大革命"，北京图书馆正式开辟"文化大革命"参考阅览室。

6月12日，开辟科技书刊阅览室，陈列检索工具书、外文科技新刊等。

6月15日，文化部通知北京图书馆，韦禾、丁志刚、左恭、张申府、顾子刚、赵万里等13人到社会主义学院参加集训。

6月16日，中国人民解放军工作队进驻北京图书馆，队长张希望、政委黎明。自即日起中共北京图书馆委员会停止活动，党政领导权归工作队。

8月4日，北京图书馆新书通报停止出版。

9月10日，成立革命文献部，采集各种"文化大革命"期间印刷品（如传单、小报）。到1968年8月，共入藏230箱。

9月，中国人民解放军驻北京图书馆工作队撤离。成立北京图书馆"文化革命"委员会，各部成立"文化革命"小组。

11月，社科参考组编制《活学活用"老三篇"资料目录》。

本年5—12月，社科参考组编制了大量"供批判参考使用"的文献资料目录。

本年，现有记录的专题咨询主要承担外事类的委托。如为日本德岛县立图书馆提供"中国傀儡戏的由来、历史等相关资料"；为墨西哥社会研究学会提供"有关语言问题的资料"；为西德斯图加特市立医院精神病科主治医师提供"表现癫痫病人的中国美术作品"；为新加坡《南洋商报》提供"馆所藏有关甘地的中文书目"等。

1967年

3—9月，社科参考组编制了大量"供批判参考使用"的文献资料目录。7月（中旬至9月上旬），北京图书馆发生搜集"中央首长"的所谓材料事件，即"北图事件"。

7月，社会科学参考组编制《中国电影剧本目录（1949—1966）》。

12月7日，中国人民解放军北京卫戍区司令部奉国务院、中央军委和"中央文革小组"命令，对北京图书馆实行军管，建立军事管制委员会，王子璋、谢谦为正、副主任。

12月18日，除柏林寺和报库部分开馆外，北京图书馆闭馆参加运动。

本年，编制《红卫兵刊物目录》，收录了全国各地所办红卫兵刊物。

本年，北京图书馆取消参考部。

本年，现有记录的专题咨询主要承担外事类的委托。如为伦敦大学亚非研究所图书馆提供"严复在天津《直报》1895年写的四篇文章的确切日期"；为法国汉学家提供"《陔馀丛考》一书中有关回文诗"；为意大利罗萨诺博士提供"德国法律学者耶令（林）著作的中译本"；为比利时犯罪学与法医学研究中心格而斯提供"有关犯罪学方面的中文期刊目录"等。

1968年

1月，在军管会领导下，成立办事组，第一、二清查专案组。撤消原有部处科组机构，全馆分为四个连。

12月22日军管会奉命撤离。

12月23日中国人民解放军、首都毛泽东思想宣传队奉命进驻北京图书馆。

1969年

9月29日，成立北京图书馆革命委员会。

9月，第一批63名职工下放湖北咸宁"五七"干校，包括参考部咨询馆员，进行劳动锻炼。

本年，全馆共有489名员工，在京408人，去"五七"干校70人，11名新来大学生赴山东部队锻炼。

1970年

5月17日，第二批260名职工下放湖北咸宁"五七"干校劳动锻炼，包括参考部咨询馆员。

5月18日，留京人员163人，编为4个排，10个班和一个直属班。革命委员会职能部门设政工组、办事组和业务组。其中业务组包括毛泽东思想宣传组、采编组、节约组、内部资料组等，内部资料组分设参考目录室和参考阅览室。

5月，国务院图博口领导小组成立，领导图书馆、博物馆和文物工作。该小组1973年2月14日撤销。

1971年

5月3日，北京图书馆恢复开馆。

8月13日，中共中央[1971]43号文件转发国务院《关于出版工作座谈会的报告》。其中第九条指出:"图书馆担负着宣传马克思主义、列宁主义、毛泽东思想,为三大革命运动服务的重要任务。要加强对图书馆的领导,充分发挥它的作用。目前,很多图书馆停止阅览的状况应该改变。要积极整理藏书,恢复阅览。要根据图书内容、借阅对象和工作需要,确定借阅办法,并加强读书指导。"

12月30日,北京图书馆进行了新一轮的组织机构调整,设立了办公室、政工组、阅览部、采访部、报刊部、总务科,部分恢复了"文革"前的建制。

1972年

2月5日,北京图书馆开始逐步恢复"文革"前行政体制。职能部门设政治处、办公室、行政管理处;业务部门设采编部、阅览部、善本部、报刊部。

5月15日,北图革委会制定1972年工作计划。该计划中明确:加强对三大革命运动的调查和研究,积极主动地为三大革命运动服务。将"工农兵服务组"改为"参考组",加强领导,充实人员,除了做好三大革命运动解答咨询外,还要有计划地组织有关部、组的人员到馆外了解三大革命运动的需要,主动服务。

5—8月,"北京图书馆革命委员会"为"国务院图博口领导小组"编制完成《关于钓鱼岛等岛屿是我国领土的资料》。

8月以后,参考部社科参考组、科技参考组两组先后恢复。

本年,下放湖北咸宁"五七"干校的参考馆员陆续回馆。戚志芬因郭沫若查文献需求,作为第一批人员回馆。4月,第二批人员从干校回馆,12月底第三批人员回京。

本年,北京图书馆编印供对外宣传的《北京图书馆简介》:北京图书馆的组织机构是在正副馆长下,设办公室、政工组、总务科等行政组织;另设统一编目部、采编部、阅览部、报刊部、特藏部、国际交换组、参考组等业务机构。

1973年

1月,科技文摘索引阅览室重新开放,正式接待读者。该室开架陈列了1966—1973年有关科技方面的文摘、索引等410种,合订本3500余册,单本12000余册。

4月4日,北京图书馆制定1973年工作计划要点。其中在业务工作方面明确：参考部门要加强调查研究，深入三大革命运动第一线。积极主动地开展服务工作，特别要准确、及时地做好中央党政军领导机关的咨询、参考工作。努力办好《外文新书通报》，举办综合或专题书刊展览，并根据我馆藏书特点和实际需要编制各种书目资料。

5月13日，国家文物事业管理局批转《关于北京图书馆主要服务对象的请示报告》和《简报北京图书馆的任务与服务对象上存在的主要问题》。其中《报告》明确规定："根据北京图书馆的特点，所处的地位和工作条件，应以党、政、军领导机关，科研部门和重点生产建设单位为主要服务对象，同时适当开展一般读者阅览工作。""恢复该馆的参考咨询部门，充实适当数量有业务专长的干部，加强解答关于书刊资料咨询问题。要密切和有关部门、单位的联系。加强调查研究，及时了解科学技术的新发展，有计划有目的地积累资料，主动地向有关部门、单位及时提供书刊、目录、资料等。"

5月，参考组编制《微生物冶金专题资料索引》。

12月，参考部编印《国外高层建筑专题资料目录》（油印本）。

本年，重新建立参考部，改名为"参考研究部"，许觉民为主任。参考部共有工作人员23人，分为社会科学参考组与科学技术参考组两个组。社科参考组组长李竞。

全年，参考研究部解答咨询788件，其中社科咨询329件，自然科学咨询（科技参考咨询）459件，编印书目33个。科技文摘索引阅览室接待读者6568人次。

1974年

3月，科技参考组为四机部第十设计院设计生产显像管厂房所需，编制《洁净室资料目录》。

4月，《北京图书馆外文新书通报》从第一期起改出分册，增加中译名，并调整赠送范围。

4月，北京图书馆成立外文工具书阅览室。

10月，参考部应阿尔及利亚国家图书馆的要求，编辑整理中国出版的有关阿尔及利亚人民解放战争（1954—1962年）方面的文献，形成目录。

10月，社会科学参考组编印《馆藏西文关于苏联书目（1964—1973）》（油印本）。

本年，参考研究部主任许觉民，社科参考组组长李竞。

本年，为配合"批林批孔"运动编制《有关〈三字经〉〈千字文〉〈神童诗〉〈弟子规〉的作者和历史背景以及〈名贤集〉的部分典故资料》《鲁迅反对尊孔复古言论选辑》《有关批林批孔报刊资料索引（1973.11—1974.1）》《北京图书馆藏历代反动派宣扬孔孟之道的"通俗读物"书目》等资料和索引。

全年，参考研究部完成咨询总计1767件，其中社科咨询906件，自然科学咨询（科技参考咨询）861件；书面咨询211件，口头咨询1556件。编辑出版书目10个。接待阅览6834人次。

1975年

1—2月，参考部部分同志参加"中国古代科技发展史展览"工作。

3月17日，北京图书馆临时党委会通过1975年工作计划，其中有关服务方面明确："……从目前我国在生产关系与生产力之间，上层建筑与经济基础之间还存在着又相适应又相矛盾的实际情况着眼，联系我馆在服务事项、工作方法和馆内外关系（特别是在为中央党政军领导机关等重点单位服务的工作质量）等方面迫切需要解决的重要问题，广泛征询意见，展开鸣放讨论，统一思想认识，分清轻重缓急，逐步整顿改进必要的规章制度，进一步搞好我馆的斗批改。"

7月5日，北京图书馆临时党委会决定原阅览部和参考部合并成立阅览参考部。阅览参考部设社科参考组、科技参考组、宣传组、文献研究室、阅览组、外借组、书库组、照相组、柏林寺组。文献研究室是专为中央服务而设，加强对于文献的研究工作。

7月，社科参考组组长黄全代表北京图书馆出席"全国石油会议"（八天）。

7月，参考组编制《馆藏有关珠穆朗玛峰（中日西文）目录》。

8月，编制《中国新加坡关系历史资料》。

9月，阅览参考部举办"环境污染与保护书刊展览"，完成《馆藏"环境污染与保护"书刊资料展览目录》编制。该展览采取展览和开架阅览相结合、阅览和参考工作相结合的方式，深受工农兵读者和有关单位的欢迎。

9月，科技参考组对北京市技术交流站、轻工业部情报站进行业务辅导两次。

9月，参考部出版《古代反孔批儒寓言笑话选》。

10月18日，阅览参考部举办"庆祝长征胜利四十周年展览"。共展出反映红军长征图片46张，图书58种，革命文物复制品5件。展览当日接待参加全国农业学大寨会议的部分代表参观。

12月，科技参考组除接待阅览人员554人次外，还完成馆藏"环境污染与保护"书刊资料展览书目3000多条；完成检索目录室藏刊名字顺目录一套和室藏分类目录一套。

本年，完成《馆藏历代主要法家及进步思想家著作书目》，包括26位主要法家的著作及后人注释评论，总计3060余部，1400多个版本。印刷并发行至中央、省、市党政军机关及图书馆等有关单位。编制《馆藏善本、线装有关戴震（东原）书目》《军事书目（英、俄、日文）》《地方志中有关金矿资源的资料》《毛主席论〈水浒〉〈水浒〉人物与〈水浒〉故事》等。

本年，举办"中国古代科技文献展览"。

本年，参考部主任为许觉民，社科参考组组长李竞（1—2月）、黄全（3—12月）。

全年，参考研究部完成咨询总计1474件，其中哲学社会科学咨询（社科参考咨询）685件，自然科学咨询（科技参考咨询）789件；书面咨询192件，口头咨询1282件。编辑书目19个。检索阅览接待阅览6990人次。

1976年

1月7日，与中国农业科学院图书馆、中国图书进口公司、中国科学院图书馆等，在北京农业展览馆联合举办《北京地区农业书刊资料展览》，参考部派员参加展览工作，并在展览的基础上编辑了有关书目。

1月，周恩来总理逝世，参考部社参组查阅馆藏有关周总理的资料，提供到馆读者阅览。

5月，北图学大寨服务组与农科院等各单位联合举办畜牧水产书刊资料巡回展览。

6月，北图学大庆服务组开展专题服务，为我国第一座无料钟高炉的设计提供资料。

7月，科参组与建筑研究部门合作，编制《地震和工业、民用建筑国外文献目录》，重点收录1966年以来出版的西文、俄文和日文图书资料802种。

9月28日，毛泽东思想万岁图书资料室开放（1979年11月12日改为毛泽东思想研究室）。

9月，参考部社科参考组、科技参考组共同为兴建毛主席纪念堂提供资料。文献研究室、外借组、复制组、期刊组、外文资料组积极辅助。

9月，社科参考组查阅馆藏，编辑《馆藏毛主席著作目录》。

9月，科技参考组编印《北京图书馆馆藏环境污染与保护书刊资料目录（续一）》。

本年，参考组与学习室共同编辑《马克思、恩格斯、列宁批判机会主义部分论述索引》《学习毛主席关于资产阶级就在共产党内指示的学习书目》等。

本年，社科参考组和科学院文学研究所、北京新华印刷厂凹印车间工人理论小组组成三结合小组，编辑《鲁迅研究资料索引》。

本年，社会科学参考咨询室编制了大量"批判'四人帮'"的文献资料目录。

全年，参考研究部社科参考组总计完成咨询693件，其中口头咨询593件，书面咨询100件；编制书目11个。

1977年

年初，阅览参考部先后两次召开在京有关农业单位读者座谈会。

1月，《北图通讯》（试刊）创刊，1977年第1期发表《我馆为"毛主席纪念堂"兴建积极提供资料》的文章。

4月，《北图通讯》1977年第4期发表《社科咨询举例——菲律宾国与中国友好交往》的文章。

8月，全国图书联合目录编辑组恢复工作。

11月，戚志芬当选北京市第七届人大代表，并于本月22日，参加北京市第七届人民代表大会。

本年，北京图书馆与内蒙古图书馆、内蒙古语文研究所、内蒙古大学、内蒙古师范学院等单位共同编制《全国蒙文古旧图书联合目录》。

全年，社科参考组解答咨询529件，其中口头咨询403件，书面咨询126件。

1978年

1月7日，《人民日报》报道《狠批"四人帮"文化专制主义、"文艺黑线专政"论北京图书馆开放大批中外图书》，其中提到"北图事件"。

9月，参考研究部，除社会科学参考组和科学技术参考组外，增设书目组（即《民国时期总书目》编辑组）、文献研究室、马列著作研究室，代管联合目录组。

9月，科技参考组在《北图通讯》1978年第3期发表"办好文摘索引阅览室全心全意为科技读者服务"一文。

9月，社科参考组在《北图通讯》1978年第3期发表"关于社科参考工作的基本任务及如何加强的意见"一文。

9月，彭鹏在《北图通讯》1978年第3期发表"我国联合目录工作进展情况和有待解决的问题"。

12月5日，中共北图临时委员会在文物局落实政策大会上，宣布为"四人帮"制造的"北图事件"有关人员平反。

本年，文献研究室初步选定课题。其中包括英美参考工具书，美中关系文献，苏联有关中国古典文献的研究等。

本年，社参咨询室实行总值班与轮流值班相结合的工作方式开展读者咨询服务。

全年，社科参考组共答复咨询1322件，其中口头1118件，书面204件；编制小型资料目录15种。

1979年

11月15日，马列主义毛泽东思想学习室改为马列主义毛泽东思想研究室。

本年，参考研究部启动《民国时期总书目》编辑工作。

全年，参考咨询总计1835件，其中社科参考咨询845件，科技参考咨询990件，编制书目28个。

1980年

3月3日，《人民日报》刊登《重视地方志的研究》一文。其中介绍：已故地质学家章演存（鸣钊）先生从地方志中辑集《古矿录》，中央地质部在北京图书馆的协助下，查阅大量方志，编成《祖国两千年铁矿开采和锻冶》《中国古今铜矿录》，对其他如石油、硫磺、硝、银、锡、汞等矿藏资料，也陆续进行了整理和出版。根据地方志的记载实行"文献报矿"，依照地方文献提供的线索进行地质勘探，取得了很大成果。

3月21日—25日，第一次全国联合目录工作会议在北京召开，会议通过

《建立全国联合目录报导体系的初步方案》和《全国联合目录工作协调委员会组织章程》两个草案。成立全国联合目录工作协调委员会,以北京图书馆为主任委员馆,中国科学院、上海图书馆、北京大学图书馆为副主任委员馆。天津、辽宁、四川、甘肃、广东等图书馆为常务委员馆。

4月30日,原北京图书馆参考咨询馆员邓衍林逝世。

6月27日,原国立北平图书馆阅览部主任、著名图书馆学家刘国钧教授在北京逝世。

7月31日,馆长办公会议听取参考研究部工作汇报,形成《关于加强参考研究部工作的几点意见》。

10月30日,经馆临时党委扩大会议讨论决定,梁思睿(原科长级干部)任命为参考部科技参考组组长,焦树安提任为社科参考组副组长,王润华提任为书目组副组长,林德海提任为书目组副组长,潘岩铭提任为联合目录组副组长。

11月,杨殿珣编著的《中国历代年谱总录》由书目文献出版社出版。

11月,北京图书馆办公室完成《北京图书馆业务工作规章制度汇编》(初稿)。其中"北京图书馆各部(室、处)业务工作职责范围"对参考研究部职责和善本部舆图组、金石组的阅览咨询服务职责做了明确规定。对参考研究部的职责规定总计七条(1980年10月8日):(1)负责科学技术方面的参考咨询及专题书目、索引的编辑工作。有关科技检索工具书的宣传报导及科技文摘索引阅览室的管理工作。(2)负责社会科学方面的参考咨询及专题书目、索引的编辑工作,并管理咨询接待室。(3)反映馆藏有关马列主义文献资料,有条件地开展有关马列主义文献的研究工作,管理马列主义著作研究资料室。(4)开展社会科学文献方面的研究工作。并在条件具备以后,开展文献及书刊情报的报导工作。(5)编制各时期我国出版图书总目。(6)组织、协调和编辑全国联合目录。(7)代管《文献》编辑部工作。在《善本部舆图组工作细则》(1980年7月修订)的"六、供应阅览、解答咨询工作"明确规定:(1)解答咨询时,根据所提问题的性质,分别对象给予正确解答,对没有把握或涉及国家机密的问题,应慎重从事,经与组长共同研究后,再做出回答,重要的咨询项目应做正式记录。(2)馆内同志查找利用地图资料时,须遵照规定手续,由其组长先行联系后,再行查找。(3)在地图的阅览和解答咨询的问题上，都要注意保守国家机密，做到不该拿的不拿，不该说的不说，不泄密失密。在《善本部金石组工作细则》（1980年7月25日修订）"六、阅览咨询"规定：积极热情地解答读者的咨询，尽量满足读者要求。

12月9日，联合目录组划归参考部，改名书目组。联合目录组编辑《西文参考工具书联合目录》由书目文献出版社出版。

12月，《马恩列斯研究资料汇编》1979年（上、下）出版。该汇编由中国马恩列斯著作研究会图书资料部暨北京图书馆马列著作研究室共同编印。

本年，社科参考组编辑的《鲁迅研究资料目录（1918—1949）》交人民出版社出版。

本年，杨殿珣编著的《中国历代年谱总录》和《续录》由书目文献出版社出版。

本年，科技参考组编制《俄文音译日文、拉丁文音译俄文科技期刊与连续出版物名称对照手册》（正式出版名为《科技期刊与连续出版物名称对照手册：拉丁文音译日文》），由书目文献出版社出版。

本年，社科参考组编制《中国电影资料目录》（1918—1949）交电影出版社出版。

本年，社科参考组邢淑贤编《图书馆学论文索引：1958—1979》，由吉林省图书馆出版。

本年，民族语文组（与故宫合作）编制《全国满文图书联合目录》，交民族出版社出版。

本年，北京图书馆业务机构设置为采访部、编目部、报刊资料部、阅览部、第二阅览部、参考研究部、善本特藏部、图书馆学研究部、书目文献出版社、北京图书馆进修学校和中国图书馆学会秘书处。参考研究部下设文献研究室、社科参考组、科技参考组、书目组、联合目录组、马列著作研究室。

本年，参考研究部主任姚炜。

全年总计咨询2115件，其中社科参考咨询836件（包括为中央领导机关的咨询157件；另口头咨询540件，书面咨询296件），科技参考咨询1279件（口头咨询1029件，书面咨询250件），编制书目14个。

1981年

3月10日，北京图书馆与中国科技情报研究所联合举办"能源科技情报资料展览"。

5月，联合目录组、社参组为纪念陶行知诞辰90周年编制《陶行知在国外活动的有关资料说明及目录》。

9月26日，《人民日报》报道《纸墨留声寿比金石——鲁迅著作版本展览印象记》。其中介绍：为纪念鲁迅诞生一百周年，北京图书馆、版本图书馆、鲁迅博物馆、文物出版社联合举办了鲁迅著作版本展览。

9月，社科参考组编辑《中国电影资料目录（1949—1979）》由中国电影出版社出版。

11月23日，《人民日报》刊登《马虎不得》一文。其中介绍：商务印书馆于1958年出版的邓衍林先生编著的《中国边疆图籍录》及1961年北京图书馆出版的中医研究院、北京图书馆合编的《中医图书联合目录》两书，在搜罗方面都比较完备，为专家学者提供了不少便利，有很大的参考价值，成绩是肯定的，但其中也存在着比较严重的错误。

11月，参考研究部编印《北京图书馆馆藏苏联文学研究著作目录（50—60年代）（油印本）。

全年，共解答读者咨询2532件，其中社科咨询782件（口头咨询364件，书面咨询418件），科技咨询1750件（口头咨询1500件，书面咨询250件）。编制书目9个。

1982年

1月，《北京图书馆外文新书通报》改为胶印出版，自本年起扩大发行，分社会科学和科学技术两个分册出版。

2月19日，北京图书馆党委决定田大畏为参考部主任。

4月，马列著作研究室完成《北京图书馆馆藏日本哲学思想史书目》（初稿）的编印。

6月12日—24日，郑效洵、李竟等应香港时代出版社邀请赴港考察图书采访工作。24日工作结束。

9月，马惠平编制《北京图书馆"非洲史图书展览书目"》。

10月7日，《人民日报》报道《中宣部召开座谈会　筹备纪念马克思逝世

一百周年　强调要结合学习十二大文件进行一次马克思主义教育》。其中介绍：以中央编译局为主同中国革命博物馆联合举办的马克思生平展览，由中央编译局和北京图书馆联合举办的马克思、恩格斯著作及其在中国的传播的展览，正在加紧筹备，明年3月可以展出。

10月13日—26日，副馆长李家荣、业务处处长朱南、参考部主任田大畏、采访部主任曾纪光、外事科周莲出访日本国立国会图书馆。会谈内容包括国家图书馆如何为议会、政党、政府及科研单位服务、参考咨询工作、图书采访工作。

12月14日，在对外友协统筹赞助下，参考研究部牵头举办《柯棣华大夫逝世四十周年、爱德华博士逝世二十五周年纪念展览》，展出图片170幅，报刊资料（包括报导、专访、社论）200幅，中外图书20册。15日，纪念柯棣华逝世四十周年和爱德华逝世二十五周年大会在人民大会堂举行。

12月，参考研究部下发《关于建立参考研究部业务档案的通知》，建立业务档案登记归档制度。

本年，科技文摘索引阅览室更名科技文献检索室。

本年，戚志芬在北京大学哲学系开设"工具书讲座"；在军事院校讲授"国外百科全书及我馆军事类百科全书入藏情况"。

本年，周迅为编辑人员讲授"中文文史工具书"。

本年，李以娣参加"中国科技情报编译委员会第九届年会"；"医学图书管理讨论会"；"情报中心管理培训班"。指导北大分校图书馆学系应届毕业生实习。

本年，参考研究部下设社会科学参考组、科技参考组、马列著作研究室、文献研究室、书目组、联合目录组。

全年，全馆解答读者咨询33633件。其中：社科参考咨询762件，科技参考咨询1146件，目录咨询30569件，其他咨询1156件。编制书目13个。

1983年

1月24日，《人民日报》报道《少林遗迹集萃》。其中介绍：一部搜集较为完备、编辑较为精致的《少林寺资料集》最近由书目文献出版社出版。该书为无谷、刘志学所编，集北京图书馆馆藏资料而汇成，作为"文献百科知识丛书"之一出版。

3月7日，《北京科技报》报道《科研工作大型参考工具书问世》（署名王大方）。

3月10日—12日，李崇安参加在北京召开的"纪念马克思逝世一百周年新闻学术讨论会"。

3月14日，《马克思恩格斯著作在中国》大型展览在革命博物馆举办，该展览由北京图书馆（参考研究部）、中共中央马恩列斯著作编译局和中央档案馆共同举办。参考部主要负责收集材料、征集展品等。展品以实物为主，共1442件，各种马恩著作中译本1342件，有关文件、文物、照片99件，图表5个。资料之丰富，版本之齐全，是建国以来从未有过的。展览5月份结束。

3月15日，《人民日报》报道《〈马克思生平事业〉展览〈马克思恩格斯著作在中国〉展览》《〈马克思恩格斯生平事业图片展览〉昨日在京开幕》。其中介绍：展览以珍贵翔实的史料再现了八十多年来马克思主义在中国传播的历程，真实地记录了我党坚持学习和宣传马克思主义的历史概况。其中建党前后以李大钊、陈独秀、毛泽东、周恩来为代表的革命知识分子宣传马克思主义的重要书刊，陈望道译《共产党宣言》的第一个中文全译本，郭大力、王亚南翻译的《资本论》第一个中文全译本，延安时期出版的《马克思恩格斯丛书》等最引人注目。

3月22日，戚志芬随中国国家图书馆代表团一行五人访问菲律宾，副馆长鲍振西为团长。这是中国国家图书馆对菲律宾图书馆界的第一次正式访问。访问于4月2日结束。此次访问，是"第一个来自中华人民共和国的图书馆代表团"。戚志芬撰写的《岛国图书传友情》于4月5日起在菲律宾的《世界日报》上连续转载五天。

6月，参考研究部主编的《北京图书馆参考工作》（资料汇编）正式创刊，在全国图书馆界内部发行。1995年停刊。

8月，王润华参加在沈阳召开的"全国目录学专题学术讨论会"，作题为《〈1911—1949全国中文图书总目〉概况和编辑工作中的几个问题》的发言。

10月15日—30日，田大畏赴委内瑞拉考察图书馆事业，撰写赴委内瑞拉考察报告一份。

本年，社会科学参考组编《解放日报人名索引：一九四一年五月—一九四七年三月》，由书目文献出版社出版。

本年，戚志芬、马惠平合编《西文有关美国参考工具书选目提要》（1983年3月）由中国美国史研究会内部出版。

本年，戚志芬为北京大学图馆学系研究生讲授西文哲学工具书。

本年，周迅为出版学会举办的编辑业务知识讲授《中文文史工具书》。

本年，周迅为出版局青年读书活动讲授《怎样使用工具书》。

本年，李以娣为北京自动化情报中心讲授《专利文献检索法》，为硅酸盐学会研究班提供科技文献检索辅导。

本年，杜心士分别在硅酸盐学会研究班、北京自动化情报中心培训班、煤碳部情报图书人员培训班授课。

本年，刘克俊为中国科学院研究生院授课《科技文献检索》。

本年，吴嘉燕为中国科学院研究生院授课《国内科技参考工具书及其使用》。

本年，陆兰天为中国科学院干部进修学院图书情报人员进修班授课《俄文参考工具书》。

本年，参考研究部设有六个组室：马列著作研究室（附设资料室）、文献研究室、哲学社会科学参考组（附设咨询室）、自然科学技术参考组（附设科技文献检索室）、书目组和联合目录编辑组，主要承担解答咨询，编制书目、索引，研究和报导文献，编制联合目录任务。

全年，参考研究部解答咨询4748件，其中社科参考组解答咨询1441件，科技参考组解答咨询3281件，马列主义文献资料室解答咨询26件，编制书目8个。目录组完成口头咨询39169件，书面咨询566件。

1984年

2月，戚志芬在《图书馆学通讯》1984年第1期上发表《社科参考工作建设和发展之我见》一文。

3月9日，北京图书馆党委通过部处机构设置方案和干部任命名单，曹鹤龙任参考部副主任。

4月18日，经北京图书馆委员会讨论通过，参考研究部社科参考组组长马惠平，副组长苏爱荣，科技参考组组长陆兰天，副组长聂平，书目组组长赵良珍，副组长宋光第，联合目录组副组长王莹、张小平。

4月28日，文化部文党字第49号通知，田大畏任北京图书馆副馆长。

5月29日，参考研究部与来访美国国会图书馆代表约翰·布罗德里克（John C. Broderick 美国国会图书馆助理馆长）和夏道泰（美国国会图书馆法律图书馆远东部主任）就参考工作开展交流与座谈。

5月，曹鹤龙任参考研究部代主任，全面主持工作。

5月，参考研究部开始全面改革。主要表现在：拓宽参考咨询服务范围、引进经营管理机制、开展有偿服务。

6月14日，参考研究部部务会议讨论《参考研究部工作条例（试行草案）》并原则通过。

6月，周迅在《北图通讯》Z1期（第1—2期）发表《谈谈北京图书馆怎样开展文献研究工作》。李以娣同期发表《大型综合科技文献检索室的日常辅导》。

7月19日，参考研究部召开部务扩大会议，宣布参考部业务委员会正式成立。

8月1日，参考研究部建立并实施岗位承包责任制和项目承包责任制。

8月2日，北京图书馆与中国科技情报研究所等单位联合在劳动人民文化宫举办"新技术情报图书资料展览"。

8月，焦树安、张明华在《图书馆学通讯》1984年第4期发表《试论图书馆参考工作的规定性、工作程序和层次及方法论问题》。

9月3日，"科技咨询接待室"正式成立。

9月26日，经馆长办公会议讨论通过了参考研究部提出的改革方案。后以《关于参考研究部近期工作的几点意见》为标题，刊印在《北京图书馆参考工作》第五辑中。方案包括参考研究部的职责，参考研究部机构设置，划分业务能级、确立业务职务，建立业务委员会，干部考核办法，实行考核奖之外的其他奖惩办法六个部分。

10月22日，参考研究部部务会议通过《参考研究部干部考核与奖惩（试行）办法》。

10月，北京图书馆制定《北京图书馆各部处工作职责范围及部（处）主任（处长）工作职责（实行）》。其中对参考研究部工作职责做出明确规定：结合国家各项事业发展的需要，调查研究国内外各学科有科学参考价值的图书资料和外国研究中国的图书资料，向读者报导和介绍；结合国家各项事业发展的需要，编制书目、索引和联合目录；组织和管理文献检索室；为读者提供综合性和专题的参考咨询服务；调查研究国内外图书馆参考工作的理论和方法，促进参考工作的科学化、体系化；根据参考工作的需要，改善劳动组织，实行合理分工，提高工作效率。

12月1日，马克思主义文献阅览室正式开放，开架阅览服务。该阅览室是在原马列著作研究室的藏书基础上整理、补充而形成专题阅览室。

12月，参考研究部业务委员会召开第一次会议。主任委员戚志芬，委员：戚志芬、王润华、周迅、焦树安、杜心士，秘书：焦树安（兼）。

本年，在北京图书馆业务统一规划下，社科参考组和科技参考组开始有偿服务试点。

本年，参考研究部设立《民国时期总书目》总编室，宋光第担任总编室主任。

本年，周迅完成北京图书馆职工业余大学"中国古代史（隋至1840年）"授课任务。

本年，吴嘉燕为北京大学图书馆讲授"科技文献检索"。

本年，参考研究部下设社科参考组、科技参考组、书目编辑组、联合目录编辑组。社科参考组和科技参考组两个业务组经过调整，按学科设置了十二个文献室，有些已经逐步开展文献研究工作。

全年，参考研究部共解答咨询4316件，其中社科咨询1124件（包括口头咨询755件，书面咨询369件），科技咨询3168件（包括口头咨询2905件，书面咨询263件），马克思主义文献阅览室（原马列著作研究室）解答口头咨询24件。目录咨询（含目录组和柏林寺目录室）68389件。

1985年

1月24日，北京图书馆馆务会议批准试行《北京图书馆业务工作规范》。该《规范》总计八章，将北京图书馆的业务工作分为六个工作系统，参考咨询工作入第六章"阅览参考咨询工作系统"，有关文献研究工作入"第七章文献研究及书目编辑工作系统"。

1月25日，参考研究部制订《参考研究部关于文献研究和书目工作规范的若干规定（1985年试行草案）》并试行。

3月31日，令恪随"印度医疗队在中国"（图片）展览代表团赴印度访问，该代表团受到总统宰尔·辛格接见和印度各界代表的热烈欢迎。4月5日，展览在新德里揭幕，印度副总统（R.Venkataraman）出席剪彩。鉴于该展览在印度得到的热烈反响，印度方面决定将原定在新德里、加尔各答、孟买等五大城市的展览，扩大至在印度全境大中城市巡回展出。该展览征集有关照片约1000幅，制作展板54块，展出照片254张。撰写说明书一份，译成英文，编制索引一份，大事记一册，剪报一份，起草发言稿一份，7000字。代表团4月25日回国。

4月1日，原由全国联合目录编辑组负责的《外文新书通报》编辑工作划归外文采编部。

4月8日，经第13次馆长办公会议讨论通过成立非常规定题委托服务领导小组，"朱南同志为组长，曹鹤龙同志为副组长。下设委托服务组，列入参考部编制内。对非常规定题委托服务工作的原则、范围和收益分配办法提出了一些意见，请委托服务工作领导小组据此对原提办法进行修改，经批准后试行"。

4月11日，《北京图书馆1985年4月11日〈民国时期总书目〉出版说明》在《图书馆学通讯》1985年第4期发表。叶圣陶、吕叔湘为《民国时期总书目》出版作序。

5月6日，北京图书馆馆长办公会议批准《北京图书馆开展非常规定题委托服务的试行办法》，其中第三条规定：为履行国家图书馆的职责，凡中央党、政、军、群部委以上的领导机关委托本馆办理的有关制定国家法律政策和处理国家内政外交方面的咨询、文献检索、文献编辑等业务，都属于无偿服务范围，由参考部承办。第七条规定：为统一管理好全馆的非常规定题委托服务工作，由参考部、阅览部、第二阅览部和报刊部派员组成"读者委托服务组"。服务组的日常工作受参考部领导。该《办法》还明确：服务组不接办常规服务项目和中央党、政、军、群领导机关的非常规定题委托服务项目。

5月，科技文献检索室实行业务工作负责制。

6月，田大畏调文化部工作。

9月9日，经第31次馆长办公会议讨论通过"决定外文工具书阅览室，划归参考部领导，并由参考部负责筹建新馆的工具书阅览室"。原阅览部外文工具书组（连同人员、设备和藏书）划归参考研究部。

12月3日，《人民日报》报道《读书界的一件幸事——谈谈〈民国时期总书目〉》。其中介绍：在北京图书馆等图书馆专家、工作人员努力下，终于初步完成这一有特殊意义、工程浩大的工作。现在，《民国时期总书目》第一分册（语言文字）由书目文献出版社出版。

本年，戚志芬为北京图书馆职工业余大学开设《参考工作》。

本年，马惠平为北京图书馆职工业余大学开设《外国近、现代史》。

本年，杜心士为北京图书馆职工业余大学开设《科技文献检索》。

本年，焦树安为陕西师范大学哲学专业研究生讲授《比较哲学概述》《西方现代哲学概论》《存在主义》和《结构主义》。

本年，苗惠生为中国社会科学院拉美研究所举办的《西文著录条例》讲习班讲授《标目名称的著录：个人著者标目》。

全年，参考研究部解答读者咨询总计3320件，其中书面咨询522件（社科参考组解答书面咨询283件，科技参考组解答书面咨询239件），口头咨询2798件。

1986年

1月24日，参考部召开"纪念戚志芬同志从事图书馆工作四十周年座谈会"。北京图书馆党委书记、副馆长谢道渊同志、原北京图书馆副馆长兼参考部主任田大畏同志、北京图书馆采访委员会顾问郑效洵同志，以及老中青参考工作者代表应邀参加了座谈会。

2月22日，经第59次党委会决定，任命曹鹤龙为参考部主任，免去其代主任职务，任职三年。

3月5日，召开参考研究部业务委员会第三次会议，讨论1986—1987年工作安排。

3月19日，为配合即将于1987年7月1日落成的北京图书馆新馆开馆工作，参考部上报北京图书馆《关于筹建参考工具书阅览室的几点意见》并获批准。

3月22日，成立图书资料专业职称评审委员会，委员有：邵文杰（主任）、艾青春（副主任）、戚志芬（副主任）、丁喻、王光增、朱南、朱光暄、李致忠、张耀华、周迅、姜炳炘、胡沙、黄俊贵、谢道渊、谭详金。

3月，全国政协委员李希泌在全国政协第四次会议上作《加快步伐，发展我国图书馆事业》的大会发言。

5月30日，参考部上报《关于筹建马克思主义文献研究室的几点意见》并获批准。

6月20日，原参考部主任张申府逝世，生前为北京图书馆研究员、全国政协委员、中国农工民主党中央顾问。

6月23日，第30次馆长办公会议"研究了张申府同志的丧事安排及就此事代文化部起草的给中央办公厅的报告及讣告，并提出了修改意见"。

7月13日，《人民日报》报道《著名爱国民主人士、我党的老朋友张申府同志在京逝世》。

7月18日，为配合即将于1987年7月1日落成的北京图书馆新馆开馆工作，参考部上报北京图书馆《关于建立科学文献检索室的意见》并获批准。

8月7日，经中共北京图书馆委员会一九八六年八月七日第六十五次会议决定：任命马惠平为参考部副主任。

8月，《民国时期总书目·语言文字分册》由书目文献出版社出版，系《民国时期总书目》正式出版的第一个分册。

9月7日，《人民日报》刊登《博览群书的革命家——毛泽东读书生活我见我闻》一文。其中介绍：1958年夏，北京图书馆换发新的借书证，我们特地给他办了一个。北图的同志出于对毛泽东的敬重，把他的借书证号编为第一号。

11月12日，参考部与阅览部联合举办《孙中山先生生平事业展览》，为期一个月。展线45米，展框10个，展板9块，展出图书326册。

12月15日，第56次馆长办公会议"听取了谭详金同志关于拟同意将《民国时期总书目》输入美国OCLC数据库事宜的汇报，对此表示赞同。具体合作办法，可与对方进一步商谈"。

本年，参考部参与编辑完成《革命烈士传记资料目录（1922—1949年）》。

本年，戚志芬为全国党校系统图书馆馆长培训班和全国省市公共图书馆馆长研讨班讲授《参考工作》。

本年，自动化发展部（朱岩、翟喜奎、延卫平）、参考研究部（朱光暄）、中文采编部（黄俊贵）共同研制的《汉字属性字典》及其软件系统获得1985—1986年度国家科学技术进步奖三等奖，文化部科技成果奖一等奖，微机出版业务管理系统四等奖。

全年，参考研究部解答咨询总计2674件。包括：口头咨询2121次（其中社科咨询741人次，科技咨询1380人次），书面咨询553件（其中社会科学咨询室

249件，科学技术咨询室275件，科技文献检索室6件，外文工具书阅览室5件，马克思主义研究资料室18件）。

1987年

1月5日，经1987年第一次馆长办公会议"同意在科技检索室先采用光盘技术，暂缓配置国际联机检索终端。决定由自动化发展部负责设备引进，参考部负责光盘的选购与人员培训"。

1月，杜心士等为北京图书馆职工业余大学讲授科技文献检索课。

1—4月，李舒明为北航一分校讲授科技文献检索课。

2月23日，北京图书馆馆长办公会议批准执行《北京图书馆业务工作规范》（修订本）。1985年1月24日开始试行的《北京图书馆业务工作规范》同时废止。规范总计12章，其中第七章是"阅览参考咨询工作系统"，第八章是"专题研究、文献研究和书目索引编辑工作系统"。

3月28日，《人民日报》报道《知识的总汇　文明的标尺》。其中介绍：除了编辑国家书目、联合目录、文献研究、一般借阅服务等常年工作外，"北图"开展的咨询工作应当说是很有成效的。

5月3日，任继愈任北京图书馆馆长。

5月23日，任继愈同李长路、郭林军、杨殿珣、戚志芬等老同志会面，就北京图书馆职能的发挥等主题进行了座谈。

5月，梁思睿、吴嘉燕、陆兰天主编《世界各国科学技术事业》由宇航出版社出版。

6月1日，第33次馆长办公会议听取了曹鹤龙、王成筠同志根据国家科委政策局提议，在新馆建软科学研究资料阅览室（暂名）的报告，认为这是本馆职责范围内的事，应当立即着手筹备，并对筹备工作提出了一些原则性意见，请参考部拟出计划，再提交馆长办公会议讨论。

7月1日，新馆落成，10月15日正式接待读者。

7月14日，副馆长（党委代书记）谢道渊等一行三人前往国家科委协商共建"软科学研究资料室"问题。

9月，戚志芬为北京图书馆职工业余大学讲授《西文工具书》。

10月15日，科学文献检索室正式接待读者。该室在原科技文献检索室的基础上，新增加社会科学文献检索和计算机光盘检索业务；外文工具书阅览室更名为工具书阅览室，并正式接待读者，室藏总计30000余册；马克思主义研究资料室正式接待读者。

10月15日，与国家科委政策局、中国科协管理科学研究培训中心、航天工业部系统工程研究中心联合举办"软科学图书资料展览"。该展览主要业务筹备工作由参考部负责，学术活动服务部、群众工作组负责设计，展览持续一个月。

10月21日，在嘉言堂举办"软科学系列讲座"，由钱学森做导言报告。

10月，焦树安编著的《比较哲学导论》由中国文化书院出版。

11月，梁思睿、刘克俊主编的《科技参考工具书综览》由书目文献出版社出版。

12月15日，社会科学咨询室和科学技术咨询室接待读者。

12月25日，经第87次馆长办公会议决定在参考研究部成立高技术文献研究室。

12月25日，经87次馆长办公会议决定在参考研究部成立软科学研究资料室。

本年，参考研究部完成《北京图书馆咨询条例（讨论稿）》的起草。

本年，参考研究部下设社科参考组、科技参考组、书目编辑组。主任曹鹤龙，副主任马惠平。

全年，参考研究部共解答咨询1160件，其中口头咨询805件，书面咨询335件，有偿咨询20件。

1988年

1月2日，联合目录组由参考部划归报刊资料部。

1月28日，召开首次关于开展有偿服务和经营服务的研讨会。会议由副馆长杜克主持，馆负责人孙承鉴，业务处处长朱南和有关部门10余位同志出席会议并发表意见。

2月29日，软科学研究资料室配合国家科委召开国家重点软科学项目："中国科学技术发展评价"及"沿海开放城市科技经济发展预测"的成果鉴定会。

2月，戚志芬著《参考工作与参考工具书》，由书目文献出版社出版。

3月18日，国家科委"863计划"办公室与北京图书馆共同签署《国家科委

《863计划》办公室拨款资助北京图书馆建立高技术文献研究室的合同书》。

3月23日，创收办公室在文汇堂召开"创收工作研讨会"。馆领导杜克、孙承鉴、鲍振西及70名员工出席了会议。

4月19日，经馆长会议决定，任命胡昌媛同志为参考研究部副主任。

5月29日，在全国文化事业以文补文经验交流会上，文化部财政部表彰了一批成绩突出的单位和个人。北京图书馆获"以文补文先进单位"荣誉称号。副馆长杜克出席会议，并向大会提交"北京图书馆开展创收工作情况汇报"的书面发言。

7月1日，高技术文献研究室和软科学研究资料室正式对外服务。软科学研究资料室从年初筹建到正式开放服务，共与400个研究机构、500名专家、64家软科学期刊建立联系。

7月10日，北京图书馆与中国贸促报、中国民办科技实业家协会共同试办的"北京信息咨询交流活动日"在北京图书馆首次举办。38个单位参加，设立了29个摊位，咨询人数达1100多人次。

7月11日，《人民日报》"零讯"栏目报道：北京信息咨询交流活动日7月10日在北京图书馆新馆拉开帷幕，以技术咨询、技术转让、课题承包为主要内容。

7月11日，《中国自然辩证法研究会图书资料中心和北京图书馆软科学研究资料室合作议定书》签订。国家科委政策法规司副司长孔德涌、中国自然辩证法研究会秘书长丘亮辉、北京图书馆副馆长杨讷出席签字仪式。

7月，受国家教育委员会委托，任继愈主编，冯钟芸、游铭钧、焦树安为副主编的《中国文化史知识丛书》编委会工作正式启动，编委会秘书处设在参考研究部。该丛书将由商务印书馆、中央党校出版社、山东教育出版社和天津教育出版社联合出版。

7月，朱天策被任命为参考研究部主任助理（任期至1992年10月）。

9月，我馆与美国OCLC合作共同建立"民国时期总书目机读目录数据库"协议正式签字。

10月1日，谢媛被任命为参考部主任助理。

本年，周迅、杜心士为北京图书馆与美国"OCLC"合作谈判，撰写调研报告一份。

本年，读者委托服务组由业务处划归参考部。参考研究部下辖社科参考组、科技参考组、检索工具书阅览组和书目组。具体由下列业务机构组成：读者委托服务组、社会科学咨询室、科学技术咨询室、科学文献检索室、工具书室、马克思主义研究资料室、哲学文献研究室、高技术文献研究室、软科学研究资料室以及正在筹备中的中国学文献研究室。

本年，参考研究部下设社科参考组、科技参考组和书目编辑组。主任曹鹤龙，副主任马惠平、胡昌媛。

全年，参考研究部共解答咨询5891件，其中口头咨询4973件，书面咨询918件。主办两期"开发文献资源培训班"，总计培训学员51名。承担教学工作总计510学时，其中内部教学136学时，馆外教学374学时。

全年，全馆共解答咨询97634件，其中口头咨询4093件，书面咨询923件，目录咨询92618件。

1989年

1月20日，参考研究部报文筹建中国学文献情报中心。

2月27日，馆长办公会议决定重新任命部、处领导干部，曹鹤龙被任命为参考研究部主任。苏爱荣、李志刚任副主任。

3月，科技文献检索室编著的《科技检索期刊使用指南》由书目文献出版社出版。

5月23日，参考研究部副主任马惠平赴联邦德国进修一年。

5月29日，第15次馆长办公会议"听取了陈汉玉同志关于中国学文献研究室筹建方案的汇报""同意以参考部现有人员为基础，组建中国学文献研究室，开展工作"。

8月23日—27日，参考研究部与图书馆学研究部在北京密云共同组织召开"参考工作理论与实践研讨会"，该研讨会是建国以来第一次专门探讨参考工作理论，总结参考工作经验的学术研讨会，北京、上海、天津、辽宁等省级公共图书馆和北京大学、清华大学等大学图书馆的代表53人参加。文化部和中国图书馆学会有关领导与会。馆领导邵文杰、杨讷、鲍振西等出席。

本年，参考咨询专家戚志芬退休。

本年，参考研究部参加全国文献资源调查工作，完成《全国文献资源调查情况说明》。其中中国学文献室完成《馆藏西文中国学调研报告（附文献资源调查表）》（谢萌珍）、《馆藏日文中国学调研报告（附文献资源调查表）》（陈汉玉）、《馆藏俄文中国学调研报告（附文献资源调查表）》（王靖元）、《馆藏中国学文献调查概述》；工具书室完成《"全国文献资源调查——北京图书馆工具书资源调查"报告》；科技文献检索室完成《俄文检索期刊调查情况汇报》《西文检索刊物调查工作总结》《科学文献检索工具书收藏情况调查报告》。

本年，软科学文献研究室完成"软科学研究信息计算机管理系统"设计。该系统包括文献、专家、机构三个子系统的程序，同时组建完成全国服务网与"软科学文献导报"发行网。

本年，参考部制定和试行《参考研究部主任、组长及文献室主任职责》，建立室主任制度，主持本室业务活动和业务建设。

本年，参考研究部业务委员会调整，主任委员：焦树安，委员：王成筠、阎万钧、吴嘉燕、杜心士、邱崇丙、邱德新、李凭、陈汉玉、胡昌媛、焦树安。

本年，杜心士为河南地区图书馆馆长学习班及中国预防医学院环境卫生与卫生工程研究所讲授"情报学和文献检索"。

本年，苏爱荣为河南地区图书馆馆长学习班、天津图书馆学会、北大图书情报学系实习生讲授"参考工作"。

本年，杨苗苗为北京图书馆专业证书班讲授"情报学基础"。

本年，朱冰等为北航一分校、北京市政设计院讲授"文献检索"并辅导学生实习。

本年，参考研究部主办《计算机嵌套汉字输入法讲座》。

本年，参考研究部下设社科参考组、科技参考组、书目编辑组和检索文献组。主任曹鹤龙，副主任苏爱荣、李志刚。

全年，参考研究部共解答咨询5022件，其中口头咨询3923件，信函咨询876件，有偿服务223件。

1990年

2月19日，第5次馆长办公会议"听取了曹鹤龙同志关于参考部非常规定题委托服务工作的汇报，决定暂按原订方针继续进行此项工作，容后通盘研究解决"。

3月14日，原参考部研究馆员杨殿珣八十寿辰。常务副馆长杜克、人事处副处长张彦博、参考部副主任苏爱荣及老干部科全体同志前往家中祝寿。

3月19日，第8次馆长办公会议"研究确定了向OCLC派出工作人员的人选和派出期间的待遇，对前期培训工作提出了原则意见，并责成人事处制订在国外工作期间的有关规定"。

3月，《孙中山研究总目》，苏爱荣、刘永为编，团结出版社出版。

3月，参考研究部王大成参加全国政协会务工作。

3月，王淑芬编著的《实用计算机辅助教学》由宇航出版社出版。

4月2日，第10次馆长办公会议"听取了潘岩铭同志关于全国期刊联合目录编辑工作、出版形式和与馆外有关部门协作情况的汇报，以及对本馆今后编辑联合目录的一些意见。有关联合目录编制的馆际协作问题由杜克同志在部际协调委员会上与有关单位进行协调"。

5月4日—18日，参考部副研究馆员粟周熊应苏联乌兹别克作家协会邀请访乌兹别克共和国，并接受乌兹别克作家协会授予的"谢尔盖·博罗金奖"。

5月16日，参考研究部副主任苏爱荣参加在北京大学图书馆举行的中英图书馆学（协）会学术交流会，并作《向现代化迈进——北京图书馆参考研究部工作介绍》。

5月22日—31日，北京图书馆与民进中央宣传部、中国现代文学馆、叶圣陶研究会等单位联合举办"叶圣陶生平展览"。参考研究部郑效洵参加展览内容策划。

5月，周迅主编《1522种学术论文集史学论文篇目分类索引》，由书目文献出版社出版。

7月18日—21日，为使本馆工具书阅览室工作日臻完善，参考研究部举办了"工具书研讨会"，邀请本馆业务处、典藏部、外文采编部、中文采编部、分馆等部处有关方面同志近20人参加会议。

8月22日，《人民日报》报道《曹禺戏剧活动展在京开幕》。其中介绍：展览由北京图书馆、北京人民艺术剧院、北京东方化工厂、湖北潜江市曹禺著作陈列馆共同主办。展览展出了曹禺著作的各种版本、外文译本和研究曹禺的专著，以及曹禺的部分手稿。宋任穷、高占祥、任继愈、于是之等各方面领导和文化界知名人士出席了开幕式。

9月2日，为配合亚运会召开，在美术馆举办"中国期刊展"。北京图书馆参加了其中的《中国期刊历史回顾》部分的展览筹备工作。业务处牵头，参考研究部、善本部、报刊部和学术活动服务部参加。苏爱荣（副主任）、张泓完成大纲撰写，并确定展品种类、数量和布展工作。

9月8日，"曹禺戏剧六十五年展览"赴天津戏剧博物馆展出，参考研究部郑效洵参加展览内容策划。

11月，曹鹤龙赴河北石家庄为"河北省市县图书馆深化服务研讨会"作《北京图书馆参考工作》专题讲座。

本年，社科咨询室为亚运会组委会提供历届奥运会或亚运会主办城市环境布置、气氛烘托等形象（图片）资料500余种和大量文字资料。科技咨询室为全国人大提供"有害化学物质环境泄露的应急措施"课题相关资料。

本年，文献检索室完成《光盘检索系统的使用情况》（杨苗苗）、《北京图书馆引进CD-ROM情况调查》（杜心士）（该报告为中国情报研究所国家项目CD-ROM调研报告的分报告）、《美国"化学文摘"及其馆藏》《1990年读者利用检索期刊的抽样调查》（侯若菲）、《从读者需求变化看阅览室服务与研究的关系》（杨苗苗、朱冰、杜心士）、《利用检索室做好咨询工作》（俞青）、《国际专利分类号与世界专利所应分类号对照表》（侯若菲）等系列调研报告。

本年，中国学文献研究室完成《馆藏英国研究中国艺术图书报告》《调查本馆各阅览室西文中国学文献收藏报告》（黄树杭）。

本年，曹鹤龙、苏爱荣、阎万钧、杜心士、吴嘉燕等为北京大学在参考研究部实习学生讲授参考咨询和文献检索课。

本年，朱冰、俞青、高慧敏为北航一分校讲授"文献检索"课。

本年，杨苗苗、高慧敏为海淀区业余大学图书情报专业班讲授"情报学"课并指导实习。

本年，邱崇丙为北京图书馆职工业余大学讲授古代汉语。

本年，邱崇丙为鲁迅文学院讲授"文学与目录学"。

本年，检索文献组制定《阅览工作规划》，修订《有偿咨询管理条例》和《微机管理和操作条例》。

本年，参考研究部下设社科参考组、科技参考组、书目编辑组、检索文献组。主任曹鹤龙，副主任苏爱荣、李志刚（1990年3月22日调离北京图书馆）。

本年，参考研究部解答咨询9349件，其中口头咨询8610件，信函咨询502件，有偿服务237件。目录咨询127624件，阅览咨询209383。

1991年

2月28日，中国学文献室召开第一次室务会议，宣布正式成立。

3月，参考研究部李江参加中国人民政治协商会议第七届全国委员会第四次会议服务。

4月5日，《北京图书馆一九九一年工作计划要点》经馆务会议和馆长办公会议讨论通过下发。其中关于"参考咨询工作重点是，加强参考咨询业务基础建设，扩大为中央党、政、军领导机关和完成国家'八五'建设计划的服务领域，提高咨询服务质量。同时要加速《民国时期总书目》的定稿工作和有计划地开展各种专题目录的编制工作"。

5月13日，北京图书馆临时党委决定，免去曹鹤龙参考部主任职务，任命焦树安为参考部主任。

5月，为配合国家领导人出访，提供《斯大林专题书刊索引》，收录65种图书，318篇文章，反映了国内有关斯大林的研究成果。

8月9日，北京图书馆通过《北京图书馆"八五"（1991—1995）建设规划》。《规划》中明确提出：为党政军中央领导机关决策和国家"四化"重点建设项目提供参考咨询服务工作。

8月13日，第15次馆长办公会议"听取了参考部关于撤销高技术文献研究室，扩大科学文献检索室的意见及有关实施办法的请示，对此表示同意"。

9月6日，参考研究部《参考工作》编委会成立，焦树安、戚志芬、杜心士、马惠平、谢媛为编委会人员。同日下午，召开第一次编委会，会议讨论确定刊物栏目，商讨年度两期主要稿件，确定从第16期起《参考工作》由原32开改为16开本。

9月23日，参考研究部与学术活动部联合举办"纪念鲁迅先生诞辰110周年图书资料展览"，郑效洵、朱光暄、戚志芬同志为展览筹备顾问，该展览于同月28日闭幕。

9月26日，王天红、杨苗苗、陈朝晖、王佩瑶、温峰、郁小波等一行6人赴美国联机计算机图书馆中心（OCLC）进行《民国时期总书目》的数据录入工作，为期一年。

9月28日，北京图书馆馆长办公会议决定调整机构。参考部取消原有科组名称，成立参考咨询组、文献研究组、科学文献检索组、参考工具书组。

10月24日，全国人大副委员长王汉斌约见馆长任继愈，商讨在北京图书馆设立"政策法规文献研究室"。人大常委会法工委办公室主任乔晓阳、政策研究室主任刘政、法律委员会研究室副主任高云翔，以及北京图书馆参考研究部主任焦树安参加会见。

11月26日，第21次馆长办公会议"听取了参考部关于筹建政策法规研究室的意见，对此表示原则同意。认为这项工作很重要，是我馆有步骤有针对性地开展为全国人大常委会立法工作服务的起步。今后要按照人大常委会的要求开展专题性研究"。

12月8日—9日，中国哲学史学会、中国自然辩证法学会和参考研究部联合召开《周易》讨论会，来自北京大学、清华大学、人民大学、北京师范大学、中国社会科学院哲学所、历史所，以及山东大学等单位共计40多位著名专家学者到会，于光远、张岱年、石峻、朱伯昆、焦树安等发言，馆长任继愈致开幕辞并作总结。

12月18日，参考工具书组召开建室以来的第一次读者座谈会。

12月，曹鹤龙主编《新民主主义革命时期新文化运动回忆录索引（1977—1989）》，由华艺出版社出版。该书由北京图书馆（参考研究辅导部）与文化部党史资料征集工作委员会联合编辑，系新文化史料丛书组成部分，丛书由许翰如主编。

本年，《夏衍创作生平展览》《纪念周叔弢先生诞辰一百周年展览》（1991年）举办。郑效洵参加内容策划。

本年，北京图书馆承担的国家"七五"重点科技攻关项目《汉字属性标准研究》获1991年文化部科技进步一等奖。参考部研究馆员朱光暄参加该项目。

本年，主任焦树安（5月13日任命），副主任苏爱荣。

本年，全馆咨询总计154202件（次），其中：口头咨询110984次，书面咨询484件，目录咨询21881次，阅览咨询20835次。

参考研究部全年解答咨询8435件，其中口头咨询7431件，信函咨询529

件，有偿服务475件。

1992年

1月25日—31日，北京图书馆与日本町田市国际版画美术馆共同举办的"中国年画展览"在日本开展。北京图书馆派出以李致忠为团长，于淑杰、高凡为团员的中国年画代表团赴日，参加画展。参考研究部参考工具书组吴宁为随团中方翻译兼联络员。

1月29日，汉佛语逝世，1954—1965年在参考部工作。

1月，参考研究部向馆方提交"关于《民国时期总书目》编辑、出版以及与美国OCLC共同编制机读目录的情况报告"。

3月，全国人大代表、馆长任继愈参加全国人大七届五次会议，全国政协委员、研究馆员李希泌、冀淑英参加中国人民政治协商会议第七届全国委员会第五次会议。

4月1日，参考研究部召开筹备中国社会科学二次文献中心座谈会。副馆长金宏达，馆长办公室、业务处、业务研究委员会、图书馆学研究部、图书馆学会等部门负责同志及文化部图书馆司、社科院情报中心等单位有关同志参加了座谈会。参考部主任焦树安主持会议。

4月3日，"科技文献情报的收集和检索系列讲座"在北京图书馆举办。科技咨询室主任吴嘉燕和科学文献检索室副组长俞青主讲。

4月4日，参考研究部计算机（NEC）全员培训正式开课，培训持续两个月，是参考研究部历史上首次以计算机为主题的内容培训。

4月17日，参考研究部正式聘请当代著名汉学家、《华裔学志》驻中国代表德国汉学家弥维礼博士为《国际汉学》（不定期刊物）顾问。《国际汉学》由参考部文献研究组中国学文献研究室与书目文献出版社合作创办，馆长任继愈任主编。

5月14日，北京图书馆新技术公司信息咨询中心与北京信息产业协会、火炬计划动态编辑部联合举办的"第一届科技信息交流会"在北京图书馆科技贸易中心开业一周年之际召开，92家单位参加了交流活动。该交流会旨在为科研单位和企业大桥，开展技术和商品信息交流，以期在科技贸易中心逐步形成面向各个行业的高科技信息交易市场。

5月25日—6月7日，以党委书记、副馆长唐绍明为团长的北京图书馆代表团赴日，与日本国立国会图书馆举行两年一度的工作会晤，参考研究部主任焦树安随团出访。双方主要在图书馆由传统服务方式向自动化转变过程中的变革、日本国立国会图书馆为日本国会提供主动服务的经验、图书馆各项设备的考察三个方面进行了交流。

7月2日，参考研究部召开筹办"政策法规文献研究室"可行性论证会。

7月23日，北京图书馆临时党委决定，任命马惠平为参考研究部副主任。

7月27日，北京图书馆第15次馆长办公会议决定，成立北京图书馆文献信息开发领导小组，下设办公室，负责统一管理、规划、协调全馆的文献信息开发及对外有偿服务工作。

7月27日，北京图书馆第15次馆长办公会议同意设立政策法规文献研究室。

7月28日，《北京日报》报道《北图社科咨询室书海架金桥》（署名毛京）。

8月5日，全国人大常委会办公厅研究室委托法律文献研究室查找有关市场经济立法的相关资料。

8月12日，《科技日报》报道《积极为科研和生产第一线服务北京图书馆科技咨询服务成绩斐然》（署名王燕）。

8月29日，召开部分重点读者座谈会。中联部、国家科委、国家教委、国家体改委、解放军总政治部和中国社会科学院等20多个单位的专家、学者应邀到会。

8月27日，参考研究部上文《关于撤销〈软科学研究资料室〉的请示报告》。

9月初，文化部批复，同意成立"北京图书馆文献信息开发中心"，确定为处级管理机构。

9月21日，经第16次馆长办公会议讨论通过，确定北京图书馆文献信息开发领导小组小组成员。组长为副馆长金宏达，副组长：朱南、李致忠、孙大成、蒋伟明。

9月，图新公司信息咨询中心对外承接专项咨询课题。

10月14日，应中国学文献研究室的邀请，瑞典斯德哥尔摩大学东方语言学院中文室研究院玛亚·凯柯嫩博士来我馆座谈，向我馆中国学研究人员介绍了北欧各国尤其是瑞典的中国学研究状况。

10月27日，报刊部成立"文献信息开发组"。

10月，参考研究部戚志芬、张秀民、朱光暄、焦树安、李以娣、周迅、杨殿珣、郑效洵获一九九二年政府特殊津贴。

10月，成立北京图书馆文献信息开发中心。

11月7日—15日，新华社经济信息分社与图新公司信息咨询中心联合举办"信息理论及应用讲习班"。国内21家信息机构派员参加。

11月12日，戚志芬在《人民日报·海外版》发表《郭沫若与北京图书馆》一文。

11月25日，文化部在广州召开全国图书资料系列高级专业职务评审委员会。本馆评委丁瑜、朱南、李致忠、刘湘生、焦树安参加。12月1日结束。

11月30日，《民国时期总书目》计有自然科学、医药卫生、政治、史地、文化、艺术、军事、社会、宗教、教育、中小学教材、综合性图书等20个分册编辑任务全部完成，共著录图书124,000余种。

11月，北京图书馆文献信息开发中心参加由国家科委信息中心等单位主办的中国信息世界合作网络。

11月，参考研究部为福建省新闻出版局提供《民国时期总书目》中有关福建省出版的书目（复印件）。

12月16日，北京图书馆图新信息咨询公司成立。

12月22日，参考研究部成立改革领导小组，组长焦树安，副组长马惠平，组员陈汉玉、吴嘉燕、杜心士、翟建雄、谢媛。

本年，《北京图书馆参考工作（资料汇编）》更名为《参考工作》，任继愈为《参考工作》题字。

本年，戚志芬被评为文化部优秀专家。

本年，参考研究部下设参考咨询组、文献研究组、科学文献检索组、参考工具书组。

本年，（年底）参考研究部法律文献研究室成立。

主任焦树安，副主任马惠平（1992年7月任职），苏爱荣（1992年8月免职）。

本年，全馆咨询总计161928件（次），其中：口头咨询79586次，书面咨询404件，目录咨询34428次，阅览咨询47510次。

1993年

2月17日，参考研究部召集科组长及业务室主任会议，就1993年工作计划要点进行讨论。

3月，全国人大代表、馆长任继愈参加全国人大八届一次会议，全国政协委员、研究馆员李希泌、冀淑英参加中国人民政治协商会议第八届全国委员会第一次会议。

4月9日，刘刚、张淘淘、李江、刘志学、田欢、于千等一行6人赴OCLC工作，开始为期一年的《民国时期总书目》数据库录入工作。

4月12日，第十次馆长办公会议听取了业务处《关于本馆信息开发的有关规定》和《关于本馆信息开发收益分配的暂行规定》的报告，决定该规定继续修订后颁布。

5月18日，"全国首届年鉴展览"开幕式在北京图书馆多功能厅举行，该展览由北京图书馆与年鉴研究会联合举办。全国人大副委员长雷洁琼、全国政协副主席钱伟长、原中顾委常委王平、文化部副部长刘德有、国家新闻出版署副署长桂晓风、中国年鉴研究会会长尚丁、中国年鉴研究会顾问李维民、文化部图书馆司司长杜克、中宣部出版局期刊处处长副局级调研员邬书林、中国年鉴研究会副会长方厚枢等领导应邀参加了开幕式，北京图书馆领导任继愈、唐绍明、金宏达以及有关部处主任参加了开幕式。

5月19日，全国人大法制工作委员会四人到参考研究部就法律文献室如何为人大常委会立法服务有关事宜进行商谈。

5月26日，北京图书馆与中国年鉴研究会联合举办"专家、学者论年鉴座谈会"。应邀到会的专家、学者有罗必争、贺名伦、郭志坚、周文俊、辛希孟、靳希平、李真等。

6月7日，第13次馆长办公会议讨论通过《北京图书馆加快发展第三产业的试行办法》《北京图书馆关于馆藏文献和知识产品对外开发使用的有关规定》《北京图书馆关于加强信息开发管理的有关规定》和《北京图书馆信息开发收益分配的暂行规定》，并于8月17日正式颁布执行。

8月17日，馆长办公室组织召开各部处主任会议，正式下发经第13次馆长办公会议讨论通过的《北京图书馆加快发展第三产业的试行办法》《北京图书馆关于馆藏文献和知识产品对外开发使用的有关规定》《北京图书馆关于加强信息开发管理的有关规定》和《北京图书馆信息开发收益分配的暂行规定》。

9月20日，第17次馆长办公会议听取关于制止乱收费的报告。

10月9日，"毛泽东与中国哲学"学术讨论会在北京图书馆召开。该学术会议由中国哲学史学会、中国现代哲学史研究会、《中国哲学史》杂志和北京图书馆（参考研究部）联合举办。于光远、李锐、张岱年、任继愈等30余位学者出席。

11月5日，粟周熊赴哈萨克斯坦研究阿拜文学遗产兼顾考察哈萨克斯坦汉学研究现状。1994年1月19日结束考察。

本年，王淑芬承担自然科学基金项目《国外科技人才管理数据库》，完成资料收集、分类编排、编号文摘、选录论文等工作。

12月17日，参考部谢媛赴香港中文大学进行研究合作。

12月13日，参考部焦树安、张西平负责的文化部重点科研项目和馆内确定科研项目"邓小平思想研究系统"正式开题。参考部马列室全体人员和自动化发展部翟喜奎等参加。副馆长唐绍明、孙承鉴、科技委副主任许绥文、业务处副处长王绪芳等参加了课题开题会议。

12月13日，为纪念毛泽东诞辰100周年，举办"北京图书馆馆藏毛泽东著作版本展览"。

12月24日，《纪念毛泽东同志诞辰一百周年座谈会》在红厅举行，熊道光、戚志芬、朱光暄、李希泌、冀淑英、李宝华、任继愈、唐绍明和各部处负责同志等30多人到会。座谈会围绕"毛泽东同志与中国历史文化""毛泽东同志与图书馆""毛泽东思想与《邓小平文选》（第三卷）"等主题展开热烈讨论。

12月25日，《人民日报》报道《北图展出馆藏毛著》。其中介绍：北图在文津厅举办纪念毛泽东诞辰100周年展览，不仅展出了毛泽东办理借书证的介绍信，还有他批阅圈点过的古书，有他的在不同年代出版的著作近百册，以及毛泽东著作的外文版和国外友人的有关评论著作60余册，这些都是北图50年来收集的馆藏珍品。

本年，参考研究部下设参考咨询组、文献研究组、科学文献检索组、参考工具书组。

本年，主任焦树安，副主任马惠平（副主任苏爱荣4月29日任职阅览部代主任）。

本年，全馆参考咨询总计116757件（次），其中：目录咨询77019次，阅览咨询35912次；参考研究部完成的口头咨询3351次，书面咨询475件。

1994年

3月，全国人大代表、馆长任继愈参加全国人大八届二次会议，全国政协委员、研究馆员李希泌、冀淑英参加中国人民政治协商会议第八届全国委员会第二次会议。

4月，卢海燕被任命为参考研究部主任助理。

9月26日—10月21日，粟周熊赴哈萨克斯坦交流阿拜研究情况。

9月，为在北京召开的世界妇女大会提供"妇女研究中文数据库"共26000多条数据，成为此次会议"民间论坛"的主要参考资料。

10月7日，参考研究部朱冰冰赴葡萄牙学习一年。

10月12日—24日，参考研究部主任焦树安赴俄罗斯莫斯科和圣彼得堡参加"中国，中国文明与世界，历史、当代与前景"第五届国际学术讨论会，提交《论中国哲学的基本倾向和它的历史、现状与未来》。

本年，王淑芬（与张祥共同）主编的《英汉计算机技术新辞典》由宇航出版社出版。该辞典为国家863工程智能计算机主题专家组资助项目成果。

本年，为珠海制药厂完成课题检索153个，复制文献2721篇。该厂是二十世纪科技带头企业之一，参考研究部的跟踪服务，得到该厂厂长迟斌元的高度评价。

本年，完成国家自然科学基金项目《国外自然科学人才综评报告》，由文献研究组王淑芬负责。

年内，马惠平主编的《中国藏学书目》由外文出版社出版，收录1949年至1991年中国出版的1497种有关西藏的图书。

本年，参考研究部下设参考咨询组、文献研究组、科学文献检索组、参考工具书组。主任焦树安，副主任马惠平。

本年，全馆咨询总计142697件（次），其中：目录咨询98112次，阅览咨询38488次。参考研究部的口头咨询5549次，书面咨询548件。

1995年

3月1日，电子阅览室挂牌为读者服务。开展光盘检索、联机检索、用户培训、咨询服务、阅览服务。

3月，参考研究部更名为参考辅导部，原参考研究部文献研究组所辖中国学文献室、哲学文献室、马列室、软科学室撤销，合并到由社科咨询室和新建的法律政策咨询室组成的哲学社会科学参考组；原科技咨询室和科学文献检索组合并为科技参考组；原图研部的图书馆学研究组和图书馆学资料组合并为图书馆学研究辅导组，划归参考辅导部建制，国际组织和外国政府出版物组纳入参考部建制；工具书组除原有的工具书阅览室外，设立以年鉴为主的工具书第二阅览室（年鉴阅览室）。

3月，全国人大代表、馆长任继愈参加全国人大八届三次会议，全国政协委员、研究馆员李希泌、冀淑英参加中国人民政治协商会议第八届全国委员会第三次会议。

3月，尹铭莉参加政协第八届全国委员会第三次会议会务服务工作。

4月8日，参考辅导部软科学资料移交中文资料室。

4月，启动联合国教科文总部合作项目"中国图书馆信息数据库"。11月18日顺利完成，共收集到全国3139个图书馆的15万条数据。

5月12日，馆党委常委第7次会议研究决定，卢海燕调离参考辅导部，任命为报刊资料部副主任。

6月1日，工具书第二阅览室（年鉴阅览室）正式向读者开放。

7月28日，《参考工作》停刊。

8月15日，经馆党委常委第9次会议研究决定，任命王绪芳为参考辅导部副主任兼党支部书记。

8月15日，经第24次馆长办公会议批准《北京图书馆关于信息开发与有偿服务的若干暂行规定》及其配套文件《北京图书馆关于信息开发与有偿服务暂行收费标准》《北京图书馆涉外文献开发的规定（修订稿）》《北京图书馆员工违反信息开发有关规定的处罚条例》发布实施。

本年，参考研究部更名为参考辅导部。主任焦树安（95年3月任职），副主任马惠平（95年3月任职）、王绪芳（95年8月任职）。

全年，参考辅导部共解答咨询8227件，其中口头咨询7743件，书面咨询484件。

1996年

1月，为提高读者服务工作质量，经北京图书馆科技处立项，由参考辅导部负责成立课题组，开发研制北京图书馆读者咨询引导系统，历时8个月正式交付使用。

2月，北京图书馆下发《关于下发〈北京图书馆"九五"〉计划纲要〈北京图书馆一九九六年工作要点〉的通知》（北图发[1996]第013号）。《纲要》明确："参考咨询是我馆履行为中央党政军领导机关服务的重要工作。应参与建设咨询网络，扩大咨询服务的广度和深度。建立各种数据库，提高查询能力和工作效率，将是'九五'期间参考咨询业务主要的奋斗目标。"

3月，馆长任继愈参加全国人大八届四次会议，研究馆员李希泌、冀淑英参加中国人民政治协商会议第八届全国委员会第四次会议。

3月，第四次馆长办公会议原则批准了《北京图书馆"四为主"教育实施计划》。

4月10日—12日，第7次馆长办公会议决定，凡在图书馆学界开展辅导工作，应由参考辅导部牵头，会同有关业务部处一起组织实施，以确保辅导工作有较高的学术性和业务理论水平。

6月，《光明日报》公布国家重点建设项目后，参考辅导部向有关单位发函，提供主动服务。

7月2日—5日，组织召开"全国图书馆辅导工作研讨会"，计有全国30多个省市图书馆馆长、辅导部主任与会。文化部副部长徐文伯出席开幕式并讲话，图书馆司副司长周晓璞，北京图书馆党委副书记、副馆长周和平，副馆长孙承鉴、孙蓓欣出席开幕式。

7月5日，第14次馆长办公会议决定在业务区设置业务咨询台，常年接待读者，开展综合性咨询解答工作。

9月17日，第22次馆长办公会议决定成立馆藏信息开发协调小组，焦树安任成员。

11月25日—30日，举办全国"科技文献和科技服务"辅导班，计有全国30多个省市图书专业人员与会。

本年，参考辅导部下设哲学社科参考组，科学技术参考组，参考工具组，图书馆学研究辅导组，国际组织和外国政府出版物组。主任焦树安，副主任王绪芳、马惠平。

全年，全馆完成咨询124088件（次），目录咨询113689次。参考辅导部共解答咨询10399件（包括：口头咨询9869件，书面咨询530件）。

1997年

1月15日，北京图书馆第一届科研工作会议召开。许绥文作"加强科学研究，为北图转型、腾飞而奋斗"的报告。自动化发展部、中文图书编目部、图新技术开发公司、光盘信息中心、参考部、机电处等处负责人，分别介绍了科技管理经验。

3月，馆长任继愈参加全国人大八届五次会议，研究馆员李希泌、冀淑英参加中国人民政治协商会议第八届全国委员会第五次会议，并提交提案。李希泌在会上做了《强烈要求日本政府尽早妥善处理在华战争期间遗弃在我国的化学武器》的发言。

4月7日—11日，孙承鉴副馆长为团长，刘小白、孙卫、镇锡惠、卢海燕为团员的北京图书馆考察团一行五人，赴广东考察。重点考察广东省立中山图书馆、广州市图书馆、佛山市图书馆、深圳市图书馆，参观了南海区图书馆和南山区图书馆。

4月，参考辅导部完成《关于北图申请国家级科技情报查新咨询单位的报告》，经北京图书馆审定报送文化部科技司，11月由科技司批转国家科委信息司审批。

5月6日，北京图书馆召开赴广东地区图书馆学习考察汇报暨深化北京图书馆改革、大力开展文献资源开发讨论会。参考部副主任王绪芳作了《广东省六馆的管理、创收及服务工作特点》专题汇报。

5月19日—23日，在"履行国家馆职能，努力开展辅导工作"方针指导下，参考辅导部（图书馆学研究辅导组）举办"分类主题一体化标引"辅导班，来自北京各类型图书馆和馆内学员总计80多人参加学习。

6月17日—20日，参考辅导部举办第二届全国图书馆参考工作研讨会，馆长任继愈出席开幕式并致开幕词。参考辅导部主任焦树安作了《积极推进参考工作的两个转变，开创图书馆全面履行信息职能的新局面》的报告，参考辅导部副主任王绪芳就建立参考工作协作网的构想做了说明。任继愈馆长致开幕词，党委副书记、副馆长周和平在闭幕式上讲话。出席会议的有全国各省市自治区图书馆和大学图书馆等34家单位的代表37人，收到论文30篇。

6月26日，联合国教科文组织委托研究项目《中国图书馆信息数据库》科研项目成果鉴定会在北京图书馆举行并顺利通过鉴定。鉴定会由文化部科技司主持，项目负责人为参考研究辅导部焦树安。

6月26日，"北京图书馆读者咨询引导系统"科研项目成果鉴定会在北京图书馆举行并顺利通过鉴定。鉴定会由文化部科技司主持，项目负责人程真。

6月27日，举行"创建一线文明岗"签字仪式。党办主任刘惠平主持会议，阅览部、报刊资料部、参考辅导部、技术服务部、典藏流通部、善本特藏部、中文编目部、图书采选部主任分别代表本部在协议书上签字。

7月，参考辅导部与馆方签订《中国年鉴信息数据库》项目书，正式启动中国年鉴信息数据库的建设。

9月，焦树安研究馆员赴法国国家东方语言和文明学院中国研究中心开展专题学术研究（至1998年6月结束）。

10月27日—31日，参考辅导部为华北地区图书馆举办"中国图书馆图书分类法"培训。

10月，卢海燕被任命为参考辅导部副主任。

12月18日，首届"北京图书馆读者服务工作会议"召开。

本年，马惠平主编的《中国藏学书目续编》由外文出版社出版。收录1992年至1995年中国出版的700余种有关西藏的图书。

本年，参考辅导部图书馆学研究辅导组编制《图书馆参考工作题录（1987—1996）》。

本年，参考辅导部下设哲学社科参考组，科学技术参考组，图书馆学研究辅导组，国际组织和外国政府出版物组，参考工具书组。主任焦树安（97年11月退休），副主任马惠平、卢海燕（97年10月任职）、王绪芳（97年9月离任）。

本年，全馆咨询总计123574件/次，其中：社科咨询（室）1668件/次（口头咨询1295次，书面咨询373件），科技咨询（室）1329件/次（口头1034次，书面咨询295件），目录（室）120577次。

全年，参考辅导部共解答咨询22445件，其中口头咨询21764件，书面咨询681件。

参考文献

一、著作

1. 洪有丰.图书馆组织与管理[M].上海：商务印书馆，1926.
2. 杜定友.图书馆学概论[M].上海：商务印书馆，1927.
3. 北京图书馆.北京图书馆第一年度报告（民国十五年三月至民国十六年六月）[M].北京：北京图书馆出版，1927.
4. 北京图书馆.北京图书馆第二年度报告（民国十六年七月至民国十七年六月）[M].北京：北京图书馆出版，1928.
5. 北平北海图书馆.北平北海图书馆第三年度报告（民国十七年七月至民国十八年六月）[M].北平：北平北海图书馆，1929.
6. 国立北平图书馆.国立北平图书馆馆务报告（民国十八年七月至民国十九年六月）[M].北平：国立北平图书馆，1930.
7. 国立北平图书馆.国立北平图书馆馆务报告（民国十九年七月至二十年六月）[M].北平：国立北平图书馆，1931.
8. 国立北平图书馆.国立北平图书馆馆务报告（民国二十年七月至民国二十一年六月）[M].北平：国立北平图书馆，1932.
9. 国立北平图书馆.国立北平图书馆馆务报告（民国二十一年七月至二十二年六月）[M].北平：国立北平图书馆，1933.
10. 国立北平图书馆.国立北平图书馆馆务报告（民国二十二年七月至二十三年六月）[M].北平：国立北平图书馆，1934.
11. 国立北平图书馆.国立北平图书馆馆务报告（民国二十三年七月至二十四年六月）

[M].北平：国立北平图书馆，1935.

12. 国立北平图书馆.国立北平图书馆馆务报告（民国二十四年七月至二十五年六月）[M].北平：国立北平图书馆，1936.

13. 国立北平图书馆.国立北平图书馆馆务报告（民国二十五年七月至二十六年六月）[M].北平：国立北平图书馆，1937.

14. 国立北平图书馆.国立北平图书馆馆务报告（民国二十六年七月至二十七年六月）[M].北平：国立北平图书馆，1938.

15. 国立北京图书馆.国立北京图书馆馆务报告（三十二年度）[M].北平：国立北京图书馆，1943.

16. 李钟履.图书馆参考论[M].北平：中华图书馆协会，1933.

17. 刘国钧.图书馆学要旨[M].上海：中华书局，1934.

18. 邓衍林.中文参考书举要[M].北平：国立北平图书馆，1936.

19. 工程参考图书馆.工程参考图书馆概况（民国二十六年七月）（国家图书馆民国时期文献数据库）[DB/OL].[2021-03-05]. http://www.nlc.cn/dsb_zyyfw/ts/tszyk/.

20. 总务部文书组.国立北京图书馆概况（民国三十一年六月）（国家图书馆民国时期文献数据库）[DB/OL].[2021-03-05]. http://www.nlc.cn/dsb_zyyfw/ts/tszyk/.

21. 北京图书馆.图书馆如何为科学研究服务[M].北京：中华书局，1957.

22. 邓衍林.中国边疆图籍录[M].北京：商务印书馆，1958.

23. 张锦郎，胡渊泉.中国近六十年来图书馆事业大事[M].台湾：商务印书馆，1974.

24. 朱传誉.袁同礼传记资料[M].台北：天一出版社，1979.

25. 北京大学图书馆学系，武汉大学图书馆学系.图书馆学基础[M].北京：编者刊，1979.

26. 武汉大学图书馆学系.图书馆学基础理论研究资料选编.上册（复印本）[M].武汉：武汉大学图书馆学系，1980.

27. 武汉大学图书馆学系.图书馆学基础理论研究资料选编.中册（复印本）[M].武汉：武汉大学图书馆学系，1980.

28. 武汉大学图书馆学系.图书馆学基础理论研究资料选编.下册（复印本）[M].武汉：武汉大学图书馆学系，1980.

29. 《图书馆学》教学小组.《图书馆学基础》教学参考材料汇编[M].北京：北京大学图书馆学系，1980.

30. 彭桂源等.参考咨询与文献检索[M].北京：中国科学院图书馆，1980.

31. 1980年北京图书馆工作资料汇编（内部资料），1980.
32. 1981年北京图书馆工作资料汇编（内部资料），1981.
33. 1982年北京图书馆工作资料汇编（内部资料），1982.
34. 1983年北京图书馆工作资料汇编（内部资料），1983.
35. 1984年北京图书馆工作资料汇编（内部资料），1984.
36. 1985年北京图书馆工作资料汇编（内部资料），1985.
37. 1986年北京图书馆工作资料汇编（内部资料），1986.
38. 1987年北京图书馆工作资料汇编（内部资料），1987.
39. 北京大学图书馆学系，武汉大学图书馆学系.图书馆学基础[M].北京：商务印书馆，1981.
40. 胡欧兰.参考资讯服务[M].台北：台湾学生书局，1982.
41. 严文郁.中国图书馆发展史：自清末至抗战胜利[M].台北：枫城出版社，1983.
42. 严文郁先生八秩诞庆祝委员会.严文郁先生图书馆学论文集[M].台北：辅仁大学图书馆学系，1983.
43. 刘国钧.刘国钧图书馆学论文选集[M].北京：书目文献出版社，1983.
44. 四川省图书馆学会.图书馆参考工作[M].成都：四川省中心图书馆委员会，1983.
45. 卡茨（William A.katz）.参考工作导论：基本参考工具书[M].戴隆基译.北京：书目文献出版社，1986.
46. 盖茨（Gates，J.K.）.图书馆和情报源利用指南[M].邵萍，高民，沈正华，等译.北京：北京大学出版社，1986.
47. 卢子博，仇波.参考咨询基础知识问答[M].北京：书目文献出版社，1986.
48. 《北京图书馆同人文选》编委会.北京图书馆同人文选：1912—1987[M].北京：书目文献出版社，1987.
49. 唐绍明.北京图书馆同人文选.第二辑[M].北京：书目文献出版社，1992.
50. 任继愈.北京图书馆同人文选.第三辑[M].北京：北京图书馆出版社，1997.
51. 詹福瑞.国家图书馆同人文选.第四辑[M].北京：国家图书馆出版社，2009.
52. 国家图书馆.国家图书馆同人文选.第五辑[M].北京：国家图书馆出版社，2019.
53. 业务处.1988年北京图书馆年报（非正式出版），1988.
54. 馆长办公室.1989年北京图书馆年报（非正式出版），1989.
55. 馆长办公室.1990年北京图书馆年报（非正式出版），1990.

56. 馆长办公室.1991年北京图书馆年报（非正式出版），1991.

57. 馆长办公室.1992年北京图书馆年报（非正式出版），1992.

58. 馆长办公室.1993年北京图书馆年报（非正式出版），1993.

59. 馆长办公室.1994年北京图书馆年报（非正式出版），1994.

60. 馆长办公室.1995年北京图书馆年报（非正式出版），1995.

61. 馆长办公室.1996年北京图书馆年报（非正式出版），1996.

62. 馆长办公室.1997年北京图书馆年报（非正式出版），1997.

63. 《当代中国的图书馆事业》编辑部.中国图书馆事业纪事（1949—1986）[M].北京：书目文献出版社，1988.

64. 戚志芬.参考工作与参考工具书[M].北京：书目文献出版社，1988.

65. 邵献图.西文工具书概论[M]北京：北京大学出版社，1988.

66. 吉林省图书馆学会，四川省图书馆学会，成都东方图书馆学研究所.徐文绪　邢淑贤论文选[M].成都：成都东方图书馆学研究所，1988.

67. 北京图书馆业务研究委员会.北京图书馆馆史资料汇编（1909—1949）[M].北京：书目文献出版社，1992.

68. 北京图书馆业务研究委员会.北京图书馆大事记（1909—1992）[M].北京：北京图书馆，1992.

69. 中共中央文献研究室．建国以来重要文献选编[M]．北京：中央文献出版社，1994．

70. 杜克.当代中国的图书馆事业[M].北京：当代中国出版社，1995.

71. 北京图书馆馆史资料汇编（二）编辑委员会.北京图书馆馆史资料汇编（二）（1949—1966）[M].北京：北京图书馆出版社，1997.

72. 王学珍等.国立西南联合大学史料.一，总览卷[M].昆明：云南教育出版社，1998.

73. 张爱蓉，郭建荣.国立西南联合大学史料.二，会议记录卷[M].昆明：云南教育出版社，1998.

74. 王文俊.国立西南联合大学史料.四，教职员卷[M].昆明：云南教育出版社，1998.

75. 北京大学信息管理系等.一代宗师：纪念刘国钧先生百年诞辰学术论文集[M].北京：北京图书馆出版社，1999.

76. 王子舟.杜定友和中国图书馆学[M].北京：北京图书馆出版社，2002.

77. 焦树安.焦树安文集[M].北京：北京图书馆出版社，2002.

78. 程焕文.图书馆精神[M].北京：北京图书馆出版社，2007.

79. 张树华，张久珍.20世纪以来中国的图书馆事业[M].北京：北京大学出版社，2008.
80. 李致忠.中国国家图书馆百年纪事（1909—2009）[M].北京：国家图书馆出版社，2009.
81. 李致忠.中国国家图书馆馆史资料长编（1909—2008）[M].北京：国家图书馆出版社，2009.
82. 李致忠.中国国家图书馆馆史（1909—2009）[M].北京：国家图书馆出版社，2009.
83. 李小缘.中国图书馆事业十年来之进步[缩微品][M].北京：全国图书馆文献缩微中心，2009.
84. 武昌文华图书馆学专科学校.文华图书馆学专科学校季刊（影印）[M].北京：国家图书馆出版社，2009.
85. 袁同礼.袁同礼文集[M].北京：国家图书馆出版社，2010.
86. 国家图书馆立法决策服务部.书海津梁：国家图书馆立法决策服务（内部）[M].北京：国家图书馆出版社，2011.
87. 范凡.民国时期图书馆学著作出版与学术传承[M].北京：国家图书馆出版社，2011.
88. 邓景康，韦庆媛.邺架巍巍：忆清华大学图书馆[M].北京：清华大学出版社，2011.
89. 周洪宇.不朽的文华：从文华公书林到文华图书馆学专科学校[M].武汉：华中师范大学出版社，2013.
90. 韦庆媛，邓景康.清华大学图书馆百年图史[M].北京：清华大学出版社，2013.
91. 王余光.清末民国图书馆史料汇编[M].北京：国家图书馆出版社，2014.
92. 梁启超.中国历史研究法[M].北京：中华书局，2016.
93. 梁启超.中国历史研究法补编[M].北京：中华书局，2016.
94. 韩永进.中国图书馆史[M].北京：国家图书馆出版社，2017.
95. 郑锦怀.中国现代图书馆先驱戴志骞研究[M].北京：中国海洋大学出版社，2017.
96. 李凡.国家图书馆参考工作史研究[M].北京：国家图书馆出版社，2018.
97. 彭敏惠.文华图专珍稀史料图录[M].武汉：武汉大学出版社，2020.
98. 武汉大学信息管理学院.世纪历程：武汉大学信息管理学院百年院史（1920—2020）[M].武汉：武汉大学出版社，2020.
99. Alice Bertha Kroeger.Guide to the Study and Use of Reference Books[M]. Chicago：American Library Association，1917.
100. Isadore Gilbert Mudge.Guide to Reference Books[M]. Chicago：American Library

Association，1929.

101. James I. Wyer.Reference Work: a Textbook for Students of Library Work and Librarians[M]. Chicago：American Library Association，1930.

102. William A. Katz. Introduction to Reference Work[M]. New York: McGraw-Hill，1992.

二、论文

1. 京师图书馆及分馆[J].教育公报，1916（10）：1-4.
2. 京师图书分馆民国四年办理概况报告[J].教育公报，1916（1）：报告1-8.
3. 京师图书分馆民国五年报告[J].教育公报，1917（5）：指令10-22.
4. 京师图书分馆民国六年终报告书[J].教育公报，1918（5）：报告1-11.
5. 京师图书分馆民国七年终报告书[J].教育公报，1919（3）：报告23-32.
6. 京师图书分馆民国八年终报告书[J].教育公报，1920（4）：报告27-34.
7. 京师图书分馆民国九年终报告书[J].教育公报，1921（4）：报告1-7.
8. 京师图书分馆民国十年终报告书[J].教育公报，1922（4）：报告1-7.
9. 京师图书分馆民国十一年终报告书[J].教育公报，1923（4）：报告3-7.
10. 朱家治.图书馆参考部之目的[J].新教育，1922，5（1/2）：121-126.
11. 中华教育文化基金董事会章程[J].中华教育文化基金董事会第一次报告，1926（1）：25-26.
12. 刘国钧.图书馆员应有之素养[J].浙江图书馆月刊，1932（9）：29-31.
13. 会员信息[J].中华图书馆协会会报，1938（1）：17.
14. 会员信息[J].中华图书馆协会会报，1938（2）：18.
15. 会员信息[J].中华图书馆协会会报，1938（3）：18—19.
16. 会员信息[J].中华图书馆协会会报，1939（4）：18.
17. 会员信息[J].中华图书馆协会会报，1939（5）：16-17.
18. 会员信息[J].中华图书馆协会会报，1939（1）：14.
19. 会员信息[J].中华图书馆协会会报，1939（2-3）：13.
20. 会员信息[J].中华图书馆协会会报，1940（5）：13.
21. 会员信息[J].中华图书馆协会会报，1940（6）：16.
22. 会员信息[J].中华图书馆协会会报，1941（3-4）：11-12.
23. 会员信息[J].中华图书馆协会会报，1941（6）：7-8.

24. 会员信息[J].中华图书馆协会会报,1941(1-2):14.

25. 会员信息[J].中华图书馆协会会报,1943(3-4):6.

26. 会员信息[J].中华图书馆协会会报,1943(5-6):11.

27. 会员信息[J].中华图书馆协会会报,1943(1):14.

28. 会员信息[J].中华图书馆协会会报,1943(2):21.

29. 会员信息[J].中华图书馆协会会报,1944(3):15.

30. 会员信息[J].中华图书馆协会会报,1944(4):18.

31. 会员信息[J].中华图书馆协会会报,1944(5-6):15.

32. 会员信息[J].中华图书馆协会会报,1944(1-3):13.

33. 会员信息[J].中华图书馆协会会报,1945(4-6):14.

34. 会员信息[J].中华图书馆协会会报,1946(1-3):17.

35. 会员信息[J].中华图书馆协会会报,1948(3-4):7.

36. 国立北平图书馆昆明部分二十八年度馆务概况[J].中华图书馆协会会报,1940(5):5-6.

37. 国立北平图书馆工作近况[J].中华图书馆协会会报,1940(15):10-11.

38. 冯友兰.本刊旨趣[J].中日战事史料征辑会集刊,1940(1):1-2.

39. 中日战事史料征辑会工作报告[J].中日战事史料征辑会集刊,1940(1):11-26.

40. 袁同礼.国立北平图书馆工作概况[J].社会教育季刊,1943(4):12.

41. 北平图书馆提高参考性能[J].中华图书馆协会会报,1945(4-6):6.

42. 严文郁.抗战四年来之西南联合大学图书馆[J].中华图书馆协会会报,1942(3-4):4.

43. 戚志芬.北京图书馆介绍[J].图书馆工作,1955(2):67-70.

44. 戚志芬.图书馆应积极配合科学研究工作[J].图书馆工作,1956(2):5-7.

45. 北京图书馆参考研究组.北京图书馆的参考工作如何为科学研究服务[J].图书馆工作,1956(2):14-16.

46. 刘汝霖.我作参考咨询工作的一些体会[J].图书馆工作,1956(3):32-34.

47. 全国图书馆工作会议确定两项基本任务,图书馆要为科学研究服务[J].图书馆工作,1956(4):27-28.

48. 刘国钧.图书馆的工作和图书馆员的任务[J].图书馆工作,1956(4):68-71.

49. 张树华.图书馆的群众工作[J].图书馆工作,1956(6):64-69.

50. 朱天俊.图书馆的参考咨询工作[J].图书馆工作,1956(6):70-75.

51. 朱天俊.推荐书目的编制和使用[J].图书馆工作，1956（6）：76-79.

52. H·加甫利罗夫，苏大悔，马龙璧，等.四十年来的苏联图书馆事业[J].图书馆学通讯. 1957，（Z1）：1-5.

53. 刘国钧．什么是图书馆学[J].中国科学院图书馆通讯，1957（1）：1-5.

54. 李钟履.在全面检查的基础上，改进图书馆为科学研究服务的工作[J].中国科学院图书馆通讯，1957（3）：1-5.

55. 杜定友.图书馆怎样更好地为科学研究服务[J].图书馆学通讯，1957（2）：49-51.

56. 邓衍林.编制联合目录的几个基本问题[J].图书馆学通讯，1957（6）：7-12.

57. 汪长炳，杜定友，胡耀辉，等.参观苏联和民主德国图书馆事业报告[J].图书馆学通讯，1958（2）：43-87.

58. 赵琦，鲍振西.列宁图书馆的书目咨询工作[J].图书馆学通讯，1958（3）：54-58.

59. 李钟履.从一些统计数字来看八年来的书目索引工作[J].图书馆学通讯，1958（3）：22-30.

60. 李钟履.全国图书联合目录编辑组工作进行情况[J].图书馆学通讯，1959（5）：35.

61. 北京图书馆.今日的北京图书馆[J].图书馆学通讯，1959（10）：53-56.

62. 邓衍林.联合目录工作的成就及其展望[J].图书馆学通讯，1959（11）：18-25.

63. 文化学院图书馆研究班.社会主义图书馆学概论（初稿）[J].图书馆学通讯，1959（1）：1-23.

64. 文化学院图书馆研究班.社会主义图书馆学概论（初稿）（续完）[J].图书馆学通讯，1959（2）：5—19.

65. 北京大学图书馆学系"图书馆事业史"研究小组.十年来的图书馆事业[J].图书馆学通讯，1959（10）：6-16.

66. 张树华.十年来读者工作的回顾[J].图书馆学通讯，1959（10）：17-21.

67. 北京大学图书馆学系"书目工作"研究小组.十年来书目工作的发展[J].图书馆学通讯，1959（10）：22-26.

68. 邓衍林.联合目录工作的成就及其展望[J].图书馆学通讯，1959（11）：18-25.

69. 张全新.认真学习苏联图书馆的先进经验[J].图书馆工作，1959（11）：3.

70. 北京图书馆书目索引组.书目工作报导（一）[J].图书馆学通讯，1960（1）：51-57.

71. 北京图书馆书目索引组.书目工作报导（二）[J].图书馆学通讯，1960（2）：47-49.

72. 北京图书馆书目索引组.书目工作报导（三）[J].图书馆学通讯，1960（3）：51-52.

73. 北京图书馆书目索引组.书目工作报导（四）[J].图书馆学通讯，1960（4）：47-49.
74. 北京图书馆书目索引组.书目工作报导（五）[J].图书馆学通讯，1960（5）：52-53.
75. 北京图书馆书目索引组.书目工作报导（六）[J].图书馆学通讯，1960（6）：46-48.
76. 本刊评论员.省（市）以上公共图书馆要加强为科学研究和生产技术发展服务的工作[J].图书馆，1961（2）：1-4.
77. 鲍振西.书刊展览也是为科学研究服务的一种好办法[J].图书馆，1961（3）：38-40.
78. 北京图书馆参考书目组.《在延安文艺座谈会上的讲话》版本目录[J].图书馆，1962（2）：7-13.
79. 北京图书馆参考书目组.《在延安文艺座谈会上的讲话》参考文献和论文选目[J].图书馆，1962（2）：14-17.
80. 冯宝琳.谈谈地图的整理工作[J].图书馆，1962（4）：28-33.
81. 北京图书馆为兴建毛主席纪念堂提供资料[J].北图通讯，1977（1）：10.
82. 社科参考组.关于社科参考工作的基本任务及如何加强的意见[J].北图通讯，1978（1）：20-21.
83. 谭祥金.北京图书馆当前工作中的几个问题[J].图书馆学通讯，1979（1）：13-17.
84. 杨殿珣.回忆在索引组工作的岁月里[J].北图通讯，1982（3）：18-21.
85. 戚志芬.参考工作的点滴回忆：怀念刘汝霖同志[J].北图通讯，1982（3）：22-23.
86. 科技参考组.回顾与探讨：北图科技参考工作二十年[J].图书馆学通讯，1982（3）：27.
87. 田大畏.北京图书馆参考工作近况[J].北京图书馆参考工作，1983（1）：2-5.
88. 令恪.举办《柯棣华大夫逝世四十周年、爱德华博士逝世二十五周年纪念展览》的一些体会[J].北京图书馆参考工作，1983（1）：16-29.
89. 王润华.1911—1949全国中文图书总目概况和编辑工作中的几个问题[J].北京图书馆参考工作，1984（2）：1-10.
90. 龙顺宜.往事与寄望：我做参考工作的回想[J].北京图书馆参考工作，1984（2）：40-53.
91. 焦树安.参考工作的回忆与断想：纪念建国三十五周年[J].北图通讯，1984（3）：1-3.
92. 焦树安，张明华.试论图书馆参考工作的规定性、工作程序和层次以及方法论问题[J].图书馆学通讯，1984（4）：63-69.
93. 刘志学，曹贺龙.参考研究部一九八三年完成的业务工作项目[J].北京图书馆参考工作，1984（4）：1-11.

94. 北京图书馆业务工作规范（一九八五年一月二十四日馆务会议批准试行）[J].北京图书馆通讯，1985（1）：14-27，5.

95. 朱南.《北京图书馆业务工作规范》介绍[J].图书馆学通讯，1985（3）：13.

96. 参考研究部1985年业务工作总结[J].北京图书馆参考工作，1986（7）：1-7.

97. 令恪.访印观感[J].北京图书馆参考工作，1986（7）：74-81.

98. 曹鹤龙.谈谈北京图书馆参考工作[J].北京图书馆通讯，1987（1）：57.

99. 参考研究部1986年工作总结[J].北京图书馆参考工作，1987（9）：1-4.

100. 曹鹤龙.参考研究部在改革中前进[J].北京图书馆通讯，1988（4）：63.

101. 参考研究部1987年工作总结[J].北京图书馆参考工作，1988（12）：1-7.

102. 王靖元.列宁图书馆的书目参考服务工作[J].北京图书馆通讯，1988（1）：74-78.

103. 董光荣.苏联图书馆事业七十年（1917—1987）[J].图书馆学通讯，1988（3）：36-42.

104. 鲍振西，许婉玉，李哲民.新中国图书馆事业40年[J].图书馆学通讯，1989（3）：38-48，65.

105. 程焕文.共和国图书馆事业四十年之回顾与展望[J].图书馆，1989（5）：3-10，23.

106. 杜心士.回顾与展望：科学文献检索室建室28周年[J].北京图书馆通讯，1989（1）：51-53.

107. 杨殿珣.对袁同礼馆长的回忆[J].北京图书馆通讯，1989（1）：68-70.

108. 戚志芬.袁同礼先生与中日战争史料征辑会[J].北京图书馆通讯，1989（1）：58-62，70.

109. 曹贺龙.我的述职报告[J].北京图书馆参考工作，1989（13）：8-13，7.

110. 参考部一九八八年工作总结[J].北京图书馆参考工作，1989（13）：1-7.

111. 焦树安.试论参考工作[J].北京图书馆参考工作，1989（13）：129-141.

112. 参考研究部一九八九年工作总结[J].北京图书馆参考工作，1990（14）：1-15.

113. 周迅.关于参考工作的几个问题[J].北京图书馆参考工作，1990（8）：48-58，95.

114. 杜心士.科学文献检索室在改革开放中前进[J].参考工作，1991（1-2）：63-67.

115. 全根先，周玉玲.朴实无华勤勉奉献的一生：访北图研究馆员杨殿珣先生[J].北京图书馆馆刊，1993（3-4）：181-184.

116. 赵慧芝.中基会和中国近现代科学[J].中国科技史料，1993（3）：68-82.

117. 周玉玲.默默奉献做读者的知心人：访北图研究馆员戚志芬先生[J].北京图书馆馆刊，

1994（3-4）：132-136.

118. 王致翔.北京图书馆展览工作浅析（1987—1994）[J].北京图书馆馆刊，1995（1-2）：13-18.

119. 叶仁文.机构调整是北图改革的必要前提和重要内容[J].北京图书馆馆刊，1995（3）：2-10.

120. 唐德刚.袁同礼在中国近代史上的位置[J].中国图书馆学会会讯，1995（4）：5-7.

121. 郭胜贤.北京图书馆参考工具书阅览室的过去与现在[J].北京图书馆馆刊，1996（3）：19.

122. 王子舟．20世纪中国图书馆学发展的三次高潮[J].图书情报工作，1998（2）：1-5，33.

123. 庄志玲.中华教育文化基金会史料[J].档案与史学，1999（01）：32-38

124. 李致忠.北图改革开放二十年回顾[J].北京图书馆馆刊，1999（1）：30-35，27.

125. 王余光.索引运动的发生[J].出版发行研究，2003（6）：74-76.

126. 李致忠.中华教育文化基金会与国立京师图书馆[J].国家图书馆学刊，2008（1）：6-10.

127. 张树华，赵华英.新中国图书馆事业发展的一次浪潮：记"全国图书协调方案"及其协作、协调活动[J].中国图书馆学报，2009（3））：21-26.

128. 黄宗忠.新中国图书馆学研究60年的回顾与展望[J].图书馆论坛，2009（6）：1-8.

129. 吴慰慈，张久珍.新中国图书馆学研究六十年[J].图书馆杂志，2009（5）：3-11，15.

130. 李致忠.国家图书馆百年沿革与传承[J].中国图书馆学报，2009（5）：13-20.

131. 王子舟.建国六十年来中国的图书馆学研究[J].图书情报知识，2011（1）：4-12，35.

132. 李凡.我国图书馆参考工作起源及相关问题考辨[J].图书情报工作，2012（23）：36-42.

133. 韦庆媛.清华大学图书馆初创时期的几个关键问题述证[J].国家图书馆学刊，2013（4）：76-82.

134. 全根先，陈荔京.民国时期国家图书馆目录学论著编年[J].国家图书馆学刊，2013（3）：102-112.

135. 肖鹏.参考咨询史（清末至建国前）的历史分期与研究命题：中国参考咨询史系列研究之一[J].图书情报知识，2014（4）：4-13.

136. 肖鹏.民国时期参考咨询研究总述[J].国家图书馆学刊，2014（4）：98-106.

137. 王余光.试论中国图书馆学史研究中的几个问题[J].图书馆论坛,2015(4):9-12.

138. 蔡成普.民国时期北平图书馆参考工作探究[J].农业图书情报学刊,2016(7):61-65.

139. 蒋正虎.从边缘到中心:20世纪30—40年代中国的边疆研究[J].中国边疆史地研究,2016(4):147-159.

140. 谢欢.1956年"图书馆为科学研究服务"方针的历史审视[J].国家图书馆学刊,2016(6):104-113.

141. 张琦.建国初期第一次图书馆学发展规划研究——基于《1956—1967哲学社会科学规划纲要》有关图书馆学规划的内容解读[J].国家图书馆学刊,2017(3):80-86.

142. 周余姣.邓衍林之生平、著述与贡献[J].中国图书馆学报,2017(1):107-126.

143. 周余姣.以书为师,因业成缘:国立北平图书馆学人群体研究述略[J].图书馆,2018(1):41-47,58.

144. 周余姣."图写边疆":邓衍林《中国边疆图籍录》研究[J].国家图书馆学刊,2018(3):68-77.

145. 蔡成普.邓衍林对我国参考咨询事业的贡献[J].山东图书馆学刊,2018(6):37-41.

146. 刘鹏.国立西南联合大学、国立北平图书馆合组中日战事史料征辑会史事编年[J].文津学志,2019(12):1-34.

147. 盛巽昌.我所知道的葛正慧和"四人帮"[J].世纪,2019(5):24-28.

148. 柯平,刘旭青.中国图书馆学学术史研究的两次高潮[J].图书情报知识,2020(5):42-53.

149. 段金生,蒋正虎.中国近代边疆研究的发展脉络与路径[J].云南师范大学学报(哲学社会科学版),2021(2):1-17.

150. Samuel S. Green.Personal Relations between Librarians and Readers[J].Library Journal,1876(2-3):74-81.

151. New York Library Club[J].Library Journal,1891(6):182-184.

152. Samuel Swett Green:1837—1918[EB/OL].[2023-03-20].https://www.mywpl.org/?q=samuel-swett-green.

153. Barbara J. Ford.Reference Service:Past,Present and Future[EB/OL].[2023-03-20].https://crln.acrl.org/index.php/crlnews/article/view/21698/27247.

154. Definitions of Reference.[EB/OL].[2022-01-05].https://www.ala.org/rusa/guidelines/definitionsreference.

后　记

2018年底，我们完成国家图书馆馆史资料征集、整理与研究项目"国家图书馆立法决策服务工作史资料征集、整理与研究（1949—2014）"（项目编号：NLC-GS-2014018）的验收结项工作。该项目从立项到结项历时四年，参加项目研究的人员十余位，是国家图书馆有关参考工作和为国家立法和决策服务工作档案史料的首次规模性的整理项目。该项目形成了《〈国家图书馆参考工作档案汇编〉目录》（1960—1997）及《国家图书馆参考工作档案汇编》（1960—1997）、《〈国家图书馆参考工作档案汇编〉目录》（1998—2016）及《国家图书馆参考工作档案汇编》（1998—2016）、《〈国家图书馆参考咨询暨立法决策咨询档案汇编〉目录》（1953—2016）及《国家图书馆参考咨询暨立法决策咨询档案汇编》（1953—2016）、《国家图书馆参考工作暨立法决策服务工作编年纪事》（1909—2016）、《国家图书馆参考工作暨立法决策服务工作会议文件索引》（1970—2016）、《国家图书馆参考工作暨立法决策服务工作总结与规划及规章制度索引》（1961—2016）、《国家图书馆两会服务工作及部委分馆工作文件索引》（1998—2016）等成果。

项目取得的这些成果十分令人欣慰，但我们同时也因未及深入研究的一些问题而难释情怀。如1909年京师图书馆成立，国家图书馆参考工作是否同步产生？伴随着参考工作的产生、发展，其走过了怎样的历史过程，又形成了什么样的特点？1949年之后的北京图书馆时期的参考工作与1949年前的参考工作的历史关联，等等。显然，该项目成果为我们开展1949年之后北京图书馆时期的参考工作研究，奠定了重要的史料基础。但是从1949年回溯至1909年国家图书馆最初四十年的参考工作的历史，我们既往所知都是碎片性的历史信息，而系统了解则需要从零开始。为此，我们前后用时两年多，爬梳相关史料、查阅历史档案，从1909年京师图书馆的设立一直"研读"到1949年中华人民共和国成立，终于完成了与北京图书馆参考工作的历史"衔接"。

2021年初，我们启笔《中国国家图书馆参考工作发展史》之时，新冠病毒正疯狂肆虐全球，我们在繁忙的工作之余将全部精力投入到研究与写作中。写作，无意中成为我们度过艰难时刻的最佳心理安慰剂。2022年底全书写作工作告罄，而后我们用时数月直至2024年1月，完成了对书稿的修改、润色、完善和定稿工作。

研究国家图书馆参考工作发展的历史过程，无疑是在历史与现实之间的不断穿越。我们自知这种穿越是非常辛苦的事情，但是我们明白，看似传统的研究选题却是对现实所发生一切的源头的揭示，更明白历史走到今天皆是因为它有来时的路。倘若这部小史能让读者感受并领悟到这个意义，就是我们为国家图书馆馆史的研究贡献了一份力量。

最后，我们要拥抱我们的家人，这部书充满了家庭的温馨和亲情的力量！